# 1 MONTH OF
# FREE
# READING

at

## www.ForgottenBooks.com

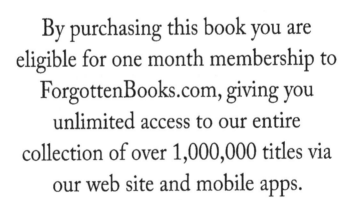

By purchasing this book you are eligible for one month membership to ForgottenBooks.com, giving you unlimited access to our entire collection of over 1,000,000 titles via our web site and mobile apps.

To claim your free month visit:

www.forgottenbooks.com/free993616

ISBN 978-0-364-21949-2
PIBN 10993616

Forgotten Books is a registered trademark of FB &c Ltd.
Copyright © 2018 FB &c Ltd.
FB &c Ltd, Dalton House, 60 Windsor Avenue, London, SW19 2RR.
Company number 08720141. Registered in England and Wales.

For support please visit www.forgottenbooks.com

# Suworow

und

# Polens Untergang.

Nach archivalischen Quellen

dargestellt von

## Friedrich von Smitt.

---

### Zweiter Theil.
### Polens letzte Wirren.

---

Mit 2 Plänen.

——∞○✦○∞——

Leipzig und Heidelberg.
C. F. Winter'sche Verlagshandlung.
1858.

Die Pläne zum 1. und 2. Theil dieses Werkes werden mit dem Text zugleich in einem besonderen Hefte ausgegeben.

# Suworow

## und

# Polens Untergang.

Nach archivalischen Quellen

dargestellt von

## Friedrich von Smitt.

----

**Zweiter Theil.**
## Polens letzte Wirren.

----

**Mit 2 Plänen.**

———o○○○○○○○o———

**Leipzig und Heidelberg,**
**C. F. Winter'sche Verlagshandlung.**
1858.

Verfaffer und Verleger behalten fich das Recht der Ueberfeßung in
fremde Sprachen vor.

## Zweiter Theil.

# Polens letzte Wirren.

# Inhalt

## des zweiten Bandes.

———

# Erster Abschnitt.

---

## 1791.

# Erster Abschnitt.
## Suworow in Finnland. 1791.

---

Einleitung — Potemkin in Jassy — Entzweiung zwischen Suworow und Potemkin — Suworow in Petersburg — Reibungen — Aeußerungen — Potemkin tritt in Petersburg auf und arbeitet ihm entgegen — Suworow nach Finnland entfernt — Er soll die Gränze von Finnland befestigen — Sein Plan — Fortgang des Türken= kriegs — Kriegsschauplatz und Plan für das Jahr 1791 — Zwist mit England und Preußen wegen der Türken — Reden von Fox und Burke deshalb — Einigung mit England — Siege der Russen über die Türken (Schlacht bei Matschin) — Die damaligen Russen= Heere — Friedens=Unterhandlungen — Potemkins Unmuth — Seine Krankheit und Tod — Besborodko schließt den Frieden zu Jassy ab — Ursachen, welche die Pforte damals retteten — Katharina's Kriege mit den Türken — Suworow's Leben und Beschäftigungen in Finnland — Auszüge aus seinen Briefen — Sorge um seine Tochter — Briefe an sie — Hingeworfene Gedanken — Schreiben von Oberst Sacken.

Zermalmend war der Schlag auf das Türkische Heer in Ismail niedergefallen, und hatte Schrecken und Be= stürzung bei den Osmanen, Freude und Triumph in den Russischen Landen verbreitet. Suworow's Name war hoch und in aller Munde, so verschieden auch die Ansichten über das Ereigniß selbst sich gestalten mochten. Man sollte nun meinen, daß seiner für jene ruhmwürdige That

1*

außerordentliche Ehren und Belohnungen warteten: doch
eine mehrjährige versteckte Ungunst und Niederhaltung
ward sein Loos: statt der Ehren erwarteten ihn nur Wi-
drigkeiten, statt erweiterten Wirkungskreises ward er in
den allerengsten zurückgewiesen. Derjenige, der ihm die
Pforte zur That und zum Ruhm geöffnet, sollte sie ihm
auch wieder verschließen.

Suworow glaubte sich dem Ziel seiner letzten Wünsche
genähert; er war es müde, wie er sagte, als „Katzen-
pfote zu dienen, die für andere die Kastanien aus dem
Feuer holte;" sein brennendstes Verlangen war, unabhängig an der Spitze eines Heeres auftreten zu können,
um alsbann seiner Monarchin, dem Vaterlande, ja der
Welt zu zeigen, was in ihm war; — sich aufzuschwingen
an die Seite der wenigen großen Heerführer, die seiner
Einbildungskraft beständig vorschwebten, und nicht mehr
als Ausführer kleinlicher Pläne und Unternehmungen
oder vereinzelter Kriegshandlungen zu dienen, die, ohne
nähern Zusammenhang mit dem Ganzen, durch die Kraft,
womit er sie ausführte, nur um so mehr die Mattheit
der übrigen Kriegführung ins Licht setzten. Aber um
unabhängig an der Spitze eines Heeres neben einem
Potemkin, einem Rumänzow, auftreten zu können, mußte
er Feldmarschall sein: hierzu glaubte er sich den Weg
durch seinen Sieg bei Ismail, der nur eine Fortsetzung
seiner frühern Siege bei Fokschani und am Rymnik war,
gebahnt zu haben, und erwartete nun sicher die Erfüllung seines heißesten Wunsches.

Um der Erreichung desselben näher zu kommen, unternahm er, von der Kaiserin berufen, eine Reise nach

Petersburg, welche er, nachdem seine Truppen die Winter-
quartiere bezogen, in den ersten Tagen des Januars 1791
antrat.

Der Fürst Potemkin hatte seit längerer Zeit sein Hauptquartier, oder vielmehr seine Hofhaltung in Jassy auf-
geschlagen; von hier lenkte er mit einer Hand die Kriegsoperationen, während er mit der andern die Fäden der
politischen Unterhandlungen festhielt und über Entwürfen
brütete, die den Nordosten Europa's völlig umgestalten
sollten. Er war, wenn nicht der eigentliche Urheber,
doch der eifrigste Betreiber des orientalischen Projekts, das sich die Vertreibung der Türken aus Europa,
wo sie, wie ein fremdes Kriegsheer, nur lagerten, ohne
auf diesem Boden einheimisch werden zu können, zum
Ziel gesetzt hatte[1]); und dasselbe vor Augen, arbeitete er

---

[1]) Dohm in seinen Denkwürdigkeiten II. 3. ꝛc. hat eine lange
Abhandlung über die Entstehung des Orientalischen Projekts, wobei
er wie gewöhnlich fehlschießt. Es entsprang nicht zuerst im Kopfe
Katharina's (S. 6), oder Münnichs (S. 12), wie er meint, sondern
Kaiser Josephs. Folgendes Schreiben des Königs Friedrich II.
an seinen Gesandten in Petersburg, den Grafen Solms vom
30. October 1772, zur Mittheilung an das Petersburger Kabinet, gibt darüber das Nähere: „Il y a quelques jours, que j'ai
vu à Neisse le Comte de Diedrichstein, qui à ce que je crois y a été
envoyé pour me sonder. Voici ce que j'ai pu combiner de toutes
les choses qu'il m'a dites. Je vois clairement, que l'Empereur et
Lascy ne sont pas contents de ce bout de la Pologne qu'ils obtiennent.
Ils voudraient chasser les Turcs de l'Europe et s'ap-
proprier toute la partie de la Hongrie, qui se trouve à la rive gauche
du Danube. Ils seraient bien aise pour cet effet de voir les con-
férences de Foksiany rompues, pour séconder les Russes à expulser
les Turcs de l'Europe, et dans ce cas ils consentiraient peut-être
à laisser aux premiers la Moldavie et Wallachie. Je crois qu'ils

unausgesetzt darauf los. Nur ergriff er nicht immer die
richtigsten Mittel zum Zweck. Zweierlei stand ihm hier-
bei im Wege: erstens sein Mangel an eigentlichem Kriegsgeschick (bei allem persönlichen Muth gingen ihm die
höhern Feldherrngaben ab); und zweitens sein ungleicher,
launischer Karakter, der ihn oft Tage und Wochen lang
in völliger Unthätigkeit hielt und die wichtigsten Unternehmungen in die Weite schob, wodurch denn, da jede
Sache ihren Punkt der Reife hat, den man freilich abwarten, aber auch sogleich benutzen muß, um nicht zu
spät zu kommen, oft die günstigsten Zeitpunkte unbenutzt
vorübergingen. Diese wechselnde Laune, dieser Mangel
an Folgerichtigkeit in den Handlungen, so wie der Ab-
gang wahren Feldherrgenies, das große Plane nicht nur

auraient bien envie de se liguer pour cet objet avec la Russie,
mais la crainte qu'ils ont, que les Français et les Espagnols ne leur
fassent une diversion en Italie et en Flandres, les oblige à recourir
à moi, et pour me mettre de leur parti, ils rénonceront à tous les
avantages qui leur ont été stipulés en Pologne en faveur de la ces-
sion du cours de la Warthe et de tout ce que je voudrais m'appro-
prier au voisinage de Silesie. — J'ai été curieux de savoir, ce que
l'on prétendait faire de la Grèce, mais ils n'y ont pas encore pensé
jusqu'ici. Je souhaite donc que le Cte. Orlow conclue la paix avec
les Turcs, mais si cela n'a pas lieu, nous verrons une nouvelle
scène s'ouvrir, et cela vise à un traité d'Alliance, par lequel la
Cour de Vienne se propose probablement de régler tout avec ses
nouveaux Alliés. — Je me suis contenté d'entendre tranquillement
tout ce qu'on m'a dit, et j'ai répondu, que tout cela était des
choses possibles, qui pourraient s'exécuter, si l'on voulait s'entendre
et agir de bonne foi, mais qu'il fallait au préalable consulter l'Impératrice de Russie sur tous ces articles. On a paru content de ma
réponse, et je ne doute nullement, que le Prince de Lobkowitz n'ait
sondé également la Cour de Russie à cet égard."

weise zu entwerfen, sondern auch kräftig und kühn auszuführen versteht, hatten ihn auch verhindert, die großen
Vortheile und Glücksfälle, welche Anfangs den beiden
verbündeten Heeren zu Gute kamen, zu benutzen, und
durch eine kräftige Führung des Kriegs dem vorgesetzten
Ziele näher zu rücken. Man hatte völlig planlos gehandelt; man hatte die Zeit, die kostbarste Sache im Kriege,
auf unverantwortliche Weise vergeudet, war nirgends
folgerecht, nach einem großen Plan vorgegangen, hatte
zwar einige Festungen theils durch offene Gewalt, wie
Otschakow und Ismail, theils durch Drohungen, oft
aber auch nur durch Bestechungen, wie Bender, gewonnen;
aber vier Jahre hatten schon die Feindseligkeiten gedauert,
ohne daß man auch nur die Donau überschritten, auch
nur den Versuch gemacht hätte, durch kräftige jenseits
dieses Flusses geführte Schläge die Türken zum Nachgeben zu zwingen. Der Krieg hätte auf diese Weise
noch Jahrelang geführt werden können, ohne daß man
zum Zweck gekommen wäre: die Reiche hätten sich erschöpft und verblutet: nur die Feldherrn, nur Potemkin
hätte gewonnen, indem er immer nothwendig und Herr
der größten Mittel zu anderweitigen Absichten geblieben
wäre [2]). Darum auch war er jedem Frieden zuwider.

In Jassy erwartete Potemkin nun den muthigen
Stürmer, der durch seine Glanzthat ihn, den Oberfeld-
herrn, mit verherrlicht hatte. Maßte er sich doch das
Verdienst aller Thaten seiner untergeordneten Generale

---

[2]) Obgleich er zuletzt, eben wegen jener wirkungslosen Kriegs-
führung, doch auch hätte fallen müssen.

an, als von ihm anbefohlen. Durch einen glänzenden Empfang wollte er ihn ehren, ihm auch von der Monarchin Belohnungen verschaffen, aber nur in so weit, daß Suworow beständig in der Abhängigkeit von ihm geblieben wäre, da er durch mehrfache Proben erfahren hatte, welch' ein vortreffliches Werkzeug zu den schwierigsten Unternehmungen er in demselben besäße. Die Gedanken beider Männer gingen daher weit auseinander: Suworow wollte Feldmarschall und unabhängig werden; Potemkin wollte zwar eine Belohnung für ihn, aber durch sich, und keine, die Suworow ihm im Range gleich stelle.

So kam der Tag der Zusammenkunft. Potemkin hatte große Empfangsfeierlichkeiten veranstalten lassen: Leute wurden auf dem Wege aufgestellt, um Suworow's Annäherung zu verkünden; und als die Meldung einlief: derselbe sei auf der letzten Station angelangt, durfte Potemkin's Lieblings-Adjutant, Oberst Bauer, nicht vom Fenster des Schlosses weggehen, von wo man den Weg, woher er kommen mußte, weit übersehen konnte. Suworow, Feind allen Prunks, beschloß, als er von diesen Anstalten hörte, die Sache so einzurichten, daß er auf Nebenwegen und erst bei Nacht in Jassy einfuhr. Er stieg ganz still bei einem alten Bekannten, dem dortigen Polizei-Obersten ab, und verbot ihm aufs strengste, von seiner Ankunft Meldung zu thun. Am folgenden Morgen warf er sich in seine Uniform, bestieg seines Wirthes uralten Staatswagen, der vor hundert Jahren vielleicht modisch gewesen, Moldauische Bespannung davor, einen Moldauischen Kutscher auf dem Bock, einen Moldauischen Bedienten hinten auf: so ließ er sich gravitätisch nach dem Schloß fahren. Niemand ahnte in diesem grotesken Aufzuge den Sieger von Ismail.

Als der Wagen vorgefahren war und Suworow ausstieg, erkannte ihn Bauer. Sofort Meldung an Potemkin. Dieser eilt dem Kommenden auf der Treppe entgegen: kaum ist er aber ein Paar Stufen hinabgestiegen, als Suworow mit einigen Sätzen schon oben ist. Potemkin schließt ihn in seine Arme, küßt ihn mehrmals und ruft freudig: „Sagen Sie, Alexander Wassiljewitsch, womit kann ich Sie für Ihre Dienste belohnen?" — Ohne Absicht auf Demüthigung, meinte er dabei nichts weiter als zu erfahren: zu welcher Belohnung Suworow vorgestellt zu sein wünsche. Dieser aber nahm die Sache anders. Er rechnete auf die Feldmarschalls=Würde, kannte aber Potemkin zu gut, um nicht zu wissen, daß er sie durch ihn nie erlangen würde. Wie von einer Viper gestochen, sprang er zurück, und erwiederte in aufwallender Hitze: „Mit nichten, mein Fürst, ich bin kein Handelsmann, bin nicht zum Schachern hergekommen: belohnen kann mich, außer Gott, nur meine gnädigste Kaiserin, sonst niemand." — Potemkin erbleichte: eine tiefere Demüthigung hatte er nie erfahren; sein Stolz, sein Rachegefühl erwachte, und er beschloß, Suworow die ganze Last seines Zorns fühlen zu lassen: er fand ihn zu hoch gestiegen, zu keck geworden, und er sollte nun niedergehalten werden, bis man ihn vielleicht wieder einmal zu einer außerordentlichen Thathandlung brauchen würde. Schweigend, mit zusammengekniffenen Lippen und Grimm im Herzen, kehrt er in den Saal zurück.

Suworow, äußerlich unbefangen, obwohl innerlich aufgeregt, folgt ihm und übergibt seinen Rapport. Potemkin nimmt ihn kalt entgegen. Beide machen unter Gemüthsbewegungen, die man errathen kann, einige Schritte im Zimmer auf und ab, ohne ein Wort zu sprechen, und trennen sich. Potemkin kehrt in seine innern Gemächer, Suworow zu seinem Wirth zurück.

Es scheint, daß Suworow ziemlich muthwillig, oder vielleicht von seinem Jähzorn übermannt, den Streit herbeigezogen, denn Potemkin dachte gewiß nicht in diesem Augenblicke ihn zu beleidigen, oder sich als den Belohnenden darzustellen. Er wollte und konnte nur der Vermittler sein, jedoch drückte er sich zweideutig aus. Aber Suworow überschätzte sein durch den Sieg bei Ismail gewonnenes Ansehen und glaubte sich hinfort der Abhängigkeit von Potemkin entziehen zu können. Er irrte sich, Potemkin stand zu hoch in der Gunst seiner Kaiserin; sie hielt ihn für ihre festeste Stütze und hatte eine so große Meinung von ihm, daß es ihm nicht schwer ward, die angesehensten, bei ihr beliebtesten Personen, wenn sie ihm in den Weg traten, bei Seite zu schieben, wie er es z. B. mit Jermolow gemacht hatte, der ihn hatte stürzen wollen, und wie auch Suworow es jetzt auf seine Kosten erfahren sollte.

So hatte er dem Mächtigen, vor dem Alles im Reiche kroch oder zitterte, den Handschuh hingeworfen; aber wie muthvoll und seelenstark er auch war, mochte ihm doch vor den Folgen seiner rasch hingesprochenen Worte bange werden, wenigstens konnte der, den er so schwer verletzt, ihn, der seinen Genuß, sein ganzes Glück nur in ange-

ſtrengter Kriegsthätigkeit fand, leicht in eine gezwungene
Unthätigkeit verſetzen, eine Strafe, wie keine Suworow
ſchmerzlicher treffen konnte. Doch baute der alte Krieger
auf ſeine von ihm angebetete Kaiſerin, die ſeinen Werth
kannte und ſich öfter ſeiner gegen Widerſacher angenommen
hatte, von ihr hoffte er nicht nur Schutz, ſondern auch
als Belohnung ſeiner Kriegsthat die Würde zu erhalten,
die ihn unabhängig von Potemkin machen konnte; ja er
wußte ihr ſelbſt mit Feinheit dieſen Wunſch zu erkennen
zu geben. Als nämlich die Kaiſerin nach ſeiner Ankunft
ihn fragen ließ: „ob und wo er General-Gouverneur zu
ſein wünſche?" erwiederte er: „Ich weiß, daß unſere
Mutter die Kaiſerin ihre Unterthanen zu ſehr liebt, um
irgend eine Provinz mit meiner Statthalterſchaft heim-
ſuchen zu wollen. Ich meſſe meine Kräfte nach der Laſt,
die ich heben kann. Nicht jeder z. B. hätte die Kraft,
eine Feldmarſchalls-Uniform zu tragen." — Doch er
hatte ſich in Potemkin einen unverſöhnlichen Feind gemacht, und dieſer verhinderte alles.

Mit großer Auszeichnung, ja mit wahrer Zuneigung
von der Kaiſerin empfangen, die in ihm zugleich Schild
und Schwert ihres Reichs erkannte, erlangte er dennoch
nichts für ſeine große That als die Oberſtlieutnants-Würde
in der Preobraſchenskiſchen Garde; eine damals, wo die
Kaiſerin alleiniger Oberſter aller Garde-Regimenter war,
unſtreitig große Auszeichnung, die nur ſehr verdienten
Generalen widerfuhr, aber die weiter keine Vorrechte verlieh. Zwar wurden noch den Theilnehmern am Sturm,
den Offizieren goldene Kreuze, den Soldaten ſilberne Me-
daillen, als Ehrenzeugniß der That gegeben, aber dabei

blieb es auch, und zu allem andern, was Suworow zu erreichen gehofft, zeigte sich wenig Aussicht: denn schon war sein mächtiger Feind ihm auf den Fersen und kurze Zeit nach ihm in Petersburg eingetroffen; dieser mußte nun alles Günstige für ihn zu hintertreiben, und nicht nur, daß Suworow nicht Feldmarschall ward, er konnte es nicht einmal zum General-Adjutanten bringen, was er zu werden gewünscht hatte, um stets freien Zutritt bei der Monarchin zu haben; und noch empfindlichere Demüthigungen standen ihm bevor. Wunderbares Spiel des Schicksals! gerade dann, wenn es durch freundliches Anlächeln den Menschen zu den höchsten Hoffnungen be= geistert, stürzt es ihn in Abgründe hinab.

Harrend auf seine weitere Bestimmung lebte Suworow eine Zeitlang in Petersburg, nicht eigentlich vergessen, dazu sprach seine That zu laut, aber auch nicht hervor= gezogen. Von allen seinen Wünschen erfüllte sich nichts. Sein Mißmuth, seine getäuschten Erwartungen sprachen sich dann öfter in Sarkasmen gegen Hofleute und be= günstigte Generale aus, die schwer trafen und ihm neue Feinde erweckten. Er verglich ihre und seine Thaten, ihren und seinen Dienst, selbst das Dienst=Alterthum, worauf jene pochten, und verhehlte nicht das Gefühl seines eigenen, von den andern so wenig begriffenen Werths. Vornämlich gab das Wort Taktik, womit die meisten einen unklaren Begriff verbanden, zu solchen Stichel= reden Anlaß. So näherte sich ihm ein alter bloß durch Hofgunst emporgestiegener General und fragte mit ver= stellter Theilnahme: „Ist's wahr, Alexander Wassiljewitsch, man sagt, Sie verstünden nicht viel von der Taktik?" —

„Allerdings, erwiederte Suworow, ich kenne die Taktik nicht, aber die Taktik kennt mich; was Sie aber betrifft, so wissen Sie weder etwas von Taktik noch von Praktik." — Und es war wohlgesprochen. Die Menge, und dazu gehörten auch sehr hochstehende Militairs, sah damals in der Taktik nicht das was sie war und was sie ist, die Ausbildung des Soldaten zum Krieg, sondern die höhere Kriegskunst selbst, ein höheres Kriegsgeschick, die Kunst zu siegen, kurz eine höchste, gleichsam geheime und nur wenigen Auserwählten zugängliche Kunst; und in sonderbarem Widerspruch suchten sie jenes Geheimniß zum Sieg nicht in der geistigen und moralischen Ueberlegenheit des Feldherrn, in seinen höhern, umfassenderen Kombinationen, nicht in dem Geschick, große Massen zweckgemäß und zusammengreifend zu leiten, sondern vielmehr in den kleinen materiellen Friedensübungen, in Exercier-Künsteleien, und in verwickelten, unpraktischen Manövern und Bewegungen, wie sie im Felde nie statt haben und haben können. Es konnte also nicht fehlen, daß Suworow, dessen militairischer Instinkt und natürlich richtiger Sinn ihn vortrefflich leitete, ihn überall das Wahre und Wesentliche erkennen und vom Unwesentlichen und Unpraktischen unterscheiden ließ, gewaltig mit solchen Leuten zusammenstieß und von ihnen, die vornehm auf ihn herabsahen, als roher Naturalist ohne taktische Kunst und Größe ausgeschrien und gelegenheitlich angestochen ward. Da er aber, wie er sich ausdrückte, sich nicht auf den Fuß treten ließ, so gab er es ihnen reichlich wieder, und hatte, bei größerm Witz, die Lacher meist auf seiner Seite.

Viele seiner derartigen Reden so wie Aeußerungen über Generale, welche die urtheilslose Menge ihm vorzog, liefen zu jener Zeit herum; am bekanntesten ist sein Ausspruch über Kutusow, „den Schlauen, den selbst Ribas nicht betröge", und über Kamenskj und Iwan Saltykow. „Kamenskj, äußerte er, kennt den Krieg, aber der Krieg kennt ihn nicht", womit er vielleicht sagen wollte: Kamenskj kenne, was man damals Kriegskunst nannte, aber habe sich wenig als praktischer Feldherr bewährt. Sein Sengen und Brennen in der Türkei ist bekannt; und als er später in Preußen gegen Napoleon befehligen sollte, bewies er durch seine Kopflosigkeit, wie usurpirt sein Ruf bei den Unkundigen war und wie richtig ihn Suworow geschätzt hatte. „Ich kenne den Krieg nicht", fuhr Suworow in seiner Rede bescheiden=spöttisch fort, d. h. nicht das, was die Exerciermeister von damals so hoch anschlugen, die unpraktischen und verwickelten Exercizen und Manöver, „aber der Krieg kennt mich", nämlich der Krieg, wie er wirklich geführt sein will. „Was Iwan Petrowitsch Saltykow endlich betrifft, schloß er lachend seine Rede, so kennt der weder den Krieg, noch der Krieg ihn". Und dieser Iwan Petrowitsch war einer der am meisten damals gebrauchten Generale.

Ende Februar war der Agamemnon der Russischen Heere, der Feldherr der Feldherrn, Fürst Potemkin der Taurier angelangt, und mit ganz außerordentlichem Gepräng aufgenommen worden. Die Kaiserin schien ihm noch das alte Wohlwollen, das alte Vertrauen bewahrt zu haben, aber seine Stellung war, durch eigene Schuld, durch einen Egoismus, der sich zum Mittelpunkte aller

Strebungen machte, tief untergraben, und sein Einfluß
bei der Kaiserin durch die lange Abwesenheit bedeutend
geschwächt. Er fühlte es; um es nun vor aller Augen
zu verbergen, benahm er sich noch stolzer, hochfahrender
wie zuvor. Er schreckte, wie Suworow sich ausdrückt,
mit dem „Donnerkeil seiner Allgewalt", und lockte wieder
die Geld= und Ehrsüchtigen „durch das Füllhorn der
Gnade", worüber er verfügte. Alles beugte sich vor ihm
und seiner gebieterischen Höhe. Ein zahlreicher Hof um=
gab ihn; es huldigten ihm Höflinge, Generale, Minister;
besonders warben die Frauen um des Mächtigen Gunst,
und boten alle Mittel der Gefallsucht auf, seine Blicke
auf sich zu ziehen. Er aber schien alles ringsum zu ver=
achten; und je tiefer sich Jemand vor ihm erniedrigte,
desto tiefer drückte er ihn in den Staub. Nur den Grafen
Besborodko zeichnete er aus und würdigte sogar von Ge=
schäften mit ihm zu sprechen; nothgedrungen, um in dem
ihm fremdgewordenen Gange derselben und in den poli=
tischen Verhältnissen sich wieder zu orientiren.

Und zum letztenmal — denn schon neigte sich seine
Sonne dem Untergange zu — sollte er noch in seinem
ganzen erfindungsreichen Glanze, in einer alles übertref=
fenden, durch Mitwirkung aller Künste verschönten und
aufgeputzten Pracht sich zeigen, ehe Glanz und Pracht und
Leben ihn für immer verließ — ein letzter leuchtender
Strahl des verlöschenden Lichts! — Er gab Gastmähler,
Feste, die alles bisher gesehene durch Aufwand und Sin=
nigkeit der Ausführung verdunkelten; Feste, die ihn für
einen Augenblick angenehm beschäftigten, dann aber eine
trostlose Leere zurückließen. Vergeblich trachtete er in

äußern Genüssen jenes Glück zu finden, das nur innerer Seelenfrieden und eine zweckmäßige Geistesthätigkeit gewährt. Trübsinn, Ueberdruß am Leben, durch Uebersättigung hervorgebracht, verließen ihn keinen Augenblick, und Sorge, Mißmuth und nagender Gram folgten ihm in die Schlösser und Prunkgemächer. Subow's Einfluß bei der Kaiserin erfüllte ihn mit Neid und Grimm; und die vergeblichen Versuche, ihn zu stürzen, vermehrten seinen Unmuth. Sein „Zahnweh" blieb unheilbar; zu fest saß der „Zahn"[3]), als daß er ihn, trotz besten Willens ausreißen konnte. Diesen Stachel im ehrsüchtigen Herzen, gab es nichts was ihn befriedigen, aufheitern, anziehen konnte. Was war ihm neu, was hatte er nicht im Ueberfluß genossen! Das Eigenthümliche der Menschennatur ließ ihn alle Güter des Lebens, wie die Menge sie wünscht, gering achten, um nur dem einen nachzustreben, das ihm versagt war; und weil er dieses nicht erreichen konnte, sich höchst unglücklich zu fühlen. Dadurch kam in sein Gemüth eine Spannung, eine Reizbarkeit, die von allem verletzt ward. Der leiseste Widerspruch erzürnte, gefällige Beistimmung verdroß ihn, nichts war ihm recht. Herrisch, gebieterisch, wollte er nur Sklaven, und doch verachtete er die, welche sich dazu hergaben.

Obwohl in Genüssen schwelgend wie früher, war er nicht mehr der alte. Dem scharfen Auge der Höflinge entging es nicht. Seine kräftige Natur, deren er nie geschont, begann zu unterliegen; eine verzehrende Krankheit zog durch seine Glieder und sein Körper zeigte Erschöpfung.

---

3) Für Ausländer bemerken wir, daß der Zahn russisch Sub (зубъ) heißt.

Dieß machte ihn verdrießlich, zu den Geschäften träge, und brachte noch größere Ungleichheit in seine Launen. Jedoch troß seiner beginnenden Kränklichkeit, troß eines gewissen Vorgefühls seines nahenden Todes, hing er immer noch seinen weitaussehenden Entwürfen nach, und man hat ihn beschuldigt, daß er dem Frieden, dessen die Kaiserin bedurfte, nach dem sie sehnsuchtsvoll verlangte, heimlich entgegengearbeitet habe, weil er, mit ehrsüchtigen Hinter= gedanken, ihn nur mit der Moldau und Wallachei wollte, während die Kaiserin mit der Dniestr=Gränze zufrieden war.

Seine Todesahnungen, die sich mehrten, gaben ihn immer häufiger Anfällen von Traurigkeit und Schwer= muth Preis; selbst am Tage seines berühmtesten Festes, das er am $\frac{28.\ April}{9.\ Mai}$ der Kaiserin gab, und das an Glanz und Pracht und sinnreicher Erfindung seines Gleichen nicht hatte; wo alle Künste, selbst die Dichtkunst nicht ausge= nommen [4]), ihre Zauber hatten aufbieten müssen, um Hof und Monarchin in ununterbrochener wollustvoller Befrie= digung zu erhalten; selbst an diesem Tage, wo er sich als Festgeber zu überbieten schien, wo alle Stimmen sich zu seinem Preise vereinigten, übermannte ihn das Gefühl

---

[4]) Derßhawin hatte sein berühmtes: Громъ побѣды разда= вайся (Laßt den Siegesdonner laut erschallen) zum Lobe der Kaiserin und ihrer Waffen eigens für dieses Fest verfertigen müssen; eben so der Kapellmeister Kozlowski zu jenen Versen seine schönste Polonaise; die Läufer derselben wurden durch rollendes Geschützfeuer ausgedrückt. Der damals vielgerühmte Balletmeister Lepicq führten seine schönsten Solotänze auf; andere Künstler des Tanzes, der Schauspielkunst, des Gesanges und der Tonkunst verherrlichten nach einander das Fest. Mehr wie 300 Sänger und Tonkünstler wirkten mit, und dazwischen

der Nichtigkeit alles irdischen Glanzes, die Vorahnung seiner baldigen Auflösung, zugleich mit dem Schmerz, sich in Huld und Vertrauen seiner Monarchin durch einen andern ersetzt zu sehen, mit solcher Gewalt, daß er, als die Monarchin froh bewegt den Pallast verlassen wollte, von Rührung überwältigt, ihr zu Füßen sank, ihre Hand an seine Lippen drückte und mit herabrollenden Thränen benetzte. Tief fühlte sich die Monarchin ergriffen, beugte sich herab, küßte ihn auf die Stirn, und Thränen traten auch ihr in die Augen, die sie vergeblich zu verbergen suchte. Die Ahnung täuschte nicht — sechs Monate später war Potemkin eine Leiche. —

Dieses Fest sollte vornehmlich dem Glanztage von Ismail gelten. Natürlich sahen sich die Gäste nach dem Helden jenes Tages um, doch der fehlte. Hier offenbarte sich zuerst Potemkin's Mißstimmung gegen ihn. Da er diesen gut bei der Kaiserin angeschrieben wußte, griff er, als gewandter Höfling, ihn nicht direkt an, sondern benutzte die Bemühungen

---

ließ die Hornmusik ihre feierlich melancholischen Töne erschallen. Noch andere seltene Hervorbringungen menschlicher Kunst figurirten bei dem Feste, künstliche Automaten, z. B. der berühmte Elephant; kostbare Marmorvasen, Kunstwerke des Alterthums; und selbst der ungeheure seines Gleichen nicht habende Saal, blendend unter der Masse des Lichts, die herrlichen Gemächer, endlich der schöne Garten, mit den seltensten Gewächsen des Südens geschmückt, waren an sich bewundernswerthe Kunstwerke. Den Glanzpunkt des Festes aber bildete eine Quadrille von 24 Paaren der schönsten Jünglinge und Frauen des Hofes, die beiden jungen Großfürsten, den engelschönen Alexander und den muntern Konstantin an der Spitze. Glanz, Pracht, Mannigfaltigkeit und Abwechselung der Genüsse verbreiteten allgemein das Gefühl voller Befriedigung und machten dieses Fest zu einem einzigen in seiner Art.

der Rußland feindlichen Höfe von London und Berlin, Schweden nach kaum geschlossenem Frieden wieder in den Kampf zu treiben, um der Kaiserin regen Argwohn gegen diesen kaum entwaffneten Feind einzuflößen, und schlug ihr vor, einen bewährten Feldherrn, wie Suworow, nach Finnland zu senden, um diese gefährliche Gränze, von wo noch jüngst die Scheiben ihres Pallastes vom Kanonendonner erzitterten, in einen guten und sichern Vertheidigungsstand zu setzen. Reine Vaterlandsliebe schien aus ihm zu sprechen, und die Kaiserin ging in seinen hinterlistigen Vorschlag ein. Wenige Tage vor Potemkin's Feste berief sie Suworow zu sich, äußerte ihre Besorgnisse und ihr Vertrauen zu ihm und schloß: „Sie werden mir in Finnland höchst nöthig sein". Suworow begriff schnell, eilte heim, bestellte Postpferde, und schrieb am folgenden Tage aus Wiborg: „Allergnädigste Kaiserin und Mutter, ich bin in Finnland und erwarte Ihre Befehle". Diese blieben nicht lange aus und lauteten dahin: „Er solle die finnländische Gränze bereisen und die Punkte näher bestimmen, welche zur Vertheidigung derselben gegen Schweden dienen könnten" [5]).

Die Höflinge, deren spürender Sinn in alle Geheimnisse der Hoffsphäre einzudringen sucht, erriethen bald den Grund dieses plötzlichen Argwohns gegen den befreundet scheinenden König von Schweden; da sie aber das Verhältniß Suworow's zu Potemkin seit der Scene zu Jassy nicht näher kannten, schoben sie dieser Verbannung des erstern als Ursache Potemkin's Wunsch unter: sich seiner

---

[5]) Vgl. das Rescript bei Lewschin S. 18.

2 *

Gegenwart beim Feste und bei der bevorstehenden Vorstellung der in Ismail gefangenen Pascha's zu entledigen[6]).
Jedermann fühlte das ihm gethane Unrecht, und mit
Tacitus Worten könnte man sagen: Suworow's Name
glänzte bei dem Feste strahlender durch seine Abwesenheit.

Es war in der That eine eigene Erscheinung, daß
während man den Helden, der bei dem Sturm auf Ismail Ruf und Leben daran gesetzt, mit der Oberstlieut-
nants-Würde des Preobraschenskischen Regiments abfer-
tigte, wo er hinter 10 andern Generalen (Kyrill Rasumowsky, Rumänzow, Potemkin, Iwan und Nikolai Saltykow, Bruce, Repnin, Prosorowsky, Mussin-Puschkin
und Georg Dolgorukij) der 11. und letzte war (the last
not the least), man Potemkin, der ruhig während jener
Großthat in Jassy geschwelgt hatte, nicht genug dafür
belohnen zu können glaubte. Die Kaiserin wollte ihm
einen eigenen prachtvollen Pallast bauen lassen, er nahm
lieber den schon fertigen nach ihm benannten Taurischen,
worin er auch sein Fest gegeben, den ihm die Monarchin
schon einmal geschenkt und für eine halbe Million Rubel
zurückgekauft hatte. Außerdem sollte ihm in dem Garten von
Zarskoje Selo eine Ehrensäule wie die von Rumänzow
errichtet werden; die Kaiserin schenkte ihm eine Feldmar-
schalls-Uniform, auf den Näthen reich mit Brillanten
besetzt, und 200,000 Rubel. Wer hat, dem wird gegeben, wer im Ueberfluß sitzt, dem drängt man neuen
Ueberfluß auf. Für das bescheidene Verdienst scheint jeder
Abwurf hinreichend oder gar noch zu viel. Wenn Su-

---

[6]) Vgl. Chrapowizkij's Tagebuch unterm 26. April 1791.

worow später klagte, wie wenig seine Ismailer Glanzthat
anerkannt worden, verwunderte man sich, da er ja Oberst-
lieutnant von Preobraschensk geworden. Doch die Haupt-
schuld fällt hier auf Potemkin, der alles aufbot, Suworow
niederzuhalten, während er, für sich selbst zu fordern,
eine Dreistigkeit bis zur Frechheit hatte.

Mochten die Besorgnisse wegen Schweden nun ernstlich gemeint oder eine Hinterlist von Potemkin sein, Suworow entledigte sich seines Auftrags mit allem Eifer,
wie er pflegte, und als wenn der Krieg mit Schweden
vor der Thür gewesen. Innerhalb vier Wochen hatte
er die ganze Gränze bereiset, untersucht, die wichtigeren
Punkte und Positionen bestimmt und einen Plan zur Befestigung derselben entworfen. Er reichte ihn ein; man
fand ihn gut und ertheilte ihm am 25. Juni den Auftrag, die Gränze zu befestigen⁷). Das war für ihn
ein Donnerschlag! In der Türkei tobte noch der Krieg;
England, Preußen, Polen rüsteten und drohten mit einem
andern Kriege — welche Aussicht zur Thätigkeit und zu
Thaten; und er sollte hier den Festungsbaumeister machen,
weitläufige Bauten ausführen, während seine Nebenbuhler
leichte, wie er glaubte, und reiche Lorbeeren pflückten.
Für eine brennende Seele, wie die Suworow's, war es
ein Gedanke zum Verzweifeln, und seine innerste Verstim-
mung darüber leuchtet aus allen seinen zahlreichen Briefen
dieser Periode durch.

Um die Pille ihm zu versüßen, wurden alle in Finnland befindliche Truppen unter seinen Befehl gestellt, so-

---

7) Vgl. das Rescript vom 25. Juni 1791 bei Lewschin S. 19.

gar die Scheerenflotte, als der abenteuernde Prinz von
Nassau, der sie befehligt, neue Glücksfälle suchend, an
den Rhein zog, um den französischen Prinzen in Koblenz
seinen ritterlichen Degen anzubieten. Suworow sollte
nun die Festungsarbeiten mit Eifer betreiben und die ihm
untergebenen Truppen zu den Arbeiten verwenden. So
rächte sich Potemkin, ohne Rücksicht auf den Vortheil
seines Landes, indem er den kriegslustigsten und kriegs=
tüchtigsten Feldherrn, der gerade gegen einen Feind, dessen
Schrecken er war, mit dem größten Erfolge hätte gebraucht
werden können, vom Schauplatze der Thaten entfernte
und in einen Gränzwächter und Baukünstler umwandelte.

So widerwärtig die Aufgabe ihm auch war, so ergab
sich Suworow in sein Schicksal und schritt alsofort zur
Ausführung der ihm gegebenen Aufträge. In seinem
Plan hatte er sowohl eine bessere Befestigung der schon
vorhandenen festen Punkte wie Neuschlot, Willmanstrand,
Davidstadt und Friedrichsham angegeben, als auch die
Aufführung neuer Forts in kurzer Entfernung von der
Gränze auf allen größern aus Schwedisch=Finnland herein=
führenden Straßen vorgeschlagen, wie, vom Süden an=
gefangen, ein Fort bei Likkola, auf der Straße nach Fried=
richsham; weiter nördlich das Fort Utti auf der Straße nach
Willmanstrand; das Fort Osernoi noch nördlicher auf der
Straße nach Sawitaipol. Hinter diesen drei Forts, um den
ersten Andrang des Feindes aufzuhalten, befanden sich die
drei stärkern Punkte Friedrichsham, Davidstadt und Will=
manstrand; die Straße von Savolar aus deckte das feste
Neuschlot, und zugleich wurden mehrere Verbindungska=
näle in diesem see= und klippenreichen Theile des Landes

gezogen. Endlich um einen sichern und festen Standort für die Scheerenflotte zu haben und dem Schwedischen Sweaborg ein gleiches Gibraltar entgegenzusetzen, benutzte er die günstige Lage bei Rotschensalm, wo mehrere Inseln einen schönen Hafen bilden, um diesen auszubauen und stark zu befestigen; und um den Zugang von der Landseite besser zu schirmen, legte er die Festung Kymenegard an. So ward dieser Punkt ein Hauptbollwerk der südlichen Gränze von Finnland; und mit Recht konnte ihn später die Kaiserin mit den Worten bewillkommnen: „Sie haben mir einen neuen Hafen geschenkt".

Obgleich demnach wider Willen zu einem ihm, dem praktischen Soldaten, wie er sich nannte, frembartigen und unangenehmen Geschäft verwendet, führte er es nicht nur gewissenhaft mit allem Eifer, sondern auch mit einer Umsicht und Geschicklichkeit aus, wie sie der eigentliche Ingenieur nicht besser hätte zeigen können, und offenbarte dabei zugleich einen richtigen strategischen Blick, wie eine nicht gemeine Kenntniß des Geniewesens. Stets bemüht, alles was auf seinen eigentlichen Beruf mehr oder weniger Bezug hatte, sich anzueignen, hatte er sich sogar im Seewesen einige Kenntniß erworben, wie er schon in den Kämpfen vor Otschakoff bewiesen hatte; zum Scherz ließ er sich einmal auf der Flotte über seine seemännischen Kenntnisse examiniren, bestand nicht übel und erhielt zum Zeugniß dessen ein Diplom als Midschipman [8]). „Konnte Ribas, sagte er lachend, vom festen Lande plötzlich auf's

---

[8]) Ausgezeichnete Geister begegnen sich überall; wie mit Suworow war es auch mit Napoleon, der sich sehr gründliche seemännische Kenntnisse erworben hatte, von denen er auf der Ueberfahrt nach Elba

Meer überspringen, so möget ihr sehen, daß auch ich, wenn ich wollte, dem Neptun dienen könnte." — Und diesen Mann, der sich im Stillen und ohne damit zu prunken, die ausgebreitetsten Kenntnisse in allen Zweigen der Kriegswissenschaft erworben, sahen die Kriegspedanten seiner Zeit, die nichts weiter als ihr Exercier-Reglement kannten (und auch das kaum!) und darin das ganze Wesen der Kriegskunst erblickten, vornehm als nicht für voll, als keinen Eingeweihten an!

Die mit seiner Neigung so wenig übereinstimmenden Arbeiten, die, wie er sagte, wohl ein ganzes Menschenalter in Beschlag nehmen könnten, suchte er so schnell wie möglich zu fördern, theils in Folge seines energischen Charakters, der alles was er angriff, mit ganzer Seele betrieb, theils vielleicht auch in der Hoffnung, recht bald von einem ihm so wenig angemessenen Wirkungskreis loszukommen. Er sollte außer Arbeitern vom Lande auch Soldaten dazu verwenden; beging hier aber den Mißgriff, da er, bei seiner eigenen Uneigennützigkeit, gern auch alles für die Krone so wohlfeil wie möglich bewerkstelligen wollte, daß er Anfangs den Arbeitern einen sehr niedrigen Lohn setzte, was ihm von einem Vertrauten, dem freimüthigen Oberst Sacken (nachmaligen Feldmarschall) den Vorwurf zuzog: „er wolle sich auf Kosten armer Soldaten ein Verdienst erwerben." Dieser Fehler rächte sich auch bald an ihm, indem er nicht nur eine gewisse Mißstimmung erzeugte, sondern auch, wie wir gleich sehen

zur Verwunderung des Englischen Kapitains (Usher) auffallende Beweise gab. Vgl. Lord Hollands Reminiscenzen. Deutsche Ausg. von Röbiger 1852. S. 150

werben, seinen Gegnern Anlaß zu den herbsten Vorwürfen und Verläumdungen gab.

Während er so mit angestrengter Thätigkeit jene Arbeiten betrieb, konnte er nicht umhin, sehnsüchtige Blicke nach dem Süden zu werfen, wo der Krieg mit den Türken fortdauerte und nicht nur seine Nebenbuhler, die Repnin, Gubowitsch, Kachowskii, sondern frühere Untergenerale, wie Kutusow, Galizün und Wolchonski sich Ruf, Ehren und Vorzüge erwarben. Seine Augen starr auf die Karte geheftet, verfolgte er den Lauf ihrer Fortschritte mit einer Eifersucht, wie sie Themistokles bei Miltiades Thaten gefühlt. Was er so kräftig begonnen, sollten nun andere vollenden: alle die alten Waffengenossen sollten Lorbeeren pflücken, während er Schutt und Steine zu Bauten zusammenfahren mußte. Dann sah man ihn traurig, nachdenkend — jeder neue Sieg durchzuckte ihn schmerzlich, weil er nicht dabei gewesen. Mit großer Aufmerksamkeit folgte er den Operationen, las begierig und mit kritischem Auge die Relationen, freute sich bewegt über die Thaten seiner ehemaligen, durch ihn so begeisterten Division, und fühlte sich dann wieder aller Pein eines kriegsfeurigen Geistes hingegeben, der unthätig zuschauen muß, wenn andere, die er zu übersehen glaubt, Ruhm und Ehre in Fülle ernten. Dann wallte er auf, entwarf Briefe, worin er dringendst um eine aktive Anstellung bat, da er kein Feldbaumeister, kein Tutschkow, wie er es nannte, sei[9], sondern ein alter praktischer Soldat,

---

[9] Tutschkow war Ingenieur-General-Lieutenant und der oberste Offizier des Geniewesens.

und daher um praktische Verwendung bäte. — Aber so
lange Potemkin lebte, war an keine solche Verwendung
zu denken, und das erfüllte ihn mit Verzweiflung; da
wollte er dann lieber Entlassung vom Dienst, wollte
Urlaub ins Ausland, und trug sogar seinem Vertrauten
Chwostow auf, eines seiner Güter zu verkaufen, um ihm
10,000 Rubel zur Reise zu verschaffen. Alles war vergebens, er mußte bauen, und die Galizin, Kutusow und
Repnin mit den von ihm gebildeten „Wunderhelden"
siegen lassen.

Und das geschah denn auch reichlich. Der Feldzug
von 1791, obgleich durch äußere Umstände behindert,
war glänzend. In Folge des Waffenstillstandes zwischen
den Türken und Oestreichern, wodurch alles Land auf der
rechten Seite des Sereth bis zur Donau, also ein großer
Theil der Moldau und die Wallachei, wo bisher der
Kriegsschauplatz der verbündeten Oestreicher gewesen, für
neutral erklärt ward und den Russen verschlossen bleiben
sollte, wurden die Operationen der letztern überaus er-
schwert und beengt, da ihnen, nach vollbrachter Bezwingung
der Unter-Donau zwischen Galatz und ihren Mündungen,
nur der schmale Raum zwischen diesem Fluß und dem
Schwarzen Meer zu ihren Operationen offen blieb; sie
aber hier nicht anders als unter großer Gefahr vorrücken
konnten, indem die Festung Braila, auf dem rechten
Sereth-Ufer, aber dicht an der Donau gelegen, durch
den erstern Umstand außer Kriegsbereich, durch den letztern
aber in dem Vortheil war, über die Donau hin Ausfälle in die rechte Flanke der Russen machen zu können.
Diese konnten demnach nicht ohne Gefahr vorwärts gehen,

und andererseits auch nicht die auf dem neutralisirten Gebiet liegende Festung angreifen. Es zeugte von Kurzsichtigkeit, wenn nicht von Böswilligkeit, daß man eine solche Stipulation bewilligt hatte. Bulgarien, zwischen der Donau und dem Schwarzen Meer (die sogenannte Dobrudscha), blieb zwar den Russischen Heeren offen; aber um vorzudringen, hätten sie ein bedeutendes Corps Braila gegenüber lassen müssen, um sich ihre rechte Flanke zu sichern. Die Verhältnisse waren aber nicht so, daß man bedeutende Heere hätte verwenden dürfen, indem westlich von Preußen, wie von Polen, ein neuer Krieg drohte. Man beschloß demnach, hier blos einen thätigen Vertheidigungskrieg zu führen, und, ohne das Hauptheer in's Spiel zu ziehen, nur mit größern oder kleinern Abtheilungen das jenseitige Gebiet zu durchstreifen. Großes war freilich auf diese Art nicht zu erlangen; man hatte jedoch das, was man erstrebte, im Besitz, das Land bis zum Dniestr, und wollte keine großen Schläge führen, um die mißgünstigen Mächte, England, Holland, Preußen, Polen und selbst Schweden, nicht noch mehr gegen sich in Harnisch zu bringen und dadurch die fortdauernden Unterhandlungen zu erschweren. Blieben diese fruchtlos, mußte das Schwert gegen jene Mächte, die gebieterisch der Kaiserin einen Frieden ohne Ersatz aufzwingen wollten, gezogen werden; so war das Donau=Heer gegen 60,000 M. stark (76 Bataillonen und 134 Schwadronen) bestimmt, von andern 15,000 M. bei Kiew, unter General Kretschetnikow unterstützt, in Polen einzurücken, während ein Corps von 30,000 M., unter Graf Iwan Petrowitsch Saltykow sich an der Düna versammelte, um in Kur-

land einzubringen. Während man also, bei der Unge=
wißheit der politischen Verhältnisse, hier jedes entschei=
dende Handeln vermied, sollte dagegen der Krieg auf der
Asiatischen Seite mit mehr Kraft geführt werden, da man
dort die Ellbogen mehr frei hatte. Graf Gudowitsch,
der am Kuban=Fluß 20,000 M. (24 Bataillone und
50 Schwadronen) befehligte, sollte vorerst Anapa weg=
nehmen und sodann weiter vordringen, im Nothfall unter=
stützt vom General Kachowskij, der mit 15,000 M.
(24 Bat. u. 20 Schwab.) die Krimm bewachte.

Der Zwist mit Preußen und England war jetzt in
der Krise. Diese Mächte, die früher die Türken zum
Krieg aufgehetzt hatten, glaubten nun, da die Sachen
für diese schlecht gingen, sie nicht fallen lassen zu dürfen,
und bestanden darauf, vermittelnd einzuschreiten, um für
ihre Schutzbefohlenen einen Frieden ohne allen Verlust
zu erwirken. Oestreich hatte sich nach Josephs Tode ein=
schüchtern lassen, und Unterhandlungen über einen Frieden
wären in Sziftowa eröffnet worden; die Kaiserin Katharina
wies aber alle Vermittlungs=Vorschläge von Gegnern
zurück, und erklärte entschieden: „sie verlange ihren Frieden
ohne fremde Dazwischenkunft und mit einigem Ersatz für
die Kriegskosten zu schließen." Man wollte sie also mit
Gewalt zum Nachgeben zwingen. Ein Preußisches Heer
versammelte sich in Altpreußen, und eine Englische Flotte
bereitete sich, in die Ostsee einzulaufen. Zugleich bear=
beitete man die Polen und suchte den König von Schweden
zu bewegen, das kaum in die Scheide gesteckte Schwert
wieder herauszuziehen. In Gefahr und Noth zeigt sich
der wahre Seelenmuth, die wahre Größe. Katharina,

zwar innerlich tief bewegt, blieb, trotz aller dieser drohenden
Aussichten, unerschütterlich, und setzte den Rüstungen
Rüstungen entgegen. Suworow mußte, wie wir sahen,
die Schwedische Gränze befestigen; gegen die Preußen
war Rumänzow bestimmt; und gegen das Englische Geschwader, das die Ostsee heimsuchen sollte, wurden alle
Vorsichtsmaßregeln genommen und die Flotten in Reval
und Kronstadt unter Admiral Tschitschagoff, der sich im
letzten Kriege so rühmlich bewährt hatte, in Bereitschaft
gesetzt. Nie schwankte die Kriegeswage drohender, aber
auch nie zeigte sich die Festigkeit ehrenvoller und mit
besserem Erfolg.

Ein Krieg mit Rußland war beim Englischen Volk
nicht beliebt und die Minister hatten die heftigsten Par-
teikämpfe im Parlament zu bestehen. Schon seit einem
Jahr drang der König von Preußen auf einen entscheidenden Entschluß, um weitere Gefahren von der Pforte
abzuwehren. Die Englischen Minister zauderten. König
Friedrich Wilhelm, aus alter Zeit grollend, weil er bei
seinem Besuch in Petersburg sich nicht genug ausgezeichnet glaubte [10]); dazu gespornt durch kurzsichtige Minister, die sich weniger durch Landesinteressen als kleinliche Leidenschaften lenken ließen, wie von einem eng-
herzigen Bruderhaß gegen Oestreich, Neid und Unwillen
gegen Rußland, weil es Oestreichs Bündniß dem ihrigen
vorgezogen, — König Friedrich Wilhelm, sagen wir,
betrieb mit dem vollen Eifer der Leidenschaft den Krieg

---

[10]) Ueber die unangenehme Rolle, die er dort spielte, vgl. Core,
Geschichte des Hauses Oestreich. IV, 408—9 (der deutschen
Uebersetzung von Tippold und Wagner).

gegen die Kaiserin, und stellte dem Englischen Ministerium die Wahl, entweder seinem Bündniß zu entsagen oder mit ihm gemeine Sache zu machen. Die Entscheidung über Krieg und Frieden lag sonach im Englischen Ministerium, oder, da dieses selbst gespalten war, und die eine Partei, den König Georg an der Spitze, Krieg, die andere, für die im geheim selbst Pitt war, den Frieden wollte, im Parlament, im Englischen Volk. Ein drohender Antrag ward der Kaiserin gestellt: Frieden auf den frühern Besitzstand mit der Pforte, oder Krieg mit England und Preußen. Sie antwortete mit Würde: „Beherrscherin eines unabhängigen Staats, stehe sie niemanden zu Rede; sie werde thun, was sie für zweckgemäß erachte, und überlasse Gleiches zu thun auch andern." Dieses Wort schien die Losung zum Krieg, einem schweren, verhängnißvollen Krieg mit fast allen Nachbarn, und den Meerbeherrschern dazu. England rüstete sofort eine Flotte von 30 Linienschiffen, 75 Fregatten und kleineren Fahrzeugen unter Admiral Hoob, um im Baltischen oder Schwarzen Meer mit Nachdruck aufzutreten; dazu sollte noch Holland 12 Linienschiffe stellen. Der Würfel schien geworfen, der Krieg vor der Thür. Doch da legte das Englische Volk seine Meinung in die Wage; Fox und Burke liehen ihre Stimme; und Katharina, Drohungen nicht weichend, standhaft bei ihrem Wort beharrend, behielt zuletzt Recht. In der Politik wie im Kriege ist es die Standhaftigkeit, wenn Klugheit sie begleitet, die zum Erfolg führt.

Doch ward der Sieg über die gegenstrebenden Meinungen in England nicht leicht. Mächtig war die Kriegspartei, da sie selbst den König für sich hatte. Jedoch das Volk im Lande ruhte nicht; sein Murren, seine zahlreichen Petitionen gegen den Krieg, fielen ins Gewicht; den Ausschlag jedoch gab die Kunst der Rede eines Burke, eines Fox. Fox, nachdem er die Sachlage dargestellt, rief: „Man behauptet, der Krieg der Türken gegen die Russen sei auf unsere Anhetzung geschehen. Es ist wahr oder nicht. Ist es wahr, so frage ich: ist es billig, ist es redlich, zu verlangen, daß das angegriffene Rußland für die schweren Kosten eines zur Vertheidigung geführten Kriegs durch nichts entschädigt werde? — Ist es unwahr, haben wir die Türken nicht angereizt, nun so haben die Minister schwer gefehlt, daß sie einen solchen Kampf, dessen Ausgang uns nicht gleichgültig sein kann, nicht verhindert haben. Rußland soll alle seine Eroberungen herausgeben, verlangen wir; — und doch bestehen wir zu gleicher Zeit in Indien darauf, daß Tippo Sahib, als Urheber eines Kriegs gegen uns, nicht allein den Schaden ersetze, sondern zur Strafe auch noch erlaube, ihm so viel Länder abzunehmen, als uns beliebt. Welcher Fürst, der eine Seele, der Ehre im Leibe hat, und Kraft zum Widerstehen, sollte nicht mit tiefem Unwillen die Unverschämtheit einer Forderung zurückweisen, die gerade das Gegentheil unserer eigenen Forderungen in Indien ist? — Der Zusammenfluß günstiger Umstände, fuhr er fort, kann Staaten zu gewissen Zeiten große Macht geben, wollen sie aber diese Macht, wie der 14te Ludwig, stolz mißbrauchen, so erwäge man, ob es nicht in der Natur der Dinge, in dem Hange der Menschen liege, sich gegen Ungerechtigkeit und Uebermuth zusammenzunehmen. Nie

war in der sittlichen Welt, wer sich überhob, lange glücklich; nie wird ein solcher, so lange die Menschen bleiben,
was sie sind, es künftig sein." Dritthalb Stunden sprach
Fox mit einem Feuer, einer Beredsamkeit, wie noch nie
zuvor, und schloß dann mit einem eindringlichen Aufruf
an alle Patrioten der Versammlung, sich einem dem Staate
so schädlichen Unternehmen aufs äußerste zu widersetzen [11]).

Nach ihm trat Burke auf, sein Lehrer, sein Meister;
noch gewaltiger, einschneidender. Er verwünschte die
Türken sammt ihrem Anhang in Europa. „Was sollen
diese Barbaren unter Europa's Völkern, rief er, etwa,
und besseres verstehen sie nicht, um Mord und Mord-
brand, Pest und Verheerung unter sie zu bringen? Mit
Schaudern nur habe ich vernommen, daß man den Römischen Kaiser gezwungen, dieser verabscheuenswerthen
Macht die schönen Donauländer wiederzugeben, wahrscheinlich, damit Barbarei und Pestilenz für immer ihren
Aufenthalt bort nehmen" [12]). Zuletzt wies er staatsmän-

---

[11]) Tief fühlte sich die Kaiserin für Fox verpflichtet und befahl dem
Grafen Woronzow, ihrem Gesandten in London, dessen Marmorbüste
vom berühmten Bildhauer Nollekens ihr zu übersenden. Nach
dieser ließ sie eine andere von Bronze anfertigen, und auf der Ko-
lonnade zu Zarskoje Selo zwischen den Büsten von Cicero und
Demosthenes aufstellen. „Er hat durch seine Beredsamkeit, sagte sie,
einen Krieg Englands gegen mich abgewandt, wie soll ich ihm anders
meine Dankbarkeit ausdrücken." — Es sollte zugleich eine Demüthigung
für Pitt sein, die, wie man aus seinen ironischen Aeußerungen
schließen möchte, stark gefühlt ward.

[12]) Wir citiren buchstäblich die Worte Burke's, deren Verantwortlichkeit wir ihm überlassen, ohne sie weiter vertreten zu wollen.
Ohnehin haben die 66 Jahre, die seitdem verflossen, manches geändert
und gebessert.

nisch nach, daß ein Bündniß mit der Russischen Monarchin unter allen, wie die Dinge lägen, das vortheilhafteste für England sei.

Unter dem Gewicht dieser machtvollen Redner, die um so kräftiger auftraten, als sie die öffentliche Meinung für sich wußten, hatte das Ministerium einen schweren Stand, und war zuletzt genöthigt, einzulenken und noch einen Friedensversuch zu machen. Es schickte einen Vertrauten, Fawkener, nach Petersburg ab; und es dauerte nicht lange, so ward man einig. Fawkener blieb als außerordentlicher Botschafter am Russischen Hofe, und das Englische Ministerium willigte in Rußland's Forderung, Otschakow mit der linken Seite des Dniestrs als Kriegsentschädigung zu behalten. Dieß sollte die Grundlage des künftigen Friedens sein. Würden die Türken nicht einwilligen, so sollten sie ihrem Schicksal überlassen bleiben. Wiederholte Siege aber zwangen sie bald nachzugeben, da jener Halt, den sie bisher an den Rußland feindseligen Mächten gehabt, ihnen entzogen ward.

Schlag auf Schlag fielen die schwersten Schläge auf sie; Sieg auf Sieg erfreute Rußlands Monarchin, und bewegte schmerzlich des verbannten Suworow's Brust. Fürst Sergei Födorowitsch Galizün [13]), Gemahl von Potemkin's Nichte, der Suworow's ehemalige Division befehligte, ging Ende März mit diesen Tapfern bei Galatz über die Donau, zerstörte mehrere Schanzen vor Matschin und Braila, und schlug die Haufen, die ihn daran hindern wollten. Ein Gleiches that im April Kutusow;

---

[13]) Derselbe, der späterhin die Russische Armee 1809 in Galizien befehligte, wo er auch im folgenden Jahre starb.

v. Smitt, Suworow und Polen. II.

zog von Ismail nach Bababagh und zersprengte eine
zahlreiche Türkische Kriegerschaar. Aber schon zogen größere
Streitkräfte heran, an ihrer Spitze Juffuf Pascha, der
neue Großwestr, der Besieger der Oestreicher bei Lugosch,
der Verwüster des Banats, mit Türkischem Hochmuth
und Unvernunft. Schon war er mit Heeresmacht bei
Hirsowa angekommen und hatte den Seraskier von Ru-
melien mit mehr wie 70,000 M. vor sich hergesandt gegen
Matschin, um nächstens über die Donau zu setzen und
auch den Russen ein Lugosch zu bereiten. Noch vergeudete Potemkin die Feldherrnzeit in Petersburg mit Festen
oder politischen Umtrieben zum Sturze seiner Gegner.
Fürst Repnin befehligte statt seiner, und als erfahrner
Feldherr die beste Kriegsweise gegen die Türken kennend,
beschloß er ihnen rasch entgegenzuziehen und mit
dem Angriff zuvorzukommen. So ging alles
schnell und kräftig von statten, sobald die Feldherrn, von
Potemkin's lähmender Anwesenheit befreit, nach eigenem
Ermessen handeln konnten. Doch der Sieger mußte seines
Zorns und seiner Eifersucht gewärtig sein.

Das Glück krönte Repnin's Entschluß. Am $\frac{26.\ Juni}{7.\ Juli}$
setzte er bei Galatz über die Donau und zog in vier Kolonnen auf Matschin, einen kleinen Ort, Braila fast
gegenüber. Den rechten Flügel und die Mitte befehligten
die Fürsten Galizün und Wolchonskij; den linken sollte
Kutusow von Ismail her über die Berge den Türken in
die rechte Flanke führen; eine gefahrvolle Bewegung, nur
gegen Türken anwendbar, die günstige Umstände nie zu
benutzen wissen: sie hätten ihn, den eine Bergkette vom
Hauptkorps schied, vereinzelt aufreiben können; dachten

jedoch nicht eher ihn anzugreifen, als bis er schon von den Höhen in ihre Flanke herabstieg. Nach dem Vorgang Suworows am Rymnik, der, obzwar abwesend, doch in allen Gemüthern lebte und geistig die Feldherrn inspirirte, theilte man das Heer in kleine Vierecke von ein oder zwei Bataillonen, die in Schachbretform, die Reiterei hinter sich, zum Kampfe vorrückten. Am $\frac{28. \text{ Juni}}{9. \text{ Juli}}$ kam es bei Matschin zur Schlacht, und obwohl die Türken anfangs tapfer stritten, aber nach ihrer Weise, ohne genauern Halt und Zusammenhang, so unterlagen sie doch zuletzt der siegesstolzen Zuversicht der Russen. Zwar setzte ein Türkischer Haufe von 9000 Mann bei Braila über die Donau, im Rücken der Russen; ein anderer mächtiger Türkenhaufe stürzte auf den herabsteigenden Kutusow und umschwärmte ihn ringsum; auch im Centrum, auf dem rechten Flügel ward viel und vielfach gestritten. Der Schluß aber war der gewöhnliche; da sie die vorrückenden Vierecke der Russen nicht brechen konnten, viel von deren Feuer litten, so kehrten sie zuletzt um, und gingen eben so schnell davon als sie gekommen waren, ihr Lager und 35 Stück Geschütz Preis gebend und an 4000 Todte auf der Wahlstatt hinterlassend. Verfolgung war, nach der Lage der Dinge, unstatthaft; und Repnin, nachdem er drei Tage zur Wahrung der Siegesehre auf dem Kampfplatz geblieben, kehrte über die Donau zurück. Nicht Jussuf, nur sein Unterfeldherr war besiegt, nur ein Theil des Heeres, Zeichen Türkischer Thorheit, die sich immer theilweise schlagen läßt, weil nichts bei ihnen zusammengreift und alle geistige Einheit mangelt. Jussuf eilte

unmuthsvoll herbei; bald stand er mit 120,000 Streitern
abermals bei Matschin, wahrscheinlich zu neuer Niederlage,
wenn es zu einem Kampf gekommen wäre. Doch unerwartet
kam ein Tartar aus Konstantinopel angejagt und überbrachte
Jussuf den Befehl, auf jede Bedingung Frieden zu schlie=
ßen. Wunderbarer Uebergang von Stolz zur Verzagt=
heit, der nicht so sehr durch den Kampf bei Matschin als
durch die fast gleichzeitige blutige Erstürmung von Anapa
erzeugt ward, wo Gudowitsch, sich gleichfalls genau an
Suworow's Sturmordnung bei Ismail haltend, am
$\frac{22. \text{ Juni}}{3. \text{ Juli}}$ die Festung erstieg, mehr wie 8000 Türken tödtete,
6000 gefangen nahm und Schrecken bis tief nach Asien
verbreitete. Die hohe Pforte erbebte in ihren Grundfesten
und Sultan Selim überzeugte sich, daß er Gegner wie
diese nie überwinden werde. Jene Russenheere waren
aber auch echte Römerheere, gleich hart, rauh, unver=
zagt und siegessicher; Rumänzow, Weißmann, Repnin,
Suworow hatten ihren ganzen kriegerischen Geist ihnen
eingehaucht. Die gemeinen Krieger, meist echte Kern=
russen von eisernem Körper, die Offiziere reich versetzt mit
trefflichen Genossen aus den Ostseeprovinzen, hart wie
ihr Klima, erfahren und gebildet durch vielfachen Krieg
und damalige Kriegsweisheit. Die Soldaten willig, ge=
horsam, zu allen bereit; im Lager Lämmer, in der Schlacht
Löwen; aber auch, einmal losgelassen, grimmig wie die
Löwen. Was dem Römer sein kurzes Schwert, das war
ihnen ihr Bajonnet; weh dem Gegner, der den festen
Stoß, vom kräftigen Arm geführt, erwartete. Weißmann
Suworow hatten ihnen unaufhörlich vorgepredigt, sie

seien unüberwinblich. Sie hielten sich dafür und waren
es; die Siegeszuversicht gab den Sieg, weil, wer entschlossen ist, nicht zu weichen, den Gegner überwindet
oder stirbt. Aber hat der Gegner sich einmal davon überzeugt, so entfällt ihm bald der Muth, und er weicht,
wenn er nicht durch Uebermacht erdrücken kann. So
bringt die Selbst=Aufopferung eines kleinen tapfern Häus-
leins auch für die Folgezeit ihre Früchte, und der Feind,
der einmal mit Leonibas=Spartanern, Cäsars zehnter
Legion, Suworow's „Wunderhelden", und Napoleon's alten
Garden zu thun gehabt, behält den Eindruck ihrer Unwiderstehlichkeit tief eingeprägt, und scheuet vor Kampf-
riesen dieser Art zurück. So entstehen die kriegerischen
Erinnerungen, Traditionen eines Volks, die lang und
gewaltig den Muth seiner Streiter aufrecht halten. Un-
vorhergesehene Unfälle können ein Volk augenblicklich nieder-
drücken, doch, wenn es solche Erinnerungen hat, behält
es immer jene Spannkraft, die zu neuen Thaten Antrieb
und Schwung gibt.

Jussuf, der Großwesir, erhielt von seinem gebeugten
Herrn Befehl, Frieden zu schließen. Aber wie die Ein-
leitungen dazu machen, ohne dem Osmanischen, noch
so hoch fliegenden Stolze etwas zu vergeben? Er half
sich nach seiner Weise und schickte dem Fürsten Repnin
eine Botschaft, die den eigenen Wunsch dem Gegner in
den Mund legte: „Es sei dem Padischah zu Ohren gekommen, wie die Russen gern Frieden haben möchten
und um einen solchen bäten." — Repnin, dem die Türkische Weise nicht fremd war, antwortete ruhig: „Rußlands
Bedingungen seien vor aller Welt dargelegt, nähmen die

Türken sie an, so stände dem Frieden nichts im Wege."
Somit war die Einleitung gemacht. Türkische Abgeord=
nete erschienen in Galatz, und gegen alle Erwartung
ward man sehr schnell einig. Am $\frac{31.\ \text{Juli}}{11.\ \text{Aug.}}$, wenige Tage
nach Eröffnung der Unterhandlung, wurden die Präli=
minar=Artikel beiderseitig unterzeichnet, nach denen der
Großsultan den Russen, ihrer Forderung gemäß, den
Dniestr als Gränze zugestand. Was die Nachgiebigkeit
der Türken vornämlich beförderte, war ein Seesieg, den
Admiral Uschakow wenige Tage zuvor am Eingang des
Bosporus über die doppelt stärkere Türkische Flotte davon
getragen, nur 60 Werst von Konstantinopel, das den
rollenden Kriegsdonner deutlich vernehmen konnte. Un=
längst noch die billigsten Vorschläge stolz abweisend, konnte
der Muselmännische Hochmuth jetzt den Abschluß der
Unterhandlungen kaum erwarten, nach der Art roher Völker
und Gemüther, die, vom augenblicklichen Eindruck stets
beherrscht, im Glück dem Uebermuth, im Unglück der
Verzagtheit keine Gränze wissen. Wie in Konstantinopel
Niedergeschlagenheit, erweckten jene Nachrichten in Peters=
burg Siegesstolz und Freude. Durch die Thaten ihrer
Heere gehoben, hatte die Kaiserin mit überschwellender
Hoffnung schon nach dem Matschiner Sieg an den neuen
Englischen Gesandten Lord Whitworth die ironischen
Worte gerichtet: „Ihre Minister wollen mich aus Peters=
burg vertreiben, nun, so werden sie mir erlauben, mich
in Konstantinopel niederzulassen." — Und die Siege ihrer
Truppen gaben ihren Worten Gewicht.

Nur Ein Mann in Petersburg war bei diesen frohen
Siegesnachrichten unzufrieden und voll Unmuth — Po=

temkin. — Wie, ein Unterfeldherr von ihm hatte sich erdreistet, ohne ihn, ohne seine Erlaubniß, glänzend zu siegen und gar noch in Friedens-Unterhandlungen sich einzulassen! In seinen Augen ein nie zu sühnendes Vergehen. Was galt ihm das Wohl des Staats, wenn es mit seinem eigenen Vortheil stritt. Wie Suworow sollte nun auch Repnin seinen ganzen Grimm erfahren. Vergessend der Gegner in Petersburg, der Feste, Liebschaften und Intriguen, lag ihm nur Repnin's Sieg im Kopf, die Besorgniß, einen neuen Rumänzow in demselben an seiner Seite aufwachsen zu sehen. Er, den früher die bestimmtesten Befehle nicht von Petersburg hatten wegbringen können, zeigte sich jetzt gehorsam wie ein Lamm, und eilte von Groll und Eifersucht gespornt, über · Hals und Kopf aus der Hauptstadt. Er hoffte noch den Frieden zu vereiteln, über den unterhandelt ward; mit weitgehenden Hintergedanken wollte er ihn nicht anders als mit der Moldau und Wallachei. Am $\frac{24.\ \text{Juli}}{4.\ \text{Aug}}$ war er von Petersburg, abgereiset, ungeduldig vor dem Abschluß der ohne ihn begonnenen Unterhandlungen einzutreffen: doch bei seiner Ankunft in Galatz wurden ihm die eben unterschriebenen Präliminarien vorgelegt. Er wüthete, überhäufte Repnin mit Schmähungen [14]), Drohungen, dem ganzen Ausbruch seines Zorns. Repnin bebte vor dem Allgewaltigen, stützte sich aber zu seiner Rechtfertigung auf die höhern von Petersburg erhaltenen

---

[14]) Er nannte ihn nur den kleinen elenden Martinisten, weil Repnin zu den eifrigen Anhängern von St. Martin gehörte, dem Verfasser des dunkel-mystischen Buchs: des erreurs et de la vérité.

Befehle. Eine Hoffnung blieb Potemkin: Präliminarien
waren noch kein End=Frieden; dieser sollte erst in Jassy,
unter Potemkin's Augen geschlossen werden. Er mit den
Türkischen Bevollmächtigten begab sich dahin, entschlossen,
die Begebenheiten wieder in seine Hand zu nehmen, und
den Frieden nur, wie er ihn wollte, abzuschließen. Doch,
wer kennt die Zukunft! was sind selbst der Allgewaltigsten
Entwürfe! „Ich ging vorüber, sagt die Schrift von dem
Mächtigen, und er war nicht mehr.“ Die Stunde des
Gewaltigen schlug; seine Vorahnungen gingen schnell in
Erfüllung: außergewöhnliche Menschen haben gleichsam
den Instinkt des Kommenden. Wenige Wochen zuvor
erfüllte ihn ein neuer Zufall mit geheimem Grauen. Der
junge Prinz, Karl von Würtemberg, Bruder der Groß=
fürstin, verschied im August am Fieber und ward in Galatz
zu Grabe geleitet. Potemkin, aus der Kirche tretend,
setzte sich in Gedanken auf den Leichenwagen. Die Um=
stehenden, erschrocken ob der Vorbedeutung, weckten ihn
aus seiner Träumerei; er fuhr zusammen, und unter der
Macht seiner Ahnungen, brach er in die Worte aus:
„Ha, ich erkenne es; ehe drei Monate vergehen, führt
man auch mich so hinaus.“ — Die Ahnung täuschte ihn
nicht, noch waren die drei Monate nicht abgelaufen, so
deckte ihn die Erde.

Schon auf der Reise von Petersburg fühlte er Er=
schlaffung der Kräfte, ohne an Lebensweise und Ent=
würfen etwas zu ändern. Die Moldau und Wallachei
blieb immer noch sein Ziel. Doch das Uebel kam stärker;
ein in Jassy herrschendes Fieber trat ansteckend dazu: er
begann des Todes Vorboten zu erkennen, und seine Stim=

mung ward düsterer. Verweichlicht durch Glück und
eiserne Gesundheit, ward ihm der Leidenszustand unerträglich, und er erfüllte alles, was ihn umgab, mit seiner
Unruhe. Auf die erste Nachricht von seiner Krankheit
hatte ihm die Kaiserin die vorzüglichen Petersburger Aerzte
Massot und Tiemann zugeschickt; doch für den Eigen-
willigen ohne Nutzen, da er ihren Rath verspottete und
sich seinen Gelüsten, wie sie ihn anflogen, nach wie vor
überließ. Immerfort stäubten noch Eilboten die Wege,
um ihm Sterletsuppen aus Petersburg, Gänseleber-Pasteten
aus Straßburg, seltene Fische aus Astrachan oder sonstige
Leckerbissen aller Art herbeizuführen. Er verachtete alle
Warnungen, trotzte auf seinen festen Körper, und ward
kränker. Da zürnte er den Aerzten und zieh sie der Unwissenheit; da schmähte er seine Lieblinge, mißhandelte
die Höflinge und verschloß der Menge die Thür. Den
Verwandten grollte er, wenn sie sich beflissen zeigten, weil
er darin ihre Gier ihn zu beerben sah; hielten sie sich
zurück, so waren sie gefühllos und undankbar. Nichts
war ihm recht; sein Zustand ward ihm zuletzt unerträglich,
der Tod mit seinen Schrecken trat ihm vor die Augen.
„Führt mich nach Nikolajew, rief er in trüber Ungeduld,
in meinem Nikolajew will ich sterben.“ Er hatte den
Ort angelegt, doch er sah ihn nicht mehr wieder. Am
$\frac{4}{15}$ October brach der Zug von Jassy auf; 38 Werst von
da fühlte er sich übler, der Aufenthalt im Wagen ward
ihm unausstehlich. Die Gräfin Branicka, die ihn begleitete, seine geliebteste Nichte, ließ halten; man breitete
einen Mantel über den Rasen, und legte den Verschei-
benden darauf, das Bild des heiligen Nikolaus auf seine

Bruſt. Sprache und Kraft entweicht, das Auge bricht,
und dort auf freier Ebene, „den Himmel zum Obdach,
die Steppe zum Gemach," wie der Dichter ſang [15]), hauchte
er am ⁵⁄₁₀ Oct., in den Armen ſeiner Nichte, den. letzten
Athem aus.

So trat er ab von dem Schauplatz, den er mit ſeinem
Namen angefüllt, ein Bild der Nichtigkeit aller irdiſchen
Größe, alles deſſen was man Glück nennt. Wer hatte
deſſen mehr, und wer bewies mehr, daß nicht die äußern
Güter allein des Lebens Glück begründen. Sechzehn
Jahre war er die Seele des Ruſſiſchen Kabinets geweſen:
tief ging die Spur, die ſeinen Lauf bezeichnete; er ſtarb,
und bald verwiſchte ſich die Spur, und Vergeſſenheit
breitete ihren Schleier über ihn, ſeine Entwürfe, Hoffnungen und Pläne.

Er ſtarb faſt unbeweint. Wer alles eigennützig auf
ſich ſelbſt bezieht, der hat keine Freunde; erntet vielleicht
kaltes Lob, ſelbſt hie und da Bewunderung, nie Anhänglichkeit, Liebe, Ehrfurcht. Seine Größe drückte nieder,
erhob, belebte nicht; außer der Kaiſerin trauerte faſt niemand um ihn; ſeine Feinde freuten ſich. Ein Obelisk
bezeichnete den Ort, wo er verſchieden, ward aber nachmals von den Türken niedergeriſſen. Seinen Leichnam

---

[15]) Derſhawins Verſe ſind bekannt, ſie malen den Augenblick
und den Mann:

„Weſſen Lager dort die Erde, Obdach blauer Himmel?
„Prunkgemach der weiten Steppe Bild?
„Biſt Du's, des Glückes und des Ruhmes Sohn?
„Biſt Du's, o Tauriens glanzvoller Fürſt?
„Biſt Du's, der von der Ehren Gipfel
„Herabgeſtürzt, da liegt in öder Steppe?

hat Nikolajew; seinen Namen die Geschichte; ein Denk=
mal Cherson, das selbst ein größeres ist.

Suworow schrieb, als er Potemkin's Tod vernahm:
„Sieh den Menschen da, ein Bild irdischer Eitelkeiten!
Fliehe sie, Weiser!" — Worte, die man füglich auf den
Grabstein des Tauriers setzen könnte.

Große Anlagen und Kräfte hatte ihm die Natur
verliehen, sie schien es auf einen Koloß angelegt zu haben,
doch da der meiselnde Hammer weiser Ausbildung nicht
dazu kam, blieb es zwar immer ein gewaltiger, aber roher
Marmorblock. Die höheren geistigen und moralischen
Anlagen fanden keine zweckgemäße Entwickelung, und
die niedern thierischen und selbstsüchtigen gewannen die
unbestrittene Herrschaft, und beherrschten ihn sein Leben=
lang. Darum ward er, trotz seiner trefflichen Anlagen,
doch in keinem Fach ein großer Mann. Mittelmäßig
als Feldherr, verschwenderisch als Verwalter, ränkevoll
und gewaltsam als Staatsmann, als Mensch endlich
ohne höhere Würde und Sittlichkeit. — Aber Menschen=
thun und Menschenwerk vergeht, zerfällt in Staub; nur
Eines bleibt, das was ewig stärkend und erhebend auf
des Menschen Seele wirkt, geistige oder sittliche Kraft
und Größe. Die letztere fehlte ihm gänzlich. Und so
ging er dahin, wie vor ihm Tausende; that und voll=
brachte vieles; führte Schutt zum Bau der Zeiten auf,
bis er selbst in Staub und Schutt zerfiel, ohne einen
Namen zu hinterlassen, bei dessen Nennung das mensch=
liche Herz sich erwärmt und erweitert empfände.

Am ergriffensten über seinen Tod zeigte sich die Kai=
serin. Sie hatte auf die Berichte von seiner Krankheit,

zwar einige Unruhe geäußert, doch selbige bei weitem nicht so gefährlich geglaubt. Desto schmerzlicher, ja unerwarteter traf sie jener Schlag. Was er ihr in den letzten funfzehn Jahren gewesen, die Macht seines Geistes, die Kraft seines Willens, seine Ergebenheit, seine Anhänglichkeit an sie, seine auf die Hebung des Reichs berechneten Entwürfe traten vor ihre Seele; sie erwog, wenn sie ihre Umgebungen mit der Kraft jenes Mannes verglich, wie unmöglich es ihr fallen würde, die Lücke, die er gelassen, auszufüllen, und fühlte sich aufs innerste, schmerzlichste bewegt. „Schwer ist's, wehklagte sie, Potemkin zu ersetzen, er war Edelmann im wahren Sinne des Worts, klug und unbestechlich." Lange gedachte sie seiner; der kleinste Umstand erinnerte sie an ihn. Als sie sechs Wochen später ein Schreiben aus Jassy erhielt, stiegen ihr die Thränen in die Augen, aber gleichsam, als schämte sie sich ihrer, rief sie: „Meine Freunde sind es nur, die mir Thränen entlocken, nie meine Feinde [16]."

Sein Tod unterbrach die Unterhandlungen ganz, die er zögernd hinausgezogen. Graf Besborodko erbot sich, sie zu Ende zu führen und ging am $\frac{4}{15}$ Oktober nach Jassy ab. Man hätte nun einen raschen Friedensschluß erwarten sollen, da der, der ihn am meisten gehindert, von der Bühne getreten. Das Gegentheil geschah. Die Türken sahen in dem Abscheiden des Mannes, der so lange ihre Ruthe gewesen, eine Wendung ihres Geschicks zum bessern. Eine ansehnliche Partei forderte daher Er-

---

[16] Vgl. Chrapowizki's Tagebuch, October und December.

neuerung des Kriegs, einen abermaligen Versuch des Waffenglücks. Doch hier traten die befreundeten Mächte besänftigend und abrathend ein. Die Türken verlangten wenigstens bessere Bedingungen, regten sogar die Frage wegen der Krimm an. Besborodko machte allen Bedenklichkeiten ein kurzes Ende, indem er die Abgeordneten mit Römerkürze fragte: „Wollt ihr Krieg oder Frieden? Ihr könnt beides haben. Frieden nach den Präliminarien von Galatz oder Krieg bis zum Untergang. Wählet!" — Ein Wink an die Befehlshaber der Truppen unterstützte das Wort, und setzte diese aus ihren Quartieren in Bewegung. Das wirkte, am $\frac{29.\ Dec.\ 1791}{9\ Jan.\ 1792}$ ward das Friedenswerk beendigt, und die Urkunde beiderseits in Jassy unterzeichnet. Die Bedingungen waren die früher angegebenen. Otschakow, dessen Wälle zweimal im Jahrhundert Russisches Blut geröthet, verblieb den Siegern mit seinem Bezirk. Der Dniestr ward somit die Gränze. Alle übrigen Eroberungen in Asien und Europa wurden zurückgegeben; das wichtige Bender, Akkerman, Kilia, Suworow's Ehrenpreis Ismail, und Anapa, das so viel Blut gekostet und einst wieder kosten sollte. Die Krimm ward förmlich als Russisches Besitzthum anerkannt; Alles übrige auf den alten Fuß gestellt. — Eine Forderung hatte in der letzten Zeit die Unterhandlung verzögert, eine Geldentschädigung von zwölf Millionen Piaster für die Kriegskosten. Wehklagend gaben die Türkischen Unterhändler endlich nach. Kaum aber war das Friedensinstrument unterzeichnet, als Besborodko die Schuldverschreibung zerriß, mit den Worten: „Meine Monarchin bedarf euer Geld nicht!" — Freude, Bewunderung Russischer Großmuth und lebhafte Dankbarkeit bei den Türken; bei den Russen aber das schmeichelnde Gefühl, was man dem bewaffneten Feinde versagt, dem entwaffneten bewilligt zu haben.

Damit endigte dieser Krieg, der Europa lange, je nach der Partei, zu Hoffnungen oder Befürchtungen angeregt. Die Einen erwarteten ganz gewiß die Verwirklichung des Orientalischen Projekts, die Vertreibung jener Asiaten aus Europa, mit deffen Lebensrichtungen, Meinungen und Zuständen die ihrigen so kontrastirten; die Andern befürchteten die Verschiebung, wenn nicht Aufhebung jeglichen Gleichgewichts, das man so mühsam zu Stande gebracht, so ängstlich bisher gewahrt hatte, Uebermacht der Kaiserhöfe und alle Folgen der Präpotenz. Keine der Hoffnungen noch der Befürchtungen ging in Erfüllung. Der Halbmond blieb nach wie zuvor am Europäischen Himmel, schimmernd in seinem matten Lichte, von Zeit zu Zeit von trüben Wolken wie verdunkelt! —

Auch Oestreich hatte kurz zuvor seinen Frieden mit der Pforte geschlossen, nicht so rühmlich wie die Kaiserin, weil nicht so frei und trotzig. Mehr wie ein Jahr hatten die Unterhandlungen in Sziftowe gedauert, wo außer den kriegführenden Mächten auch die Freunde und Begünstiger der Türken, vornämlich England und Preußen, ein großes Wort sprachen. Oestreich mußte zuletzt den Drohungen der Preußen sich fügen. Am $\frac{24.\ \text{Juli}}{4.\ \text{Aug.}}$ ward der Friede zwischen ihm und der Pforte auf den frühern Besitzstand unterzeichnet. Alle Eroberungen, selbst Laudon's letzten

Lorbeer, Belgrad, mußte Oeſtreich zurückgeben, behielt
'nur Alt=Orſowa und einige kleine Gränzörter in Kroatien
als Preis ſeiner großen Anſtrengungen, ſeiner gewaltigen
Rüſtungen, ſo vieler Tauſend von Menſchen=Opfern;
und des Krieges einzige Frucht war die geſteigerte Er=
bitterung zwiſchen Deutſchlands beiden feindlichen Brüdern.

Man hat ſich verwundert, daß zwei mächtige Staaten,
mit gewaltigen Mitteln und Heeren nicht der morſchen
Trümmer der zerfallenen Osmaniſchen Pforte Meiſter
werden konnten. Dieß hat ſogar ausgezeichnete Schrift=
ſteller [17]) zu dem Schluß verleitet: als hätte die Stärke
der natürlichen Gränzen, ſo wie Osmaniſche Tapferkeit
das erſchütterte Reich gerettet. Dem war nicht ſo. Wenn
die Türken nicht völlig niedergeworfen wurden, wenn
ſie faſt ohne Verluſt aus dem Kampfe gingen, ſo lag
die Urſache davon theils in dem eifrigen Dazwiſchen=
treten von England und Preußen, theils und vornämlich
in den Fehlern der Kriegführung. Wunderbare Art einen
Angriffskrieg zu führen mit langen Kordons, mit Zer=
ſplitterung von Hunderttauſenden auf einer ausgedehnten
Gränze, wie Lascy that, um jeden Fleck des eigenen
Landes zu decken, und darüber Heer und Land im Ganzen
preiszugeben; — oder wie Potemkin Monate lang vor
unbedeutenden Feſtungen ſitzen zu bleiben und nichts zu
thun, nichts zu unternehmen, nichts zu wagen. Von
beiden Seiten wollte man durch Trägheitskraft ſeinen
Feind überwinden; die verkehrteſte und verderblichſte Art
einen Gegner unter ſeinen Willen zu beugen, ähnlich

---

17) z. B. Laverne, Heeren ꝛc.

dem Japanischen Duell, wo man sich selber den Bauch
aufschlitzt, um seine Leidensstandhaftigkeit zu beweisen.
Ohne Unternehmungsgeist, ohne angestrengte Thätigkeit,
ohne einheitlich zusammengreifendes, entschiedenes Han=
deln kommt man im Kriege nicht weit, selbst nicht mit
Türken. Was halfen einzelne kühne und kraftvolle Streiche,
von Suworow, von Laudon geführt, wenn die obere
Kriegsleitung des Ganzen matt und fehlerhaft war. Der
arme Kaiser Joseph! er dürstete nach Kriegesruhm, und
sein Operations=Mentor, wie ein Hemmschuh, hinderte
jede That, jedes Thun! Beide verbündeten Heerführer
luden sich immerfort gegenseitig zum Handeln ein, wäh=
rend sie mit den machtvollsten Heeren selber nichts zu
thun wagten. Die natürliche Folge war Leiden: Leiden
durch Krankheiten aus dem Stillsitzen in sumpfigen Nie=
derungen entsprungen; Leiden durch den Feind, dessen
Unternehmungsgeist die Unthätigkeit herausforderte; Leiden
durch Rückzüge, welche die durchbrochenen Postenketten
gefahrvoll und verwirrt machten. Wie sollte also etwas
herauskommen, wenn Potemkin, nachdem er einen ganzen
Feldzug vor Otschakow verloren, in den folgenden nur
wenige Wochen des Spätherbstes benutzt, um einige Be=
wegungen zu machen und ein Paar unbedeutende Festungen
zu nehmen oder nehmen zu lassen; — wenn Lascy (und
nach ihm Habbik) ein schönes Heer von 200,000 M.,
nachdem er es auf weiten Räumen in Parcellen aus=
einandergezerrt, durch Nichtsthuerei im fieberreichen Sumpf=
land in Tausenden dem Tod und den Spitälern über=
liefert; und Koburg darauf, trotz glänzender ihm unver=
hofft zugeflogener Erfolge, immer noch vor dem Feinde

zittert, und ihn recht eigentlich zu Unternehmungen auf sich herausfordert; — bis denn zuletzt die Drohungen eifersüchtiger Mächte die Oestreicher vom Kampfplatz weg= schrecken und der Russen Schwerter in der Scheide halten. Hätte man dagegen kühn und kraftvoll gehandelt, sich ein größeres Operationsziel gesteckt (nicht winzige Gränz= festungen), und darauf hin mit Thätigkeit und Schnelle operirt: die Diplomatie mit ihren Einschüchterungen und Drohungen wäre nachhinkend zu spät gekommen; die That wäre vollbracht, das Ziel gewonnen gewesen; — und wollte sie jetzt ihre Drohungen verwirklichen und zum Schwerte greifen, so hatte man indeß durch seine Thätigkeit den einen Feind außer Kampf gesetzt, und stand mit erhöhtem Selbst= und Kraftgefühl, mit aller imponirenden Verstärkung durch Ruhmes= und durch Meinungsmacht den neuen Gegnern, die sich wahrschein= lich eines andern bedacht hätten, zu Gebot. Kampfbereit= schaft gebietet stets Achtung und Bedenken. — Der beste Beweis, daß nicht die Türkenkraft die Türken rettete, war, daß wo sie sich zeigten, sie geschlagen wurden. Nirgends, selbst nicht hinter ihren gefürchteten Wällen und Mauern, wo sich ihre Tapferkeit erst recht heimisch fühlt, vermochte ihre Kraft der Russenkraft zu widerstehen. Nur ein tüch= tiger, unternehmender Feldherr mit freier Hand an der Spitze: und die vermeinten Vormauern des Türkischen Reichs wären damals schon gefallen, wie sie später fielen; und der beturbante Janitscharen=Muth hätte eben so wenig die Sieger aufgehalten, wie nachmals Mahmuds geregelte Feß=Soldaten=Wehr sie aufhielt. Es kann nicht oft genug wiederholt werden, nicht die Hundert=

tausende entscheiden, die im Kriege auftreten, sondern der Eine, der an ihrer Spitze steht.

Der erste Türkenkrieg brachte Rußlands Gränze bis zum Schwarzen Meer; bahnte den Weg zum Kuban und zum Kaukasus; isolirte die Krimm und bereitete ihre Abhängigkeit von Rußland vor; er erfüllte die Gemüther der Griechen mit der Hoffnung künftiger Befreiung; der Türken, mit Besorgniß und Furcht; der Russen, mit dem Gefühl ihrer Ueberlegenheit und großer Bestimmungen.

In der Zwischenzeit vom ersten bis zum zweiten Krieg Katharina's gegen die Osmanen wurde die Krimm, Taman, die Kuban gewonnen, durch den Bosporus und die Dardanellen freie Schiffahrt mit großen Handelsbegünstigungen erlangt, und durch Erbauung einer Flotte in Sewastopol und Cherson ein fester Fuß auf dem Schwarzen Meere gefaßt. Diese letztern Vortheile dankte man vornämlich Potemkin, und er erhielt dafür den Namen des Taurischen.

Bei dem zweiten Kriege drehte sich das Ganze um die Behauptung der neuerworbenen Krimm, um die Eroberung Otschakows und die Gewinnung einer neuen bessern Gränze am Dniestr. Im frühern Kriege war Rumänzow, obgleich mit geringern Streitmitteln, öfter über die Donau gedrungen; im jetzigen, unter Potemkin, war die äußerste Linie, die man erreichte, dieser Fluß, mit Ausnahme der letzten Kämpfe um Matschin, die jenseits geliefert wurden. Der Hauptschauplatz war Bessarabien, die Moldau und Kuban. Durch ihren gemeinschaftlichen Sieg über den Wesir erlangte Suworow den Namen des Rymnikers, Coburg einen Feldherrnruf, den

er nachmals schlecht bewährte. Der eigentliche Zweck der
beiden Kaiserhöfe, der auf Größeres ging, ward wohl
eigentlich nicht erreicht, Dank der Dazwischenkunft ihrer
Reider; doch Rußland erhielt, worauf es bestand, die
Dniestr=Gränze und eine Stimme in den Angelegenheiten
der Moldau und Wallachei, und damit das Mittel, durch
Vertheidigung von deren Interessen auch den eignen Ein=
fluß zu mehren. Daß den Griechen keine wirksamere
Hülfe ward, vereitelte der Schweden=Krieg. Die Ver=
besserung ihres Looses blieb der Zukunft vorbehalten.

Bis zu Katharinens Zeit waren die Türken eine
sehr gefürchtete Macht gewesen, deren sich noch Choiseul
zur Demüthigung der Russen hatte bedienen wollen;
Polen eine altberühmte und wegen Tapferkeit seiner Be=
wohner geachtete; Rußland war eine neue, aufstrebende
Macht, ein junger Aar, der die Kraft seiner Schwingen
erst versuchen sollte. Mit Katharinen begann nun ein
Wettstreit der drei Mächte um die Präeminenz: sie sollten
eine Bahn von Siegen und Niederlagen durchlaufen, an
deren Ende mit Ruhmes= auch der Macht=Kranz winkte,
eigenes Vortreten und Zurückdrängung der andern. Der
Wettlauf geschah, und der gewöhnliche Gang der Natur
bewährte sich auch hier, die Jugendkraft überwog die ab=
lebende, und Katharina's Rußland, den andern weit vor=
eilend, gewann den Sieges= und Machtpreis, mit allen
daran geknüpften Vortheilen und Gewinnen. So ward
Rußland, von den übrigen großen Staaten bisher so
wenig beachtet, und mit Polen, Schweden, Türken auf
eine Stufe, auf denselben zweiten Rang gesetzt, gleich in
den ersten Regierungsjahren Katharina's eine der Haupt=

4*

mächte Europas; und ist einmal durch den Schwung die
Höhe erreicht, dann erhält sich das durch's Bewußtsein
der Thaten und des Ruhms erhöhte Kraftgefühl leicht
auf derselben, oder steigt noch höher. Das ist Katharina's
großes Verdienst um Rußland, die vollendete was Peter
begann; die daher mit Stolz und Recht auf die ihm
errichtete Bildsäule die sinnschweren Worte setzen konnte:
„Petro primo, Catharina secunda".

Solches war der Hintergrund der Verhältnisse des
1791. Jahres, wo Suworow trauernd, weil nicht nach
Wunsch beschäftigt, sein kriegerisches Feuer in Friedens-
künsten verzehrte. Bauten, Fahrten von einem Ort zum
andern, Besichtigung vollbrachter Arbeiten, Exerciren und
Manövriren der ihm zu Gebot gestellten Truppen; und
andererseits ein sorgfältiges prüfendes Verfolgen der Kriegshandlungen seiner glücklicheren Nebenbuhler, und ein ununterbrochener Briefwechsel mit der Hauptstadt, um dort
eine Erlösung, eine Verwendung wie er sie wünschte zu
erwirken: das waren Suworow's Beschäftigungen im Laufe
dieses und des nächsten Jahrs, als so lange er noch in
seiner Verbannung schmachten mußte. Seine ganze Seelen-
stimmung hat er in diesem Briefwechsel,[18] vornämlich
mit dem Gemahl seiner Nichte, dem Oberstlieutenant
(nachmaligem Senator) Dmitrij Jwanowitsch Chwostow,
niedergelegt, und in ihm lesen wir, welche Gefühle, Ge-

---

[18] Alle diese Briefe, aus denen hier Auszüge gegeben werden,
befinden sich in der großen Sammlung des General-Adjutanten und
General = Gouverneurs der Ostsee = Provinzen, Fürsten Alexander
Suworow, seines Enkels.

danken, Meinungen und Hoffnungen ihn abwechseln
bewegten.

Suworow nannte diese Zeit seine „Verfinsterung
(éclipse)". Sie war es in mehr als einer Hinsicht.
Nicht nur daß er auf der Ehrenlaufbahn zurückblieb, daß
er, eben noch Heer-Anführer und Sieger am Rymnik und
bei Ismail, zu einem bloßen Festungsbaumeister begrabirt
ward: auch in moralischer Hinsicht entwickelte die unver-
diente Zurücksetzung einen wahren Aufruhr der Gefühle
in seiner Brust, und damit ein Hervortreten auch niederer
Leidenschaften, die er sonst immer fern von sich gehalten.
Außer dem nagenden Verdruß über seine Erniedrigung,
wie er es nannte, einer gesteigerten Eifersucht auf seine
bevorzugten Nebenbuhler, die Repnin, Kachowskij, Iwan
Petrowitsch Saltykow und andere (eine Eifersucht, die
in Hinsicht des erstern bis zu einem wahren Hasse ging),
und die sich in der Sucht äußerte, über sie und ihre
Thaten zu spotten, sie bei jeder Gelegenheit herabzusetzen
und seine Verdienste gegen ihre vermeintlichen geltend zu
machen: kann man ihn selbst nicht freisprechen, daß sein
gereizter Unmuth ihn verleitete selbst auf Ab- und Umwegen, so fern sie sonst seiner soldatischen Geradheit lagen,
zum Ziel kommen zu wollen, indem er durch Vermittelung Chwostows auf die Staatssekretaire Turtschaninoff
und Dershawin, und durch diese auf Platon Zubow und
Nikolai Saltykow, und damit in letzter Instanz auf die
Kaiserin selbst einzuwirken suchte. Doch waren diese
Einwirkungen mehr darauf berechnet, zu Gunsten seiner
als zum Nachtheil jener eine Wendung herbeizuführen.
So ist die menschliche Natur: Zurücksetzung, erlittenes

Unrecht, die Ohnmacht sich zu rächen oder wenigstens das eigene Verdienst geltend zu machen, regen alle die häßlicheren Seiten derselben auf; und es tritt damit eine wahre Verfinsterung der Seele auch in sttlicher Hinsicht ein; und so kann Unglück, Verfolgung, Unterdrückung auch den besten Menschen, ist er kein stoischer Philosoph, zuletzt moralisch niederziehen.

Unmuth, Verdruß, Vorwürfe gegen die Machthaber, Entwürfe sich frei zu machen, Gedanken an Abschied, sich Zurückziehen, oder an Reisen ins Ausland, an Eintreten in fremden Dienst, endlich auch die Sorge um seine Tochter und ihre Vermählung beschäftigten den Gereizten fast unausgesetzt in diesen anderthalb Jahren, während seiner Finnländischen Verbannung, die der Lohn seiner gewaltigsten That und überhaupt einer der größten Kriegsthaten, die die Russischen Waffen verherrlicht haben, war.

Einige Auszüge aus den Briefen dieses Zeitraums mögen als Beleg des Gesagten dienen.

So lange Potemkin noch lebte, drehten sich Suworows Gedanken im Exil über dessen Gefährlichkeit selbst für den Staat und wie man ihm am Hofe ein Gegengewicht geben könnte. So schreibt er unterm 8. Aug. 1791: „Das Gerücht vermindert auf eine unangenehme Art Repnins Sieg — es gibt kein Gegengewicht! Graf Alexei Grigorjewitsch Orlow (der Tschesmier), der Favorit und Graf Besborodko, vereinigt könnten ihn wohl stürzen; uneinig erschüttern sie ihn blos. Er muß seine Gewalt festhalten, weil, wer nicht steigt, fällt. Mit dem Donnerkeil droht, mit dem Horn des Ueberflusses lockt er; sein Rang endlich erregt Furcht." — „Oder, knüpft er eine andere Verbindung, werden Nikolai Saltykow, Zubow, und nach dem Sieg über den Wesir Fürst Repnin ihm die Wage halten? — Doch da Potemkin den Glanz von Repnins That niederzudrücken wußte, wie schwach ist dieser, um den Nacken zu erheben! — Schlägt Potemkin gar selber den Wesir, dann wird er, je weiter er geht, gefährlicher. Er hat bereits die Würde über die Donischen und andern Kosaken, und zieht auch die Arnauten an sich; man spricht von seiner Armee, und die Zeitungsschreiber geben ihm schon Taurien. Ich bin ein geringer Günstling und für ihn Staub, es sei denn, ich wäre in seiner sogenannten Armee der Gehülfe Repnins. Mich in die zweite Rolle jagend, fehlte noch ein Schritt zur letzten. Ich war in Gnaden, setzt er schmerzlich hinzu, und wurde verbannt und außer aktiven Dienst gesetzt!"

„Eine starke Eiche, fährt er fort, fällt nicht vom Winde oder von selbst, sondern nur unter der Axt. Potemkin schwankte hier — Repnin gab ihm dort neue Kraft — o wäre kein Matschin gewesen!"

Seine Blicke am Hofe weiter umherwerfend, wen er sonst noch gegen Potemkin aufstellen könnte, fährt er fort: „Graf Alexander Romanowitsch Woronzow ist ein Mann von Karakter, bedarf aber Unterstützung; Zawadowskij ist ein guter Sophist, aber ohne Entschiedenheit; Kyrill Rasumowsky vermag ihn nur anzuspritzen. Von seinen andern Gegnern habe ich schon gesprochen. Also lieber warten, als den Kopf in die Schlinge geben."

In einem andern Schreiben auch vom August 1791: „Ich wollte Nikolai Iwanowitsch Saltykow stützen, und er tauscht den Schwung, den ich ihm geben wollte, gegen

kleine Interessen aus. Ich bereue es, daß ich aus Eifer
für das allgemeine Wohl mich mit ihm und Gott weiß
es welchen Gänsen verbunden habe. Ich kann jetzt leicht
zwischen Himmel und Erde hängen bleiben. Ich rechne
mich zum Süden und diene im Norden; und nach den
Umständen könnte man leicht mich ganz ausschließen.
Schöne Perspektive vor mir!"

„Wie mag Potemkin jetzt meiner spotten:
„Verfolgung fliehend hat er selbst den Hafen sich versperrt,
Die gebahnte Bahn verlassend, irrt er in den Lüften,
Jagt Idealen nach und büßt das Wahre ein!"

Einige Wochen später in einem Schreiben v o m  S e p -
t e m b e r heißt es: „Potemkin und Repnin haben sich
entzweit. Desto besser für Saltykow und die andern;
nur muß man Repnin unterstützen, um jenen zu bemüthigen.
Potemkin verbessert durch andere Untergebene die angeblichen Fehler Repnins. Niemand versteht es so gut die
Sachen hinzuziehen, und sollte auch alles darüber zu
Grunde gehen. Schon gilt er bei den fremden Kabinetten
als Diktator! Soll ich mich mit den andern zu seinem
schmählichen Sklaven hingeben oder mich ganz zurückziehen!"

Diese und ähnliche Gedanken gingen ihm immerfort
im Kopfe herum, und er ruft zuletzt: „Wahrhaftig, ich
kann den Brand in meiner Seele nicht löschen."

In einem andern Schreiben schilderte er wieder Potemkins
Arglistigkeit und die Art, wie er alle Verantwortlichkeit
bei zweifelhaften Entscheidungen von sich abzuwälzen
wußte: „Potemkin: Es muß so sein." — Wohl, wenn
Sie darauf bestehen; man würde es aber bereuen. —
„Nun wie du willst." Und dann, ist die Sache wichtig,

hat er gleich ein Dokument von Besborodko zur Hand.
— Später, ist der Ausgang nicht nach Wunsch gewesen:
„Ihr habt es gewollt", und mit anscheinender Gut=
müthigkeit: „es war nicht mein Wille." — Nur auf
diese Art entschloß er sich, nachdem er ein halbes Jahr
verträumt, zum Sturm auf Otschakow."

Unterm 20. Sept.: „Was habe ich gewonnen?
— Es ist wahr ich habe zum öffentlichen Nutzen meine
Eigenschaften zeigen können; aber dafür den Fürsten
Potemkin mir zum ewigen Feinde gemacht, oder ich müßte
mich wieder unter seine Satelliten begeben, nach dem
Beispiel aller der Uebrigen. Jetzt weiß ich's, Besborodko,
nach Potemkins Vorschrift, hat mich hierher geschoben,
und behauptet immerfort: „dem muß man keine Division
aufbürden, ihn zu Wichtigerem aufsparen." (Das heißt,
ganz außer Thätigkeit und in Vergessenheit bringen.)

Endlich befreite der Tod ihn von diesem gefährlichen
Feinde; andere Sorgen und Verdrießlichkeiten blieben.
Potemkin war nicht sein einziger Gegner gewesen; und
hinterließ einen langen Schweif, der sich in die Beute
des Einen theilte: den von ihm vorgezogenen Minister
Besborodko; seinen Neffen, den General Samoilow, nach=
maligen General=Procureur; Popow, seinen Kanzlei=Chef
und rechte Hand; Kachowskij, dem er den Oberbefehl
über das Heer vermachte; endlich den ganzen Polnischen
Anhang, mit Branicki an der Spitze. Der mächtigste und
geistvollste von ihnen war Besborodko, und Suworow
befürchtete, er werde Potemkins ganze Macht erben; ohne
Grund, weil er Besborodko's mehr lebenslustigen als
ehrgeizigen Karakter nicht in Anschlag brachte. „Graf

Alexander Andrejewitsch Besborodko, schrieb er, ist nicht so arglistig wie der Verstorbene, auch nicht so verrätherisch. Er ist zögernder als Panin und weniger glücklich als Bestuschew. Gut wäre es aber, wenn er bliebe was Oster-mann der Vater [19]." Und in einem andern Briefe: „Wen zieht Besborodko zu Rath? — Die Person genannt — Ostermann? — Der gibt für eine Parthie Whist die Armee. — Woronzow? der hat mehr Talent; er wird aber nicht Chamillard (Kriegsminister), sondern Minister des Auswärtigen sein wollen. Nikolai Saltykow ist der beste Kriegsminister; und man sollte ihm nicht in den Weg treten. Besborodko hat nicht Einen, auf den er sich stützen kann. Darum mag er wünschen, daß Ru-mänzow im Süden einen großen Armeebefehl erhalte. [20]) Jener dort, er hier, mit dem Uebergewicht über das Kriegs-kollegium; mit der Zeit würden alle die kleinern Departe-ments von ihm abhängen, und er wäre dabei noch Mi-nister des Auswärtigen: wahrlich eine Macht wie sie der Verstorbene hatte, aber in vernünftigeren Händen."

„Rumänzow's Talente schätze ich hoch, fährt er fort, und bin ihm ergeben; auch zeichnet er mich aus; aber um des allgemeinen Bestens willen möchte ich nicht wieder die Kriecherei vor einem solchen Donnerer und Gnaden-spender sehen, wie noch vor kurzem. Ich für meine Person habe bewiesen, daß ich fest bin; ich werde es bis zu Ende bleiben. Aber schauen Sie nur auf diesen Kreis wahrer Affen; da bin ich nicht genug!"

---

[19]) Peters I. und Annens großer Minister.

[20]) Rumänzow war sein Gönner und sein Freund und hatte ihm zuerst seine glänzende Laufbahn geöffnet.

Auch diese Befürchtung war grundlos gewesen; aber nun erweckte der Fürst Repnin ihm Unwillen und Besorgniß. Repnin, braver General, aber von hochmüthigem und gewaltsamen Karakter, hatte sich, als großer Verehrer der Preußischen Taktik, Spöttereien und herabwürdigende Aeußerungen über Suworow's Naturalismus im Kriegführen erlaubt, und damit diesen, ohnehin seinen Nebenbuhler um die höchsten militairischen Würden, aufs äußerste erbittert. Seitdem verschont ihn Suworow in seinem Briefwechsel nicht; und einen gefährlichen Gegner in ihm gewahrend, bewacht er fast jeden seiner Schritte; besonders ängstlich fürchtend, daß er im Armeebefehl ihm vorgezogen werde, weshalb er ihn gern als General-Gouverneur oder Minister beschäftigt gesehen hätte.

So schreibt er von ihm: „Sowie ich aus Leidenschaft gern der erste Soldat sein möchte, so will er nicht der erste Minister sein, obgleich Niemand ein solches Talent dazu hat; denn 1) weiß er alle zusammenzuhetzen; 2) zu kritisiren; 3) zu Boden zu ziehen und mit Füßen zu treten; — er ist ferner geduldig und fest, und gibt einen einmal gefaßten Plan nicht auf; kriechend und hochmüthig, jedes zu seiner Zeit; widerwärtig und befehlshaberisch, und ohne die mindeste Freundlichkeit."

Und in einem fernern Schreiben: „An Repnin ärgert mich vornämlich ein gewisser Hochmuth gegen mich, und daß ich mich in nichts mischen soll. Da ich lieber der Erste im letzten Dorfe sein will, als der zweite in Rom, so war mir die Hintansetzung in Petersburg zur Last. Endlich fühle ich beständig, daß ich für Ismail schlecht belohnt bin, so sehr ich auch den Philosophen mache."

Dieser Gedanke für seine größte bisherige That, die Besiegung eines ganzen Türkischen Heeres hinter hohen Festungswällen, mit Zurücksetzung, Verfolgung, Entfernung von aller Kriegshandlung belohnt worden zu sein, schmerzte ihn, und mit Recht, tief im Innersten. Er kommt mehrmals darauf zurück. So unterm 21. Nov.:

„Die Schande wegen Ismail hat mich noch nicht verlaffen! Wie lange zieht es sich nur allein mit der General-Adjutantschaft von Herodes zu Pilatus, von Pilatus zu Herodes; Versprechungen auf den Krieg, im Kriege auf den Frieden. Die Anziehungskraft bleibt immer. — Wären die Türken davongegangen, hätten sie kapitulirt, so war die Sache nicht schwierig: aber beim Sturm setzte man Leben und Ruf ein. Und der Lohn? das Herz blutet einem! Und doch bleibt Ismail selbst für die Folgezeit ein Dienst. Der General, der Anapa nahm, [21]) folgte Schritt vor Schritt derselben Disposition und that weise daran. Der Thor von Matschin erscheint im Vergleich zum Rymnik, wie der Frosch zum Stier."

„Muß es mir nicht schmerzhaft sein, fährt er fort, meine aktive Kriegerrolle aufzugeben, an die ich fast so viele Jahre gewöhnt bin als Sie (Chwostow) auf der Welt sind. Untersuchen Sie, und Sie werden finden, daß während ich eine Nebenrolle zu spielen schien, ich der Hauptbeweger war. 1774 brachte ich noch als General-Major die ganze Maschine in Schwung, und die Folge davon war Koslubschi, war Kainarbschi. Eben so war es früher und auch später. Selbst im Preußischen Kriege

[21]) Gudowitsch.

führte ich als Oberstlieutenant eine gleich starke Kolonne als mein General, nur mit besserem Erfolg. Darf man nun einen Mann, wie mich, dem Vaterlande entziehen und ihn einem speculativen Leben weihen? An der Wolga habe ich bis zu 100,000 Mann befehligt; in Süd-Rußland und der Krimm bis zu 80,000. Was macht man denn jetzt hier für Umstände mit 12 Bataillons, während man Kachowskij, den sein Rang dazu nicht berechtigt, die beste Armee gibt. Der kommt mit mir nicht in Vergleich, außer daß wir beide keine Schlacht verloren haben. Ich sage das ohne Anmaßung, nur zur nöthigen Aufklärung."

Das ihm stets als abwehrender Schild entgegengehaltene Dienstalterthum führt ihn dann im Gefühl seines Werthes zu Vergleichungen mit den andern begünstigten und ihm vorgezogenen Generalen, und er sucht nachzuweisen, daß sie, ohne noch die Ehren-Auszeichnungen in Anschlag zu bringen, selbst an Dienstjahren ihm meist nachstehen. So schreibt er in einem Brief ohne Datum aber vom November 1791: „Elmpt [22]) wurde aus frem-

---

[22]) Johann Elmpt, geb. 1725 in Kleve, trat zuerst in französischen Dienst, wo er im 24. Jahre schon Major war, und darauf 1749 als Hauptmann in Russische Dienste. Als Mann von Fähigkeiten stieg er rasch; ward 1755 Oberstlieutenant, 1758 wegen Kriegsauszeichnung Brigadier, und 1762 General-Major, Er ward als General-Quartiermeister gebraucht. Beim Ausbruch des Türkenkriegs 1769 war er schon General-Lieutenant und führte ein Korps von 10,000 Mann; besetzte Chotim, Jassy, unterwarf die Moldau. 1780 ward er General en Chef; und beim ausbrechenden Türkenkrieg 1787 befehligte er unter Rumänzow die 3. Division von 7000 M. Obgleich wegen seiner kriegerischen Tüchtigkeit geachtet, ward er wegen seiner scharfen Zunge, seiner aufbrausenden Hitze und stolzen Selbst-

den Dienst als Hauptmann aufgenommen; ich war Garde-
Sergeant (was auch den Rang als Hauptmann gab). —
Fürst Georg Dolgorukij[23]) trat mit mir zugleich in

bewußtseins von seinen Obern wenig geliebt; selbst die Kaiserin war
ihm nicht sehr gewogen. — (Nachmals ernannte ihn Kaiser Paul an
seinem Krönungstage (5. April 1797) zum Feldmarschall und verlieh
ihm den Andreas-Orden, entließ ihn jedoch 10 Monate später (Januar 1798) wegen freier Aeußerungen des Dienstes, unter Vorwand
des Alters. Er starb 1802).

²³) Jurij (Georg) Wladimirowitsch Dolgorukij, geboren 1740.
Im 9. Jahr als Unteroffizier der Garde eingeschrieben. Da er eine
schlechte, oberflächliche Erziehung erhalten, bildete er sich nachmals
selber durch Studium, Nachdenken und Lektüre aus. 1752 wird er
Fähnrich; 1756 Hauptmann; 1757 bei Groß-Jägerndorf verwundet.
1758 Secund-Major; ficht bei Zorndorf und Kolberg; für die Frankfurter Schlacht (1759) wird er Oberstlieutenant; ist thätig bei der
Einnahme von Berlin und von Schweidnitz. Ueberbringt Friedrich II.
den Rapport über das mit ihm sich vereinigende Korps von Czernyschew. 1762 Oberst. 1767 Major von Prebrashensk. Begiebt sich
1769 zu Orlow nach Italien, und soll die Montenegriner der Russischen Hoheit unterwerfen. Er empfängt den Eidschwur der Berg-
bewohner; entlarvt den falschen Peter III., einen Griechen Stephan
der Kleine genannt, und nimmt ihn gefangen. Befreit ihn später,
gibt ihm ein Offiziers-Patent und den Auftrag nach seiner Abreise
die Verwaltung Montenegro's zu übernehmen: doch wurde derselbe
bald darauf durch einen Sendling des Pascha von Skutari ermordet.
Dolgorukij begiebt sich zurück nach Italien zu Orlow, und macht
mit ihm den glorreichen Seefeldzug von 1770, wobei er sich besonders bei Tschesme auszeichnete, dessen Siegesbotschaft er der Kaiserin
überbringt, und den Georgs-Orden 3. Klasse und bald darauf auch
den Alexander-Newskij-Orden dafür erhält. — Mußte wieder mit
Orlow zur Flotte; verbrennt hier einige Türkische Schiffe in Mitylene
und wird endlich nach seinem Wunsch zu Rumänzow versetzt, wo er
1773 den Feldzug im Korps von Potemkin mitmacht (der „seinen
Rath stets wie Befehle" annimmt), ohne jedoch Gelegenheit zu besonderer Auszeichnung zu finden; vielmehr mißlingt die Operation,

den Dienst, aber als Kind in der Wiege eingeschrieben. Vor den andern allen bin ich an Jahren und Dienstalter voraus; sie waren Subaltern-Offiziere, als ich schon Premier-Major war; sie kamen mir aber alle vor: Graf Brüce[24]) als Adjutant bei der Garde; Iwan Petrowitsch Saltykow[25]) als Kammerjunker und Ueberbringer

die er und Ungern gegen Warna machen. — Nach dem Frieden wird er General en Chef. Gibt der Kaiserin auf ihrer Reise 1787 in Poltawa eine Vorstellung der Schlacht, und wird Oberstlieutenant der Preobraschenskischen Garde. Die Feldzüge des neuen Türkenkriegs macht er in Potemkins Armee mit, nimmt Akkerman und entscheidet die Uebergabe Benders, wofür er (1789) den Andreas-Orden erhält. 1790 wurde er unter Iwan Saltykows Befehle in Finnland gestellt, weshalb er den Abschied nahm. (Nach Kretschetnikows Tode 1793 erhielt er nachmals die Anführung der Truppen in Wolynien; zog sich hier aber durch seine strenge Rechtlichkeit das Mißfallen des Günstlings Zubow und die Chicanen von dessen Kanzlei-Beamten zu, was ihn bewog, abermals seine Entlassung zu nehmen. Kaiser Paul ernannte ihn zum Kriegsgouverneur von Moskau, und berief ihn dann zu sich nach Petersburg, wo er ihm bald darauf den Abschied gab. Dolgorukij war ein Mann von edelm, rechtlichen aber aufbrausenden Karakter; er starb, 90 Jahr alt, 1830, und hinterließ handschriftlich Denkwürdigkeiten seines bewegten Lebens.

[24]) Graf Jacob Alexandrowitsch Brüce; diente im siebenjährigen und im Türkenkriege unter Rumänzow, und befehligte in der Kagulschlacht ein Viereck. Wurde darauf Oberbefehlshaber in Petersburg und Moskau und General-Gouverneur von Nowgorod und Twer. Starb den 30. Nov. 1791. Er war von heftigem Karakter, herrschsüchtig und hartnäckig; genoß aber eines großen Ansehens am Hofe, indem seine Gemahlin eine Schwester des Feldmarschalls Rumänzow und Freundin der Kaiserin war.

[25]) Iwan Petrowitsch Saltykow, geboren 1730, Sohn des Feldmarschalls, auf dessen Namen der Sieg bei Kunersdorf geht. Diente seit 1745 in der Garde, dann am Hofe als Kammerjunker, und ward 1760 Brigadier; 1761 General-Major; 1766 General-

der Sieges-Nachricht von Frankfurt (Kunersdorf); Nikolai Iwanowitsch Saltykow [26]) als Oberquartier-

Lieutenant. Machte die Feldzüge des ersten Türkenkriegs mit; befehligte an der Larga (1770) die leichte Reiterei, am Kagul die
schwere; zog sich am erstern Ort den Tadel, am zweiten das Lob
Rumánzows zu. Ward 1773 General en Chef, ohne daß man viel
von seinen Thaten gehört. 1780 befehligte er eine gegen die Türken
zusammengezogene Armee; ward 1784 General-Adjutant und General-
Gouverneur von Wladimir und Kostroma. 1788 befehligte er abermals ein Korps gegen die Türken und nahm in Verbindung mit
Koburg die Festung Chotim; 1790 erhielt er den Oberbefehl gegen
die Schweden, ohne daß hier mehr als kleine Gefechte vorgefallen
wären. Beim Frieden wird er Oberstlieutenant der Preobrashens-
kischen Garde und erhält den Andreas-Orden in Brillanten (Wegen
Entzweiung mit Rumánzow verließ er nachmals den Dienst 1795;
ward aber vom Kaiser Paul wieder 1796 als General der Kavalerie
angestellt; gleich darauf zum Feldmarschall ernannt und zum General-
Inspektor der Kavalerie; 1797 endlich zum General-Gouverneur von
Moskau, mit Verleihung von 6000 Bauern in Polen. 1804 nahm
er seine Entlassung und starb im Nov. 1805. — Er stellte das
Bild eines Russischen Großen der alten Zeit auf: Pracht, Gastfrei-
heit, stets offene Tafel für 60 Personen, viele Hunderte von Dienern
und öftere glanzvolle Feste; war dabei ohne Stolz, von freundlichem,
gutmüthigen Karakter, aber als Militair ganz unbedeutend.)

[26]) Nikolai Iwanowitsch Saltykow, geboren 1736; trat
1747 als Gemeiner in das Semenowsche Garde-Regiment, und begleitete seinen Vater der General en Chef war, auf den Marsch an
den Rhein vor dem Aachener Frieden. Diente im 7jährigen Kriege;
überbrachte die bei Kunersdorf genommenen Fahnen und wurde
Oberstlieutenant (1759); war 1761 bei der Einnahme von Kolberg,
und ward von Peter III. 1762 zum General-Major ernannt. Befehligte einen Theil der Russen in Polen zwischen 1763 bis 1768;
war bei der Einnahme Chotims 1769; mußte seiner Gesundheit halber
jedoch die Armee im folgenden Jahr verlassen. Nach dreijährigen
Reisen im Auslande ward er 1773 zum General en Chef ernannt
und zum Vice-Präsidenten des Kriegskollegiums; zugleich sollte er
den Graf Panin beim Thronfolger ersetzen. Er begleitete den Groß-

meister und Ueberbringer der Frankfurter Fahnen; Repnin [27]

fürsten nach Berlin zu seiner Vermählung mit der Prinzessin von
Würtemberg (der nachmaligen Kaiserin Maria Fedorowna, wegen
wohlthätiger Wirksamkeit und als Mutter zweier Kaiser in Rußland
hochverehrt und auch später auf dessen großer Reise durch Europa.
1783 erhielt er die Oberaufsicht über die Erziehung der Großfürsten
Alexander und Konstantin, und 1788 auch die Ober-Verwaltung des
Kriegs-Departements; ward 1790 beim Frieden mit Schweden Graf,
und 1792 mit 5000 Bauern in Polen beschenkt. — Kaiser Paul
beförderte ihn später, gleich den 2. Tag nach seiner Thronbesteigung,
(am 8. Nov. 1796) zum Feldmarschall und zum Präsidenten des
Kriegskollegiums. — Auch Kaiser Alexander zeichnete den Greis aus;
ernannte ihn 1812 zum Präsidenten des Reichsraths und des Mini-
ster-Comité's, und erhob ihn mit seiner Nachkommenschaft 1814 in
den Fürstenstand. Er starb 1816 im 80. Jahre seines wohlthätigen
Lebens. Er war von sanftem, milden, redlichen Karakter, wenn
gleich etwas peinlich; that Gutes so viel er vermochte, und hat
vielen nachmals bedeutenden Männern auf die Bahn geholfen.

[27] Nikolai Wassiljewitsch Repnin, Sohn eines Feldzeug-
meisters (Wassilij Anikititsch) und Enkel eines Feldmarschalls (Anikita
Iwanowitsch); ward geboren 1734, und 1745 als Soldat in die
Preobrashenskische Garde eingeschrieben. Zwei Jahre später (1747)
begleitete er seinen Vater an den Rhein, wohin derselbe zur Hülfe
Oestreichs ein Korps Russen führte, verlor ihn aber hier durch einen
Nervenschlag am 21. Juli 1748. Im folgenden Jahre wurde er
Fähnrich. Er widmete sich mit Eifer jetzt den Studien zu seiner
ferneren Ausbildung. 1753 ward er Regiments-Adjutant; zeichnete
sich im siebenjährigen Kriege durch Tapferkeit aus und ward 1758
Garde-Hauptmann. 1759 wurde er zur Französischen Armee geschickt
und befand sich bei der Schlacht von Minden. Zurückgekehrt trat
er 1760 als Oberst in ein Feldregiment und gehörte zum Korps von
Czernyschew. 1762 ward er, 28 Jahr alt, Generalmajor. Die Kaiserin Katharina sendete ihn in demselben Jahre als bevollmächtigten
Gesandten an den König von Preußen, wo er Gelegenheit hatte,
wie früher das Oestreichische und Französische, so jetzt auch das
Preußische Kriegswesen in der Nähe kennen zu lernen. 1763 ward
er zum bevollmächtigten Minister in Polen, als Gehülfe Kaiserlings,

ernannt, mit dem Auftrag, Stanislaus Poniatowski zum König
wählen zu lassen. Da waltete er mehr wie sechs Jahre fast unumschränkt im Namen seiner Kaiserin; war der wahre König Polens;
gab aber auch durch sein gewaltsames Benehmen Anlaß zur Barer
Konföderation. Zurückberufen und zum General-Lieutenant ernannt
(1768), machte er jetzt die Feldzüge unter Golizün und Rumänzow
gegen die Türken mit; befehligte ein besonderes Korps in der Moldau;
und in den Schlachten an der Larga und am Kagul eins der Vierecke, die vorzüglich zum Siege beitrugen; unterwarf Ismail und
Kilia und erhielt den Georg-Orden zweiter Klasse. 1771 befehligte
er die Truppen in der Wallachei, konnte aber trotz seiner Eile
Dschiurdscha nicht retten und zog sich darüber Rumänzow's Unwillen zu. Er verließ daher die Armee und begab sich auf Reisen,
und kehrte erst im letzten Jahre des Kriegs wieder auf den Schauplatz zurück, wo er mit den Türkischen Bevollmächtigten den Frieden
von Kainardschi am 10. Juli 1774 unterschrieb. Die Kaiserin ernannte ihn darauf zum General en Chef und Oberstlieutenant der
Ismailower Garde, und 1775 sandte sie ihn als außerordentlichen
Gesandten nach Konstantinopel, wo er mit einem zahlreichen Gefolg
unter großem Pomp einzog, und die Würde seiner Monarchin in
den Verhandlungen mit den Türkischen Großen aufrecht erhielt. Im
folgenden Jahre zurückgekehrt, ward er 1777 General-Gouverneur
von Smolensk und Orel. Bald darauf wurde er mit 30,000 M.
dem König von Preußen zu Hülfe geschickt, und langte am 9. Dec.
in Breslau an. Er spielte nun eine bedeutende Rolle auf dem
Kongreß zu Teschen, wo er den Frieden zwischen Preußen und
Oestreich vermittelte. Er erhielt dafür von seiner Kaiserin den Andreas-Orden und 3000 Bauern in Weißrußland; von Friedrich II.
den schwarzen Adlerorden und dessen Bild in Brillanten eingefaßt;
andere kostbare Geschenke von Kaiser Joseph und dem Kurfürsten von
Sachsen. Seinem Gouvernement Smolensk wurde nun noch das
von Pskow beigefügt und ihm der Andreas-Orden in Brillanten
gegeben. 1784 machte er eine abermalige Reise ins Ausland. Beim
neu ausbrechenden Türkenkrieg hatte er großen Theil an der Eroberung von Otschakow 1788; befehligte im folgenden Jahre bis zu
Potemkin's Ankunft die Ukrainische Armee und schlug an der Saltscha
den Seraskier Hassan Pascha, den er bis Ismail verfolgte, wo jener
sich einschloß. Potemkin rief ihn zurück, aus Furcht, er möchte durch

als Abjutant bei der Garde; Kamenskij [26]) als Quartier=

eine ausgezeichnete That die Feldmarschalls=Würde erwerben. 1790 fuhr er fort in der Moldau unter Potemkin zu befehligen, in allen dreistern Schritten von ihm gehemmt; doch 1791 gewann er in Potemkin's Abwesenheit den glänzenden Sieg bei Matschin und unterschrieb gleich darauf am 31. Juli die Friedenspräliminarien zu Galatz mit dem Dniestr als Gränze. Am folgenden Tage traf der erzürnte Potemkin ein und überhäufte ihn mit Vorwürfen. Die Kaiserin aber verlieh ihm den Georg=Orden erster Klasse und ernannte ihn zum Statthalter von Riga und Reval. (1794 wurden ihm die Truppen in Litauen untergeordnet, wo er die Ruhe wiederherstellte; und zu seiner Würde als General-Gouverneur von Liv= und Esthland erhielt er auch die Verwaltung der Litauischen Provinzen. Kaiser Paul ernannte ihn am 2. Tage nach seiner Thronbesteigung, (am 8. Nov. 1796) zum Feldmarschall; schenkte ihm 6000 Bauern, und sandte ihn als außerordentlichen Gesandten nach Berlin und Wien. Repnin konnte jedoch nicht den König von Preußen zum Kriege gegen die Französische Republik bewegen. Er fiel darauf in Ungnade und ward des Dienstes entlassen. Er zog sich nach Moskau zurück und starb an einem Nervenschlag im Mai 1801, 67 Jahr alt. Mit ihm starb sein berühmtes Geschlecht in der männlichen Linie aus. Der Sohn seiner an den General Wolchonskij vermählten Tochter erhielt aber die Erlaubniß, den Namen fortzuführen, und erwarb sich Ruf und Anerkennung durch seine Verwaltung Sachsens 1814.

Repnin war von kleinem Wuchs aber gebietendem Aussehen; aus seinen feurigen Augen sprach der Geist. Er kannte die meisten Europäischen Sprachen, vorzüglich Deutsch, Französisch, Italienisch, Polnisch, Russisch, und zeichnete sich überhaupt durch Kenntnisse und große Belesenheit aus. Heftig, aufbrausend, stolz, war er andererseits wieder versöhnlich, ohne Groll, und Uebereilungen gern wieder gut machend. Als Krieger klug, unterrichtet, tapfer, doch in der letzten Zeit wenig unternehmend und von der damaligen Preußischen Taktik zu sehr eingenommen. Dadurch bewies eben Suworow seinen militairischen Scharfblick und seine Geistesüberlegenheit, daß er den todten, überkünstelten Mechanismus, den man Preußische Taktik nannte, und vor dem die damaligen Kriegsmänner und auch Repnin im Staube lagen, vollkommen durchschaute und verachtete.

[28]) Michaila Fedotowitsch Kamenskij, geboren 1738, und

5*

im Kabettenkorps erzogen, begann im 14. Jahre (1751) seinen Dienst daselbst als Korporal; 1756 wurde er Sergeant und als Lieutenant in ein Feldregiment übergeführt, und aus diesem in die Artillerie. 1758 schon Hauptmann. Die Jahre 1758 und 1759 brachte er als Freiwilliger bei der Französischen Armee zu; und wohnte dann bei der Russischen Armee den Feldzügen von 1760 und 61 bei. 1762 wurde er zum Obersten und General=Quartiermeister= Lieutenant ernannt und 1767, noch nicht 30 Jahr alt, zum Brigadier.

Von hitzigem, harten und herben Karakter, aber von scharfem Verstande und großer persönlicher Tapferkeit, erwarb er sich damals einen bedeutenden Ruf. Friedrich II. äußerte von ihm: „c'est un jeune Canadien, mais assez policé." — Er fand Zutritt zu dem Großfürsten Paul, der sich gern über militairische Gegenstände mit ihm unterhielt. — 1769 beim Ausbruch des Türkenkriegs General= Major, führte er Golizüns Vorhut und nahm Theil an den Ge= fechten jenes Feldzugs. Darauf kam er zu der Armee des Generals Peter Panin, und zeichnete sich beim Sturm auf Bender (1770) aus; erhielt den Georg=Orden 3. Klasse, und ward 1773 General=Lieu= tenant. Sein Glanzjahr war 1774, wo außer andern kleinen Ge= fechten er den glänzenden Sieg bei Koslubschi gewann (eigentlich war es Suworow, der ihn erfocht, was aber dann auf Rechnung des ältern Generals gesetzt ward); und hierauf die Verbindungen des Großwesirs in Schumla abschnitt, wodurch derselbe zum Frieden genöthigt ward. — 1783 ward Kamenskij General=Gouverneur von Räsan und Tambow; 1784 General en Chef. — 1788 nahm er wieder am neuen Türkenkrieg Theil, und erfocht im Dec. 1789 den Sieg bei Hangura, entweihte ihn aber durch grausame Verheerung des Landes. Nach Potemkins Tode im Oct. 1791 machte er als ältester General Anspruch auf den Oberbefehl, troß der Verfügung des Verstorbenen, daß nach ihm General Kachowskij die Armee be= fehligen sollte. Darüber Streit zwischen den beiden Generalen, den die Kaiserin zu Gunsten Kachowskij's entschied, mit vielem Unwillen über die Anmaßung Kamenskij's, der seine Entlassung erhielt. — (Kaiser Paul ernannte nach seinem Regierungs=An= tritt Kamenskij am 24. November 1796 zum Befehlshaber der Finnländischen Division, gab ihm den Andreas=Orden, und an seinem Krönungstage, den 5. April 1797, den Feldmarschalls=Rang und Grafentitel; aber bald darauf, am 24. Dec. 1797, entließ er

meister und bei der Artillerie. Muffin-Puschkin, [29]) Georg

ihn des Dienstes. — Seine frühern Thaten im Türkenkriege, seine Strenge in den kleinern Uebungen des Dienstes, endlich Suworow's Ausspruch über ihn, hatten ihm einen großen Namen gemacht, so daß man später in dem Bedürfniß, Napoleon einen tüchtigen General entgegenzusetzen, die Augen auf ihn warf. Die Menge setzte große Hoffnungen auf ihn, denen er aber wenig entsprach, vielmehr durch seine unsinnigen Anordnungen im Spätjahr 1806 das Heer an den Rand des Verderbens brachte. Da offenbarte sich recht, wie schon an den andern gepriesenen Taktikern in diesem Feldzug, wie wenig hinter jenem großen durch Exercierkünste erworbenen Rufe steckte! — Er zog sich auf seine Güter zurück, wo er zuletzt 1809 wegen seiner Härte von den eigenen Leuten erschlagen ward. — Er war klein, dürr, aber von kräftiger Leibesbeschaffenheit; jähzornig, heftig, ehrsüchtig; dabei eine Art Original. — Von seinen zwei Söhnen zeichnete sich der jüngere, Nikolai Michailowitsch, schon unter Suworow in Polen und in der Schweiz; sodann gegen Napoleon in Preußen 1807; zuletzt als Ober-Anführer in Finnland gegen die Schweden 1809, und 1810 gegen die Türken glänzend aus, starb aber in der Blüthe des Alters 1811, und zerstörte damit die großen auf ihn gesetzten Hoffnungen.

[29]) **Valentin Platonowitsch Muffin-Puschkin**, geboren 1735, ward 1747 im 13. Jahre in die Garde eingeschrieben; nahm am 7jährigen Kriege Theil; ward 1762 Secund-Rittmeister der Garde zu Pferde, Kammerjunker, und 7 Jahre später (1769) wirklicher Kammerherr. Machte 1771 den Feldzug in der Krimm mit; war 1775 schon General-Lieutenant und wurde 1782 General en Chef, Vice-Präsident des Kriegskollegiums; erhielt 1786 den Andreas-Orden und ward 1787 Mitglied des Reichsraths. Er befehligte 1788 und 1789 die Truppen in Finnland gegen die Schweden, beschränkte sich aber auf die bloße Vertheidigung der Gränze. Doch erhielt er den Andreas-Orden in Brillanten dafür, wie auch den Wladimir-Orden 1. Klasse, obgleich die Kaiserin nicht ganz von seiner Kriegführung erbaut war. — (Kaiser Paul ernannte ihn später (1797) zum Feldmarschall und schenkte ihm 4000 Bauern. Er starb 1804 in Moskau 69 Jahr alt. Er war ein milder, freundlicher Mann, von großer Rechtschaffenheit, aber ohne hervorstechende Gaben, mehr Hofmann als Soldat; als Feldherr völlig Null.)

Dolgorukji — — — alle diese waren Subaltern=Offiziere ich aber schon Stabs=Offizier." —

„Ich bin Feldsoldat", ruft er an einem andern Ort. — Es ist aber kein Kriegsschauplatz? — Nun, ich könnte in Süd=Rußland nützlich sein, und habe dazu mehr Recht als die andern."

„Im vorletzten Türkenkriege befehligte Iwan Petro= witsch Saltykow als General en Chef die 1. Division; ich als General=Major die 2. und das Reserve=Korps. Mit einem Theil der Armee schlug ich mich bei Koslubschi (mein Gefährte nahm die Flucht) gegen ein sehr zahl= reiches Heer, das auf die Reichsfahne geschworen, und stärker war als das bei Matschin. Hundert Fahnen wurden dort genommen, hier nur fünfzehn; und hier handelten noch die Truppen vom Rymnik und von Is= mail; auch ward die Kavalerie hier zurückgeschlagen, weil sie in der Luft stand. — Nicht meine Persönlichkeit spricht dieses, nur der Nutzen des Dienstes. Ich bin lange schon gewohnt, mich selbst zu vergessen."

„Sophismen des Listen=Alterthums! soll ich unter dessen Joch mich schmiegen, die Katze sein für den Ka= stanienfüchtigen Affen, oder die Eule im Bauer? Ist da nicht ein n i c h t s beffer?"

Mit stetem Hinblick auf Repnin schreibt er dann wieder in einem andern Briefe (ohne Datum): „Nichts dient so sehr zu meiner Erniedrigung als die Rücksicht auf Repnins Dienst=Alterthum, das wohl besser auf Kor= porale paßt, aber vor wahrer Würde nicht besteht. Wir alle werden bald unsern Proceß über Würde und Alter= thum vor Gottes Thron zu führen haben."

Man sieht aus diesen verschiedenen Aeußerungen, wie
tief er verletzt war durch das Vorziehen von Leuten, die
es an wirklichem kriegerischen Verdienst durchaus nicht
mit ihm aufnehmen konnten, und denen er selbst durch
die Länge des Dienstes vorging; die aber dennoch durch
Begünstigung über ihn emporgekommen. Man mochte
ihm diese Klagetöne übel ausgelegt haben, da ruft er
denn in einem andern Schreiben:

„Neid! — Ja, ich bin 50 Jahre im Dienste, 35 Jahre
in beständiger Verwendung, und jetzt wie ein Krebs auf
einer Sandbank. Was bleibt mir übrig als der Abschied,
wenn sie meine Gefährten vorziehen. — Alterthum! —
Dabei berücksichtigt man nur eines nicht, die Ehren-Auszeichnungen; nach diesen bin ich älter als alle die andern.
— Ruhe! — Die Schlacht gewährt mir mehr Ruhe,
als die Schaufel, Kalk und Ziegeln.‟

„Ich muß mich wieder aufrichten, emporsteigen. Man
bedrückt mich, es fehlt nur noch, daß man mich völlig
mit Füßen trete. Mach dich fertig, greif an, ehrlich, verständig, kühn. Der Zar belohnt, aber keine Lumpe;
Erheb dich meine Seele entzückungsvoll zu Gott,
Und überwinde frisch der Bosheit Schmach und Spott!‟

Seine Tochter Natalie, um diese Zeit aus der Kaiserlichen Erziehungs-Anstalt im Smolny Kloster entlassen
und 16 Jahr alt, beschäftigte vielfach seine Sorgsamkeit.
Sie lebte anfänglich bei einer an einen gewissen Oleschew
vermählten Schwester Suworows, Maria Wassiljewna;
später bei ihrer Base, Agrafena verheirathete Chwostow,
Tochter der andern Schwester Suworows, Anna, die an
einen Fürsten Gortschakow in Moskau vermählt war.

Die Aufsicht über die Tochter hatte zuerst ein Oberst-
lieutenant Koritzkij; später erhielt sie der Oberstlieutenant
Chwostow, als Gemahl ihrer Base und zugleich als
Vertrauter des Vaters.

Die Kaiserin ernannte im März 1791 die Tochter zum
Hoffräulein. Diese Ernennung, die ein Zeichen ihres
Wohlwollens für den alten Kriegsmann sein sollte, diente
nur dazu, seine Sorgen und Unruhen zu vermehren.
Er fürchtete von dem Leben am Hofe für die Sittenreinheit seiner Tochter, und entwarf verschiedene Plane, wie
er sie demselben entziehen sollte. Mehrere seiner Briefe
an Chwostow drehten sich um diesen Punkt. So in
einem Schreiben ohne Datum: „Natalie soll also an den
Hof! — Schärfen Sie ihr Keuschheit, Frömmigkeit, Sittlichkeit ein; sie meide allen Müssiggang; alle ersten Funken
des Uebels sind zu bewachen."

„Sie wird bisweilen im Theater der Eremitage sein
müssen — arme Natalie, laß Dich vom Vergnügen nicht
verführen. Klären Sie sie über alle diese Nichtigkeiten
auf, die Glück und Sitte verderben. Erläutern Sie ihr
bisweilen die Regeln der Moral. Sind Sie aufgelegt,
so beschreiben Sie ihr lebhaft das Unglück sittenloser
Menschen, und erläutern es, so viel Sie können, durch
Beispiel, aber auf eine zarte Weise."

Zuletzt schien es ihm das beste, sie baldigst zu ver-
heirathen. Die Freier fehlten nicht. Obgleich die Tochter
nicht schön, und nichts weniger als geistreich war, so
suchten doch die größten Familien die Verbindung mit
dem berühmten Vater, der nicht nur ein unabhängiges
Vermögen besaß, sondern dasselbe durch seine großen

Dienstleistungen noch bedeutend zu mehren verhieß. So sehen wir in dem Briefwechsel dieses Jahres Unterhandlungen über eine Vermählung Nataliens mit einem Sohn von Nikolai Jwanowitsch Saltykow; und als sich diese zerschlugen, abermals mit einem jungen Fürsten Dolgorukij. „Sehen Sie nicht auf die Ordenssterne, schrieb Suworow darüber an Chwostow, Fürst Sergei Dolgorukij genügt mir; er ist nicht reich, aber auch kein Verschwender; ist jung, wohlgesittet, hat einen Rang — was wollen Sie mehr. Mir scheint er besser als die andern. Die Verwandten sind nicht im Wege. Seiner Armuth helfe ich durch meinen Dienst ab, wenn ich gesund bleibe. Das von mir Wohlerworbene habe ich bereits meiner Tochter versprochen, und werde es ihr als Mitgabe documentiren. Ich für meine Person habe genug, um satt zu werden." — Doch die Chwostow's, die den jungen Mann als ohne Vermögen, verschuldet und wie das nicht half, als einen schlechten Christen darstellten, wußten die Sache zu hintertreiben. „Solcher Freier wie dieser, schrieb Chwostow, gibt es zu Dutzenden; und noch ist die Gräfin ein Kind. Ich betrachte Ihre Erhöhung als gewiß und als so glänzend, daß ich gern für die junge Gräfin eine Ihrem Range angemessene Parthie möchte. Für ihre Sittenreinheit stehe ich." — Und in einem spätern Briefe: „Die junge Gräfin kann Ihnen weder zur Last noch sonst ein Hinderniß sein; eine Last wäre Ihnen deren Unglück. Ich habe Ihnen bewiesen, daß dieser Freier unbedeutend ist; ich schwärze niemand an — forschen Sie nach seiner Aufführung, seiner Moralität. Glauben an Gott ist die erste Pflicht — kennt er sie?" (Dazu beigeschrieben von Suworow: „was für ein Teufel oder Teufelchen ist denn das?")

Diese Insinuation wirkte — und von dem an ist von diesem jungen Manne als Freier weiter nicht die Rede. Andere stellten sich dar, doch wie wir sehen werden, traten die Chwostow's abermals hindernd dazwischen, bis sie endlich eine Verbindung nach Herzenswunsch zu Stande gebracht.

Zum Schluß mögen hier noch einige Briefe des alten rauhen Kriegshelden an seine Tochter folgen, die die Zartheit seiner Empfindung und die Innigkeit seiner Liebe zeigen.

„Mein Herzchen Natascha! Gottes Segen mit Dir. Sei fromm, wohlgesittet und meide den Müssiggang. Ich danke Dir für das Briefchen mit dem Vetter. Es ist mir, als hätte ich mein Herz bei Dir gelassen! — Hei lustig! jetzt sind bei uns große Spazierfahrten zu Wasser, im Walde, auf Felsen und Bergen; und eine Fülle von Herrlichkeiten: Fische, wilde Vögel, und Blumen und kleine Küchelchen. Als unser Hexenmeister Beier zum Besuch kam, so ward auch gleich das Wetter schön. Die Schwalben zwitschern, es singen die Nachtigallen. Gestern nahmen wir unser Mahl auf einer Insel; morgen schiffen wir uns ein zu einem deutschen Gottesdienst. Und dann geht es weit — — aber überall küsse ich Dich auf die Augen. Wenn Du lustwandelst, und heimkehrst und im Hause herumspringst, dann denke mein, wie ich Deiner."

Und wieder unterm 11. Juny 1791: „Ei, mein Seelchen Natascha, setze Dich zu Schiffe, wie angenehm zu fahren. Was haben wir für herrliche Lachse. Ich schreibe am Freitag; und am Freitag wolltest Du zur Gräfin Saltykow; also am selben Tage, zur selben Stunde; und speisest Du irgendwo, so will auch ich essen. — Doch genug! die Augen brennen mir, als sähen sie durch die Gläser, die man auf die Nase setzt. Gottes Segen mit Dir!"

Und unterm 7. September: „Am heutigen Jahrestage rückte ich in der dunkelsten Mitternacht zum Rymnik, und dafür, Natascha, nennst Du dich auch Rymnizkaja. Ich danke Dir, daß Du deinen armen Offizier beschenkt hast: denkst und handelst Du auch künftig so, so wird es Gott Dir doppelt vergelten." —

Und Ende 1791: „Natascha! Ach mein Gott, wie sehne ich mich, Dich wiederzusehen! ach mein Gott, wie froh werde ich sein, wenn ich Dich wiedersehe, Dich als großes Mädchen wiedersehe. Bete zu Gott und es wird geschehen."

Die Briefe des Töchterchens bieten weniger Interesse, weil sie ohne Gedanken und Inhalt und fast alle der gleichen Form sind. Als Beispiele hier ein Paar. Suworow hatte für sie ein neues Gut Undal, gekauft. Als Danksagung schrieb die Tochter ihm: „Gnädigster Herr Vater! Ich habe die Ehre Ihnen für alle Ihre Güte zu danken. Ich bin, Gott sei Dank! gesund. Ich küsse Ihre Hände und verbleibe jederzeit Ihre gehorsamste Tochter Natalie." — Dazu schrieb Suworow bei: „Ich habe die Ehre, Ihnen Schwesterchen Natascha, für Ihre Dankbarkeit zu danken. Blühe und gedeihe in Unschuld und Sittenreinheit."

Man sieht in der ersten Hälfte die Ironie. Dieser

Art und mehr als naiv sind übrigens die Briefe der Tochter alle. Hier noch einer: „Gnädigster Herr Vater! Kommen Sie doch recht bald hierher, mir wird die Zeit ohne Sie recht lang. Peter Grigorjewitsch Koryzky hat uns eingemachte Sachen geschickt; ich habe mit Ihnen getheilt. („Ist unnöthig, ich danke Dir, Gott mit Dir." beigeschrieben von Suworow) Ich verbleibe für immer Ihre gehorsame Tochter."

Das ist die stehende Norm ihrer zahlreichen Briefe oder vielmehr Postscripte zu Chwostow's Briefen aus dieser Zeit; sie bestehen meist nur aus den drei Phrasen: „Gnädigster Herr Vater"; „ich bin Gott sei Dank gesund" und „ich küsse Ihre Hände"; alsdann abermals: „gnädigster Herr Vater, Ihre gehorsamste Tochter", und nun der volle Titel: „Gräfin Natalie Suworow vom Rymnik." Aus diesem Typus kommt sie nicht heraus.

Zum Schluß noch einige hingeworfene Bemerkungen von ihm als Fingerzeige der ihn in dieser Zeit beschäftigenden Gedanken und Gefühle. „Voriges Jahr, schreibt er auf einem Blatt, hatte ich den Fürsten Potemkin stets auf den Fersen. — Warum soll ich denn meine Würde der Abhängigkeit von andern Preis geben. Geschicklichkeit darf nicht niedergehalten werden. Und weshalb auch? Etwa aus Gefälligkeit für das alte Mütterchen Alterthum? Aber auch ich besitze Alterthum, nach meinen Jahren, nach der Zeit meines Diensteintritts, der Dauer meines Dienstes selbst. — Das Streiten darüber überlasse ich ihren Dentschiks. — Die Herren sollten sich doch ruhig halten, da sie sich durch ihre Nebentalente mit mir auf gleiche Stufe gestellt sehen; sie sollten nicht

Zeter über mich in den Palläſten ſchreien!" — Unter
den Nebentalenten dieſer Herren verſtand er beißend die
Kriegskunſt, indem ihr Haupttalent der geſchmeidige Hof=
dienſt war.

Wieder leſen wir auf einem loſen Blatte als hinge=
worfene Gedanken: „Wer hinaufſtrebt, bedroht die oben
Stehenden mit Erniedrigung; daher ſuchen ſie ihn nieder=
zuhalten, ſeine Gaben herabzuſetzen. Gelingt es ihnen,
ſo laſſen ſie den Klimmenden nicht empor und ſpotten
ſeiner Verdienſte. — Ein Parteimann ſtimmt dann nur
mit dem wahren Patrioten, wenn es ſein beſonderer Vor=
theil ſo erfordert, ſonſt bleiben die beiden wie zwei Pa=
rallellinien ſtets weit aus einander."

Was aber Suworow's Herzen Ehre macht, iſt fol=
gender Zug. Wir ſahen oben, wie ſtreng er über Repnin
urtheilte, als Gegenwirkung hochmüthiger Aeußerungen
deſſelben über ihn. Gegen Ende des Jahrs erfährt er
deſſen Erkrankung, die das Gerücht übertrieb. Sofort
gereuete ihn ſeiner harten Worte, und den Ton mildernd
ſchrieb er an Chwoſtow: „Repnin, höre ich, iſt krank,
und bedaure, ſo ſtreng über ihn geurtheilt zu haben;
perſönlich bin ich ihm ergeben, mein Urtheil bezieht ſich
nur auf's allgemeine Beſte. — Wird er die Gouverne=
ments des Verſtorbenen erhalten? Man würde mit ihm
zufrieden ſein, und er könnte ſie ſehr in Aufnahme
bringen. Er könnte dort auch gut ſein, um der herrſchen=
den Partei die Wage zu halten." — Man ſieht, er wünſchte
ihn von der Armee=Anführung weg, wo er ihm im Wege
ſtand, und hätte ihn gern anderweitig beſchäftigt ge=
ſehen. —

Endlich wollen wir noch einen merkwürdigen Brief mittheilen, der dem Schreiber wie dem Empfänger gleiche Ehre macht; dem Schreiber, wegen der edeln Freimüthig= keit, womit er unangenehme Wahrheiten sagt; dem Em= pfänger, daß man ihn, ohne empfindlich zu reizen, solche Wahrheiten sagen durfte. Der Empfänger war Suworow, der Schreiber der damalige Oberst=Lieutenant Sacken, nachmals Graf und Fürst und berühmt als kräftiger Feld= herr und Feldmarschall. 30)

---

30) Baron (später Graf und Fürst) Fabian Willimowitsch von der Osten-Sacken, aus einer Kurländischen freiherrlichen Familie stammend ward am 20. Oct. 1752 in Reval geboren. Sein Vater war Hauptmann und Adjutant von Münnich gewesen, nach deffen Fall er zur Garnison von Reval versetzt ward, wo er in gleichem Rang bis zu seinem Tode 1754 verblieb. Die dürftige Wittwe konnte dem Sohn keine angemessene Erziehung geben, die er sich je= doch nachmals durch eigene Kraft und Anstrengung gab. 1766 trat er, 14 Jahr alt, als Unterfähnrich in das Regiment Koporje; 1769 beim ausbrechenden Kriege mit den Türken war er Sergeant, und erwarb sich durch Auszeichnung in diesem Feldzug den Rang als Fähnrich. Er ward hierauf zum Regiment Nascheburg nach Polen versetzt, wo er zuerst mit Suworow in Berührung kam und sich zu einem tüchtigen Krieger ausbildete. Als Ordonnanz=Offizier zum Russischen Gesandten in Warschau, den Grafen Stakelberg, befehligt, erwarb er sich durch seine rasche Gewandtheit deffen Wohlwollen und blieb längere Zeit bei ihm. Dort legte er im Umgange mit dem geistvollen Diplomaten und durch eifriges Selbststudium den Grund zu seiner geistigen Ausbildung. 1777 ward er als Hauptmann in das Regiment Uglitsch versetzt und 1785 als gebildeter und ausge= zeichneter Offizier, der den Dienst vollkommen kannte, als Lehr=Offi= zier in's Kadetten=Korps. Hier ward er 1786 Major, und als Oberstlieutenant übergeführt zum Moskauischen Grenadier=Regiment. 1789 kam er in das Regiment Rostow und mit diesem wieder unter Suworow's Befehl, machte deffen Feldzüge mit und zeichnete sich beim Ismailer Sturm so aus, daß er die besondere Aufmerksamkeit

à Petersbourg ce 11 Août 1791.

Monsieur le Comte! La Comtesse (Suworows Tochter) demeure avec sa cousine, et cela passe autant

---

und das Wohlwollen Suworows auf sich zog. Früh in die Verbindung mit dem alten Helden gekommen, wußte er dessen Achtung gegen sich bei jeder Gelegenheit zu vermehren. — Im Polnischen Kriege 1794 diente er unter Knorring in Litauen, und erwarb sich hier durch seine Tapferkeit Ehren-Auszeichnungen und den Obersten-Rang. — Nach Kaiser Pauls Regierungs-Antritt ward er 1797 General-Major und Chef des Katharinoslawschen Grenadier-Regiments; und bald darauf (11. Juli 1799) General-Lieutenant. Er machte den Feldzug in der Schweiz 1799 unter Korsakow mit, gab bei Zürich mit seinem Regiment Proben der außerordentlichsten Tapferkeit, vermochte aber weder durch diese noch durch seine verständigen Rathschläge, die un= befolgt blieben, Korsakow's Niederlage zu verhindern. Schwer in den Kopf verwundet und nach Zürich zurückgebracht, gerieth er dort in die Gefangenschaft der Franzosen. Völlig von ihnen ausgeplündert, ward er nach Nancy gebracht; und überdieß, wie alle Gefangene, vom Kaiser aus dem Dienst ausgeschlossen. Endlich 1801 aus der Gefangenschaft zurückgekehrt und von neuem angestellt, mußte er die Küsten der Ostsee gegen Nelson's Flotte bewachen. Der Krieg von 1806 rief ihn wieder ins Feld; von der Schlacht bei Pultusk ange= fangen machte er mit Auszeichnung die meisten Gefechte mit, bis er in eine Entzweiung mit Bennigsen gerieth, der ihm den Nichterfolg seiner Unternehmung gegen Ney bei Gutstadt beimaß. Er kam unter ein Kriegsgericht und brachte in großer Noth fünf schwere Jahre in Petersburg zu. 1812 erhielt er wieder eine Anstellung und den Befehl über das Reserve-Korps in Wolynien, hierauf über das bisherige Korps von Kamenskij. Als Tschitschagoff gegen die Beresina vorrückte, sollte Sacken bei Litauisch Brest dessen Abmarsch gegen Schwarzenberg decken. Er hatte 18000 M. und nach der Vereini= gung mit Essen III. 27000 Mann, während Schwarzenberg mit Reynier mehr wie 40000 M. zählten. Erfahrend, daß diese gegen Slonim zur Verfolgung Tschitschagoff's aufgebrochen seien, eilte er ihnen nach, um sie entweder einzeln zu schlagen oder von Tschitscha= goff abzuziehen, von dessen ungehinderter Bewegung in dem Rücken Napoleons der Erfolg des Kriegs abhing. Er besiegte am 1. und

que la cour n'est pas ici; mais aussitôt qu'elle revienne,
il n'y a aucune raison à donner pour la retenir. Vous
connaissez les couleurs, sous lesquelles vos ennemis
avaient peint votre demarche, lorsque vous la réde-
mandiez. L'amour-propre est une chose délicate, et
vous savez menager même celui des particuliers.
D'ailleurs l'homme, qui pouvait vous donner de l'ombrage (Potemkin) n'est plus ici. Mon avis est donc,
qu'il faut agir avec la plus grande délicatesse, et que
le jour que l'Impératrice rentre en ville, la Comtesse
soit déjà à la cour.

La paix [31]) est sûre, et on parle déjà du voyage
de la cour pour la célebrer à Moscou. Cette occasion

---

2. Nov. Reynier bei Wolfowysk, ward aber hierauf von dem um-
kehrenden Schwarzenberg am 4. geworfen und zum Rückzug nach
Brest genöthigt. — Er machte sodann den Siegeszug nach Deutsch-
land mit; besetzte Warschau, unterwarf am $\frac{25.\text{ März}}{6.\text{ April}}$ 1812 Czenstochau,
drängte Poniatowski aus Krakau nach Galizien und stieß dann zur
großen Armee in Deutschland. — Nach dem Waffenstillstande befehligte er eins der Russischen Korps bei Blücher, trug viel zum Siege
an der Katzbach bei, nahm Theil an der Schlacht bei Leipzig, wo er
zum General der Infanterie ernannt ward; zeichnete sich aber vornämlich 1814 in Frankreich, in dem heißen Kampf bei La Rothière
(Brienne) am 1. Febr. und in dem nachtheiligen Gefecht bei Mont-
mirail und so fort bis zum Schluß des Feldzugs aus, wo er zum
Gouverneur von Paris ernannt ward. — Nach Barklai's Tode im
Mai 1818 ward er Oberbefehlshaber der 1. Armee zuerst in Mohilew,
dann in Kiew; 1821 Graf; 1826 Feldmarschall. Nach Ausbruch
der Polnischen Insurrection von 1830 bämpfte er die Unruhen in Wolynien und Podolien; ward 1832 in den Russischen Fürstenstand erhoben, und 1835 in den Ruhestand versetzt. Er starb, 84 Jahr alt,
am $\frac{7}{15}$. April 1837 zu Kiew.

[31]) Avec la Porte.

ne serait-elle pas la plus heureuse que toutes celles qu'on aurait pû imaginer, pour faire rester la Comtesse là bas? Toutes les convenances seraient gardées et son innocence mise à jamais à l'abri de toute atteinte.

Mr. Tausakoff est réellement malade; il est allé à 30 verstes d'ici, pour se rétablir. J' avoue que votre maison [32]) n'est pas un endroit, où l'on respire un air sain. Elle réunit plusieurs désagremens avec la plus grande malpropreté. Je sais, Mr. le Comte, que votre modestie naturelle vous a fait préférer les cabanes des paysans aux palais des Princes. Un grand homme brille par ses vertus. Mais je connais aussi le cas que vous faites de la propreté; elle est l'emblême de la pureté de vos moeurs. Voulez-vous qu'on dise, que vous ne souffrez des choses si contraires à votre caractère, que parcequ'elles vous coutent peu?

On vous charge de nouveaux ouvrages, parcequ'on est charmé de trouver un homme, qui s'en acquitte si bien et à si bon marché. Ce ne sont que des précautions lointaines et nullement amenées par la probabilité d'une nouvelle guerre; mais si on loue votre désinteressement, on vous donne aussi des torts, de ce que vous ne payez pas les soldats. J'ose vous rappeller ici ce proverbe allemand, dont on est penêtré du bout du monde à l'autre, depuis la cabane jusqu'au trône: „Umſonſt hat man nur den Tod." —

---

32) Suworow's Haus in Petersburg befand ſich im 3. Stadttheile, am Kriukow-Kanal, gegenüber dem Nikoliſchen Markt (das 2. Haus von der Ecke).

v. Smitt, Suworow und Polen. II.

Votre justice, votre générosité doivent être blessés à
entendre dire, que vous voulez vous faire mérite aux
dépens de *ceux, qui vous servent d'instrumens. —
Mr. le Comte Soltykow m'a reçu avec bonté et m'a
promis sa protection; il faut en attendre le résultat.
Tel qu'il soit, je suis toujours penêtré de vos intentions bienfaisantes et j'ai l'honneur d'être avec les
sentimens de respect et d'attachement, dont ma franchise fait foi, Mr. le Comte, de Votre Excellence etc.

Zum Schluß und als Kuriosität noch die Zeitungen,
die Suworow in seiner Einsamkeit in Finnland hielt.
Er schreibt deshalb unterm 2. Nov. 1791 an Sacken:
„Ich habe bisher folgende Zeitungen gehalten: Deut sche:
die Hamburger, Berliner, Wiener, Erlanger; — Französische: Courrier des Londres, du bas-Rhin, —
Polnische: die Warschauer Zeitung; endlich auch die
Russische Petersburger und die Moskauer Zeitung.
Von Journalen: das französische kleine Journal encyclo-
pédique de Bullion und das deutsche Hamburger politische Journal. Da der Ablauf des Jahrs bevorsteht, so
bitte ich Sie die Sorge des Bestellens über sich zu nehmen mit Zufügung von: nouvelles extraordinaires. Uebrigens stelle ich Ihnen die Auswahl anheim und ergebe
mich mit aller Demuth in Ihren Willen.“

# Zweiter Abſchnitt.

---

1788.

# Zweiter Abschnitt.

## Die Verhältnisse Polens bis zum Jahr 1788.

---

Einleitung — Verfassung der Polnischen Republik — Die drei Grundübel derselben — Stanislaus Plan zur Hebung seines Landes — Karakter der Polen — Ungünstige Umstände für die Nation — Die drei Nachbarn — Versuche zur Reform der Verfassung — Durch Preußen und Rußland vereitelt — Die Sache der Dissidenten — Der Reichstag von 1766 — Konföderation von Radom 1767 — Neue Festsetzung der Verfassung 1768 — Erste Theilung Polens — Allgemeine Bemerkungen — Neue Verfassung von 1775 — Der immerwährende Rath — Lage der Finanzen — Handel und Gewerbe — Kriegswesen — Politik, Justiz, Polizei. — Erziehung — Kunst und Wissenschaft — Aufblühen der Nation.

So war es vorüber das Jahr 1791, gar anders als Suworow bei dessen Anbruch gehofft. Die That, die ihm eine freiere Bahn öffnen sollte, verschloß ihm seine beschränkte völlig, und warf ihn in ein ihm nicht genehmes Feld. Der Mächtige, der es bewirkt, sank dahin, und doch keine Aenderung: der Mann der That, der rasche Festungsstürmer sollte fortfahren, Festungen zu bauen. Sein Inneres bewegte sich darob in schmerzlicher Pein.

Ein neues Jahr begann, ein merkwürdiges, das den Anstoß zu Europas Umgestaltung geben sollte: im Westen

durch Frankreichs politische Wandlung und seinen beginnenden Weltkrieg; im Osten durch den Targowicer Krieg
in Polen und die Anbahnung der zweiten Theilung.
Ein neuer Krieg, neue Hoffnung aktiver Verwendung.
Suworow lebte auf; — vergebens! Andere Feldherrn
betraten die Bühne; er blieb in seiner Verbannung.

Ein Feind der Kaiserin nach dem andern mußte ihrem
Uebergewicht weichen: zuerst 1790 der Schweden-König,
am vortheilhaftesten weil am ersten; das Jahr 1791 sah
die Demüthigung der Türken und ihre Beugung unter
den vorgeschriebenen Frieden; — das neu begonnene Jahr
1792 sollte die Polen, die sich keck und übermüthig gegen
die Russische Selbstherrscherin erhoben, während sie mit
Türken und Schweden beschäftigt war, für ihre heraus-
fordernden Schritte und Beleidigungen hart bestraft sehen,
denn nichts verzeiht man schwerer, als Unbilden in
unserer Noth uns zugefügt, nichts macht dankbarer als
Freundesdienst in Augenblicken, wo man ihn weder hoffen
noch vergelten kann. Aufs empfindlichste hatten die Polen
die Kaiserin in den letzten bedrängten Jahren gekränkt,
um so empfindlicher, als die Monarchin die Kränkungen
und Beleidigungen äußerlich verschmerzen mußte; der
Augenblick der Ahndung war gekommen, er blieb nicht
unbenutzt.

Da die Polnischen Angelegenheiten der Anlaß und
die Bahn werden sollten, auf welcher Suworow zu welt-
geschichtlichem Ruhm emporstieg; da keine so sehr durch
Parteihaß und Lüge entstellt worden sind, so werden wir
uns länger bei denselben aufhalten und in gedrängter
Darstellung entwickeln, wie Polen in den letzten Jahren

immer tiefer sank, bis es aus der Reihe der Staaten völlig verschwand.

Stanislaus Poniatowski war durch die Kaiserin Katharina König von Polen geworden; darin lag der Keim aller Widerwärtigkeiten seines Lebens und zugleich ein Anlaß mit zu dem Untergange des Staats.

Selten hat ein wohlwollenderer, weiserer und besserer König Polens Krone getragen, und, trauriges Loos! nie ward ein König mehr verfolgt, gehemmt und gehaßt von verblendeten Unterthanen; nie einer mehr mißverstanden, verlästert und verläumbet von gehässigen, in Gift und Galle getauchten einheimischen und fremden Federn.

Als Stanislaus Augustus durch Rußlands entschiedene Einwirkung, unterstützt von der Preußischen, am 7. September 1764 auf den Polnischen Thron erhoben wurde, war er 32 Jahr alt, hatte einer sorgfältigen Erziehung genossen, war viel gereiset, hatte Deutschland, Frankreich, England, Rußland genauer kennen gelernt, und in dem Umgange zweier weisen Oheime, des Großkanzlers Michel und des Wojewoden von Reußen, August Czartoryski, sich politisch ausgebildet und mit der Staatsverfassung seines Landes näher bekannt gemacht.

Er hatte den edeln Ehrgeiz und bestieg den Thron mit dem festen Entschluß, unterstützt von der Weisheit seiner Oheime, Polen aus dem Schmutz und Schlamm, worin es lag, herauszuziehen, und zu einem geachteten und achtungswerthen Staat zu erheben. Aber, und das ist eben das Hochtragische in seinem Geschick, da begegnete er der Thorheit, dem Mißtrauen und Unverstand

seines Volks; den Eingriffen, der schlauen Politik und
der Herrschsucht seiner Nachbarn, und mußte zuletzt, nah'
am Ziel, der zusammengreifenden Gewalt dieser vereinigten
Faktoren unterliegen, untergehen zugleich mit dem Staate,
den er hatte heben wollen.

Um leichter einzusehen, wie alles dieses kam, haben
wir vier Stücke näher zu betrachten:

Erstens, die Lage, in welcher Polen war, als er den
Thron bestieg, oder seinen Ausgangspunkt.

Zweitens, den Plan, den er sich zur Restauration seines
Landes und Volkes entworfen, oder das Ziel.

Drittens, was ihm bei Ausführung dieses Plans hauptsächlich im Wege war, oder die Hindernisse.

Viertens, die Art endlich, wie er seinen Plan verfolgte,
oder der Gang der Geschichte; die Wechselfälle,
die Fortschritte, die Erfolge; das Scheitern endlich durch
eigene und fremde Schuld, als er und die Nation im
Hafen zu sein wähnten.

Wir werden dabei Gelegenheit haben zu bemerken, wie
alle weiseren, wohlberechneten Maßregeln, die von ihm
ausgingen, durch den Widerstand, den Leichtsinn, den
Eigenwillen, die Uebereilungen und den völligen Mangel
an Urtheilskraft seines Volks vereitelt und aufgehoben
wurden.

Daher haben wir wohl Recht, sein Schicksal ein
tragisches zu nennen: bei edeln und löblichen Vorsätzen
ein Ringen mit dem Verhängniß, längere Zeit mit Klugheit, Ausdauer und Gewandtheit fortgesetzt, aber ewig
gehemmt und gehindert durch die, denen er helfen und

die ihm helfen sollten, bis er und sein Volk, dieses nicht unverschuldet, unter dem Geschick erliegt.

Discite justitiam moniti, nec temnere divos ¹)!

---

Als Stanislaus Haupt der Polnischen Republik ward, hatte diese folgende Verfassung, eine Verfassung, die den Keim des Untergangs in sich trug, weil ihr oberster Grund= satz höchste Selbstsucht und Willkühr war. Jeder sah den Staat nur in sich und nicht sich im Staate; wollte nichts dem Ganzen zugestehen, aber alles vom Ganzen erhalten; wollte weder ein Tittelchen seiner individuellen Freiheit aufopfern, noch das mindeste Scherflein von seiner Habe zur Erhaltung des Ganzen beitragen; daher das Gepräge des Staats das der Zügel= und Kraftlosigkeit war. Je nachdem er Macht hatte, that der Edelmann was er wollte, erkannte niemand über sich, auch das Gesetz nicht.

Es herrscht bei der Menge ein grober Mißverstand über das Wort Freiheit: sie sieht darin nur Zügel= und Gesetzlosigkeit. Freiheit ist die Macht der Wahl zwischen zwei Gegenständen. Aber um bei der Wahl zu entscheiden, muß man einen Beweggrund haben: je nach der Beschaffenheit von diesem wird unsere Wahlfreiheit entweder eine vernünftige oder vernunftlose. Die ver= nünftige allein aber können wir wahre Freiheit, die ver= nunftlose nur Drang der Willkühr und Begierde nennen.

---

¹) Frei übersetzt: „Lernet gewarnt (Mäßigung und) Gerechtigkeit, lernt nicht verachten die Götter (genauer: Lernet gewarnt Recht üben, o lernt nicht verachten die Götter)."

Als moralische Wesen haben wir zwischen zwei Dingen
die Wahl: dem Gebot der Vernunft, und dem Zug der
Sinnlichkeit und Begierde. Wer diesem folgt, ist kein
freier Mensch, er hängt von den augenblicklichen Launen
und Gelüsten seiner Sinnlichkeit ab; nur wer das moralische Gesetz, das höchste Gesetz der Vernunft, tief in seiner Brust eingegraben hat, nur ihm bei allen Lockungen
der Sinne folgt, der allein ist vernünftig-frei, oder frei,
weil wahre Freiheit allein nur die vernünftige Freiheit ist.
Er zeigt eben dadurch seine Freiheit, daß er bei der Wahl
die schwere, rauhe Pflicht dem lockenden, anmuthigen Laster
vorzuziehen weiß. Als Mitglied eines Staatsganzen [2])
hat der Mensch eben so die Wahl zwischen den Gesetzen
des Staats und den Lockungen der Willkühr und Selbstsucht, und aller aus ihr entspringenden niedern Leidenschaften; und auch da kann man nur d e n einen freien
Mann nennen, der stets den Geboten der Pflicht, des
Rechts und des Gesetzes zu folgen weiß, im Gegensatz
mit dem Zerren und Reißen widerstrebender Gelüste und
Antriebe, die zuletzt zum Verbrechen führen. Vernunft
und Gesetz dürfen allein ihn leiten und die Richtung
geben: nur ein Schiff mit Kompaß und Steuerruder
(Vernunft und Gesetz) hat einen sichern und festen Lauf;
ohne diese wird es ewig, allen Winden und Strömungen
preisgegeben, hin und her wogen, bis es an Klippen
zerschellt. Darum ist der freieste Mensch, das freieste Volk

---

[2]) Wir sehen hier von dem ab, was man - p o l i t i s c h e  F r e i -
h e i t nennt, und worunter man irgend eine Theilnahme an der
Regierung seines Staats, und wäre es auch nur durch Stimmgeben
bei den Wahlen von Beamten und Volksvertretern, versteht.

auch jedesmal das gehorsamste unter Pflicht und Gesetz, indem diese die Leitsterne seiner Handlungen sind. Solche Menschen und Völker haben daher einen sichern, festen und geraden Gang, während das von zügelloser Willkühr bewegte Volk hin und her, vorwärts und rückwärts schwankt, heute zerstört, was es gestern schuf, und morgen wieder andern Träumen und Einbildungen nachrennt, überall ohne Kompaß noch Steuerruder, daher ohne sichern, regelmäßigen Lauf. Wollt ihr also Völker politisch frei machen, so macht sie erst moralisch frei; lehrt sie die Gebote der Pflicht den Lockungen der Sinnlichkeit vorzuziehen; gewöhnt sie an Selbstbeherrschung und Gehorsam gegen Recht und Gesetz; und ihr könnt sicher sein, daß sie dann auch die politische Freiheit nicht mißbrauchen werden.

Das war in Polen nicht der Fall und darum ging das Volk unter, weil es Willkühr und Zügellosigkeit für Freiheit nahm: diese aber führen immer, früher oder später, zum Verderben und Untergang.

Polen war eine Republik nach altem Zuschnitt, bestand aus einer kleinen Anzahl Edelleute und einer großen Anzahl Sklaven [3]). Alle Edelleute waren gleich, der

---

[3]) Da man damals in Polen an alles eher als an statistische Tabellen dachte, so bleibt die genaue Zahl der Edelleute schwer zu ermitteln; die Angaben schwanken von 200,000 bis 800,000. Die erstere Zahl mag die der streitbaren Männer, die andere die Gesammtheit mit Inbegriff der Weiber, Kinder und Greise begreifen. Richtiger scheint jedoch die Zahl 600,000 für den Adel beiderlei Geschlechts und 150,000 für die wehrhaften Männer. Malte-Brun nimmt für die Gesammtheit nur 500,000 Personen an. — Eben so widersprechend wie über die Zahl der Edelleute sind die Angaben über die damalige Bevölkerung überhaupt; natürlich, da

zerlumpte ohne Hemd und statt der Strümpfe mit Stroh in dem Stiefel[4]) so gut wie der im prächtigen Kontusch mit goldgesticktem Gürtel (Paß), der über Tausende von

bei einem so unordentlich regierten Staate, wie Polen war, alle nur aufs Ungefähr gebaut sein können. Die wahrscheinlichste Zahl möchte wohl 12 Millionen sein, davon 500,000 Adel, 10 Millionen Bauern, und der Rest von 1½ Millionen auf die Juden und Bewohner der größern Städte käme. Nach Büsching (Geographie, 8. Ausg. II. 121.) war die Zahl der Einwohner vor der ersten Theilung nur 8 bis 9 Millionen und nach derselben 6 bis 7. — Gatterer (Abriß der Geographie, 1775) meint, die gewöhnlich angenommene Zahl von 12 bis 15 Millionen möchte um ein Drittel zu hoch sein, kommt also auch mit Büsching so ziemlich überein. Die spätern Polen freilich, nach ihrer Gewohnheit alles sie Betreffende zu über-treiben, sprechen von 15, 16, 18, ja 20 Millionen, ohne zu be-denken, daß je größere Zahlen sie angeben, desto größer ihre Schande ist. Der Landbote Moszczenski legte dem Polnischen Reichstag von 1790 ein Memoire über die damalige Bevölkerung vor, nach welchem selbige 7,660,000 M. betrug, was, wenn man die Zunahme seit 1772 in Anschlag bringt, so ziemlich mit Büsching's Angabe über-einkommt.

Nach den Tageblättern der Zeit hätte Rußland in allen drei Theilungen erhalten 5,765,000 Menschen,

Oestreich 3,600,000 =
Preußen 2,600,000 =

Gesammt 11,965,000 oder in runder Zahl 12 Millionen, wie wir oben angenommen. — Freilich 30 Jahre später, 1803, wurde der Oestreichische Antheil zu 4,700,000 Menschen gerechnet,
der Preußische = = 3,150,000 =
der Russische = = 6,760,000 =

14,610,000 Menschen.

Aber diese 2½ Mill. Ueberschuß über die obige Angabe konnten ganz wohl das Ergebniß einer 30jährigen Ruhe, Sicherheit und guter Verwaltung sein.

[4]) S. G. Forster's Briefe.

Sklaven gebot; — alle waren „Brüder", alleinige Bürger
des Staats, bildeten in der Gesammtheit die höchste
Souverainetät des Volks. Die Bauern waren und hatten
nichts, sie waren völlige Sklaven wie die Heloten in
Sparta, Roms weiße Sklaven oder die schwarzen Sklaven
Amerika's. Der Landbau und einige Gewerbe der Noth-
burft lagen ihnen ob. Die Juden endlich bildeten die
Mittler, die Handelsleute, Geschäftsleute, Faktoren: sie,
die Blutigel der Bauern, schafften dienstfertig dem Edelmann was sein Bedürfniß oder sein Gelüst verlangte,
und übernahmen den Ueberfluß seiner Produkte zum Absatz und Verkauf.

Bei den Bürgern des Alterthums, in Athen, Sparta,
Rom, ging das Leben auf entweder in öffentlichen Berathungen, in Festen, oder in Beschäftigungen des Kriegs.
In Polen Aehnliches. Die Vornehmern strebten Zielen
des Ehrgeizes oder der Habsucht nach, suchten Großwürden
oder Starostien; die geringern bemühten sich dem vornehmen „Herrn Bruder" zu Diensten zu sein, seine Klientel
zu bilden, sich ihm gefällig zu machen, in der Hoffnung,
daß auch für sie etwas abfiele. Das politische Leben
ging in Landtag=Versammlungen und auf Reichstagen,
in Berathungen und Wahlen zu Richter= und andern
Stellen, und wenn Krieg, in der Vertheidigung des
Landes auf, denn da mußte jeder aufsitzen. Das Privat-
leben dagegen verfloß ihnen in Festen und Gelagen, in
Liebeshändeln, Intriguen und wegen ihres streitsüchtigen
Karakters in Processen, die nur die Advokaten und Richter
bereicherten, und wo der Reichere und Stärkere zuletzt
immer Recht behielt.

Aber in der ganzen Glorie der Souveränetät fühlte
sich der Polnische Edelmann auf den lärmvollen, waffen-
klirrenden Land= und Reichstagen, da war er Fürst und
König; auch sah jeder in sich den Stoff zu einem künftigen König. Ließen sie sich gleich bei den Königswahlen
von den fremden Bewerbern oft mit winzig kleinen Ge-
schenken, einem Schluck Branntwein oder ein Stück Geld [5])
abfinden, so pochten sie nichts desto weniger auf ihre
Freiheit und Gleichheit, auf ihre Berechtigung, Könige
zu wählen und selbst dazu gewählt zu werden.

Oberster Grundsatz des Edelmanns war: sich kein
Gesetz, vor allem keine Steuer auflegen zu laffen, wozu
er nicht eingewilligt. Jeder Sendbote zum Reichstage
erhielt speciell den Auftrag mit: „na podatki nie po-
zwalac“ (keine Auflagen zu verwilligen). König und
Staat mochten zusehen, wie sie zurecht kamen.

Merkwürdig sind die Vorsichtsmaßregeln, die er mit
tief eingegrabenem Mißtrauen gegen die Regierung traf.
In dem wohlorganisirten Staate sind Volk und Regierung Eins, und je einiger desto mächtiger: die Regierung
handelt nur im Sinn der Wünsche und Bedürfnisse des
Volks. In Polen anders. Aus Besorgniß für die über-
schwänglichen Freiheiten ward die Regierung als Gegner
des Volks betrachtet, und höchster Grundsatz war, sie so
schwach als möglich zu erhalten. Daher statt des Prin-
cips der Einigkeit das des Zwiespalts. So war die

---

[5]) So erzählt Bizarbière (histoire de la scission en
Pologne etc., Paris 1699., S. 153), daß bei der Wahl des ersten
Sächsischen August 1697 jeder Masowische Edelmann, der für August
stimmte, 1 Thaler Geld und ein Glas Branntwein bekam.

individuelle Freiheit unbeschränkt, die Macht der Regie=
rung, die doch nur die Zusammenfassung der Macht des
Ganzen sein soll, null. Wo jeder Einzelne für sich Herr
und König ist, da ist kein Königthum für alle möglich.
Wo aber keine starke Regierung, da auch keine Herrschaft
des Gesetzes: beide gehen nur Hand in Hand. Daher
in Polen nur das Recht des Stärkern galt: der Stärkere
setzte sich in Besitz des streitigen Gegenstandes und lachte
des Gesetzes, das ihm denselben absprach, weil es keinen
Vollstrecker fand.

Um diesen exceptionellen Zustand, der dem Stolze und
Unabhängigkeitsgefühl des Edelmanns so wohl that, zu
bewahren, waren die sorgfältigsten, best berechneten Vor=
sichtsmaßregeln getroffen. Polen realisirte gewissermaßen
in seiner Verfassung die unverständigen Wünsche und
Bestrebungen der neuern Weltreformatoren.

1) Der König wird durch die Bürger, d. h. durch
den Adel, der allein Bürger war, gewählt.

2) Die auf den Landtagen (Seimiki) versammelten
Bürger wählen ihre Sendboten zu den Reichstagen.

3) Aber diese erhalten bestimmte Aufträge (Man=
date) mit.

4) Sie müssen bei ihrer Rückkehr Rechenschaft ablegen.

5) Der Reichstag tritt zu bestimmten Zeiten (alle
2 Jahre) von selbst zusammen, ohne daß es einer be=
sondern Berufung dazu bedürfte.

6) endlich, bei der Wahl eines neuen Königs erhält
der erste oder Convocations=Reichstag den ausdrücklichen
Auftrag, zu untersuchen, was etwa noch fehle, was man
wünsche oder welche Bedingungen man dem neuen Könige

noch zu den alten auflegen könne. Derselbe ward dann genöthigt, diese sogenannten pacta conventa zu beschwören.

So waren hier die Wünsche der Reformatoren „von breitester Grundlage" meist erfüllt: die Souverainetät der Bürger war vollständig; alle Gewalten gingen von ihnen aus; sie hatten das allgemeine Stimmrecht; sie gaben ihren Landboten genau formulirte Aufträge mit und nöthigten sie darüber Rechenschaft abzulegen; Krieg, Frieden, alle Geldbewilligungen hingen von ihnen ab, so wie sie alle höhern Reichswürden vor ihr Forum zogen; die pacta conventa endlich ebneten den Weg zu allen weitern Verbesserungen und Vortheilen im demokratischen Sinn.

Diese Einschränkungen der königlichen Gewalt waren drückend. Aber wie, wenn es nun einem tüchtigen Könige einfiel, sie sich nicht gefallen zu lassen, sie umzustoßen, einen 18. Brumaire oder 2. December herbeizuführen? — Der Republikanismus ist argwöhnisch; je enger, je schmähliger er sich bewußt ist, die Regierungsgewalt zusammengepreßt zu haben, desto eher fürchtet er von ihr Abschüttelung des Jochs. Also auch für diesen Fall mußten Maßregeln getroffen, ein bewaffneter Widerstand organisirt werden. Da übertraf der Polnische Republikanismus sich selbst.

Sie organisirten und legalisirten im voraus (und lange vorher ehe Lafayette seinen berüchtigten Grundsatz ausgesprochen) den permanenten Aufstand, der gegen jede willkührliche Handlung des Königs einschreiten sollte. Diese Legalisirung des bewaffneten Widerstandes nannten sie Konföderation. Die Grundlehre dabei, die jeder

Vater dem Sohn einschärfte, war: „Brenne lieber dein Haus nieder und irre bewaffnet im Lande umher, ehe du dich willkührlicher Gewalt unterwirfst."

Die Konföderation bildete sich durch freiwilligen Zutritt der Bürger. Sie vereinigten sich, faßten ihre Beschwerden und Forderungen schriftlich ab, ernannten ein Haupt, einen Marschall der Konföderation nebst einem Rathe, unterschrieben eine Konföderations-Akte, legten sie in einem Grod (Gerichtsamt) nieder, und die Konföderation war fertig und gerechtfertigt, war ein legales Wesen. Durch ihr Vortreten hob sie zugleich alle andern konstituirten Gewalten auf: die Tribunale stellten ihre Wirksamkeit ein; die Behörden waren durch den Bürgerkrieg aufgehoben. Es war die Diktatur des Volks, im Gegensatz der Römischen Diktatur, die von der Regierung ausging; natürlich, wo das Volk souverain ist, gehört ihm auch die höchste, die souveraine diktatorische Gewalt.

Eine weitere Folge jener Volks- oder Adels-Souveränetät und des politischen Uebergewichts des Einzelnen im Gegensatz mit der Regierung war die verlangte Einhelligkeit aller Stimmen bei den Wahlen und auf den Reichstagen, das berühmte liberum veto, wo der Einspruch des Einzelnen die Beschlüsse der Gesammtheit aufhob; doch davon später: es war gleichsam der Schlußstein des ganzen Gebäudes.

So waren die beiden Grundübel, an denen Polen litt und die es verdarben: seine fehlerhaften republikanischen Institutionen, und vor allem die Unmöglichkeit, sie im monarchischen Sinn zu verbessern.

Betrachten wir die weitern Entwickelungen jener In=
stitutionen, die drei Grundübel, welche Polen zu Grunde
richteten: die Wählbarkeit zur Krone, die Unab=
hängigkeit der obern Staatsgewalten; end=
lich die verlangte Einstimmigkeit in den Be=
schlüssen.

Zuerst die Wählbarkeit der Krone, eine der
Haupturſachen von Polens Verfall. Von allen behaup=
teten Abſurditäten iſt die unmöglichſte: Erblichkeit der
Krone und Volksſouverainetät zu vereinigen. Eine ſchließt
die andere nothwendig aus. Einen erblichen König kann
man keine pacta conventa vorſchreiben: er iſt König durch
keinen fremden Willen, ſondern durch ſein Recht. Da
Polen alſo die Adels=Souverainetät ſtatuirte, ſo war die
unabweisbare Folge auch das Wahlkönigthum; es
lag ſo nothwendig in der republikaniſchen Sitte, daß alle
Verſuche, die man in Polen machte, Erblichkeit einzu=
führen oder auch nur bei Lebzeiten des Königs einen
Nachfolger zu ernennen, ſcheiterten; ſo unter Johann
Kaſimir (Condé), unter Sobieski (deſſen Sohn) u. ſ. w. —
„Den König wählen oder ſterben“, war das Geſchrei der
Menge; und durch die pacta conventa, die der König
beſchwören mußte, ſicherte man ſich vor jedem Verſuch
dazu von ſeiner Seite.

Die erſte Wirkung einer Königswahl iſt das Land
zu entſittlichen; denn von innen und außen werden
alle Mittel der Intrigue, Beſtechung und zuletzt offen=
barer Waffengewalt in Bewegung geſetzt, um genehme
Perſonen auf den Thron zu bringen. Die verſchiedenen
republikaniſchen Parteien unterlaſſen dann ſelten, bei ihren

innern Streitigkeiten die fremde Hülfe anzurufen; denn Parteizweck wird stets über den Landeszweck gesetzt. So wird das Land bald Kampfplatz der Fremden. Die fremden Gesandten in Polen hatten sogar das Recht, einen Kandidaten ihrer Höfe aufzustellen und vor dem Reichstag zu unterstützen, und bald war es Frankreich, bald Oestreich, bald Schweden, bald Sachsen, bald Rußland und Preußen, das den Polen einen König gab. So faßten die Fremden Fuß im Lande, um so leichter, als die republikanischen Parteien in der Hitze und Begier, die Parteizwecke des Augenblicks durchzusetzen, selber die fremde Hülfe anriefen. Und dieser anfangs aufgerufenen Einschreitung folgte nur zu bald die aufgezwungene. Die Wege waren gebahnt!

„Und glaubt ihr unter solchen Umständen euer Land vor den Fremden zu retten?" — Die Polen antworteten: „Wir wollen lieber die Einfälle der Fremden als den mindesten Eintrag in unsere Freiheiten." — Nun, sie erhielten was sie wollten, indem sie in ihrer Kurzsichtigkeit nicht bedachten, daß die Einfälle der Fremden auch die Herrschaft derselben nach sich ziehen würden, und damit die Aufhebung jener unsinnigen Freiheiten, auf die sie pochten. „Wir sind nothwendig für das Gleichgewicht der Völker", — „wir sind die Vormauer Europens", — „die Schützer und Vorfechter der Civilisation" — so prahlten, trotzten und trösteten sich die Unverständigen in ihrem Wahn, wenn man sie warnte; sie, die längst schon alle Kraft und Macht verloren hatten, auch dem kleinsten Volke zu widerstehen, auf deren Grund und Boden seit 150 Jahren

sich wechselsweise Schweden und Preußen, Siebenbürger
und Türken, Kosaken und Tataren, Oestreicher und Russen
herumtummelten, ohne daß die Beschützer Europa's und
der Civilisation sich selbst beschützen oder der Fremden er-
wehren konnten. Immer dieselbe Erscheinung: je tiefer
der Verfall, desto höher die Einbildung! Auch Byzanz
verachtete alle seine Nachbarn; auch das gefallene Italien!

Das zweite Grundübel der Verfassung war die Unabhängigkeit und Unabsetzbarkeit der hohen Reichs-
beamten; ganz in dem Geiste, der das Ganze der Verfassung belebte. Zwölf Großwürdenträger aus dem Se-
natoren-Stande und vier aus dem Ritterstande umgaben
den König, und concentrirten alle Gewalt der Regierung
in sich: es waren zwei Großmarschälle, zwei Großkanzler
und zwei Unterkanzler, zwei Großschatzmeister und zwei
Unterschatzmeister; endlich zwei Hofmarschälle; alle zum
Senatorenstand gehörig; für jedes der beiden vereinigten
Reiche Polen und Litauen Einer; ferner auf gleiche
Weise aus dem Ritterstande die zwei Großfeldherrn und
zwei Unterfeldherrn.

Die beiden Großmarschälle leiteten die bürgerliche Verwaltung und Polizei.

Die beiden Großkanzler nebst den zwei Unter-
kanzlern leiteten die gerichtlichen Geschäfte; sie brachten
die königlichen Botschaften dem Reichstage, und antworteten den fremden Gesandten.

Die beiden Großfeldherrn mit ihren Unterfeldherrn hatten die gesammte Kriegsverwaltung und das
Heer unter sich.

Die zwei Großschatzmeister und Unterschatzmeister verwalteten die Finanzen.

Die zwei Hofmarschälle endlich leiteten das Haus-
wesen des Königs.

Diese bildeten das Ministerium des Königs, aber
Meisterstück republikanischer Weisheit, deren Angst vor
Königsmacht nie ruht! — alle diese Minister waren nicht
nur unabhängig von dem Könige, sondern auch
unabhängig einer von dem andern: es war ein
Staatsfuhrwerk, vor welches man 16 Pferde in verschiedenen Richtungen vorgespannt hatte und sie nun nach
Belieben ziehen ließ; rechts, links, vorwärts, rückwärts,
wie das Gelüst die einzelnen überkam!

Noch mehr: sie wurden auf Lebenszeit ernannt,
und konnten nicht abgesetzt, nicht durch andere ersetzt
werden; waren verantwortlich nur den Reichstagen, die
aber, mit durch ihre Ränke immer zerrissen, sie nie zur
Rechenschaft ziehen konnten. — Ohnehin gebunden, ward
der König es hier völlig. Er konnte da keinen festen
Plan durchführen, keine nützliche Einrichtung durchsetzen,
keine bestimmte Richtung der Politik oder Verwaltung
verfolgen. Er hing von den Ministern ab und die
Minister thaten was sie wollten. Die Republikaner aber
brüsteten sich und rühmten in ihrer Verblendung: „die
Minister sind unabhängig vom Könige, folglich kann er
sich ihrer nicht bedienen, uns zu unterdrücken. Die
Minister sind unabhängig von einander; folglich brauchen
wir nicht zu fürchten, daß sie sich zu unserm Schaden
vereinigen." — So die Augen stets nur in Einer Richtung haltend, sahen sie überall nur das Besondere und

nie das Allgemeine; sahen die Bäume aber nicht den
Wald; und der unsinnigste Unsinn erschien den Urtheils=
schwachen als die tiefsinnigste Kombination zur Erhaltung
der Freiheit.

Alle Kraft, allen Saft, bis zur völligen Auszehrung,
hatten sie dem Königthum entzogen, und die republika=
nische Thorheit fürchtete es noch immer. Aber das ist
der gewöhnliche Gang in Republiken. Macht die könig=
liche oder die ausübende Gewalt so schwach ihr wollt,
immer wird man sie noch zu stark finden und daran
zupfen und zerren, ein Stück nach dem andern abreißend,
bis ein Nichts, ein wesenloser Schein nachbleibt, der ent=
weder allmälig hinschwindet oder gewaltsam vernichtet wird.

Das dritte schon früher erwähnte Grundübel war die
verlangte **Einhelligkeit der Stimmen** bei allen
entscheidenden Beschlüssen auf den Reichstagen; das liebste
und gepriesenste ihrer Rechte; je unverständiger, desto
lieber, weil es ihrem republikanischen Hochmuth schmei=
chelte; auch nannten sie dieses „liberum veto“ ihr „jus
cardinale, specialissimum et unicum“, den „Augapfel“,
den „Eck= und Grundstein der Freiheit“. — Ein Edel=
mann hemmte einst[6]) durch Einspruch alle Berathung;
man bat, man beschwor ihn, abzustehen, oder der Reichs=
tag müsse sich auflösen. Nachdem er lange widerstanden,
gab er endlich nach. Man fragte ihn um den Grund
seiner Einrede. „Ich wollte nur sehen, erwiderte er, ob
Polen noch frei ist.“ — Aus einem solchen Gesichtspunkt

---

[6]) Es geschah bei der Wahl Wladislaw IV. Vergl. Komar=
zewski coup d'oeil etc., S. 60.

betrachteten sie dieses verderblichste ihrer Rechte; und um
den Unsinn zu vervollständigen, hob der Einspruch sogar
alle Beschlüsse und Gesetze auf, die der Reichstag im
ganzen frühern Lauf seiner Sitzungen gegeben hatte. —
Daß Einer Allen gleich sei, ist ein schlimmer Grundsatz; aber daß Einer für sich mehr gelte als die Gesammtheit, daß der Widerstand eines Einzigen hinreichen
sollte, den Willen und die Beschlüsse der Gesammtheit
aufzuheben, und nicht bloß in einem besondern Fall, sondern alle Beschlüsse, selbst die heilsamsten, welche die
Gesammtheit früher gegeben: einen solchen Unsinn aufzustellen, war nur den Polen vorbehalten, die in Ueberzeugungen, Entschlüssen und Handlungen nur zu oft
Mangel an aller Urtheilskraft offenbaren. — Zur Annahme eines Gesetzes sollte Einstimmigkeit Aller erforderlich sein, zur Verwerfung nur Eine einzige Stimme:
das war als wenn man von vorn herein dekretirt hätte:
„es soll bei uns keine Gesetzgebung sein." Denn ein
Tollkopf, ein Eigensinniger, Selbstsüchtiger, ein Parteimann war bald gefunden, und kein Gesetz konnte gegeben,
keine Untersuchung angestellt, keine Rechenschafts-Able-
gung gefordert werden. Und das wünschten eben alle,
die von Mißbräuchen, Ungerechtigkeiten, Konfusionen
und Korruptionen lebten, die Großwürdenträger voran!

Es gab freilich auch ein Gegenmittel gegen dieses
Kardinal-Recht, das in der ersten Zeit mehrmals in Anwendung kam: man hieb den so Opponirenden nieder,
und beseitigte durch seine Wegschaffung aus der Welt
auch seinen Widerspruch in der Welt; aber dieses Gegenmittel war eben so unverständig und barbarisch, wie

das Recht selbst, auch wußte jener seine Vorsichtsmaßregeln zu nehmen.

Alle Reichstage bis auf Einen während der 30jähri-
gen Regierung des zweiten Sächsischen Augusts wurden
solchergestalt zerrissen; ja, man hat berechnet, daß in den
112 Jahren seit der Festsetzung dieses Brauchs oder Miß-
brauchs, das ist von 1652 bis zur Thronbesteigung von
Stanislaus Augustus 48 Reichstage auf diese Art wirkungslos gemacht wurden. — Alle Souverainetät des
Königs und der Nation ward damit aufgehoben, und
dem ersten besten Taugenichts übertragen. —

Das war die Verfassung mit ihren wesentlichsten
Grundübeln; man konnte sie nicht besser wünschen, um
ein Volk schwach und kraftlos zu erhalten; die bloße Einsicht in dieselbe erklärt Polens Untergang; es war nicht
Verfassung, sondern Auflösung aller Verfassung, völlige
Ungebundenheit und Zügellosigkeit von 150,000 Edelleu-
ten, die über 10 Millionen Bauern geboten; ohne Regierungsgewalt, ohne Gesetz, ohne Recht (nur der Stärkere hatte in seiner Gewalt immer das Recht) — es
war völlige Anarchie. — Und sollte man es glauben,
diese Verfassung, deren Mängel in die Augen springend
sind, ward von den Polen für die vortrefflichste Regierung gehalten. Den allgemeinen Tadel der Fremden
schrieben sie nur deren Geistesschwäche zu, dem Sklaven-
sinn, der Unfähigkeit, höhere politische Konceptionen zu
begreifen. — Darum war auch jede Verbesserung oder
Aenderung so äußerst schwierig; bei dem leisesten Versuch
dazu schrie die Menge allsofort über Verrath und Verbrechen; und später, als Polen schon entkräftet, verhin-

derten ihn auch die fremden Mächte, deren politischen
Absichten und Interessen eine solche alle Kraft annulli-
rende Verfassung des Nachbarn nur zu wohl entsprach. —

Durch das Obige glauben wir nun hinlänglich nach-
gewiesen zu haben, daß Polen untergehen mußte, daß es
unrettbar, so lange es so blieb, verloren war. Auch
war der Gedanke, es zu zerstückeln, mehrmals seit dem
Jahre 1661 aufgetaucht, wo Johann Kasimir die bekannte Prophezeihung über das endliche Schicksal des
Landes ausgesprochen hatte.

Stanislaus Augustus erkannte zu wohl, daß, um
Polen aus seiner Anarchie zu ziehen und auf die Höhe
der übrigen gebildeten Völker zu heben, es vor allem
darauf ankäme: die Macht, Ordnung und den Unterricht zu begründen, und die Freiheit, insofern sie
Zügellosigkeit und Frechheit war, zu beschränken. In
diesem Sinn entwarf er frühe schon einen Plan, den er
während seiner ganzen Regierung standhaft verfolgte, und
dessen leitende Ideen uns durch seine Vertrauten [7]) aufbewahrt worden sind. Sie waren ungefähr folgende: „Um
eine unabhängige Macht zu werden, muß man eine
Armee haben; damit diese aber dem Staate wirklich
diene und nütze, muß sie direkt unter den Befehlen der
Regierung stehen. (In Polen stand sie unter den Großfeldherrn, die unabhängig vom Könige waren, und bestand aus einigen wenigen Truppen ohne Sold, ohne
Kleidung, ohne geregelten Unterhalt.)

---

[7]) Dupont de Nemours und Komarzewski.

Um eine Armee aufzubringen und zu unterhalten, bedarf es des Geldes, folglich guter und sicherer Einkünfte, geregelter Finanzen. Wenn aber Finanzen geregelt sein sollen, dürfen sie nicht bloß von der Verfügung zweier Privatpersonen abhängen (wie in Polen, wo das ganze Finanzwesen in den Händen zweier Großschatzmeister war, die nur einem Reichstage, der aber nie zum Schlusse kam, Rechnung abzulegen brauchten).

Sollen die Einkünfte den Bedürfnissen des Staats und besonders den großen Kosten einer noch zu schaffenden Armee entsprechen, so müssen sie ansehnlich sein; aber um sie ansehnlich zu machen, bedarf es der Einwilligung der Nation. (In Polen waren die Einkünfte fast null, und jeder Landbote bekam die Weisung mit auf seiner Sendung: „in Auflagen keinerlei Art einzuwilligen").

Um nun den Widerwillen der Einzelnen gegen alle Auflagen zu beseitigen, und den Nationalwillen auf den Reichstagen zu heilsamen Entschlüssen zu bringen, muß der Wirkung des besondern Willens Einhalt gethan werden. (Also Entscheidung durch Mehrheit, nicht nach Laune und Willkühr des ersten besten, kein liberum veto.)

Damit aber der Nationalwillen heilsam werde, damit Regierung und Reichstag in ihren Verbesserungsvorschlägen nicht in Irrthümer verfallen, muß man Einsichten, Kenntnisse auf alle Art wecken und befördern. Also guten gründlichen und zweckmäßigen Unterricht (nicht wie in Polen, wo der Unterricht völlig in den Händen der Jesuiten war, die nur ein schlechtes

Latein und eine barbarische scholastische Theologie lehrten).

Einsichten und Kenntniffe müssen die Edelleute dahin bringen, schon aus Berechnung ihre Bauern gut zu halten. Die Berechnungen des eigenen Intereffe täuschen nicht und sind die besten Belehrungsmittel. (In Polen waren die Bauern vilia capita, Frohnvieh, das man gegen ein Stück Geld selbst tobtschlagen konnte.).

Andrerseits müsse man aber auch die Bauern belehren, warum die Edelleute, die ihnen Land und Kapital vor-schöffen, ihnen wirklich nützlich wären. Man müsse die Einen wie die andern zu Gefühlen gegenseitigen Wohl-wollens bringen, die nur aus geregelten Zuständen ent-springen; daher zur Achtung der gegenseitigen Rechte, zur Eingehung gegenseitig vortheilhafter Abmachungen, um zuletzt zu förmlichen freien Verträgen zu kommen, und durch diese Gesetzmäßigkeit und vermehrte Selbstftän-bigkeit auch den allgemeinen Patriotismus zu erwecken.

Das alles sollte in dem Zeitraum von 15 bis 20 Jahren erreicht werden, weil Meinungen, Ansichten und Gewohnheiten eines Volks nur allmälig geändert werden können, indem man sich der Geister der Jugend, der auf-wachsenden Generation bemächtigt, und ihre Erziehung in jenem Sinne regelt und führt.

Der wachsende Wohlstand würde das Wohlsein; die Maffe der Arbeit und der Kapitalien den Reichthum steigern, und damit zugleich die Bevölkerung und die Macht des Landes.

So wie man erst auf eine wohlversehene und gut bisciplinirte Armee würde rechnen können, würden die

Bündniſſe zur Sicherung der Unabhängigkeit auch nicht
fehlen. Jeder Bund iſt eine Art Vertrag: man muß
ſeinerſeits etwas einzuſetzen, anzubieten haben, wenn man
von andern Vortheile oder Sicherheit verlangt. Kann
man das nicht, iſt der Bundesvertrag nichts weiter als
ein Empfangen, Nehmen und Erwarten von unſerer Seite;
ein Geben, Verſprechen und Gewähren von der andern:
ſo iſt das kein Vertrag Gleicher, ſondern von Befehlen=
den zu Gehorchenden, von Herren zu Dienern. Aendere
man auch hundertmal das Bündniß, man wird nur die
Herren wechſeln.

Alſo Armee, Finanzen, Unterricht und Bildung, un=
gehinderte Geſetzgebung, endlich Hebung des bisher un=
terdrückten Theils der Nation und auswärtige Verbin=
dungen und Bündniſſe: das war ſein Plan, ſein Ziel.
Und obgleich mit gebundenen Händen, gebunden
durch die Verfaſſung und die Leidenſchaften von innen,
durch die Eiferſucht und Politik von außen, obwohl
gegen unzählige Widerſprüche und Hinderniſſe kämpfend,
erreichte er einen großen Theil deſſelben, und hätte es
ganz erreicht, wenn nicht auf den Thronen der nächſten
Reiche drei gewaltige, ehrgeizige Herrſcher geſeſſen, und
im Innern ihm nicht Unverſtand, Leidenſchaft, Eigenſucht
und Habſucht auf jedem Schritt entgegen getreten und
ſeine Plane gehemmt oder vereitelt hätten. Dieß waren
die Hinderniſſe, die wir jetzt näher zu betrachten
haben.

Sie lagen theils in ihm, theils in ſeinem Volk,
theils in den Fremden. — In ihm, inſofern er bei den
löblichſten Eigenſchaften, bei einem milden und edeln

Karakter, bei tiefen Kenntnissen und Einsichten in die
Verhältnisse, zweier Dinge entbehrte, die allen nothwen=
dig sind, welche als Reformatoren ihrer Völker auftreten
wollen: er hatte keinen imponirenden, durchgrei=
fenden Karakter, und, er war kein Soldat, kein
Feldherr. Herr eines kriegerischen Volks und selbst
kein Krieger; im Kampfe mit habsüchtigen, anmaßenden
und übermüthigen Großen, und von keiner Scheu und
Ehrfurcht gebietender Hoheit. Das mochte in Zeiten der
Ruhe und des Friedens unschädlich sein, in Zeiten des
Sturms und aufgeregter Leidenschaften mußte es verderb=
lich werden. Um so verderblicher, als er es mit einem
durch lange Anarchie verwöhnten Volk, mit stolzen,
herrschsüchtigen Magnaten, die den Emporkömmling, den
sie ihres Gleichen oder unter sich gesehen hatten, ge=
ringschätzten, beneideten und haßten; und mit einer fana=
tischen Geistlichkeit, die bisher eines fast diktatorischen
Ansehens, einer alle geistigen Interessen unumschränkt
beherrschenden Gewalt genossen hatte, zu thun bekam.
Aber auch die Masse der Bürger oder Edelleute war in
Folge des Nationalkarakters, so wie er sich unter jenen
politischen Institutionen ausgebildet, schwer zu behandeln.
Wir haben das Zeugniß eines gleichzeitigen Schrift=
stellers [8]) über den damaligen Karakter der Nation, das
noch jetzt höchst bezeichnend und treffend ist. „Die Polen,
sagt er, sind eitel, hochfahrend im Glück, kriechend im
Unglück; der größten Niederträchtigkeiten fähig, um Geld

---

[8]) Dieser Schriftsteller ist kein geringerer als König Fried=
rich II. von Preußen in seiner Histoire de mon temps
(in den Oeuvres. nouv. edit. 1846. T. II. S. 24.)

zusammenzuraffen, das sie dann gleich mit vollen Händen wieder wegwerfen; leichtsinnig, ohne Urtheilskraft; stets bereit eine Partei zu ergreifen und sie ohne
Grund wieder aufzugeben, und sich, durch den Mangel
an Folgerichtigkeit in ihren Handlungen, in die schlimmsten Geschichten zu verwickeln. Sie haben Gesetze, aber
niemand beobachtet sie, weil es an einer zwingenden Gerechtigkeit fehlt. — Die großen Familien sind alle durch
Interessen entzweiet, und ziehen ihre persönlichen Vortheile dem öffentlichen Wohle vor; versammeln sie sich,
so geschieht es, um denselben harten Sinn zu offenbaren
und ihre Bauern zu unterdrücken, die sie weniger als
Menschen denn als Lastvieh behandeln." — Das Ge-
mälde ist nicht geschmeichelt aber wahr; nur fehlen die
lichtern Seiten: Freimüthigkeit, Gewandtheit, Muth, viele
persönliche Bravour und die größte Vaterlandsliebe.
Aber es fehlen auch noch einige andere Züge, die das
Bild erst vollenden. Dahin gehört ihre Ruhmredigkeit und Prahlsucht und der Mangel an Wahr-
heitssinn.[9] Kein Pole vermag vaterländische Geschichten mit Unparteilichkeit zu schreiben: er wird die
handgreiflichsten Unwahrheiten, wenn sie zur Glorie seiner Nation, also indirekt seiner selbst, oder zur Befriedigung irgend einer Parteileidenschaft dienen, mit der
kecksten Dreistigkeit vorbringen, sie aufputzen, zustutzen,
und mit allerlei von ihm selbst zu mehrer Beglaubigung
erdichteten Zügen vermehren. So schrieben schon ihre

---

[9] „Pole und Lüge, sagte Repnin, der sie aus langer Erfahrung kannte, sind synonym." — Bericht v. 21. Oct. 1766.

älteſten Schriftſteller, die Kadlubko, Dlugoſch u. ſ. w.
und ſo fahren ihre Nachkommen fort, bis auf die letzten
die in Paris und Brüſſel leben. Nirgends eine ruhige
ungeſchminkte Erzählung, die auch dem Gegner Gerechtigkeit wiederfahren läßt, überall Ruhmredigkeit, Leiden-
ſchaftlichkeit und Gehäſſigkeit. Wer mit den Polen
zu thun gehabt, und nicht nach ihrem Sinn gehandelt,
oder ihre Eitelkeit gedemüthigt hat, oder ſonſt als Gegner und Widerſacher aufgetreten iſt, kann ſich gefaßt
machen, von ihnen mit maßloſem Haß, mit nie nach-
laſſendem Groll und Grimm bis über den Tod hinaus
verfolgt zu werden; und dieſer Haß bedient ſich dann
aller Waffen: der dreiſten Lüge wie der Verläumbung
(semper aliquid haeret), der Verdrehung und Entſtellung
der Thatſachen, wie der boshaften Erfindung von erdichteten Umſtänden und Zügen, die den Geſchilderten recht
klein und ſchlecht und ſchwarz machen ſollen. Stanislaus
Auguſtus, Suworow, Katharina, Alexander, bis auf die
neueſten ihrer Helden, die ihrem Zorn verfielen, haben
es erfahren müſſen.

Den Hauptzug ihres geiſtigen Weſens, den **Mangel
an Urtheilskraft** zeigen ſie auch in der kindiſchen
**Leichtgläubigkeit**, womit ſie die abſonderlichſten Erzählungen, die thörichtſten Behauptungen, die lächerlich-
ſten Uebertreibungen für wahrhaftig und wahr nehmen
und ſie auch andern dafür aufbinden wollen. — Sie
ſind ferner von einer **Unruhe des Karakters**, die
ſie immerfort, ſelbſt auf die nichtigſten Anläſſe hin, in
einer faſt fieberhaften Bewegung hält. Was ſie heute
gewünſcht, verwerfen ſie morgen; rennen und haſchen

nach Nichtigkeiten, die sie, wenn erreicht, verachten; durch eine Kleinigkeit in die höchste Aufregung versetzt und eben so schnell wieder umgewandelt: immer in Unruhe und Thätigkeit, ergreifend, aufgebend, intriguirend, kabalirend, konspirirend, alles im Lichte einer vergrößernden Phantasie erblickend, und nach den eingebildeten Phantasmen handelnd.

Der letzte Zug ihres Karakters endlich ist ein ewig reger und thätiger Argwohn gegen die Regierung, die Behörden, selbst gegen die welche ihnen wohlthun und wohlwollen, ferner gegen alle Fremde; überall glauben sie sich von Kundschaftern und Verräthern umgeben, wenn diese auch meist nur in ihrer Einbildung bestehen.

So war das Element, auf das Stanislaus Augustus zu wirken unternahm; ein an sich schon schwieriges, aber für einen König mit gefesselten Händen ein durchaus nicht zu bewältigendes: dieser widerstrebende Stoff mußte, bei ungünstigen Umständen, zuletzt zerfahrend in Trümmer gehen.

Die ungünstigen Umstände vereinigten sich aber zum Unglück für ihn und sein Volk in jener Zeit auf eine erschreckende Weise; vornämlich war es die Gleichzeitigkeit gewaltiger, nach außen strebender Geister auf den nächsten Thronen, die den Drang in sich fühlten, ihre Staaten entweder zu erweitern, abzurunden oder politisch zu heben.

In Süden ein junger ehrgeiziger Kaiser, dem der Ruhm des alten Gegners seiner frommen Mutter keine Ruhe ließ, und der mit dem Gedanken, was das deutsche Kaiserthum einst war, unaufhörlich beschäftigt, dessen

Macht und Ansehen wo nicht herstellen, wenigstens zur Stärkung und Vergrößerung seiner Erblande benutzen wollte. Jede Gelegenheit zu einer Landeserweiterung, wo sie sich auch zeigen mochte, war ihm daher will= kommen.

Im Osten eine hochbegabte, karakterstarke Frau, die als Fremde auf einen mächtigen Thron erhoben, ihren Dank dem adoptirenden Volk durch Wohlthaten und Ver= mehrung von dessen Macht und Größe bekunden wollte. Die Naturverhältnisse und die Umstände bestimmten ihre Politik. Peter der Große hatte die nähere See=Verbin= dung mit dem bildenden Europa gesucht; und auch zu Lande hatten er und seine Nachfolger durch Könige, die sie auf Polens Wahlthron gesetzt oder befestigt, sich eine freie Verbindung mit dem übrigen civilisirten Europa offen gehalten. Polen sicherte so die Russische Gränze gegen den Westen, stand aber allen Russischen Angriffen dahin zu Gebot. Diese Politik beschloß Katharina fort= zusetzen, und zu besserm Erfolg gleichwie ihre Vorfahren einen König auf Polens Thron zu heben, von dessen Ergebenheit und Dankbarkeit sie versichert sein könnte. Sie that es, und Stanislaus Poniatowski wurde König; aber Herrscher in Polen war der Russische Gesandte, dem ein durch die Parteien im Lande herbeigerufenes Heer das gehörige Gewicht gab.

Der dritte Nachbar im Norden und Westen war der gefährlichste, weil er mit bestimmten Plänen zur Erwei= terung, Abrundung und Stärkung seiner unlängst erst aus der Masse Deutscher Reichsstaaten aufgetauchten Monarchie vorging, und dabei ein Mann von überwie=

genber Perſönlichkeit, von glänzendem Herrſcher- und
Feldherrn-Talent war, der in den Mitteln zu ſeinen
Zwecken ſich eben nicht ſehr bedenklich zeigte. Er hatte
von ſeinem Vater kein Königreich, ſondern nur zerſtreute
Theile eines ſolchen — disjecta membra — geerbt, aber
zugleich einen georbneten Staatshaushalt und ein wohl-
gebrilltes, kriegsmuthiges Heer. Dem aufſtrebenden, durch
Geiſteschärfe und Willensſtärke alle gleichzeitigen Monarchen überragenden Königsjüngling war das eben recht,
und Heer und Schatz ſollten ihm dienen, auch das Reich
zu kräftigen und abzurunden, und ihm ſelbſt einen großen
Namen zu erwerben. Vornämlich war eine Lücke, die ihm
in die Augen ſtach; ſie hieß „königliches Preußen“, und
gehörte doch nicht ihm, dem Könige von Preußen, der
nur ein „herzogliches Preußen“ ſein nannte; es war ein
reicher, fruchtbarer Landesſtrich, den innerer Zwiſt und
Haber den Polen in die Arme geworfen. Dieſe Lücke
auszufüllen, die ſein ſogenanntes Königreich vom übrigen
Reiche trennte, war früh ſchon der Gedanke ſeiner
Jugend [10]) geweſen, der darin ſelbſt eine gewiſſe Berechtigung hatte, daß beide „Preußen“ ehemals Ein Land
unter dem Deutſchen Orden gebildet, von deſſen letztem
Ordensmeiſter und Preußens erſtem Herzog er, Friedrich,

---

[10]) Wenigſtens berichtete der Graf du Chatelet, franzöſiſcher Ge-
ſandter in Wien unterm 13. Nov. 1763, aus dem Munde von
Kaunitz gehört zu haben, wie Friedrich als Kronprinz nach Auguſt II.
Tobe ſeinen Vater angegangen, ſich des Polniſchen Preußens zu
bemächtigen, und ihm deshalb eine Denkſchrift eingereicht habe,
worin er die Wichtigkeit wie die Leichtigkeit der Erwerbung darlegte.
Vgl. St. Priest, Etudes diplomatiques (Paris. 1850.)
T. 1. p. 34.

der Erbe war. War das Recht auch etwas bestreitbar, die Polen hatten kein viel besseres; und was Aufruhr und Waffengewalt ihnen gegeben, konnte Aufruhr und Waffengewalt ihnen wieder nehmen. — Zu diesem Recht der Stärke kam für ihn noch das Recht der Rothwendigkeit, weil ohne den Besitz jenes Landes seine Staaten immer nur auseinandergeworfene Glieder eines Leibes blieben, ohne Einheit und Zusammenhang und darum schwach und ohnmächtig. Diese Rothwendigkeit machte ihn zu Polens gefährlichstem Feinde, um so gefährlicher, als er seine geheimen Zwecke unter äußerer Freundlichkeit verbarg. Seine Politik in Hinsicht Polens konnte demnach keine andere sein, als es so schwach wie möglich d. h. bei seiner anarchischen Verfassung zu erhalten, um bei erster günstiger Gelegenheit, und sollte er sie selber herbeiführen müssen, seinen Plan in Ausführung zu bringen.

So lagen die Keime der nächsten Begebenheiten in den Verhältnissen und in den sich kreuzenden Absichten der vier Monarchen. Stanislaus Augustus wollte Reform und Stärkung seines Reichs; Kaiser Joseph Ruhm und Gränzerweiterung; Katharina gebieterische Macht in Polen; Friedrich aber dessen Schwäche, um leichter das nothwendige Stück zur Verbindung seiner Ländertheile an sich zu bringen; und diese entgegenstrebenden Absichten erzeugten zunächst einerseits die Versuche zur Reform der Staatsverfassung, um Polen aus der Anarchie zu reißen, andererseits die Aufreizung der Dissidenten-Sache, um Polen in neue Verwirrung zu stürzen und vielleicht eine Handhabe zu gewinnen zur Durchführung der Erwerbpläne.

8*

Die Reform der Verfassung, welche alle wahren Pa=
trioten für nothwendig erkannten, wiewohl eben diejeni=
gen, die sie zu hintertreiben suchten, sich ausschließlich
jenes Namens anmaßten, wurde früh schon, auf dem
Konvokations=Reichstage im Mai 1764, durch Stanis=
laus Oheime, die Czartoryski, in Anregung gebracht und
zum Theil ausgeführt. Sie hatten dabei die schwierige
Aufgabe, ihre Absichten nicht nur den Fremden, sondern
selbst ihrer Nation verbergen zu müssen, und konnten
daher nicht gerade, sondern nur durch Künste und Um=
wege auf ihr Ziel losarbeiten, das fürs erste Stärkung
der königlichen Gewalt und Schwächung der unabhän=
gigen Macht der Großwürdenträger, so wie Abschaffung
des liberum veto war. Als Mittel zur Durchsetzung
ihrer Absichten sollte ihnen theils ihr Anhang, theils die
im Lande befindliche Russische Kriegsmacht dienen.

Die Konvokations=Reichstage, die nach dem Tode
eines Monarchen ausgeschrieben wurden, waren die Zeit
der Verbesserungen und Aenderungen in der Verfassung.
Die Landboten hatten da das Recht, neue Gesetze der
Nation vorzuschlagen, deren Entwürfe sodann in die ver=
schiedenen Wojewodschaften geschickt wurden, um nach der
Berathung auf den Landtagen später auf dem Wahl=
Reichstage entweder einstimmig angenommen oder durch
Eines Widerspruch verworfen zu werden. — Wurden
aber die beabsichtigten Reformpläne bekannt, so war der
Widerspruch gewiß, und doch mußten die Landboten beim
Zusammentritt des Reichstages darauf vorbereitet und mit
Vollmachten versehen sein. Die Czartoryski halfen sich
durch den Ausweg, daß sie durch den gewonnenen Primas

des Reichs, Lubienski, der die Ausschreiben erließ, eine
höchst trübe Schilderung von der Lage des Landes und
den Wunsch nach Verbesserung aussprechen ließen. Das
half, ohne die Aufmerksamkeit zu sehr auf ihre Pläne zu
lenken, und erwirkte den Landboten Aufträge zur Abhülfe
der Noth.

Andererseits hatte Friedrich II. erkannt, daß er seine
Absichten auf Polnisch Preußen nur mit Hülfe des in
Polen dominirenden Rußlands würde ausführen können.
Er bewarb sich daher eifrig um dessen Bündniß und er-
hielt es am $\frac{31.\ \text{März}}{11.\ \text{April}}$ 1764 auf acht Jahre. Darin wußte
er die wichtige Klausel durchzusetzen: „daß in Polen
die Versuche zur Aenderung der Verfassung
durchaus nicht geduldet werden sollten." [11] —
Ein Hinderniß mehr für die Reformbestrebungen, ein
Grund mehr, dieselben in das tiefste Geheimniß zu hüllen.
Mit Hülfe ihrer Partei setzten die Czartoryski nun auf
dem Konvokations-Reichstage eine Hauptreform durch,
vermöge welcher künftig den vier unabhängigen Großwürden vier oberste Räthe, jeder aus 6 bis 9 Gliedern
zusammengesetzt, an die Seite gestellt werden sollten,
welche die ganze Macht jener bisher fast souverainen
Würdenträger in sich koncentrirten und diesen nur den
Vorsitz ließen. Diese vier obersten Räthe waren: einer des
Schatzes, einer des Kriegs, der Justiz, und endlich
einer der Polizei oder des Innern. Anfangs kamen

---

[11] Vgl. Rhulière (édition de 1819) II. 160: „Il (Frédéric) fit
insérer dans ce traité la condition expresse de ne point souf-
frir en Pologne les entreprises de ceux, qui tenteraient d'y changer
la forme du gouvernement."

nur die beiden erstern zur Ausführung. Es war ein wichtiger Schritt, der künftig eine bestimmte Richtung in der Verwaltung zu verfolgen erlaubte, da die Räthe nach Mehrheit entscheiden sollten, und der König, Spender so vieler Gnaden, leicht eine Mehrheit gewinnen konnte. Um allen Verdacht zu vermeiden, sollte der Reichstag die Mitglieder jener Räthe ernennen. Die fremden Gesandten, Graf Kaiserling und Fürst Repnin Russischer Seits, Fürst Schönaich-Karolath und Benoît Preußischer Seits, wurden durch allgemeine Ausdrücke, umhüllende Phrasen, selbst durch unbestimmte Uebersetzungen aus dem Polnischen getäuscht, oder begriffen nicht viel von diesen Polnischen Verfassungs-Wirrnissen. Schwerer war es, sie bei der zweiten hochwichtigen Reform zu täuschen, der Abschaffung des liberum veto; und kaum hörten sie, daß diese Frage in Anregung gebracht werde, als sie sofort sich widersetzten. Man hörte also auf, die Sache öffentlich zu betreiben und der Primas erklärte zum Schein: „aus Ermangelung gehöriger Vollmachten für die Landboten müsse man diese wichtige Veränderung der Zukunft aufsparen." — Aber der schlaue Großkanzler Michel Czartoryski, wußte die fremden Gesandten dennoch hinters Licht zu führen, indem er gleichsam ergänzungsweise durchsetzte: „daß in Abwesenheit des Reichstags der König zu den erledigten Stellen der 4 obersten Räthe ernennen dürfe." Bei dem liberum veto war aber kein Reichstag möglich, und die wichtige Ernennung zu jenen Stellen verblieb somit dem Könige fast ausschließlich und damit zugleich ein überwiegender Einfluß. So mußte also selbst der auf Polens Schwä-

chung berechnete Widerspruch der zwei Mächte sich unter
Michel Czartoryski's geschickten Händen zu dessen Stärkung verwandeln. — In der hinsichtlich der Räthe entworfenen Geschäftsordnung bediente er sich anderer Fein-
heiten; allgemeine Ausdrücke mußten die Wiederherstellung
der Ordnung verbergen. Alle Vorschläge zum Vortheil der Republik sollten gleich zu Anfang des
Reichstags durch die Schatz-Kommission gemacht und vor
jedem andern Gegenstande auf gerichtliche Weise (das
heißt: durch die Mehrheit der Stimmen) erledigt werden.
In dem weiten Umfang dieses Gesetzes konnte man nun
alles hineingehen lassen, und es ward durch Stimmen-
mehrheit darüber entschieden; endlich sollten, durch eine
andere vorausssichtige Maßregel, die solchergestalt entschiedenen Sachen bei etwaiger Zerreißung des Reichstags
in voller Kraft verbleiben. Damit war unendlich viel
gewonnen. Auf gleichem Fuß wie die Schatzkommission
errichtet, sollte die Kriegskommission über die gesammte
Kriegsverwaltung wachen, wie Aushebung, Unterricht,
Zucht und Unterhalt der Truppen. In den Vorschriften
für die Justiz-Kommission wurden günstige Gesetze für
die Bauern und Beschränkung der willkührlichen Gewalt
der Edelleute über sie in Anregung gebracht.

So wußten die Czartoryski, unter dem Schein, bloß
eine bessere Ordnung in die Verfassung zu bringen, sie
unmerklich umzuändern und der Monarchie anzunähern;
und um ihre Verbesserung mehr zu verhüllen, verwan-
delte man den Reichstag in seiner letzten Sitzung in eine
Konföderation, welcher der ganze Adel des Königreichs
beitreten sollte. Damit behielten die Czartoryski, auch

nach Auflösung des Reichstags diktatorische Gewalt, da
sie die Ernennung August Czartoryski's zum Marschall
der Konföderation durchzusetzen wußten.

Die fremden Mächte hätten nichts gemerkt, wenn
nicht Mokranowski, der vertraute Freund eines der ge-
schmälerten Großwürdenträger (des Hetman's Branicki)
die Sachen dem König von Preußen verrathen hätte.
Er reisete nach Berlin, und bat Friedrich, um Poniatowski zu beseitigen, ihnen seinen Bruder Heinrich zum
König zu geben. Friedrich wollte aus guten Gründen
nichts davon wissen. „Nun Sire, sprach Mokranowski,
so retten Sie wenigstens unsere Freiheiten." Der König
horchte auf und Mokranowski erklärte ihm nun den ganzen Sinn, alle die feinen von den Czartoryski ange-
wandten Künste, um eine Reform heimlich zu bewirken.
Der erstaunte König versprach „dem bald ein Ende zu
machen, sein Bündniß mit Rußland habe keinen andern
Zweck." [12])

Er schlug alsbald in Petersburg Lärm [13]), und nach
der Wahl von Stanislaus Poniatowski (7. Sept 1764),
mußte der Russische Gesandte im Verein mit dem Preußischen auf dem Krönungsreichstage (Nov. 1764) entschieden verlangen: „die Konföderation solle aufgelöset
und die Gesetze wieder in ihren alten Gang zurückgebracht

[12]) Rhulière II. 233.

[13]) Frédéric (Mém. de 1763—75) p. 14: „Le roi de Prusse
craignit, que ces changemens ne tirassent à conséquence, en intro-
duisant un changement considérable dans le gouvernement d'une
république aussi voisine de ses Etats que la Pologne; il en aver-
tit la cour de Petersbourg, qui entra dans ses vues.

werden." Die Czartoryski hielten fest, und ·um die
öffentliche Meinung für sich zu gewinnen, ließen sie durch
ausgestreute Flugschriften der Nation darlegen, wie heilsam die getroffenen Veränderungen für sie wären; und
da ein neuer Reichstag, der allein durchgreifende Veränderungen bewirken konnte, erst nach zwei Jahren zusammentrat, so waren die getroffenen Einrichtungen wenigstens bis dahin gesichert. Auch behielten sie die allgemeine Konföderation bei.

Aber einen Hauptfehler begingen sie, und dieser zerstörte alles, was sie so umsichtig eingeleitet. Rußland
hatte auf dem Krönungsreichstage ein Schutz- und Trutz-
Bündniß angeboten; die Polen sollten zu dem Ende ein
regelmäßiges Heer von 50,000 Mann organisiren. Das
war ein Glückswurf, den sie mit beiden Händen hätten
ergreifen sollen: es interessirte Rußland selbst bei ihren
Reformen, erlaubte Einkünfte und Heer zu vermehren;
und hätte man erst geregelte Finanzen und Truppen gehabt, dann hätte man schon dreister und mit mehr Selbst-
ständigkeit auftreten können. Doch die Czartoryski begingen den unverzeihlichen Fehler, dieses Bündniß abzulehnen, aus Furcht, wie sie sagten, von Rußland
abhängig zu werden und dessen Kriege mitmachen zu
müssen. — Waren sie entwaffnet nicht hundertmal ab-
hängiger, und nicht bloß von Rußland? Mit den Russen
vereint aber hätten sie Disciplin und Ordnung und
bessere Kriegführung gelernt und sich ein tüchtiges Heer
zugezogen, was nur zum Vortheil ihrer Pläne und ihrer
Unabhängigkeit ausschlagen konnte. Da wäre es nie-

mandem, eingekommen, Stücke ihres Landes abzureißen: vor dem Starken im Bunde mit Starken hat jeder Respekt. Und einmal erstarkt, konnten sie unter Begünstigung der Umstände auch leichter ihre Unabhängigkeit vom Bundsgenossen erwirken. Doch mit der Ablehnung beleidigten sie Rußland und machten es aus einem Begünstiger zu einem Widersacher ihrer Reformen; und nun ging alles zurück. Bis dahin im Vorschreiten, wurden sie jetzt plötzlich auf einem andern Felde angegriffen und in die Vertheidigung geworfen. Jede Ungerechtigkeit zieht ihre Remesis nach sich, und die unbillige religiöse Unterdrückung der Dissidenten, die Beraubung ihrer politischen Rechte, sollte nun die Handhabe werden, um Polen an der verwundbarsten Seite zu fassen, und Aufruhr, Bürgerkrieg, Verheerung und Einmischung der Fremden herbeizuführen, was zuletzt die erste Landeszerstückelung zur Folge hatte, und damit den Untergang anbahnte.

Des Schutzes von Friedrich versichert, verlangten die protestantischen Dissidenten in der Provinz Preußen die Wiederherstellung der ihnen entzogenen Freiheiten und Rechte, und im Einvernehmen damit baten nun auch die Griechischen Christen in den östlichen Provinzen die Russische Kaiserin um ihre Fürsprache. Diese Forderungen hatte Friedrich mit weitsichtigem Blick bereits vor zwei Jahren eingeleitet. Als der für ihn enthusiasmirte Kaiser Peter III. am 8. Juni 1762 ein engeres Bündniß mit ihm abschloß, wußte Friedrich in dasselbe die Bedingungen einrücken zu lassen: „daß man sich der Dissidenden und Griechischen Christen gegen die Bedrückungen der Polen

annehmen würde" [14]). — Gewiß daher, von Rußland
und Preußen unterstützt zu werden, überreichten die Dissidenten und Disuniten bereits auf dem Wahlreichstage
ihre Bittschriften, die mit begleitenden Noten am 14ten
September 1764 vom Russischen und Preußischen Gesandten übergeben, größern Nachdruck erhielten. Es war
für den König und die Czartoryski ein fataler Quer-
strich: begünstigte man die Forderungen der Dissidenten,
so stieß man die fanatische und mächtige Priesterpartei
vor den Kopf; wies man sie streng ab, so beleidigte man
die Schutzmächte. Man half sich, indem Stanislaus
einerseits die Kaiserin von Rußland zu beruhigen suchte

[14]) Den eigentlichen Text dieses Bundesvertrags findet man nir-
gends, weder bei Martens noch in einer der andern Sammlungen.
Schöll (hist. des traités, Brux. 1851. T. 1. 358) sagt bloß:
Bald nach dem Friedenstraktat vom 5. Mai 1762 wurde ein engeres
Bündniß zwischen dem Kaiser Peter und dem König von Preußen
geschlossen. Die verabredeten Bedingungen sind unbekannt; man er-
fuhr bloß, daß das Korps von Czernyschew, das auf dem Rückweg
nach Polen war, wieder nach Schlesien umkehrte." — Nur bei
Rhulière findet man folgende Nachrichten zur Ergänzung. Das
Bündniß enthielt in Hinsicht Polens 3 Punkte: 1) „Erhebung eines
Piasten auf den Polnischen Thron; zur Ausschließung der Sächsischen
Dynastie." 2) „Die Beschützung der Dissidenten und Griechischen
Christen." — Preußen war an die Stelle von Schweden als Beschützer des Protestantismus getreten. Ein Baron Golz, von Dissidenten aus Polnisch-Preußen entsprossen, war Friedrichs Gesandter
in Petersburg und Abschließer dieses Bündnisses; man erkennt daher
leicht, von welcher Seite dieser Artikel eingerückt war, da Peter III.
die Polnischen Angelegenheiten wenig, desto mehr die Dänischen beschäftigten. — Der 3. Artikel ging von Rußland aus und setzte
fest, daß Rußland die freie Verfügung über das Herzogthum Kurland haben sollte. (An einem andern Ort ein Mehreres hierüber.)

und ihr schrieb: „sie möchte ihm nur einige Zeit lassen, die Gemüther seines Volks allmälig vorzubereiten und deren Vertrauen zu gewinnen"; und von der andern Seite die Czartoryski die Dissidenten-Sache der freien Entscheidung des Reichstags überließen, die bei der vorherrschenden Stimmung natürlich ungünstig ausfiel. Es war somit eine bedenkliche Saat zu weiterem Aufgehen gestreut. Von Leuten, die von Jesuiten und in dem Haß aller Andersgläubigen erzogen waren, verlangen: sie sollten diesen nicht nur Duldung, sondern gleiche politische Rechte mit sich einräumen, hieß alle ihre fanatischen und eigensüchtigen Leidenschaften in Feuer und Flammen setzen. Die Schutzmächte aber behielten nicht nur einen stets bereiten Vorwand zur Einsprache, sondern vor der Welt auch den Ruhm aufgeklärter Gesinnung, der Menschlichkeit und der Gerechtigkeit. Der größte politische Fehler, den eine Regierung begehen kann, bleibt: Gegnern auf Gerechtigkeit gegründete Forderungen zu verweigern; — man verliert die Theilnahme der Welt und muß am Ende dennoch nachgeben. Daher ist es weise, sie aufs schnellste zu erledigen. Weil man dieß in Polen verkannte oder nicht erkennen wollte, zog man sich unsägliches Unheil zu.

So war einerseits der Grund zu Verbesserungen, andererseits zu schlimmen Unruhen gelegt. Hätte Stanislaus nur ein weniger gesunkenes Volk hinter sich gehabt, das seine Leidenschaften zu zügeln und, in sich gehend, die Verbesserungen, die ihm noth thaten, anzuerkennen gewußt: so hätte er mit seinen Plänen durchbringen können. Aber ohne Stütze bei seinem Volke und von übermäßigen Gewalten angegriffen, konnte der Ausgang nicht zweifelhaft sein.

Was auf eine mysteriöse Weise durch auf Schrauben gesetzte Worte eingeschwärzt wird, hat selten lange Bestand, weil es das allgemeine Mißtrauen erweckt, das, auf dem freien Felde der Phantasie herumirrend, alle möglichen Gefahren dahinter glaubt, und daher nicht eher ruht, bis es die Sache hintertrieben. Je weniger die neuen Einrichtungen offen und gerade dargelegt worden waren, um so größern Argwohn und Haß erweckten sie. Mit Erstaunen sahen die Polen, daß die beiden Kommissionen des Schatzes und des Kriegs eine größere Gewalt übten, als sie ihnen einzuräumen geglaubt; und, in den alten Vorurtheilen befangen, zitterten sie, der König möchte durch die verbesserten Einkünfte zu viel Geld in die Hände bekommen und die Freiheit noch mehr unterdrücken. Da überdieß der König und seine Oheime nicht in den alten Bahnen wandelten, sondern mit Vorbeigehung des höhern Adels mehr die Talente des niedern Adels vorzogen, und da ihr Anhang überall von der Nothwendigkeit weiterer Reformen sprach: so wuchs der Argwohn der sogenannten Patrioten, d. h. derer, die in alle alten Ansichten verwachsen, die frühere Anarchie beibehalten wissen wollten, und sie witterten nun selbst in den heilsamsten Verbesserungen ein Streben nach Tyrannei.

Die Zwischenzeit bis zum neuen Reichstag von 1766 benutzte der König, seine Reformpläne stets vor Augen, um vermöge der ihm durch die pacta conventa zugeftanbenen Befugniſſe, ein Kadetten-Korps zu errichten, um dem Lande tüchtige Offiziere zuzuziehen; eine Stück-gießerei anlegen zu laſſen, um daſſelbe mit dem nöthigen Geſchütz zu verſehen; das ſchlechte durch Juden einge-ſchmuggelte Geld durch gute neugeprägte Münzen zu er-ſetzen, und die Zölle, welche die Haupteinnahme lieferten, beſſer und zweckmäßiger einzurichten. Doch trat ihm hier Friedrich abermals in den Weg, indem er ſich allen Zoll-erhöhungen widerſetzte. Endlich ſuchte Stanislaus die allgemeine Erziehung auf einen beſſern Fuß zu bringen, und Wiſſenſchaft und Kunſt auf alle Art zu unterſtützen. Das waren die erſten Anfänge in Ausführung ſeines großen Regierungsplans. Aber ſeine Abſichten wurden errathen und es ſtürmten von allen Seiten Widerſpruch und Hinderniſſe auf ihn ein.

Der Reichstag von 1766 trat zuſammen, und der König in ſeinen Plänen vorſchreitend, ſuchte nun das Geſetz durchzubringen: „daß die Vermehrung der Armee und die Anordnung neuer Auflagen künftig nur durch die Mehrheit der Stimmen entſchieden werden ſollte." Da brach das Ungewitter los. Der Ruſſiſche und Preußiſche Geſandte erklärten: „daß ihre Höfe eine Vermehrung der Auflagen und der Armee nicht zugeben würden"; auch verlangten ſie eine „genauere Aufklärung über die neuen Einrichtungen und über ſo viele verfängliche Ausbrücke, unter deren Schirm man das liberum veto und andere wichtige Beſtimmungen abgeſchafft habe, und daß die koſtbare Stimmen-Einheit für die Zukunft ſicher geſtellt werde." Mit Feſtigkeit und Ernſt und nicht ohne Dro-hungen beſtanden die beiden Geſandten auf dieſer Forde-

rung, und verlangten die Auflösung der allgemeinen
Konföderation, unterstützt dabei von der mächtigen Partei
der sogenannten Patrioten oder Reformfeinde. Zuletzt
sahen der König und die Czartoryski zu ihrem bittern
Schmerz sich genöthigt, nachzugeben, und mußten nun
selber Hand anlegen, um das Gebäude, das sie so mühsam und mit so vieler Kunst aufgeführt, Stück vor Stück
niederzureißen, unter dem Jubelgeschrei der gedankenlosen
Patrioten und ihrem Prahlen: „ehrgeizige Pläne vereitelt
und den gefürchteten Despotismus hintertrieben zu haben.“
— Doch gelang es dem Könige, die Einrichtung der
4 obersten Räthe oder Kommissionen und damit seinen
Einfluß auf die Verwaltung zu retten; auch sollte künftig
bei den Vorbereitungen auf den Landtagen die Mehrheit
entscheiden. Die allgemeine Konföderation jedoch, welche
das Land mehr wie zwei Jahre in Zaum gehalten, mußte
aufgelöset werden. — Zugleich ward als Angriffswaffe
die Dissidenten-Sache abermals zur Sprache gebracht,
und Billigkeit und Recht für sie verlangt: aber der Fanatismus und Eigennutz der Bischöffe, vom päpstlichen
Nuntius gespornt, und unterstützt von dem Fanatismus
und Religionshaß der beschränkten Menge, hintertrieben
auch auf diesem Reichstage alle gerechten Bewilligungen.
Je länger man sich auf diese Weise den von staatsklugen
Gegnern als Falle vorgeschobenen Forderungen der Gerechtigkeit entzog, desto schlimmere Folgen bereitete man sich.
Sie blieben nicht lange aus.

Die Eifersucht und der Unmuth der Großen gegen
Poniatowski, weil er den niedern Adel begünstigte; der
fanatische Grimm der Geistlichkeit, weil er in der Dissi-

benten=Sache zum Nachgeben rieth, der Haß der Menge endlich gegen ihn, weil er durch Rußlands Hülfe auf den Thron gestiegen, und man alle Lasten und Beschwer= den, die der Russischen Truppen Aufenthalt in Polen erzeugte, auf seine Rechnung stellte; andererseits des Gesandten Repnin Wunsch, dem Könige, der sich freiere Regungen erlauben wollte, seine Abhängigkeit fühlbar zu machen und die Dissidenten=Sache zu einem End= Abschluß zu bringen: führten im Sommer 1767 die Ge= neral=Konföderation von Radom herbei, die, von Gegnern und Feinden errichtet, den Thron des Königs nicht we= nig erschütterte. Als der König gehörig erschreckt und gebeugt worden, ward, um die Satzungen der Konföde= ration, wie es in Sitte war, zu bestätigen, ein außer= ordentlicher Reichstag am 5. Oktober 1767 in Warschau eröffnet, der die Dissidenten= und Verfassungs=Sache ins Reine bringen sollte. Der fanatische Widerstand der Bischöffe Soltyk und Zaluski, wie der beiden Rzewuski bewog den aufbrausenden Repnin zu der gewaltsamen Maßregel, sie aufheben und nach Rußland abführen zu lassen; und nun sollte eine vom Reichstag ernannte Dele= gation einen Gesetzentwurf zur Regelung aller streitigen Religions= wie Verfassungsfragen ausarbeiten. Der Un= wille über die Verletzung der Reichstagsfreiheit und die der National=Unabhängigkeit angethane Schmach, endlich die geheimen Absichten fanatischer oder ehrgeiziger Partei= häupter, führten zur Barer Konföderation, welche sich die Absetzung des Königs, die Unterdrückung der Dissi= denten und Vertreibung der Russen aus dem Lande zum Ziele setzte; die Barer Konföderation endlich führte mit

Hülfe von Choiseuls Aufhetzungen zum Türkenkrieg. Wir
sahen den Gang und Ausgang beider [15]). Wir haben
jetzt zu betrachten, wie jene Wirren, geschickt benutzt,
Friedrich endlich zu dem lang gewünschten Ziele brachten,
zu der Erwerbung des Polnischen Preußens, zuvor aber
noch den Ausgang der Dissidenten- und Verfassungs-
Sache zu melden.

Die Dissidenten erhielten was sie gewünscht, und
selbst mehr als sie anfangs verlangt: religiöse Freiheit
und gleiche politische Rechte mit ihren katholischen Brüdern. In Hinsicht der Verfassung ward festgesetzt: 1) alle
administrativen Maßregeln eines Reichstags sollten
in den drei ersten Wochen und zwar durch Stimmen-
mehrheit abgethan werden, und die Beschlüsse, auch
bei eintretender Zerreißung des Reichstags allgemein
gültig verbleiben; 2) alle politischen Maßnahmen dagegen, wie Vermehrung der Truppen, Einführung neuer
Steuern und Auflagen, Verträge mit auswärtigen Mächten u. s. w. sollten in den drei letzten Wochen und nur
durch Stimmen-Einheit entschieden werden. — So
erlaubte man administrative Verbesserung, aber nicht politische Stärkung. Wohlthätig war: daß die Zerreißung
der Reichstage auf die Verwaltungs-Beschlüsse nicht
nachwirken sollte, und daß die vier von den Czartoryski's
geschaffenen obersten Räthe oder Kommissionen beibehalten wurden; endlich daß man, auf des Königs An-
drängen, auch einige Bedingungen zum Vortheil des
unterdrückten Bauernstandes machte, und, das Blutgeld

---

[15]) Im ersten Theile dieses Werks.

v. Smitt, Suworow und Polen. II.

abſchaffend, auf eines Bauern Mord den Tod ſetzte. —
So war dieſe, obgleich meiſt von einem fremden Ge=
ſandten eingegebene Verfaſſung, doch immer ein Fortſchritt
zum Beſſern. Mit dieſer Verfaſſung beſchloß der Reichs=
tag am 5. März 1768 ſeine Sitzungen.

Der Türkenkrieg täuſchte alle Erwartungen ſeiner Be=
günſtiger; unter den gewaltigen Streichen der Ruſſen er=
zitterte Stambul. Die durch Siegs= und Machtbewußt=
ſein erhobene Siegerin wollte jetzt Schritte auf einmal
thun, die nur allmälig zu thun ſind, und reizte durch
übergroße Forderungen die Eiferſucht der Feſtlands=Mächte,
vor allem den Habsburg=Bourboniſchen Bund, gegen
ſich auf. Friedrich, ihr Bundsgenoß, ſelbſt nicht ohne
Beſorgniß, warnte, hielt zurück, ſuchte auszugleichen, zu
vermitteln. Als ihr das Waffenglück überall fortfuhr zu
lächeln, bis zum Entſetzen ihrer Feinde und der ohnmäch=
tigen Gegner: da beſprach ſich Friedrich in Neuſtadt mit
Joſeph, Deutſchlands Kaiſer und Thereſiens nahen Erben,
zugleich mit deſſen ſtarrem, ſtolzen Miniſter Kaunitz,
ſeinem alten Feinde: wie den Ruſſiſchen Kriegserfolgen
und Forderungen ein Ziel zu ſetzen. Oeſtreich hatte an=
fangs mit Waffengewalt dazwiſchen treten wollen und
bereits geheime Unterhandlungen mit den Türken ange=
knüpft. Friedrich aber wußte jetzt mit unübertrefflichem
Geſchick die Gemüther ſo zu lenken, hier zu mäßigen,
dort zu ſpornen, und den Eigennutz ſo liſtig zu ködern,
daß er, als er nun die Dinge dahin geführt, wohin er
wollte, und auf verſchiedenen Wegen den Plan inſinuirt
hatte, die Entſchädigungen in dem anarchiſchen Polen zu
nehmen und zwar dergeſtalt, daß alle ihren Theil er=

hielten, damit das Gleichgewicht, das stets die Beschöni-
gung hergeben mußte, nicht gestört würde, zuletzt willige
Ohren fand [16]). Es war ein politisches Meisterstück,
größer als alle militairischen, die er gegeben, einerseits
stolze Sieger, andererseits hochmüthige Gegner, und dazu
zwei Frauen, zwei Kaiserinnen, von entgegengesetztem
Karakter, und einen starren, ihm in allem widerstrebenden Minister sämmtlich zu einem und demselben Ziel zu
lenken; denn bei Marien Theresien regte sich das Gewissen, bei der Kaiserin Katharina das Bewußtsein, wider-
standslos über das Ganze zu gebieten und bei einer
Theilung eher zu verlieren, als zu gewinnen, bei Kaunitz
endlich das Bedenken, sein Schooßkind, den Habsburg-
Bourbonischen Bund mächtig dadurch zu lockern. Doch
Friedrich gelang das schwierige Werk mit einer Umsicht,

---

[16]) Core, Wraral, Segur, überhaupt alle kundigen Ausländer
hatten schon längst darauf hingewiesen und es bestimmt behauptet,
daß Friedrich der Hauptanreger und Betreiber jener Theilung gewesen. Nur in Deutschland widersprach man eifrig. Jedoch schon
dem aufmerksamen Leser von Friedrichs Memoiren von 1763—75,
selbst nach der alten Ausgabe, blieb wenig Zweifel; die neuere Ausgabe von 1847, welche Herzberg's Verstümmelungen des Textes aufgehoben, läßt kaum einen übrig. Namentlich heißt es unter dem
Jahr 1769 Seite 26: „Le roi avait envoyé à St. Petersbourg un
projet politique, qu'il attribuait à un Comte de Lynar. Le projet
contenait une esquisse d'un partage à faire de quelques
provinces de la Pologne entre la Russie, la Prusse et
l'Autriche." — (In einem andern Werk gedenkt der Verfasser nach
den eigenen Depeschen des Königs es über allen Zweifel zu erheben,
daß die Theilungs-Vorschläge einzig und allein von Friedrich ausgingen, und daß Rußland so gut wie Oestreich lange nicht daran
wollten.)

9*

Klugheit und Gewandtheit, wie sie nur das eigenste
brennende Interesse eingeben konnte, zu Stande zu bringen.
Noch mehr: als ihm sein Gefühl und der Zeitgenossen
Stimme sagte: der friedliche Theilungsplan eines schwachen
Nachbarstaats werde nicht gebilligt, verstand er die Sachen
so zu karten, daß er, der Hauptbetreiber, ganz unschuldig
an der Theilung erschien, der nur nothgedrungen, durch
den Eigennutz der Kaiserhöfe gezwungen, den ihm so
bequemen Antheil genommen; und diese Meinung wußte
er so geschickt zu verbreiten, daß viele redliche Preußen,
in ihrer patriotischen Verehrung des Königs, ganz ernstlich und mit voller Ueberzeugung zu behaupten wagten:
der König hätte von den Dreien den geringsten Antheil
an der That, hätte gleichsam nur zur Selbstvertheidigung
und Selbsterhaltung sein Stück nehmen müssen; und je
nach der Partei, die sie begünstigten, sollte dann bald
Oestreich durch die Besitznahme von Zips, bald Katharina durch ihre Aeußerung zu Prinz Heinrich: „wenn
Oestreich sich jenes erlaube, so hätten die andern Nachbarmächte das gleiche Recht zu nehmen", oder wie sie sich
ausgedrückt haben sollte, „sich zu bücken und aufzuheben"—
den ersten Anlaß, den ersten Anstoß zu der verhängnißvollen Theilung gegeben haben. Unserer Zeit war es
aufgespart, die augenfälligsten Beweise des Gegentheils
zu erhalten und in Friedrich den eigentlichen geistigen
Urheber und künstlichen Vollführer derselben zu entdecken,
nicht ohne Bewunderung der außerordentlichen Geschicklichkeit und Gewandtheit, womit er diesen früh gefaßten
Plan mit einer unübertrefflichen Sicherheit und Folgerechtigkeit, ohne ihn einen Augenblick aus dem Gesicht

zu verlieren, trotz der widerstrebendsten Umstände und Personen endlich durchzuführen wußte [17]).

So fiel Polen für die Türkei als Opfer, weil Friedrich in Beziehung auf jenes Land früh erkannt hatte: daß Preußens Größe nur durch Polens Fall, Polens Größe nur durch Preußens Schwäche begründet werden könne [18]). Polnische Unbulbsamkeit, Kurzsichtigkeit, leidenschaftliche Heftigkeit und Zwietracht thaten das Uebrige; und so sollte in den nächsten 22 Jahren vollendet werden, was Friedrich nur angebahnt, wozu er nur die Richtstangen gesteckt hatte. Macht des Schicksals! des Königs Stanislaus Karakter, seine lobwürdigsten Bestrebungen mußten gerade noch dienen, jenen Fall und Untergang zu befördern und zu beschleunigen. Sie brachten zu altem Zwiespalt neuen, zu den alten Ansichten, Sitten, Gebräuchen und Meinungen ganz neue, entgegengesetzte, alles auf- und durchregende. — Gewiß alles in der Natur, in der moralischen wie in der physischen Welt, ist in einem ewigen Werden, in einem zwar unmerklichen aber steten Verändern begriffen, und wie in der physischen Natur das Härteste gleich dem Weichsten im Zeitenfortgange sich ändert und wechselt, so in der moralischen Welt: eine Gedankenschicht nach der andern durchbringt

---

[17]) Am besten hat dieses St. Priest in den Etudes diplomatiques T. I. durchgeführt und hat es zur Evidenz wahrscheinlich gemacht, obwohl jedem aufmerksamen Leser der königlichen Denkwürdigkeiten, auch noch vor Wiederherstellung des Textes, wenig Bedenken darüber bleiben konnten.

[18]) Vita Corradini — mors Caroli,
Mors Corradini — vita Caroli! —

das Zeitalter in seinem Gange, und webt und wühlt und arbeitet fort; und versenkt man den Blick um ein oder zwei Menschenalter zurück: so ist man erstaunt über die Wirkung dieser stillen Arbeit und über die völlige Veränderung in den Ansichten und Meinungen der Welt. Wer höhere Jahre zählt, denke sich um 25, um 30 Jahre in die Vergangenheit: welche andere Interessen, Gedanken, Strebungen und Meinungen beherrschten da die Menschheit; und ein Menschenalter später werden unsere Nachkommen das gleiche Urtheil von unserer Zeit fällen.

In einem gesunden Körper ist ein beständiger, fast unmerklicher Fortschritt, eine gelinde, allmälige Umwandlung: einige alte, unbrauchbare, erstorbene Theilchen werden abgesetzt, andere lebensfrische durch Nahrung, die von außen kommt, angesetzt: das geht so unbemerkbar fort, daß nach einer Reihe von Jahren eine unzählige Menge unbrauchbarer Stoffe ausgestoßen und neue dafür aufgenommen sind, so daß der Körper fast ein anderer erscheint. Will man nun mit Gewalt die neuen Lebensstoffe abhalten und den Körper von den alten zehren lassen: so tritt Schwäche, Marasmus, Fäulniß und zuletzt völlige Auflösung und Auseinanderfallen der Theile ein. — Polen war ein solches stationaires Land, wo alle geistige und moralische Bewegung durch Jesuitenlist und Trug, durch Fanatismus und materielle Gewalt war gehemmt worden, und das Volk in einen völligen moralischen wie geistigen Marasmus verfallen war. Unter Stanislaus Regierung, wo die stauende Priester- und Adelsmacht durch fremde Dazwischenkunft und die wiederhergestellte Geistesbewegung auf die Seite geschoben

worden: ergoffen fich nun plötzlich die neuen Anfichten,
Meinungen und Grundfätze mit übermäßiger, unaufhalt=
barer Gewalt über die unvorbereitete Nation: ein hef=
tiges Ringen des Alten und Neuen begann und füllte
die ganze Regierungsperiode von Stanislaus Augustus.
Wechselsweise fiegend und befiegt, unterlagen fie, die
Vertreter des Alten wie die des Neuen, endlich zusammen
unter der Wucht der Zeit und fremder Macht, weil fie
hinter der Zeit und in eigener Macht zurückgeblieben
waren.

Ein Weifer [19]) des Alterthums hatte fchon den Aus=
fpruch gethan: dem Fall der Staaten gehe der Verfall
der Sittlichkeit und Gerechtigkeit voran.  Polen lieferte
einen neuen Beleg: von Sittlichkeit und Gerechtigkeit war
wenig zu finden: überall nur Selbftfucht, Eigennutz,
Sittenverfall.  Seit mehr wie einem Jahrhundert hatten
die Großen und Mächtigen die Krone ihres Landes den
Meiftbietenden verkauft, nahmen Jahrgehalte von Fremden,
um ihnen zu dienen und den eigenen Lüften zu fröhnen,
und fpotteten der Sitten und Gefetze; in ewiger Zwie=
tracht betrieben fie ihre Händel entweder durch Beftechung
oder Gewalt.  Millionen Menfchen wurden niederge=
treten, damit diefe wenigen Taufende thun könnten was
fie wollten, achtend weder auf König, Recht noch Gefetz,
die ohne Macht waren.  Und von den Höhern war das
Verderbniß auf die nächftfolgenden Klaffen herabgeftiegen,
hier vornämlich durch die Juden, die wie Ungeziefer nur
in faulenden Körpern wohl gedeihen, verbreitet und aus=

[19]) Polybius.

gebeutet. — Die Zustände waren durch und durch korrupt und untergraben, und solche werden nur geheilt, wenn sie noch heilbar, durch Unglück und Noth, durch Feuer und Eisen!

Das Unglück brach ein und die erste Theilung war die Folge; sie weckte wie durch einen Donnerschlag das Volk aus seiner Erstarrung. Der Reichstag, der die Zerstückelung bestätigen sollte, mußte sich am 19. April 1773 versammeln und konnte nur mit der größten Mühe zur Genehmigung des Theilungstraktats bewogen werden. Die nachdrücklichsten Mittel wurden angewandt: dem Könige drohte man mit Absetzung und Einsperrung, War-schau mit Plünderung durch die Soldaten; der Reichs-versammlung mit gänzlicher Theilung des noch übrigen Landes; — auch Bestechungen, hier so wirksam, mußten wirken, und der Reichstags-Marschall Poninski nebst andern Senatoren und Boten wurden gewonnen. So brachte man endlich durch Drohungen und Bestechungen die Reichstagsglieder zur Unterzeichnung, doch nur mit einer Mehrheit von sechs Stimmen im Senat, von Einer Stimme in der Landbotenkammer. Uebrigens war diese erzwungene Einwilligung des Reichstags eine leere For-malität, die niemanden täuschte. Kraft und Gewalt hatten das Land genommen, Kraft und Gewalt hätten es den Polen wiedergegeben, wenn sie die Stärkern gewesen wären. Und eben weil es nur eine leere Formalität war, ist die Wichtigkeit, welche Polnische Schriftsteller auf die Unterzeichnung des Traktats legen, und wofür sie die Reichstagsglieder ewiger Verwünschung weihen, lächerlich. Eine erzwungene Unterzeichnung hat noch nie jemanden, der die Macht hatte, sie aufzuheben, gebunden, und hat auch sie später nicht gebunden. — Rußland erhielt das meiste Land, aber nur mit 1½ Millionen Einwohner; Oestreich das schönste und ergiebigste und mit 2½ Millionen Einwohner; Preußen das gewerb= fleißigste und günstig gelegenste, aber mit weniger als einer Million Menschen. Doch dieser Preußische Antheil, Friedrichs heißersehnter Erwerb, war der schmerzlichste Verlust, weil er Polen seiner Wasserverbindung beraubte, und durch seine Zölle vernichtete Friedrich fast Danzigs Handel, um ihn nach Königsberg und Memel zu ziehen. Schlimmer aber wie die Theilung war, daß man Polen in der Anarchie zu erhalten suchte, und unter dem Vor= wand, die Verfassung zu verbessern, deren Mißbräuche bestätigte. Die Reichstags=Delegation, die den Theilungs= traktat abgeschlossen, sollte auch im Verein mit den Ge= sandten der drei Höfe, Stakelberg, Rewitzki, Benoit, die nöthigen Verbesserungen, wie es hieß, in der Verfassung treffen. Sie saß vom Mai 1773 bis zum März 1775, und konnte nur nach unsäglichem anderthalbjährigen Hader zur Bestätigung der neuen Verfassung bewogen werden.

Folgende Grundlagen hatten die fremden Gesandten in einer Note vom 13. Sept. 1773 der Reichstags= Delegation für die neue Verfassung vorgeschrieben:

1) Polen bleibt für immer ein Wahlreich und darf nie ein Erbreich werden.

2) Kein Fremder, nur ein eingeborener Pole, darf den Thron besteigen (damit das Land sich nicht durch eine auswärtige Verbindung stärke).

3) Die Verfassung soll immer frei, unabhängig, republikanisch bleiben (d. h. alle die alten übermäßigen Vorrechte des Adels und das liberum veto sollten beibehalten und in den Fehlern der Verfassung keine Verbesserung vorgenommen werden).

4) Da das wahre Princip der gedachten Verfassung in dem Gleichgewichte der drei Stände läge, König, Senat und Ritterschaft: so sollte ein Immerwährender Rath errichtet werden, der außer dem König und Senat auch Mitglieder aus dem Ritterstande in sich fasse. Dieser solle die ausübende Gewalt bilden. (Die katholische Partei hatte mit Unterstützung Oestreichs durchgesetzt, daß kein Dissident weder zum immerwährenden Rathe, noch zum Senat und Reichstage zugelassen werden sollte. Da man die Hauptzwecke erreicht, ließ man die Mittel fallen und ward nachgebender in der Dissidenten-Sache.)

Nach diesen vorgeschriebenen Grundzügen nahm die neue Verfassung folgende Gestalt an:

Die oberste gesetzgebende Gewalt verblieb dem Reichstage, bestehend aus den drei Ständen: König, Senat und Ritterschaft.

Die ausübende Gewalt erhielt der Immerwährende Rath, ein bleibender Ausschuß jener drei Stände, bestehend aus dem Könige, 18 Senatoren [20]) und 18 Landboten [21]). Er sollte bei jedem neuen Reichstag durch Stimmen-Mehrheit von demselben gewählt werden.

---

[20]) Nämlich dem Primas und 2 Bischöffen, 4 den einzelnen Abtheilungen vorsitzenden Ministern und 11 weltlichen Senatoren; 4 von jedem der drei Hauptglieder: Großpolen, Kleinpolen, Litauen.

[21]) Dem Marschall der Landboten-Kammer und 17 Landboten.

Er theilte sich in fünf Abtheilungen oder Kommissionen: 1) der auswärtigen Geschäfte, 2) der Polizei, 3) des Kriegs, 4) der Justiz, und 5) des Schatzes, von denen die erstere vier, die andern jede acht Beisitzer hatte. Seine Aufgabe war: die Ausübung der Gesetze zu überwachen, und die Geschäfte in sich wie in einem Mittelpunkt zu vereinigen; sonst hatte er weder gesetzgebende noch richterliche Gewalt, die allein dem Reichstage zukam. Dieser blieb immer die höchste souveraine Behörde; entschied über Krieg und Frieden, über Bündnisse, Auflagen und Truppenvermehrung; war Richter in höchster Instanz und gab die Gesetze: kurz alle höhern Machtvollkommenheiten übte nur er.

Der König im Verein mit dem Immerwährenden Rathe berief den Reichstag und war dessen Vorsitzer; — früher ernannte er auch frei die Senatoren; jetzt behielt er nur die Wahl aus drei ihm vom Immerwährenden Rathe vorgeschlagenen Kandidaten. Einmal ernannte Senatoren konnten nur durch den Reichstag abgesetzt werden.

Den dritten Stand bildeten die Sendboten der Ritterschaft. Einzige Bedingung zum Wähler oder zur Wahl war Adel, d. h. daß man Landbesitzer sei oder von Landbesitzern abstamme und keinen Handel oder Erwerb treibe.

Die also geänderte Verfassung sollte von den drei Mächten gewährleistet werden, ward es aber nur von Rußland. Die Garantie umfaßte nicht nur die Unantastbarkeit der Gränzen und die der neuen Gesetzgebung, sondern auch deren Unabänderlichkeit. Polen sollte für immer in der ihm vorgeschriebenen Lage und Bahn bleiben, und gerieth in völlige Abhängigkeit von Rußland.

Die neue Verfassung zeichnete sich vornämlich durch die Schöpfung des Immerwährenden Raths aus. Scheinbar beschränkte derselbe des Königs Gewalt, und so glaubten es die Gegner und Feinde und beförderten daher dessen Einsetzung; Stanislaus wußte es besser und hatte deshalb schon längst dessen Errichtung gewünscht und betrieben. [22]) Er erkannte zu wohl, was Polen fehlte und was er bezweckte. Er wollte eine Autorität gründen, die auch in der Zwischenzeit von einem Reichstage zum andern die Zügel der Regierung mit fester Hand und in bestimmter Richtung führte, im stillen gewiß, daß mit den Mitteln, die ihm noch blieben, er immer sicher sein könnte, einen entscheidenden Einfluß in diesem Rath zu üben. Die Mitglieder des Raths wechselten bei jedem neuen Reichstag, — seine Würde und Gewalt blieb ununterbrochen; er hielt das Füllhorn der Gnaden, ernannte zu Senator- und Minister-Stellen, zu den geistlichen und militairischen Beneficien; er hatte endlich das höchste Anziehungsmittel für Polnische Männer, die Ver-

----

[22]) Er hatte ihn schon auf dem Reichstage von 1767 einführen wollen, doch Friedrich II., der alles was nach Stärkung der königlichen Gewalt und damit der Macht in Polen aussah, eifersüchtig bewachte, hintertrieb es. Merkwürdig ist in dieser Hinsicht eine fulminante Note vom Nov. 1767, die er durch seinen Gesandten in Petersburg einreichen ließ, und worin er alle Künste der Beredsamkeit aufbot, um die Kaiserin gegen die Errichtung eines solchen Raths einzunehmen.

gebung der Staroſtien. [23]) Mit dieſen Mitteln, ſah er voraus, würde er den Immerwährenden Rath leicht nach ſeinem Willen lenken können; und er lenkte ihn. Da nun noch dem Immerwährenden Rathe die frühern vier von den Czartoryski's geſchaffenen Kommiſſionen des Schatzes, Kriegs, der Juſtiz und des Innern, mit Zufügung noch einer für die äußern Angelegenheiten, einverleibt wurden: ſo hatte der König damit in ihm ein vollſtändiges Werkzeug zur Regierung; man konnte die wichtigern Verwaltungszweige den Händen der eigennützigen, trägen oder widerſpenſtigen Großwürdenträger entziehen und ſie auf einen regelmäßigen Fuß ſetzen. Dazu nahm nun der König mit ſeinen Rathgebern ſehr verſtändige Maßregeln. Finanzen, Heer, Erziehung, und Verbeſſerung des Bauernloſes blieben die Hauptgeſichtspunkte, die er nicht einen Augenblick aus den Augen verlor.

In der letzten Zeit vor der Theilung waren die jährlichen Einkünfte von Polen und Litauen 14 Millionen Poln. Gulden oder $2\frac{1}{3}$ Mill. Thaler geweſen; die Ausgaben aber 23 Millionen oder $3\frac{5}{6}$ Mill. Thaler; es gab alſo ein jährliches Deficit von 9 Millionen Gulden ($1\frac{1}{2}$ Mill. Thaler). Außerdem hatte man durch die Theilung mehr als die Hälfte der Einkünfte verloren, da

---

[23]) Doch beſchränkte man ihn auch hier. Vier Staroſtien überließ man ihm erblich (doch mußte er die ſchönſte davon, Bialazerkiew, an Branicki abtreten) die andern ſollten Verdienten (oder vielmehr Begünſtigten) vom Adel entweder als Erblehne, oder als lebenslängliche Beſitzungen, oder als Expektative, oder auf 50jährigen Nießbrauch gegeben werden.

diese außer von den Starostien hauptsächlich aus den
Zöllen an der Weichsel und den großen Salzwerken in
Galizien (die von Wieliczka allein lieferten 3½ Millionen
Gulden, also fast ein Viertel des Gesammteinkommens)
herrührten. — Um nun das so entstandene Deficit zu
decken, bedurfte es neuer Steuern; und Stanislaus wußte
auf dem Reichstage von 1775 die Auflagen, einige
lästigere mildernd, andere erhöhend, so gut zu vertheilen,
daß das Einkommen im kurzen auf die gleiche Höhe wie
vor der Theilung stieg. Mit einem unabhängigen Großschatzmeister hätte man das nie erreicht. Die Hauptein-
künfte flossen: 1) Aus der Kopfsteuer der Juden, die von
3 auf 4 Gulden erhöhet ward. 2) Aus der Quarta
oder dem vierten Theile von den Einkünften der Starostien. 3) Aus der Getränksteuer. 4) Dem Tabaksmono-
pol. 5) Dem Stempelpapier, dessen Ertrag in wenig
Jahren von 160,000 auf 400,000 Gulden stieg. 6) Den
Zollabgaben; endlich 7) aus der verbesserten Rauchfang-
steuer, wo man nach Verhältniß der Häuserbeschaffenheit
eine höhere oder mindere Abgabe erlegte, von 5 bis 7
Gulden (für Bauernhäuser) bis 12—16 Gulden (für
bessere Häuser und Palläste). Diese Auflage, früher nur
in Litauen gebräuchlich, lieferte den reichsten Ertrag. —
Durch diese verschiedenen Auflagen gelang es, die jährliche Einnahme wieder auf 11½ Millionen Gulden und
mit Inbegriff der Einkünfte von den Tafelgütern und der
dem Könige bewilligten Starostien auf 16 Millionen zu
bringen. Davon erhielt der König 7 Millionen und die
übrigen 9 Millionen blieben meist zum Unterhalt der
Armee wie auch zu den Besoldungen der höhern nicht

unmittelbar vom Hofe abhängenden Staatsdiener. Es
reichte hin, weil die Armee gering und die Staatsdiener
nicht sowohl durch hohen Sold als durch die Starostien
belohnt wurden. Die Wojewoden oder Statthalter be=
zahlten ihre Beamten aus Privatmitteln; und die Richter
und Justizbeamten halfen sich ohne Sold durch Erpressung
und Bedrückungen, wobei sie noch reich wurden.

Handel und Gewerbe lagen sehr danieder und
waren, bei den Vorurtheilen der Polen dagegen, schwer
zu heben. Der Handel beschränkte sich auf die Ausfuhr
von Naturprodukten, wie vornämlich von Holz und Korn,
sodann noch von Hanf, Flachs, Vieh, Talg, Leder u. s. w.
und auf die Einfuhr von Fabrik= und Luruswaaren.
Da der Bürgerstand durch den Adel, der jedes Gewerbe
verachtete, sehr niedergedrückt war, es überall an großen
Kapitalien und Unternehmungsgeiste fehlte, so war der
Handel lange nicht das was er sein konnte. Polen
hätte halb Europa mit Getreide versorgen können, wenn
es gute Ausgänge gehabt und in Westpreußen ihm nicht
auch seine einzige Meerverbindung geraubt worden wäre.
Jetzt lagen alle Handelsgeschäfte in den Händen der
Krämer und Juden, die zugleich das Geld= und Schank=
wesen des Adels verwalteten. Von Gewerbthätigkeit im
Großen war fast keine Rede. — Auch hier versuchte
Stanislaus durch Vorgang und Ermunterung wohlthätig
einzuwirken. Er ließ durch den Unterschatzmeister von
Litauen, Graf Tyfenhaus, einen vielgebildeten, unter=
nehmenden Kopf, große Fabriken der verschiedensten Art
bei Grodno anlegen, und ermunterte andere zu gleicher
Thätigkeit. Tyfenhaus leistete das Unmögliche; erkannte

aber bald den undankbaren Boden, auf dem er arbeitete: Neid und Intrigue stürzten ihn und die herrlichen von ihm geschaffenen Gewerbsunternehmungen, ihres thätigen und tüchtigen Hauptes beraubt, gingen nach wenigen Jahren wieder zu Grunde.

Das Kriegswesen war vor Stanislaus Regierungsantritt im größten Verfall gewesen. Die geringe öffentliche Armee zählte fast mehr Offiziere als Soldaten und hatte keinen gesicherten Unterhalt; sie lebte meist auf Kosten des Landes. Außer dem Könige hatten auch andere mächtige Große ihre Haustruppen: Radziwill z. B. über 8000 M., die Czartoryski an 4000; eben so die Sapieha, die Oginski und andere Magnaten. Aber alle diese Truppen waren im Felde von wenig Nutzen, weil sie nicht gleichartig gebildet, unterrichtet, bewaffnet und disciplinirt waren: sie dienten nur die Streitigkeiten der Edelleute unter sich auszufechten und vornämlich sich Einfluß auf den Landtagen und bei den Richterwahlen zu verschaffen, oder sich in den Besitz streitiger Gegenstände zu setzen und darin zu behaupten. Die eigentliche Armee sollte 19,000 Mann zählen, 12,000 für Polen und 7000 für Litauen. Sie stand unter den zwei Großfeldherrn. Diese zogen von den Großschatzmeistern so viel Geld als sie konnten, und vertheilten es, nach den gehörigen Abzügen für sich, an begünstigte Offiziere mehrer angeblicher Regimenter. Andern verstatteten sie Titel und Uniform zu tragen; denn sie ernannten zu allen Offizier-Stellen. Dem Könige blieb nur die Verfügung über seine 1000 M. Garden. — Nur zwei Festungen, Kamieniec-Podolsk und Zamosć, und diese letztere noch Privateigenthum.

Keine Wege, keine Brücken; bis nicht der Winter durch
seinen Schnee die Wege, durch sein Eis die Brücken
bildete. — Die Hauptvertheidigung sollte auf dem Adel
und dessen Aufgebote ruhen. Jede Wojewodschaft war
in Bezirke getheilt, über welche besondere Offiziere gestellt
waren; jeder landbesitzende Edelmann war zum Kriegs=
dienst verpflichtet, entweder einzeln oder mit einem Ge=
folg von Dienstmannen, wie in den Zeiten des Mittel=
alters. Doch diese Zeiten waren ausgelebt und ihre Ein=
richtungen auf die Gegenwart nicht mehr anwendbar.
Die auf solche Weise versammelten Truppen waren dem
Lande mehr zur Last als von Nutzen, mehr geeignet zu
Aufständen und Konföderationen als zu einem kräftigen
Felddienst. — Auch diesem Hauptzweige der Staatskraft
widmete der König eine besondere Aufmerksamkeit und
bereitete Verbesserungen vor, die zum Theil erst später,
auf dem langen Reichstage in Ausführung kamen. Ver=
mittelst der Kriegskommission entzog man die Armee den
Händen der Großfeldherrn, und bekam nun den Kern
zu einem Heer, für dessen weitere Ausbildung der König
sehr verständige Maßregeln traf. Die Militair= oder
Kadetten=Schulen in Warschau und Wilna wurden auf
einen sehr guten Fuß gesetzt, und lieferten alle die bessern
Offiziere, die sich in den nachmaligen Kriegen auszeich=
neten; eine Artillerieschule ward errichtet, Kanonengieße=
reien und Gewehrfabriken angelegt und alle zu besserer
Verpflegung, Bekleidung, Ausrüstung und Uebung der
Truppen erforderlichen Anstalten getroffen. Die größere
Regelmäßigkeit in den Einnahmen und bessere Aufsicht
über die Verwendung der Gelder lieferten dem Könige

noch die Mittel, an die Füllung der Rüst- und Zeug-
häuser zu denken, und Kasernen zu besserer Unterkunft
der Truppen anzulegen, wie in Warschau die schönen
Garde-Kasernen. Auch bediente sich der von außen eifersüchtig überwachte Monarch zur Schaffung einer Armee
eines nachmals oft benutzten Mittels: man entließ alle
Jahre eine bedeutende Anzahl gut eingeübter Soldaten,
um sie durch Rekruten zu ersetzen. So bildete man sich
eine tüchtige Reserve, und konnte im Nothfall leicht die
Doppelzahl der durch die Verträge erlaubten Armee aufstellen. Wenn man bedenkt, daß der König mit überall
gebundenen Händen arbeitete, und vornämlich zu vermeiden hatte, Aufmerksamkeit und Eifersucht seiner Nachbaren,
besonders des wachsamsten und eigenwilligsten, zu erwecken: so kann man seiner zweckmäßigen Thätigkeit auch
auf diesem Felde nicht anders als Beifall schenken.

Um regelmäßige politische Verbindungen mit den auswärtigen Mächten zu eröffnen, deren man in Polen seit
mehr wie hundert Jahren entbehrt hatte, ließ sich der
König durch den Reichstag von 1775 ermächtigen, im
Einvernehmen mit dem immerwährenden Rathe Unterhandlungen mit den fremden Mächten anknüpfen zu dürfen. Die andern Departements oder Kommissionen des
immerwährenden Raths hatten gleichen Erfolg wie die
erwähnten des Schatzes, des Kriegs und des Aeußern;
besonders den, der Unordnung Einhalt zu thun; obgleich
auch hier nicht alles vom König bezweckte Gute erreicht
werden konnte.

Eine bessere Ordnung und Polizei ward in der Hauptstadt eingeführt; der Rechtsgang ward mehr vereinfacht,

und um allen Zweigen der innern Verwaltung und der Rechtspflege einen neuen Schwung zu geben, erhielt der würdige und von allen geachtete und geehrte Kron-Kanzler Andreas Zamoyski auf dem Reichstag von 1776 den Auftrag, im Verein mit auserwählten Männern ein besseres Gesetzbuch zu entwerfen. Dieses ward im Jahr 1780 dem Reichstage vorgelegt. Es suchte eine geläuterte Theorie mit den wirklichen Zuständen Polens zu vermitteln; drang auf Gleichheit des Gesetzes für alle, auf Oeffentlichkeit der gerichtlichen Verhandlungen; hob die Patrimonial-Gerichtsbarkeit auf, und gab jeder Wojewodschaft sein besonderes Landgericht, von welchem man an die höhern Gerichte appelliren konnte: aber eben weil dieses Gesetzbuch der Zeit vorausgeeilt und in einem edeln vorurtheilsfreien Geiste abgefaßt war, sich besonders auch des unterdrückten Bürger- und Bauernstandes angenommen hatte, mißfiel es dem noch in schnödem Eigennutz und Vorurtheil befangenen Edelmann, und ward vom Reichstag mit einem Schrei der allgemeinen Entrüstung aufgenommen und unter großem Tumult verworfen. Man trat es mit Füßen, schmähete Zamoyski, den edeln und würdigen, aufs heftigste, zieh' ihn ketzerischer Gesinnung und klagte ihn als Vaterlandsverräther an, der die Freiheiten und Vorrechte des Adels zerstören und den Bauernstand aufhetzen wolle. Noch waren die Gemüther für das Bessere nicht reif.

Endlich um sein Werk zu krönen, errichtete der König 1775 eine Erziehungs-Kommission, und ließ die eingezogenen Jesuitengüter, deren Einkünfte auf 3 bis 4 Millionen Gulden stiegen, zu den Kosten des Unterrichts

anweisen. Er hätte leicht bewirken können, daß ein
Theil derselben zur Vermehrung seiner Einnahmen, ein
anderer auf geistliche Beneficien und Starostien zu Gun=
sten von Verwandten und Freunden verwandt worden
wäre: er zog die Ausbildung und Aufklärung seines
Volkes vor. Die Wirksamkeit dieser Kommission war so
bedeutend und verrieth so viel Absicht, durch eine weise,
zweckmäßige Erziehung die Nation aus ihrer Erstarrung
zu wecken, daß es Eifersucht erregte, und man, um hin=
dernd einzugreifen, die Verwaltung der Güter einer vom
Schulrath unabhängigen Kommission (rozdawnicza, Ver=
theilungs=Kommission) übertrug. Diese sollte nicht bloß
für die Verwaltung, sondern auch dafür sorgen, daß die
Grundstücke und Geldsummen sichern Leuten anvertraut
würden; hatte selbst das Recht, die Grundstücke in Erb=
pacht zu geben, zu veräußern und gegen andere Lände=
reien einzutauschen. Da man die Kommission aber aus
Leuten, wie sie damals in Polen gewöhnlich waren, zu=
sammensetzte, Leute, die solche Gelegenheiten zur Berei=
cherung nie unbenutzt ließen: so ward der größte Theil
der Einkünfte dem Schulfonds entzogen und verschleudert.
Stanislaus war tief betrübt darüber und sprach nur mit
Thränen im Auge davon, vermochte aber bei seiner Ohn=
macht nichts zu ändern. Es ward zwar eine andere
Kommission, Justiz=Kommission genannt, beauftragt, die
verschleuderten oder entwendeten Fonds wieder herbeizu=
schaffen: konnte es aber oder wollte es nicht, da zu
mächtige Personen, der Bischof von Wilna, Massalski
voran, in jene Schlechtigkeiten verwickelt waren. Das
war übrigens bei der allgemeinen Entsittlichung in Polen

der gewöhnliche Gang: wo sich die Gelegenheit zeigte,
griff man zu, raubte, eignete sich an, ließ sich bestechen,
nahm von beiden Parteien Geld, und gab dem Meistbietenden und Zahlenden Recht. Eine ehrenvolle, redliche Gesinnung gehörte zu den Ausnahmen: man plünderte, um nicht selbst geplündert zu werden. Alle Scham
und Scheu war verschwunden. Da überdieß jene beiden
Behörden nur dem Reichstage Rechenschaft schuldig waren, so konnten sie sich ungestraft ihrem Raubsinn überlassen; vom Reichstag hatte man nicht viel zu befahren.
— Endlich wurde auf Vorschlag von Joachim Chreptowitsch (dem nachmaligen Kanzler von Litauen), eine
dritte Kommission, der Erziehungsrath, gebildet, um
den öffentlichen Unterricht zu leiten; die Vertheilungs
Kommission ward 1776 aufgehoben, und die Justiz
Kommission mit dem Erziehungsrath vereinigt, der fortan
mit allen Vollmachten ausgestattet ward, welche bisher
diese drei verschiedenen Behörden besessen hatten. Diesem
Erziehungsrath gelang es, von den verschleuderten Gütern
einen Theil mit 1 Million Gulden Einkünften zu retten;
und durch gute Verwaltung wußte er diese bald auf
$1\frac{1}{2}$ Millionen zu bringen.

Der Erziehungsrath gab sich um die Verbesserung des
Unterrichts viele Mühe: man suchte die Universitäten von
Krakau und Wilna zu heben, und sich dort Lehrer für
das übrige Land heranzuziehen. Ein besonderer Ausschuß erhielt den Auftrag, einen Erziehungsplan zu entwerfen, für gute Elementarbücher zu sorgen, verdiente
Schriftsteller zur Abfassung derselben aufzufordern und die
eingereichten zu prüfen. — Solchergestalt ward Unter

richt und Erziehung im ganzen Lande auf einen beſſern Fuß geſetzt; und die damals getroffenen Schuleinrichtungen blieben größtentheils auch nach den Theilungen beſtehend.

Kunſt und Wiſſenſchaft fanden an dem Könige, der ſie ſchätzte und ſelber übte, den thätigſten Anreger und Beförderer; auswärtige Künſtler und Gelehrte wurden in's Land gezogen, die einheimiſchen ermuntert und reichlich unterſtützt. Der König umgab ſich mit den Gebildetſten ſeines Volks und geiſtreichen Fremden. Literatur und Wiſſenſchaft nahmen einen neuen Schwung, und Polen vermochte wieder ausgezeichnete Männer in der ſchönen Literatur wie in der Wiſſenſchaft aufzuſtellen, die Naruszewicz, Kraſicki, Trembecki, Niemcewicz und ſo viele andere. Albert Boguslawski gründete das Nationaltheater und bildete nationale Künſtler. Für die vaterländiſche Geſchichte ward viel gethan: Dogiel gab ſeinen diplomatiſchen Kober heraus; Albertrandy durchſuchte die fremden Archive in Schweden und Italien; andere die einheimiſchen; Waga, Oſtrowski, Trembecki ſammelten Geſetze und Verordnungen; man zog fremde Publiciſten zu Rath über die Verfaſſung, Mably und Rouſſeau reichten deshalb Vorſchläge ein. Man überſetzte Beccaria, Filangieri, Montesquieu und andere politiſche und Geſchichtswerke vornämlich der Franzoſen. — Ein neues reges Leben that ſich auf allen Feldern kund, die Vorurtheile ſchwanden allmälig und die Ideen des gebildeten Europa fanden Eingang. Auf den Reichstagen gewann eine beſſere Ordnung die Oberhand; man überwachte ſorgfältig den Gang der Vollziehungsbehörden; beſchäftigte sich mit Entwürfen und Vorschlägen, die Armee zu vermehren, sie empor zu bringen; endlich die Verwaltung des Schatzes und der öffentlichen Einkünfte auf einen wohlgeordneten Fuß zu setzen. Das liberum veto gerieth, eben weil die Fremden es so sehr begünstigten, in Verruf und ward nicht mehr in Anwendung gebracht. So hatte der König die Genugthuung, was er am Anfang seiner Regierung angestrebt und zur Hebung seines Landes entworfen, aufs gedeihlichste in Erfüllung gehen zu sehen. Der todte, erstarrte Körper des polnischen Volks begann aus seinem tiefen Schlafe zu erwachen, sich wieder zu regen und zu bewegen, nahm die Farbe, Kraft und Frische der Gesundheit an, und erwartete nur die Begünstigung der Zeitumstände, um den ihm gebührenden Platz neben seinen übrigen Europäischen Brüdern wieder einzunehmen.

Kein Uebel in der Natur, das nicht sein Milderndes und Heilendes mit sich führte. Das Unglück der ersten Theilung sollte so das Mittel verbesserter Zustände werden. Friedrich, Polens gefährlichster Feind, weil wegen der Schwäche des eigenen Staats der eifersüchtigste auf Polens Macht, hatte bis auf Danzig und Thorn, deren Erlangung späterer Zeit aufbewahrt blieb, seinen heißersehnten Wunsch erreicht, und ließ die Polen hinfort in Ruhe, ohnehin durch Josephs ehrgeizige Pläne anderweitig beschäftigt. Kaiser Joseph wurde durch sein übermäßiges Streben nach Macht- und Landerweiterung, in Deutschland, Holland, Belgien in Händel verwickelt und festgehalten. Katharina, die durch ihren Gesandten unbestritten in Polen gebot, wünschte aufrichtig die Heilung

der dem Lande geschlagenen Wunden, da sie dieses Land
als ein nah verbrüdertes betrachtete. So vereinigte sich
alles, Stanislaus wieder aufgenommene Hebungs= und
Verbesserungspläne zu begünstigen, und er benutzte die ge=
wonnene Ruhe von funfzehn Jahren („grande aevi humani
spatium") von 1773—1788, um, wie wir gesehen, den
größten Theil seines früher entwickelten Plans, trotz aller
sich aufdämmenden Hindernisse, in Ausführung zu brin=
gen und Polen dadurch völlig umzuschaffen. Diese funf=
zehn Jahre waren eine der glücklichsten Perioden Polnischer
Geschichte, wo die Nation gleichmäßig in geistigem und
materiellem Wohlstand vorschritt und einen Aufschwung
nahm, der sie bald an die Seite der vorgeschrittenern
Nationen zu setzen versprach. Doch im Glück ist's, wo
uns das Verhängniß trifft! Was vermag der Mensch,
ein Volk, gegen angeborne Natur und Karakter, und die
Richtungen, die sie ihm geben! —

Stanislaus freute sich des Erfolgs seiner Bemühun=
gen; es bedurfte nur noch weniger Jahre, noch einiger
Begünstigungen der Umstände, wie sie der Fortgang der
Zeit immer mit sich bringt, um Polen auf die Höhe der
Zeit zu heben und ihm seine volle Unabhängigkeit zu
gewinnen. Die Begünstigungen der Zeit und der Um=
stände kamen; aber in Folge der Fehler des National=
karakters vergebens; und was durch des Königs Geduld,
Umsicht und weise Bemühungen so glücklich eingeleitet
worden, ward durch den plötzlich erwachenden Uebermuth
der Leidenschaft, durch die in Folge der mangelnden Ur=
theilskraft falsche Betrachtung und Behandlung der Um=
stände, endlich durch den wieder, sobald man sich nur

etwas freier fühlte, auflodernden Parteihader und das Parteigezänk, durch unweises, übereiltes Handeln, alles wieder in Frage gestellt und Polen gewaltsam in den Abgrund hinabgezogen, aus dem es Stanislaus herauszuziehen gedacht. Und so sah der unglückliche König am Abend seiner Tage die ganze Frucht seines Lebens durch die Schuld derer, denen er helfen wollte, vernichtet und den Staat, dem er Bildung, Macht und Größe hatte wiedergeben wollen, aus der Reihe der Staaten ausgetilgt. Noch einmal, das Schicksal dieses unglücklichen Königs war in jeder Hinsicht tragisch, da zuletzt gar noch die Verläumdung ihm aufbürdete, was andere verschuldet, und was er, trotz seines besten Willens, nicht mehr hatte abwenden können!

Wenn ihn eine Schuld traf, so war es, daß die Kraft seines Willens nicht der Schärfe seiner Einsicht gleichkam. Von äußerst weichem Gemüth, und daher von allen Eindrücken aufs tiefste ergriffen und bewegt, war Stanislaus im gewöhnlichen Lebensverkehr schwach und lenksam; doch hatte er jene geistige Stärke, die das, was sie einmal für recht und zweckmäßig erkannt hat, unter allen Stürmen und Widerwärtigkeiten des Lebens festhält und zu verwirklichen sucht. So durch Weichheit und Sinnlichkeit seinen Umgebungen unterworfen, dazu durch die Verfassung seines Reichs und die Gewalt der Fremden gebunden bis zur Ohnmacht, zeigte er doch in Verfolgung seiner Verbesserungspläne für das Vaterland eine Karakterfestigkeit und Folgerechtigkeit, die an der Spitze einer andern, weniger von den Eingebungen der Leidenschaft und des Augenblicks beherrschten Nation, ihn

gewiß zum Ziel geführt haben würden. Hier aber, was
vermochte die Weisheit des Einzelnen gegen den Ungestüm der Menge! Wie Kassandra sollte er das Beßere
und seiner Nation Förderlichste immer am richtigsten erkennen und anrathen, doch, wie jene, niemals bei den
übermüthigen Leitern der Nation Glauben und Folge
finden! — und was er vorausgesagt, geschah —
ruit Ilium!

Während der Unruhen zur Zeit der Barer Konföderation waren viele Edelleute ins Ausland geflüchtet und
lernten dort vergleichen und ihre Begriffe über heimische
Zustände berichtigen. Sie sahen nun, wie hoch das
früher von ihnen verachtete Ausland über ihnen stand;
erkannten, was Ordnung, Festigkeit und Folgerichtigkeit
in der Regierung bewirken. Auf dem langen Reichstage
von 1773—75 hatten sie Gelegenheit bei den stattfin-
denden staatlichen Erörterungen ihre politischen Begriffe
aufzuklären. Viele von ihnen waren durch die Theilung
zugleich Unterthanen einer andern Macht geworden und
daher genöthigt, sich mit den Landesgesetzen derselben bekannt zu machen. Abermals Anlaß zur Vergleichung
und Berichtigung staatlicher Ansichten. So ging denn
in ihren Meinungen und Begriffen eine gewaltige Veränderung vor und sie lernten die Dinge nicht mehr wie
bisher von einem bloß einseitigen Standpunkte betrachten. Eben so entschieden wirkte die beßere Erziehung
der Jugend, die man früh zu mehr geläuterten Begriffen
führte. Ein neues Licht ging damit den Polen von
mehrern Seiten zugleich auf, und die neuen Ideen und
Ansichten brachten eine auffallende Veränderung auch in

den Gesinnungen und Sitten hervor. Es entstanden,
wie immer wenn eine Nation aus einem erstarrten Zustande aufgerüttelt wird, zwei sich entschieden bekämpfende
Parteien: die des Bestehenden, des Alten, aber zugleich
auch des Veralteten und Morschen, von den Aeltern und
Ruheliebenden, oder von den Reichern und Machtbesitzern,
denen eben das Alte so große Vorzüge einräumte, behauptet und verfochten, und die Partei des Fortschritts,
der Bewegung, von den Jüngern, den Lebens = und
Thatendurstigen gebildet, die neben den Mißbräuchen des
Alten auch vieles Gute und Zweckmäßige mit umstoßen
und in ihrem ungestümen Drange, mit jener der Jugend
eigenthümlichen Hast und Uebereilung, alles reformiren
wollten. Sie hätten gern gleich das ganze alte Gebäude,
das ihren Vorfahren Obdach, Schirm und Trost gegeben,
niedergerissen, um ein ganz neues, aus neuen Elemen-
ten, nach Französischem Zustutz und Aufputz zu errichten.
Von Frankreich war ihnen hauptsächlich das neue Licht,
die neue Belehrung gekommen, Frankreich hatten sie vor
allen Ländern am häufigsten besucht und waren durch
die daselbst herrschende Gährung der Ideen ergriffen
worden, und sie brannten, das ihnen dort aufgegangene
Licht ihrerseits leuchten zu lassen und ihr Vaterland nach
den Französischen Ideen zu reformiren. Andere Verstän-
digere und Gemäßigtere hatten auch den Blick nach England gewandt und gaben Englischen Ansichten und Einrichtungen den Vorzug. Dazu gesellten sich Einzelne,
die in Amerika gefochten, und von dort Begeisterung für
Amerikanische Institutionen mitgebracht hatten. Alle
diese verschiedenen Ansichten wogten durch einander und

regten die Geister an und auf. Eine andere Aufregung
brachten die Reigungen, Begierden und Leidenschaften
des Gemüths. In der ersten Zeit von Stanislaus Regierung war Rußland, ehe Friedrich es auf die andere
Seite gelenkt, mit den Czartoryski's und der Fortschritts-
partei gewesen und hatte zu Gegnern alle steifern Anhänger des Alten gehabt. Im Fortgange der Zeit änderte
sich das, und Rußland hielt sich vom Parteigetriebe zurück, zufrieden mit der Obergewalt über das Ganze.
Aber da die andern theilenden Mächte und vornämlich
Friedrich bei allen gehässigen Maßregeln, die sie den
Polen auflegten, immer Rußland vorzuschieben und sich
zurückzuhalten wußten: so erschien dieses zuletzt als der
Urheber und Vollstrecker aller Uebel, welche das Polnische Land in den letzten Zeiten gedrückt hatten; das
bisweilen anmaßende und gebieterische Auftreten seiner
Gesandten, wie Repnin und Saldern, die nicht wie der
alte Kaiserling oder Stakelberg harte Maßnahmen mit
weicher Hand auszuführen wußten; der Hoch- und Uebermuth mancher Generale, die sich gegen die Kriechenden
alles erlaubt hielten, die Lasten endlich, die der Aufenthalt fremder Truppen immer mit sich bringt, — bestärkten das Volk in seinem Wahn; und aller Haß, aller
Grimm der Nation koncentrirten sich gegen Rußland.
Man schrieb nicht bloß die Theilung und Erniedrigung
des Vaterlandes Rußland zu, sondern bei jedem Hinderniß, auf das man stieß, bei jedem Fehlschlagen von
irgend einem Lieblingsentwurf, war es Rußland, auf
das man hinwies, war's Rußland, das es verschuldet,
Rußland endlich, was die Polen hinderte, eine große

Nation zu sein oder zu werden. So sammelte und häufte sich ein unermeßlicher Haß, besonders der jüngern Generation, gegen Rußland, und kein Pole, berichtet ein Augenzeuge, konnte den Namen eines Russen hören, ohne vor Zorn zu erröthen oder vor Wuth zu erblassen. [24] Nur die Furcht hielt sie noch zurück, aber mit Sehnsucht sahen sie dem Augenblick entgegen, der ihnen die Gelegenheit geben sollte, sich von der Herrschaft dieser Macht zu befreien.

Er kam — mit Jubel begrüßt. Der alte verbissene Grimm brach unaufhaltbar hervor. — Aber Grimm und Leidenschaft sind schlimme Rathgeber und rissen sie weit über alle Gränzen fort, und so bereiteten sie, statt der Freiheit und Macht, die sie bezweckten, ihrem Volke und sich nur ein frühes Grab.

---

[24] Ségur tableau de l'Europe 11. 34.

---

—oo⚬oo—

# Dritter Abschnitt.

1788—1791.

# Dritter Abschnitt.

## Polen von 1788 bis Ende 1791.

---

Entzweiung zwischen den drei theilenden Mächten — die Parteien in Polen — die Hauptleiter derselben — Zusammentritt des Reichstags am 6. Oct. 1788 — Verhandlungen über das Russische Bündniß — Preußens Einspruch — Aufregung gegen Rußland — Pläne der jungpatriotischen Partei — Erste Schritte zur Niederreißung des Bestehenden — Warnungen des Königs — seine Rede am 6. Nov. — Ueber die Russische Garantie — Aufhebung des immerwährenden Raths — Ueber die sogenannte Russische Partei — Ursachen der Zeitvergeudung — Herzbergs Politik — Lucchesini — Gesuchte Zwistigkeiten mit Rußland — Proceß von Poninski — Vermehrung der Auflagen — Gesandtschaften — Bündniß mit Preußen (29. März 1790) — Unterhandlungen mit der Türkei — Vorläufiger Entwurf zu einer neuen Verfassung — Veränderung in den politischen Verhältnissen — das Städte=Gesetz — die jungpatriotische Partei zieht den König auf ihre Seite — Vorbereitungen zur Einführung der neuen Konstitution — der 3. Mai 1791 — Noch einige Züge zur Geschichte dieses Tags — Die Konstitution vom 3. Mai — Ihr Endergebniß — Völliger Umschwung in der Politik des Auslandes — Friedrich Wilhelm von Preußen nähert sich Rußland — Die Polnischen Angelegenheiten bis zum Schluß des Jahres 1791.

Die drei theilnehmenden Mächte geriethen, wie wir gesehen, in Zwiespalt. Rußland hatte wegen seiner Absichten auf die Türkei Oestreichs Bündniß 1782 dem

von Preußen vorgezogen, und dadurch den Haß, den
letzteres dem Deutschen Mitbruder geweiht, verdoppelt und
einen Theil davon mit der Begierde sich zu rächen, auch
auf sich geladen. Preußen, durch Friedrichs großen Namen
noch getragen und gefürchtet, und von Herzberg, Friedrichs Schüler, in seiner Politik geleitet, trat von nun
an allen Entwürfen der Kaiserhöfe hindernd entgegen.
Da Frankreich in Folge seiner Verbindung mit Oestreich
sich den Kaiserhöfen zuneigte, wandte sich England, noch
dazu erbittert über Rußland wegen aufgehobenen Handels-
vertrags, Preußen zu; das verwandte und niedergehaltene
Holland wurde mit in den Bund gezogen, und so bildete
sich den Kaiserhöfen gegenüber eine gefährliche Verbindung,
die deren Demüthigung bezweckte und alle Nachbarn
derselben, Türken, Schweden, Polen, gegen sie aufzuregen suchte. Wie wir sahen, schlugen die aufgehetzten
Türken und Schweden los; Polen, von seinem König
zurückgehalten, schwankte. Stanislaus hatte die Kaiserin
Katharina auf ihrer Reise in Kaniow, hatte den Kaiser
Joseph auf seiner Fahrt zu Katharinen in Korsun gesprochen, und von beiden die beruhigendsten Versicherungen
und Zusagen erhalten; die Kaiserin hatte ihm selbst einen
engern Bund mit Rußland angetragen [1]), und er war

---

[1]) Das hatte ihr Friedrich II. bereits 1777 für den Fall eines
Türkenkriegs angerathen, um von der Seite Polens Ruhe zu haben
und das Land zu den Operationen benutzen zu können. Schreiben
des Königs vom 27. Dec. 1777 (im Reichsarchiv zu Moskau): „Il me vient une idée dans l'esprit. Dès que la Russie
verra, que toutes ses propositions de conciliation seront infruc-
tueuses et qu'une nouvelle guerre avec la Porte est inévitable, il

nach Warschau zurückgekehrt, um diese Sache, deren Vortheile ihm nicht entgingen, zu betreiben. Polen im Bunde mit Rußland konnte sich stärken, konnte alle heilsamen Veränderungen und Verbesserungen in seinem Innern treffen, da es ja natürlich der Russischen Monarchin nicht anders wie angenehm sein konnte, wenn in den Verwickelungen, in die sie gerathen, sie statt eines Widersachers mehr g e g e n, einen tüchtigen Bundsgenossen f ü r s i c h in den Polen fände. Ohnehin nicht mehr von einem eifersüchtigen Friedrich aufgehetzt, hätte sich Rußland aufrichtig mit Polen befreundet; und Polen, wenn auch Anfangs in untergeordneter Rolle, Folge seiner Schwäche, hätte durch weise Maßnahmen in seinem Innern seine Macht bald so weit hinaufsteigern können, daß es mit Ehren auf gleiche Bedingungen hätte unterhandeln und sich behaupten können. Rußland war die Macht, die ihm am meisten schaden aber auch nützen konnte; Oestreich weniger, Preußen vielleicht am wenigsten: eine gesunde Politik rieth ihm daher, sich vornämlich an Rußland zu halten, wenn es seine erschütterte und bedrohte Existenz der Gefahr entziehen wollte. Das erkannte Stanislaus, in diesem Sinn suchte er seine Nation zu bearbeiten:

me semble, qu'il est de son intérêt, d'engager la Pologne dans son parti et à prendre fait et cause en sa faveur. Ce n'est pas tant pour les grands avantages, qu'elle auroit à attendre d'un tel Allié; mais, pourvu que la Pologne joigne un millier d'hommes à l'armée Russe, le reste des Confédérés de Bar n'osera grouiller, et il me parait bien valoir la peine, d'éloigner ce dernier, et son remuement ultérieur en Pologne," — Sonderbar stach wenige Jahre darauf der Eifer des Nachfolgers damit ab, das zu hintertreiben, was der Oheim angerathen.

aber die Leiter der jüngern Partei, statt die Stimme der Staatsklugheit und Weisheit zu hören, hörten nur auf ihren Haß, auf ihre Erbitterung gegen Rußland, und wie Schulknaben, die sich von der Zuchtruthe des Lehrers befreit fühlen, glaubten sie diesem nicht genug Schabernack spielen zu können.

Nach Ausbruch des Türkenkriegs ungeheure Gährung in Polen: jeder fühlte, der lang ersehnte Augenblick sei gekommen, das Vaterland aus seiner gebundenen Lage herauszuziehen, es von innen stark, von außen geachtet zu machen; jeder war durchdrungen von der Ueberzeugung, daß von der Art wie man diesen Augenblick benutzte, das künftige Schicksal Polens abhangen würde. Mit Ungeduld erwartete man die Zusammenberufung des Reichstags; und als die Wahlen der Boten erfolgten, wurden alle Triebfedern von den verschiedenen Parteien in Bewegung gesetzt, um sich zu verstärken. Jede schien zufrieden und hoffte auf die Mehrheit.

Dieß nöthigt uns, einen Blick auf die verschiedenen Parteien zu werfen.

Zu allen Zeiten in dem Leben der Völker bestehen drei Parteien, eine der Vergangenheit, eine der Gegenwart und eine der Zukunft. Zur erstern gehören die Aelteren mit ihren Erinnerungen; zur zweiten die in Mannesfülle Kräftigen oder die gerade Herrschenden; zur dritten die Jugend mit ihren unbestimmten Wünschen und Hoffnungen. Die Parteien zerfallen in verschiedene Schattirungen, Fraktionen: doch jenes ist der allgemeinste Ausdruck derselben. Auch in Polen war es so. An der Spitze der Partei des Vergangenen, des alten

Zustandes, der guten Sächsischen Zeit, wo die Großen und Großwürdenträger alles vermochten und unbeschränkt waren, stand der reiche und mächtige Stanislas-Felix Potocki, Wojewode von Reußen und General-Feldzeugmeister. Aber da er wohl erkannte, daß bei der Lage der Dinge in seinem Vaterlande nur Rußland eine kräftige, dauernde Stütze zu geben vermöchte, so hielt er sich an Rußland. Zu seiner Partei gehörten, außer seiner Clientel, einige der ältern Würdenträger.

Die Partei der Gegenwart wurde gebildet von denen, die die Gewalt eben in Händen hatten. Sie zerfiel in zwei Fraktionen, von denen die eine mehr dem Könige und dann Rußland, die andere mehr Rußland und dann dem Könige anhing. Die königliche Fraktion bestand aus seinen Brüdern und Neffen und andern nähern Verwandten mit ihrem großen Schweif im Lande; ferner aus dem Hof und denen die ihr Glück vom König erwarteten; — die Russische Fraktion bestand aus solchen, die die Befriedigung ihrer ehr- und habsüchtigen Gelüste, Aemter, Ehren, Güter leichter durch den Russischen Hof, durch den Russischen Gesandten zu erlangen hofften; und da dieser damals auf dem Gipfel des Ansehens stand, so war sein Anhang höchst zahlreich.

Die Partei der Zukunft oder die jüngere zerfiel ebenfalls in zwei Fraktionen. Beide wollten die Aenderung des Bestehenden, beide wollten dadurch zu Ansehen und Gewicht kommen, mit dem Unterschiede nur, daß die eine Fraktion zuerst die Ehre und das Wohl ihres Landes und dann das eigene; die andere zuerst ihre selbstsüchtigen Zwecke, und dann erst, wenn je, die Vortheile des Landes im Auge hatte. An der Spitze der erstern Fraktion stand die Brüder Ignaz und Stanislaus Potocki; an der Spitze der zweiten der Großfeldherr Branicki und sein Neffe Kasimir Sapieha.

Die Zwecke, auf welche die Leiter dieser verschiedenen Parteien hinarbeiteten, waren bei der von Felix Potocki, Wiederherstellung des Magnatenthums und der alten Wirthschaft, Polnische Freiheit genannt; — bei der königlichen, Vermehrung der königlichen Gewalt und Hebung und Kräftigung des Landes; — bei der Rußland ergebenen, engere Verbindung Polens mit Rußland, um unter Russischem Schutz wieder emporzukommen; — bei der jungpatriotischen oder der von Ignaz Potocki, völlige Umwandlung der alten Verfassung und Einrichtung einer neuern, die Polen Kraft und Unabhängigkeit gäbe; — bei der Sapieha-Branickischen, zuerst alles drunter und drüber zu mischen, Unruhen und Verwickelungen zu erregen, um sich wichtig zu machen und Vortheile und Vorrechte für sich zu erwerben, gleichviel auf wessen Kosten.

Von diesen fünf verschiedenen Fraktionen waren demnach drei für Rußland und dessen Absichten; eine, aber sehr mächtige, da sie die Gebildeteren und die Jugend in sich faßte, für die Benutzung der Zeitumstände zur Erhebung des Landes, und, weil sie Rußland diesem entgegen glaubte, gegen Rußland; die fünfte endlich, ohne bestimmte Farbe, und bereit dahin überzutreten, wo augenblicklich das größere Gewicht, oder wo der größere Vortheil zu erwarten stand.

Um nun auch die handelnden und wirkenden Per=
sonen in dem großen Drama, das aufgeführt werden
sollte, näher kennen zu lernen: so wurde das Haupt der
ersten Partei, der reiche Felix Potocki, beschuldigt,
vielleicht mit Unrecht, selber nach der Krone zu streben.
Ohne hervorstechende Geistesgaben, von kränklichem Körper,
stolz und ehrgeizig, aber offen und aufrichtig, und in
seinen Ueberzeugungen unerschütterlich, taugte er, da er
List und Ränke verachtete, wenig zu einem Parteihaupt
und imponirte nur durch seinen Reichthum. Da er eines=
theils die Vorrechte und Gewalt des Adels, anderntheils
den Bund mit Rußland verfocht, verlor er bei der nach
einer entgegengesetzten Seite sich neigenden Tagesstim=
mung bald die früher besessene Volksgunst, und verließ
darauf, gereizt von den Verläumbungen, deren Ziel er
ward, den Reichstag, um zu seinem Armeebefehl in der
Ukraine, und später auf seine Güter sich zurückzuziehen.

Die Bestrebungen und den Karakter des Hauptes der
zweiten Partei, des Königs, kennen wir. Beständiger
Gegenstand des Argwohns seiner freien Nation, der
Eifersucht seiner Nachbarn, des Neides und der Anmaßung
seiner Großen, der Habsucht, der Ansprüche und Forde=
rungen seiner nächsten Verwandten, war er, wie kein
König vor ihm gebunden. Seine übermäßige Freigebig=
keit hatte ihm, bei seinen beschränkten Mitteln, eine große
Schuldenlast aufgeladen, die ihn nicht wenig drückte und
seine Gebundenheit vermehrte. Sein Haschen nach der
Liebe seines Volks, die ihn floh, machte ihn schwach und
unbeständig, da er, statt jene Liebe, wie er sollte, durch
Festigkeit, Gerechtigkeit und geraden Gang ohne Abweichen

auf der Bahn der Pflicht und des Rechts zu suchen, sie durch seine Hingabe an die Stimmungen und Meinungen des Augenblicks zu erlangen strebte, und damit es zuletzt mit allen verdarb, mit seinen Beschützern, durch sein Nachgeben gegen die Vorurtheile seines Volks; mit seinem Volk, durch das Nachgeben gegen die Drohungen seiner Beschützer. So machte er es niemandem recht und verlor zuletzt die Achtung aller. Er sah mit großem Scharfsinn das Rechte, wünschte lebhaft das Gute, und vermochte es fast nie durchzusetzen. Auch jetzt erkannte er, daß es dem Schwachen zieme, bei dem Zusammenstoß starker Nachbarn, sich entweder ganz außer dem Spiel zu halten, oder, wenn es nicht anging, sich an den Stärkern, wenn derselbe augenblicklich auch im Nachtheil war, zu schließen. Sein Volk urtheilte anders, und er gab gegen seine eigene Ueberzeugung demselben nach, eben aus jenem schwachmüthigen Bestreben nach dessen Gunst. Seine Absichten gegenwärtig gingen auf einen Bund mit Rußland, um, gestützt auf dasselbe, Vortheile zur Hebung des Landes, und namentlich eine Verstärkung der königlichen Gewalt, die Erschaffung einer tüchtigen Kriegsmacht und verbesserter Finanzen zu erzielen. Wir werden aber sehen, wie er durch jenes Haschen nach der Volksgunst, allmälig auf die andere Seite und damit in den Abgrund, den er vermeiden wollte, gelenkt ward.

Die dritte Partei schloß sich fest an Rußland und dessen Gesandten, den Grafen Stakelberg. Dieser war ein Mann von hoher Bildung, großer Gewandtheit in Handhabung der Menschen, und von einem edeln, milden Karakter, so daß selbst die ihre Gegner stets an-

schwärzenden und verunglimpfenden Polen nichts auf ihn
zu bringen vermochten, als die Gewalt, die er übte, die
nur aus dem Posten, den er bekleidete, hervorging. In
Folge seiner Instruktionen suchte er, um die Polen während der entstandenen Verwickelungen in Ruhe zu erhalten
und an Eingehung von Konföderationen zu verhindern,
sie durch eine nähere Verbindung mit Rußland zu fesseln,
wogegen er ihnen allgemein gewünschte Verbesserungen
und andere Begünstigungen versprechen durfte. — Zu
den standhaftesten Anhängern dieser Partei gehörte vorerst der Primas, des Königs Bruder, der, von festem,
entschlossenen Karakter, trotz allen Geschrei's der Menge
seiner einmal gefaßten Ueberzeugung treu und für den
innigsten Anschluß an Rußland blieb, da Polen unter
den bestehenden Verhältnissen nur von diesem wirksamen
Schutz und Hülfe zu erwarten hätte, bei gezeigter Feindschaft dagegen seinem Schicksal schwerlich entgehen würde.
Und gerade die Festigkeit und Folgerechtigkeit des Karakters erwarb ihm, was der König vergebens suchte, die
Achtung Aller, selbst der Gegner. — Fernere eifrige Anhänger dieser Partei waren der Großkanzler Hya-
kinth Malachowski, in allem das Gegenstück seines
Bruders Stanislas, der zum Reichstagsmarschall bestimmt
war; ein Mann entschiedener Gesinnung und überzeugt,
daß nur durch ein unverrücktes Halten zu Rußland Polen
aufgeholfen werden könne; — der Kastellan von Woinicz,
Ozarowski, und die Gebrüder Kossakowski. Ozarowski, von unerschrockenem Karakter, verläugnete seine
Gesinnung selbst da nicht, als, aus Furcht vor der öffentlichen Stimmung, fast niemand sie offen darzulegen

wagte. — Die Gebrüder Kossakowski, Simon
und Joseph, ehemalige Anhänger der Barer Konföde=
ration, und nicht die unbedeutendsten, hatten nach dem
übeln Ausgange der damaligen Anstrengungen die Ueber=
zeugung gewonnen, daß, mochte man nun Vortheile für
sein Land oder für sich selbst suchen, man sie nur durch
Rußland erlangen könne. Seitdem hatten sie sich diesem
ganz ergeben. Simon, ein tapferer Krieger, neben Kasi=
mir Pulawski die glänzendste Erscheinung des Konföde=
rationskriegs, aber hart, ehr= und habsüchtig, war später
sogar Russischer General geworden; Joseph, Bischof von
Livland, aber in partibus, da das kleine Stück Polnischen
Livlands (der Bezirk von Marienhausen) durch die Theilung
abgetrennt war, einer der fähigsten und intelligentesten
Köpfe des Landes. Schlau, gewandt, voll Auskünfte,
wußte er auf tausend Wegen zu seinen Zwecken zu ge=
langen. Er war, vermöge seiner genauen Kenntniß aller
Polnischen Staats= und Rechtsverhältnisse, der eigentliche
Leiter der Partei, und besaß die unvergleichliche Gabe,
durch scheinbares Beistimmen und Nachgeben die Gegner
unvermerkt dahin zu bringen, wohin er sie wollte.

An der Spitze der vierten, der jungpatriotischen Partei
standen die Gebrüder Ignaz und Stanislas Po=
tocki. Glieder einer der ersten Familien Polens, jung,
wohlgebildet, reich, und durch besondere Umstände besser
erzogen, als es damals in Polen Sitte war. Ignaz,
dem geistlichen Stande bestimmt, erhielt seine höhere Er=
ziehung in Rom, Stanislas durch den Reformator des
Polnischen Unterrichts Konarski; und so ward jener der
gebildetste unter den jungen Großen, dieser der beredteste;

andere Gracchen, mit gleichen Absichten und sich ergän=
zenden Fähigkeiten. Ignaz hatte seine Ausbildung durch
Reisen vollendet, war alsdann Mitglied des Erziehungs=
raths und früh schon ein Begünstigter und Schüler des
Königs bei dessen Reformplänen geworden. Als glänzen=
der junger Mann, eben so ausgezeichnet durch körperliche
Schönheit als durch Geist und Kenntniß, stieg er rasch,
und ward, kaum 30 Jahre alt, Großmarschall von Litauen.
Von einem brennenden Ehrgeiz, den er unter einem kalten,
vornehmen Wesen verbarg, schmerzte ihn die Erniedrigung
seines Landes; und zu dessen Hebung sah er kein anderes
Mittel, als völlige Aenderung der Verfassung. Da er
aus den Werken französischer Staatsgelehrten hauptsäch=
lich seine politischen Ansichten und Kenntnisse geschöpft,
so hatte er unvermerkt bei den damals in Frankreich vor=
herrschenden demokratischen Meinungen die Ueberzeugung
gewonnen, nur durch Hebung des Bürger= und Bauern=
standes im Gegensatz der in Polen herrschenden Aristokratie
könne dem Lande geholfen werden. Darauf ging nun
sein Absehen. Alle seine Pläne lagen jedoch nur erst im
Keime in seiner Seele, und erwarteten die Begünstigung
der Umstände, um aufzugehen. Diese schienen jetzt wie
man sie wünschte da.

Als Hauptgehülfen beim Entwerfen und der Ausfüh=
rung seiner Pläne dienten ihm zwei Personen von völlig
entgegengesetztem Karakter, ein kleiner dürrer Italienischer
Abbate und ein wohlgenährter Polnischer Kanonikus.
Der Abbate hieß Piatoli, war früher Kapuziner=Mönch,
Kaplan, dann Reise=Begleiter und Erzieher bei der Für=
stin Lubomirska gewesen; durch sie am Hofe empfohlen,

wurde er nach und nach Gesellschafter, Vorleser, Vertrauter, zuletzt Freund und Rathgeber des Königs. Er
war einer jener feinen Italienischen Köpfe, die von Geist
und Ideen übersprudeln, und wenn sie überreden wollen,
unwiderstehlich sind. In den Richtungen seiner Zeit befangen, unbegränzter Verehrer Rousseau's und seiner
Ideen, hatte er, seit er in die vornehmern Kreise der
Polnischen Welt eingeführt war, ernstlichere politische
Studien gemacht, und besonders auch im Polnischen
Staatsrechte sich gute Kenntnisse erworben. Er ward nun
das Orakel der politischen Neuerer, und durch seine
Gewandtheit mit der Feder der Hauptentwerfer aller Pläne
und Ausarbeitungen der Partei [2]).

Der zweite Haupthelfer, doch erst in der spätern Zeit,
das Gegenstück von Piatoli, war der Referendar Hugo
Kollontai. Auch in Rom zum Priesterstande gebildet,
und durch Gunst des Bischofs Soltyk Kanonikus in Krakau, intriguirte er gegen seinen Wohlthäter und neigte
sich dem neu aufgehenden Sterne des Primas zu. Als
er durch dessen Verwendung Rektor der Krakauer Universität geworden, zeigte er sich keiner der letzten, den Schulfonds zu berauben. Durch Gewandtheit und praktische
Tüchtigkeit, wie durch Kriecherei vor den Machthabern,
ward er hierauf Kron-Referendar, und zielte auf den
Kanzler und Bischof. Ein Mann von großen geistigen

---

[2]) Später unter ganz andern Umständen diente er auch Adam
Czartoryski, als dieser Russischer Minister des Auswärtigen war,
zum Entwerfen großer Pläne, die damals die politische Umgestaltung
Europa's zum Gegenstand hatten. Vergl. Thiers, hist. du Con-
sulat et de l'Empire. édit. de Bruxelles V. 340 etc.

Gaben, aber von niedrigem, schmutzigen, ganz selbst=
süchtigen. Karakter. Aus seinen großen, brennenden
schwarzen Augen funkelte der Geist; aber sein rothes,
aufgebunsenes Gesicht deutete auf eine andere Leidenschaft,
die ihm auch ein frühes heftiges Podagra zugezogen, so
daß er ohne Stock nicht gehen konnte. Er arbeitete leicht,
kannte wie wenige alle Irrgänge des Polnischen Gesetzes;
aber, im Gegensatz mit dem uneigennützigen Piatoli, war
seine Hand immer aufgethan, nahm er wo er konnte,
wo möglich von zwei, drei Parteien zugleich, und ließ
sich jeden Dienst, auch den kleinsten, mit schwerem Gelde
bezahlen [3]). Seine Zwecke waren durchaus selbstsüchtig;
das Vaterland kümmerte ihn wenig und diente ihm nur
als Mittel; auch hat er nachmals am meisten zu dessen
Untergange beigetragen. Er hielt sich zum Primas und
zur Russischen Partei, als er durch diese emporzukommen
hoffte, und ging zur entgegengesetzten über, als sie die
Oberhand gewann. Seine gewandte Feder, seine genaue
Kenntniß aller Polnischen Rechtsverhältnisse machten ihn
zu einer wichtigen Erwerbung für die Partei, die er hin=
fort denn auch auf der Rednerbühne wie durch Schriften
verfocht; ja noch jetzt verficht, indem das Werk, worin
er die Geschichte und den Untergang der durch die Partei
entworfenen Konstitution mit leidenschaftlicher Feder be=
schrieb [4]), noch immer die Hauptquelle gewesen ist, woraus

---

[3]) Vgl. Fried. Schulz, Reise eines Livländers. 4. Heft. S. 178.
[4]) Das bekannte Werk: vom Entstehen und Untergang
der Polnischen Konstitution vom 3. Mai 1791. (Deutsch
von Linde. 1793.) Kollontai ist der Hauptverfasser; wie schon aus
dem Styl hervorgeht; Ignaz Potocki und andere lieferten nur Beiträge.

in= und ausländische Geschichtschreiber ihre Erzählungen geschöpft haben.

Hinter sich hatte das Potockische Brüdergestirn die ganze glühende, aufstrebende Jugend, die von dem Ge= danken der gegenwärtigen Schmach des Vaterlandes im Gegensatz von dessen ehemaliger Größe gestachelt, mit Knirschen jene Nationen bei sich dominiren sah, bei denen sie selber früher die Herrscher gespielt oder gewesen. Durch die höher Gebildeten, denen die übrigen gehorchten und folgten, auf die Fehler der Verfassung ihres Landes auf= merksam gemacht, schmähten sie jetzt eben so sehr auf Wahlrecht, Adelsmacht und Einstimmigkeit (liberum veto), als ihre Vorfahren darauf gepocht hatten; noch mehr haßten sie aber, als von Fremden aufgedrungen, den Immerwährenden Rath, obgleich sie diesem erst eine ein= heitliche Regierung und die gegenwärtig herrschende Ruhe und Ordnung verdankten. Nach dem Plane ihrer Führer sollte alles das weggeschafft werden, um an dessen Stelle ein den neuern staatsrechtlichen Ansichten des Auslandes mehr entsprechendes Gebäude aufzuführen. Bei ihrer Schwäche erkannten sie wohl, daß sie zur Ausführung dieser Entwürfe Anfangs des Schutzes einer kräftigen Macht bedürften, und hofften sie in Preußen zu finden, wie die ältere Partei sie in Rußland gesucht hatte.

Die letzte oder fünfte Partei hatte zu Häuptern den Kron=Großfeldherrn Franz Xaver Branicki und dessen Neffen den Fürsten Kasimir Sapieha; begabte Män= ner, aber ohne Grundsätze, und ihrem Vortheil als ein= zigem Götzen ergeben. Branicki (geb. 1735), ein hoher, schöner Mann, aus dessen feurigen schwarzen Augen der

Geist, aber auch die Schlauheit blitzte; unerschrocken, von
verwegener Tapferkeit, sehr thätig, und dabei über alle
Verhältnisse seines Vaterlandes wohl unterrichtet, hatte
jedoch nicht sowohl dessen Bestes als das seinige im Auge;
war daher auch nach der Reihe oder zugleich Anhänger
des Königs, Anhänger Rußlands, Vorfechter von Potemkin und dessen Absichten, zuletzt sogar eifriger Patriot
gewesen, kurz, hatte alle Rollen gespielt, alle Parteien
unterstützt, die eben oben auf waren, aber nie aus innerer
Ueberzeugung, sondern nach selbstsüchtigen Berechnungen.
Seitdem er durch die Vermählung mit Potemkin's Nichte
diesen Gewaltigen als Stütze hinter sich wußte, war er
dreister aufgetreten und hatte dem Könige selber getrotzt.
Rußland begünstigte er insoweit als es Potemkins versteckte Absichten, mochten diese nun auf Kurland oder
Polen oder ein unabhängiges Moldau-Wallachisches
Fürstenthum gehen, verlangten.  Zwei Personen haßte
er mit der ganzen Stärke heftiger Gemüther: Felix Potocki und den Russischen Gesandten Grafen Stakelberg;
jenen, weil er ihn durch Ansehen, Beliebtheit und Reichthum verdunkelte und auf dem Wege zur Krone voran-
stand; diesen, weil er zur Errichtung des Kriegsdeparte-
ments beim Immerwährenden Rathe beigetragen hatte,
durch welches die ausgedehnten Vorrechte der Großfeldherrn äußerst waren beschnitten worden.  Sie zu stürzen,
und wo möglich den König dazu, ward daher jetzt eines
seiner ersten Ziele, gleichviel auf welchem Wege, durch
welche Mittel.  Darum wünschte er Unruhen, Wirren,
große Verwickelungen, in denen er nur gewinnen konnte,
theils indem er seine und seines Anhangs Wichtigkeit

recht ans Licht stellte, theils in der Hoffnung, durch sie
Gelegenheit zum Sturze seiner gehaßten Widersacher, wie
zur Wiedererlangung der alten Hettmansvorzüge zu
finden. Man konnte demnach voraussehen, daß er die
Partei, welche dem König und Gesandten entgegenstand,
mit allen Kräften, trotz seiner geheuchelten Ergebenheit
gegen Rußland, unterstützen würde. Zu schlau aber, sich
voranzustellen und dadurch Blößen zu geben, hielt er sich
mehr zurück, und schob seinen Neffen, Kasimir Sapieha, vor, in dem er ein geschicktes Werkzeug zu seinen
Absichten fand. Dieses war ein junger Mann von brennen-
dem Gemüthe und ungebändigter Sinnlichkeit, ein echter
Repräsentant des damaligen jungen Polenthums: leichtsinnig und begeistert; leidenschaftlich gehoben, dann wieder
abgespannt; gutmüthig und wieder voll Haß; von hastiger
Thätigkeit und dann wieder mit gesunkenen Armen träge
und arbeitsscheu. Obgleich mit Geist, Witz, Feuer ausgestattet, fehlte ihm, wie seinen jungen Gefährten, der
Ernst, der Fleiß, die Wissenschaft; so blieb er denn, wie
sie, eben so oberflächlich als Staatsmann wie als Redner,
indem er als jener nur einen kurzen Blick und Unwissenheit verrieth, als dieser, trotz einzelner glücklicher Worte,
meist nur hohle Deklamationen oder leidenschaftliche Aus-
brüche zu hören gab. Wie er das natürliche Talent seiner
jungen Volksgenossen auf der Bühne des Reichstags repräsentirte, repräsentirte er in gleicher Weise ihren stür-
mischen Hang zur Genuß- und Vergnügungssucht in
seinen nächtlichen Orgien, zwischen denen und der Rednerbühne seine Zeit getheilt war. Seine schlaffen, aufge-
bunsenen, weinrothen Züge deuteten dann auch auf das

Uebermaß jener Sinnengenüsse, in die er und Seines-
gleichen, mit Verläugnung höherer Manneswürde, des
Lebens Glück und Zweck setzten.

Durch Branicki vorgeschoben, mit allen Gaben eines
Volkstribuns ausgestattet, ward er nun der heftigste,
leidenschaftlichste Bekämpfer der Russischen und der königlichen Partei; gespornt noch durch erfahrene Zurücksetzung
in Kiew, wohin das Jahr zuvor die Polnischen Großen
geströmt waren, um der Kaiserin auf ihrer Reise in die
Krimm ihre Huldigungen darzubringen. Katharina hatte
sich zurückgehalten, sie nicht zu ihrem innern vertrautern
Kreise zugelassen: „Ich glaubte, äußerte sie ironisch zu
einem Vertrauten, die Herren kämen mich zu sehen; nein
sie wollen mir Gesellschaft leisten"[5]). — Das mißfiel,
und mit Gefühlen der Demüthigung und der Rache verließen viele jener Großen die Stadt. Auch Branicki und
Sapieha gehörten dazu, und mit Bitterkeit rückte der
erstere es mehrmals dem Gesandten vor: „man habe
immer die Polnischen Großen wegwerfend behandelt, aber
vornämlich in Kiew, wo man einen Spanischen Aben-
theurer (entweder der Prinz von Nassau als Spanischer
Grande oder der General Miranda ist gemeint) Leuten der
größten Auszeichnung aus Polen vorgezogen habe"[6]). —
Solche Herzenserleichterungen lüften manchen Schleier!

Zur Branicki-Sapieha'schen Partei gehörten vornämlich die Klienten und Freunde beider Häuser, also meist

---

[5]) S. Chrapowitzki's Tagebuch unterm 20. März 1787: „Je
croyais, qu'ils veulent me voir, mais ils sont venus pour me tenir
compagnie!"

[6]) Bericht von Stakelberg vom 31. Januar 1789.

Boten aus Litauen, die auch zum großen Theil im Bra=
nickischen Pallast zu Warschau wohnten; unter diesen
zeichneten sich durch ihre Heftigkeit gegen Rußland vor=
züglich die sogenannten Boten aus Livland aus, Kub=
licki und Weißenhof, ferner Zabiello und Riem=
cewiz, außerdem Suchobolski aus Chelm und Su=
chorzewski aus Kalisch.

Einen merkwürdigen Fingerzeig über die Absichten der
jungpatriotischen Partei gewähren die Aufträge der Woje=
wodschaft Lublin an ihre Vertreter auf dem bevorstehen=
den Reichstage, Stanislaus Potocki und Adam Czar=
toryski; von diesen Vertretern selber entworfen. Die
Hauptbedingungen waren: 1) Vermehrung der Truppen
bis auf 40,000 Mann. 2) Diese sollten unter den Be=
fehlen einer unabhängigen mitten im Lande sitzenden
Kriegs=Kommission stehen (also allem Einfluß des Königs
entzogen). 3) Außerdem eine provinziale Miliz, von
den Starosten und Unter=Kämmerern (Podkomorzy) an=
geführt. 4) Abschaffung des Immerwährenden Raths;
Wiederherstellung der Senatoren ad latus (also Abschaffung
jeder einheitlichen Regierung). 5) Zurückberufung aller
Botschafter, die Fremde wären und Ersetzung derselben
durch nationale, aus alten Familien, von reichem Besitz,
in Polnischer Tracht, mit geschorenem Haupt. 6) Ver=
bot an die Kanzler, den Verkauf einer Starostie von
einem Aeltern an einen Jüngern zu genehmigen. 7) Pol=
nische Tracht, rasirter Kopf, unter Strafe sonst aller Ak=
tivität beraubt zu werden (nach einer Rousseau'schen Grille,
der Polen glücklich pries, daß es eine Nationaltracht
habe). 8) Fortsetzung des Reichstags während der ganzen

Dauer des Türkenkriegs (die nachmalige lange Dauer des Reichstags war demnach schon früh beabsichtigt). 9) Die Geistlichkeit einer Auflage von 6 vom hundert zu unterwerfen. 10) Niemand solle zwei Bisthümer oder deren Einkünfte zugleich genießen (hauptsächlich gegen den Primas, Bruder des Königs, gerichtet, der sich nach Soltyks um diese Zeit eingetretenem Tode um das reiche Bisthum Krakau bewarb). 11) Indigenat für den Prinzen Ludwig von Würtemberg, da es dem Lande sehr nützlich werden könne (es war Fürst Adam Czartoryski, sein Schwiegervater, der diese Bedingung eingab). 12) Verbot, fremde oder einheimische Ordensbänder zu tragen, da es der Gleichheit entgegen sei (und die Eitelkeit der Nicht-Dekorirten beleibigte).

Man sieht, es ward viel Neues verlangt — die Erwartung ward noch übertroffen! — Die gleichstimmige Forderung aller besondern Landtagversammlungen war jedoch Vermehrung der Armee und Verbesserung der Finanzen.

Solches waren die Ansichten, Meinungen, Bestrebungen und Zwecke der verschiedenen Parteien, als der Reichstag am 6. Okt. 1788 in Warschau zusammentrat. Nachdem Stanislaus Malachowski, Bruder des Kanzlers, ein redlicher, uneigennütziger, nur etwas peinlicher Mann, zum Marschall der Krone, und Kasimir Sapieha, den wir kennen, zum Marschall von Litauen gewählt worden, ging der Vorschlag, den Reichstag zu konföderiren, einmüthig durch. Alle Parteien wollten nicht durch die Wirkung des liberum veto in ihren Bestrebungen gestört werden; alle hatten ihre besondern Zwecke, die sie durch-

12*

setzen wollten. Bei dieser Gelegenheit wußte die jung=
patriotische Partei in den Eid des Marschalls die Klausel
einzuschwärzen: daß auf Verlangen auch g e h e i m e  A b =
s t i m m u n g e n  stattfinden und diese allein die e n t s c h e i =
b e n d e n  sein sollten; eine wichtige Bestimmung, durch
welche man sich für den Nothfall aller Schwachen und
Zweideutigen versicherte.  Hierauf ward der Antrag des
Russischen Bündnisses gemacht, dessen ausgesprochener
Zweck die E r h a l t u n g  d e s  P o l n i s c h e n  B e s i t z s t a n =
b e s  u n d  d i e  V e r t h e i d i g u n g  gegen den g e m e i n =
s c h a f t l i c h e n  F e i n d  sein sollte.  Es war des Königs
Lieblingsplan: in Kaniew zuerst besprochen, dann 1½ Jahr
erörtert, unterhandelt, war man zuletzt über alle Punkte
einig geworden.  Der König hatte Anfangs viel verlangt,
bloß, wie er sagte, um die Nation, trotz ihrer Abneigung
gegen eine nähere Verbindung mit Rußland, durch recht
vortheilhafte Bedingungen für den Vertrag zu gewinnen:
e r s t e n s: Rußland solle das Polnische Hülfskorps nicht
nur im Kriege, sondern hernach auch im Frieden unter=
halten; solle ihm Waffen, Kriegsgeräthe, Pferde und
Schießbedarf liefern; z w e i t e n s: Mehrere Veränderungen
in der Verfassung, zur Hebung des königlichen Ansehens
und zur Erleichterung des Geschäftsgangs gestatten;
d r i t t e n s: Handelsvortheile gewähren; endlich v i e r =
t e n s  auch eine Theilnahme an den zu machenden Er=
oberungen; und zwar forderte der König das G e b i e t
z w i s c h e n  d e m  S e r e t h  u n d  D n i e s t r  bis zum Schwar=
zen Meer, um mit der See wieder in Verbindung zu
kommen und Handels=Ausgänge zu erlangen. — Für
die Mitwirkung eines Hülfskorps von 12,000 Reitern,

auf die man Ruffifcher Seits wenig Gewicht legte, und
fie nur wünfchte, um Polen auf feiner Seite zu haben
und nicht, wie im erften Türkenkriege, bekämpfen zu
müffen, war das viel verlangt, zumal da Rußland durch
eine Vorfchiebung des Polnifchen Befitzes bis zum Schwarzen Meer, ganz von der Moldau und Wallachei und
dem Türkifchen Gebiet in Europa wäre abgefchnitten worden. — Die Kaiferin verwarf unter der milbeften Form
diefe Bedingung, indem fie bemerklich machte: „Polen,
felbft noch wenig gefichert, dürfte nicht durch eigene Er-
oberungsabfichten die der Fremden herausforbern." Dagegen bewilligte fie den größern Theil der andern Bedingungen, verfprach die vollftändige kriegerifche Aus-
rüftung der 12,000 Mann zu übernehmen, ihnen Sold
und Unterhalt während des Kriegs zu verabfolgen, und
felbft noch während fechs Jahre nach dem Friedensfchluß
jährlich 1 Million Polnifcher Gulden zur Unterhaltung
des Korps beizufteuern; überdieß die größten Handelsvortheile, nicht nur bei fich, fondern felbige auch bei den
Türken auszuwirken; und endlich wollte fie nach dem
Frieden den Polen noch andere Begünftigungen je nach
den Umftänden verfchaffen. — So vortheilhafte Anerbietungen erklären Stanislaus Eifer für den Abfchluß diefes
Bundes, der Polens bedrohte Exiftenz auf lange Jahre
hin fichern mußte, in welchen man felbft mit der Bei-
ftimmung Rußlands an der innern Kräftigung und Stärkung hätte arbeiten können. Doch als nun diefer Vor-
fchlag, der Rettungsanker, auf welchen Stanislaus baute,
vor die Reichstags-Verfammlung kam, fah er ihn plötzlich durchkreuzt und alle Hoffnungen zur Rettung Polens

vernichtet, das Gewitter, das schon lange von fern ge-
wetterleuchtet, brach mit Macht hervor: Preußen trat
hindernd dazwischen.

Seit Friedrich Wilhelm II. Regierungs-Antritt hatte
das neue Preußische Kabinet, von Herzberg geleitet, auf
die Gelegenheit gelauert, sich an Rußland ob des Oestreich gegebenen Vorzugs, und anderer vermeinten Unbilden halber zu rächen, hatte, um zu zeigen, wie sehr
es schaden könne, im Verein mit England die Pforte und
Schweden zum Krieg aufgestachelt und begann sein Spiel
auch jetzt in Polen. Bereits im Laufe des Sommers
hatte der in Warschau beglaubigte Botschafter, Buchholz,
bedeutende Summen erhalten, um sich eine Partei zu
machen. Zu dem Ende sollte er ein großes Haus führen,
Feste und Gastereien geben (denn ohne die richtete man
in Polen nichts aus) und besonders die zum Reichstage
eintreffenden Landboten zu gewinnen suchen. Zugleich
wandten sich Herzberg und die andern Preußischen Minister
an ihre durch Stellung oder Einfluß angesehenen Bekannte in Polen, mit Schmeichelworten, vorgespiegelten
Hoffnungen oder versteckten Drohungen. So schrieb z. B.
der Minister Schulenburg an den Litauischen Großfeldherrn Oginski: „Er solle nicht vergessen, daß der Augenblick gekommen sei, sein Vaterland eine Rolle spielen zu
lassen, und selber sie zu spielen." — Als Oginski zu
näherer Aufklärung dieser Worte seinen Adjutanten nach
Berlin schickte, ward diesem die Ehre, dem Könige persönlich vorgestellt zu werden, der ihm sagte: „Er wünsche
aufrichtig Polens Wohl, werde aber nie dessen Bündniß
mit einer andern Macht zugeben. Bedürfe die Republik

eines Bündnisses, so biete er das seinige an, und wolle
auf Verlangen 40,000 Mann zu ihrem Schutz marschiren
lassen, ohne etwas für sich auszubedingen." —
Herzberg fügte dazu andere Hoffnungen: „Der König,
meinte er, könne den Polen wohl wieder zu Galizien ver-
helfen, jetzt da Oestreichs Macht durch die Türken gebeugt sei; sie sollten die letztern daher ja nicht reizen."
Solche geschickt hingeworfene Reden und Einflüsterungen
konnten bei dem leichtgläubigen und leichtbeweglichen,
immer hoffenden und nie befriedigten Volke der Sarmaten
ihre Wirkung nicht verfehlen.

Die Erwartungen waren aufs äußerste gespannt, da
gab eine Preußische trefflich abgefaßte ganz auf den Zweck
berechnete Note, von Buchholz am 13. Oct. 1788 dem
Reichstage eingereicht, vollends den Ausschlag. Es hieß
in derselben: „der König sehe weder den Nutzen noch die
Nothwendigkeit des Bündnisses mit Rußland. Polens
Besitzstand sei durch die letzten Verträge hinlänglich gewährleistet.. Da nun nicht vorauszusetzen, daß Rußland
oder dessen Alliirter, der Römische Kaiser, diese brechen
wolle, so träfe der Verdacht nur Preußen und das Bündniß müßte gegen dasselbe gerichtet sein. Die Redlichkeit
und Würde der Politik des Königs widerlegten aber
jeden solchen Verdacht. Der König protestire daher förmlich, wenn das Bündniß gegen ihn sein solle; verstehe
man aber unter dem gemeinschaftlichen Feind die
Pforte, so gebe er zu bedenken, daß diese den Karlowitzer
Frieden immer redlich beobachtet habe. Es könnten gefährliche Folgen nicht bloß für Polen, sondern auch für
die angränzenden Staaten des Königs daraus entstehen,

wenn die Republik Verbindungen einginge, die den Tür=
ken Anlaß gäben, Polen mit ihren Schaaren zu über=
schwemmen. Wolle man einen Bund, so schlage er den
seinigen vor, und er glaube so gut wie irgend eine an=
dere Macht, Polens Unverletzbarkeit gewährleisten zu
können; überdieß werde er alles thun, um die
illustre Polnische Nation von allem fremden
Druck (oppression), so wie von feindlichen Ein=
fällen der Türken zu befreien. Wollte man aber
diese seine freundlichen Erbietungen nicht berücksichtigen,
so würde er seine Vorsichtsmaßregeln nehmen müssen;
und lade in diesem Fall alle wahren Patrioten
und guten Bürger Polens ein, mit ihm gemeine
Sache zu machen, um ihr Vaterland vor drohendem Un=
glück zu bewahren. Er verspreche ihnen alle Unter=
stützung und Beistand, um die Unabhängigkeit,
Freiheit und Sicherheit Polens zu wahren und
zu erhalten." — Konnte man mehr verlangen? auch war
die Wirkung der Note ungeheuer, weil sie die wahren
Saiten getroffen, Polnische Herzen zu rühren. Wie
schmeichelte das Lob der illustren Nation, der ver=
sprochene Schutz und Beistand zur Entfernung alles
fremden Drucks; wer wollte nicht zu den wahren
Patrioten und guten Bürgern gehören, die Polen
seine Unabhängigkeit, Freiheit und Sicherheit wiedergeben
sollten! Was alle in innerster Brust ersehnten, wurde
ihnen hier geboten! — Preußen für immer! — keine Er=
wägungen und Bedenklichkeiten weiter! und wer sie wagte
oder warnte, war ein Verräther, Verkaufter, ein Feind
seines Vaterlandes. Die ganze Jugend wandte sich

mit Haft, mit Ueberstürzung Preußen zu; von Rußland
und dessen Bündniß wollte man nichts weiter hören,
froh, dem langverhaltenen Grimm einen Ausbruch zu
geben. Patriotisch und Preußisch wurden synonym, und
Stakelberg und der König und Felix Potocki sahen ihre
Anhänger allmälig einen nach dem andern zu den Gegnern übergehen. Die Sapieha-Branickische Partei vereinigte sich entschieden mit der jung-patriotischen, und überbot sie noch, nach Renegaten Weise, im Preußen-Eifer
und Russen-Haß. Die Verhältnisse klärten sich, und
die Parteien des Reichstags wie der Nation traten
einander in zwei feindlichen Lagern gegenüber; anfangs
noch mit ziemlich gleichen Kräften, doch bald mit völlig
aufgehobenem Gleichgewicht. Von Preußen erwarteten
alle Polens Heil und Auferstehung; gegen Rußland fühlte
man nur Grimm und Rachgefühle; und dessen Gesandter
mußte sehen, wie diejenigen, die ihm noch eben Rock und
Hände geküßt, ihm jetzt dreist ein Schnippchen schlugen,
und alles aufboten, ihn und Rußland zu kränken und
herauszufordern. Polnische Gemüther kennen kein Maß!

„Es ist unmöglich, die Aufregung zu beschreiben, be-
richtet der Russische Gesandte[7]), welche die Preußische
Erklärung hervorgebracht hat. Die königliche und unsere
Partei ist niedergeschlagen; die Zahl und Arroganz der
Opposition hat sich gehoben, so daß man gar nicht daran
denken kann, den Traktat vorzuschlagen, da selbst die
Bestgesinnten es nicht wagen würden, ihn zu unterstützen.
Die Opposition, des Schutzes sicher, glaubt sich jetzt das

---

[7]) Unterm 15. Oct. 1788.

Recht, dem König zu insultiren, und damit für sich den Ruf zu erwerben, als vertheidige sie die nationalen Freiheiten gegen die Regierung."

Das Russische Kabinet ließ unter diesen Umständen den Gedanken eines nähern Bundes mit Polen fallen, und früher noch (das Schreiben von Ostermann ist vom 11. Oct.) als der Sturm auf dem Reichstage losbrach. Die Kaiserin erklärte: „sie hätte ihr Bündniß der Republik vortheilhaft geglaubt, ohne sich's einfallen zu lassen, jemand könne dadurch bedroht werden. In diesem Sinne sei es ihr selber von dem König und dem Immerwährenden Rathe angetragen worden. Da es aber Anlaß zu Argwohn gäbe, so entsage sie dem Vorhaben."

Jetzt, da man sich des Preußischen Schutzes versichert hielt, sollte es an die Ausführung der langgenährten Entwürfe gehen. Erstens sollte die verhaßte, von Rußland gestützte und garantirte Verfassung umgestoßen werden. Zum Zweiten gedachte man dabei, ermuntert und angefeuert von Preußen, den lang verhaltenen Grimm und seine Rachegelüste an Rußland auszulassen. Um aber drittens sicher dabei zu gehen und sich wieder zur Höhe einer unabhängigen Macht zu erheben, sollten Heer und Finanzen auf einen achtungswerthen Fuß gebracht werden. Viertens sollten, um sich auch politisch zu stärken, nähere Verbindungen mit auswärtigen Mächten angeknüpft werden, vorzugsweise mit den Gegnern Rußlands, mit Preußen, England, Holland, Schweden und der Pforte. Fünftens wollte man, so gestärkt und gestützt, eine völlige Umformung der Verfassung nach den neuern Ideen vornehmen. —

Weitgehende Entwürfe, von denen sie vielleicht einen
Theil hätten verwirklichen können, wenn sie die Gunst
der Umstände benutzt, und mit Raschheit und Energie,
in Eintracht und mit Mäßigung, mit Festigkeit aber ohne
herauszufordern, vorgeschritten d. h. keine Polen gewesen
wären. Aber ihr Verfahren war, wie man es von die=
sen nur erwarten konnte: enthusiastisch, übermüthig, ver=
letzend, dann wieder voll Eigensucht, Zwietracht und
Parteihader; mehr darauf gerichtet, persönliche Leiden=
schaften zu befriedigen als die Interessen des Staats,
die, obgleich sie die Worte Tugend und Vaterland immer
im Munde führten, bei ihnen nur in zweiter Linie figu=
rirten; endlich langsam, voll Zeitverlust und Händel um
Nebensachen, und von der ihnen eigenen Trägheit und
Arbeitsscheu begleitet: sie glaubten, sie hätten Zeit genug
vor sich, und vergeudeten diese auf das unverantwort=
lichste; sie schienen in dem Wahn zu stehen, die Dinge
würden immer so bleiben wie jetzt. Aber politische Ver=
hältnisse, wo sie nicht auf natürlichen, begründeten In=
teressen beruhen, sind veränderlich, und wechseln je nach
den Winden und Strömungen der eben vorherrschenden
Ansichten, Meinungen und Leidenschaften.

Preußen und England waren von alten durch gegen=
seitiges Interesse mit Rußland verbundenen Freunden,
augenblicklich in Folge gereizter Leidenschaften, dessen
Gegner geworden, aber auf wie lange? Es waren Geg=
ner, die sich wohl hüteten, dem augenblicklich von ihnen
abgewandten Freunde ernstlich, aus allen Kräften zu
schaben; sie wollten ihm nur zeigen, wie sehr sie, wenn
sie ernstlich wollten, ihm schaben könnten. Es waren

nur kleine Verlegenheiten, die sie ihm bereiten wollten, kleine Demüthigungen seines Stolzes, aber mit stets hingehaltener Hand zur Erneuerung der alten Freundschaft; ein Kampf auf Leben und Tod wäre ihren eigenen Interessen zuwider gewesen. Die Kaiserin Katharina brauchte nur etwas nachzugeben, nur den Willen zu zeigen, die frühern Verhältnisse mit ihnen auf den alten Fuß wieder herzustellen, und sie wurden Rußlands Freunde wie zuvor. Das sah aber der jugendliche, heißblütige Polnische Patriotensinn nicht, und wollte auf einen von augenblicklichen Winden zusammengewehten Sandhaufen ein festes Gebäude aufführen — als der Wind den Sand nach einer andern Seite trieb, stürzte denn auch ihr Haus zusammen.

Die Potocki und ihr junger Anhang fühlten ganz richtig, daß sie vor allem eines starken Heers bedürften, um ihre Unabhängigkeit zu wahren; und, da die Aufrichtung eines solchen mit vielen Kosten verbunden, so sollten auch die Einkünfte des Reichs durch neue Steuern vermehrt werden. Diese zwei Dinge thaten vor allem Noth. Ohne ein schlagfertiges Heer und einen gut geordneten Staatshaushalt keine Stärke und Unabhängigkeit. Auf fast allen Landtagen war die Forderung gestellt worden, und am 20. Oct. brachte der Wojewode von Sierabien, Walewski, ein alter Barer, den Vorschlag an den Reichstag: „das Heer auf 100,000 Mann zu erhöhen." Wie ein elektrischer Funke zündete sein Wort in das Pulvergleich erplodirende Gefühl seiner Landsleute. Zuruf, Enthusiasmus, Freudenthränen und Umarmungen: sie jubelten, als ob das Heer nicht erst im Vorschlage ge-

wesen, sondern bereits streitfertig dagestanden hätte. Ohne
Abstimmung, nur durch ein stürmisches zgoda ward der
Antrag genehmigt; sie glaubten ihre Unabhängigkeit da=
mit votirt und gewonnen zu haben. „Der König wagte
keine Einwendung, schreibt Stakelberg, und schloß sich
an die Menge, die ihm darauf die Hände küßte; alles
umarmte sich, überzeugt, jetzt eine Armee zu bekommen
und Europa Respekt einzuflößen. Doch niemand hatte
an die Kosten gedacht. Die gegenwärtige Einnahme
steigt etwa auf 18 Millionen Gulden, die nur mit Mühe
eingehen; zur beschlossenen Truppenvermehrung aber müßte
man 50 Millionen haben. — Es sind Kinder, schloß er,
sie freuen sich jetzt, aber der Nachjammer wird kommen,
wenn sie die Gelder herbeischaffen sollen.“ — Viele erbo=
ten sich zu freiwilligen Beiträgen, die im ersten Enthu=
siasmus scheinbar groß ausfielen; aber bei späterer Ab=
kühlung nicht genau eingeliefert, war das nur ein Tropfen
ins Meer und verrann wie dieser. Gleich darauf began=
nen denn auch die Berathungen über die Erhöhung der
Steuern und Abgaben; aber was der auflodernde En=
thusiasmus im ersten Augenblick leicht bewilligte, das
bestritt nachmals der berechnende Verstand und die kar=
gende Selbstsucht; und selbst das Bewilligte trug der
Landjunker der Provinz nur mißmuthig und zögernd her=
bei. Vier Jahre berathschlagte man über die Auflagen
und gegen Ende des vierten Jahrs hatte man, trotz der
seltsamsten Vorschläge und Auskunftmittel, noch nicht so
viel zusammenbringen können, als zur Erhaltung eines
100,000 M. starken Heers erforderlich war, und dieses

stieg, troß aller Anstrengung, troß drohender Gefahr, niemals über 60,000 Mann.

Jeßt sollte es an das Niederreißen des alten Gebäudes gehen. Um das Ganze leichter zu erschüttern, sollte Pfeiler um Pfeiler von demselben getrennt und umgestürzt werden. Die ganze ausübende und beaufsichtigende Gewalt lag im Immerwährenden Rathe, der in seinen fünf Departements unter Oberaufsicht und Leitung des Königs die verschiedenen Zweige des Kriegs, der Finanzen, der Justiz, Polizei, und der auswärtigen Angelegenheiten in sich vereinigte. Da man dem Könige nicht traute, da der Russische Einfluß auf eine einheitliche Gewalt leichter wirken konnte als auf eine getrennte; da endlich dieser immerwährende Rath hauptsächlich durch Vereinbarung zwischen dem König und Rußland zu Stande gekommen war: so sollte er zuerst gestürzt werden, indem man ihm eine Abtheilung der Geschäfte nach der andern entzog. In diesem Sinne geschah in den ersten Tagen des November der Vorschlag: „das Kriegsdepartement dem Immerwährenden Rathe (und damit dem Einfluß des Königs) zu entziehen, und die Verwaltung des Heers in höchster Instanz einer ganz unabhängigen Kriegskommission unter abwechselndem Vorsiß der vier Oberfeldherrn zu übertragen; also ein Schritt zu dem alten System der unabhängigen und unabseßbaren Gewalten. Hier traten nun die beiden Parteien zuerst schroff einander gegenüber: die Russische, aus den dreien des Gesandten, des Königs und Felix Potocki's bestehende, und die Preußische, aus der jungpatriotischen und Bra-

nickischen zusammengeflossene. Die letztere behauptete:
„es sei für die Freiheit der Nation bedenklich, wenn alle
Gewalten im immerwährenden Rathe koncentrirt wären."
Da aber dieser Immerwährende Rath aus dem Schooß
der im Reichstag versammelten Nation hervorging, alle
zwei Jahr seine Mitglieder wechselte, so hieß das soviel:
die Nation wäre der Freiheit der Nation gefährlich. —
Man zielte also eigentlich auf den König, behauptend:
„er lenke den Immerwährenden Rath nach seinem Willen."
— Der König war der Schlußstein des Gebäudes, er
verlieh dem Ganzen Einheit. Wie sollte die Regierung
ohne Einheit des Zwecks und des Handelns bestehen?
oder wie könnte eine Regierung, die, wie man verlangte,
aus lauter unabhängigen Kommissionen bestünde, auch
nur eine kurze Zeit sich behaupten, ohne in eine Anarchie
zu zerfallen, wie die frühere war? Ankwicz, Kastellan
von Sandecz, bemerkte richtig: „er glaube die Freiheit
der Bürger besser gesichert, wenn die Leitung der Armee
von einem Reichstage zum andern in den Händen des
Königs und von 36 Räthen bliebe, die im Senat und
der Ritterschaft erwählt und dem Reichstage verantwortlich wären, als in den Händen einer vom Könige und
dem Immerwährenden Rathe unabhängigen Kommission.
Ich will lieber, sagte er unter anderm, das härteste Joch meiner Obern ertragen, als in der
Lage sein, vor meines Gleichen zittern zu
müssen. Eine unabhängige Kommission errichten, hieße
zwei Throne errichten, einen gegen den andern, von
denen der eine alle Gewalt, der andere nur den Glanz
hätte." — Andere sagten: „Ohne Einheit der Regierung

würden im Augenblick des Handelns Streitigkeiten ent=
stehen, und darüber der günstige Zeitpunkt unbenutzt ver=
fließen. Eine unabhängige Kommission würde Truppen=
Bewegungen und Verlegungen anordnen, die benachbarten
Mächten Anlaß zu Klagen geben könnten, ohne daß der
König und Rath dem abzuhelfen vermöchten." — Die
Gründe der Vertheidiger des bestehenden waren zu schla=
gend, daher ergab denn auch die offene Abstimmung ein
Mehr von 35 Stimmen gegen den Vorschlag[8]). Man
verlangte die geheime Abstimmung, und während diese
stattfindet, verbreitete man: „der König von Preußen
habe in einer neuen Note gegen den Aufenthalt der
Russischen Truppen in Polen protestirt und erklärt, wenn
sie länger blieben, würde er auch seine Truppen einrücken
lassen." — Alsobald Schrecken und Besorgniß; welche
Stimmung besonders Sapieha und seine Partei benutzten,
um durch brennende Reden Erbitterung gegen Rußland
zu erregen; zugleich wurden andere parlamentaire Künste
angewandt, indem man die Vertheidiger mit lautem
Zischen und Pochen unterbrach und nicht zu Worte kom=
men ließ. So gelang es denn bei der geheimen Ab=
stimmung, zur Verwunderung aller, ein Mehr von 18
Stimmen (also ein Umschlag von 53 Stimmen) für den
Antrag zu erhalten, der sofort zum Beschluß erhoben
ward. In der erfolgenden Gährung, wobei die ver=
letzendsten Worte und Drohungen gegen Rußland fielen,
verlangten einige sogar, daß man mit Beseitigung des
Raths den Reichstag immerwährend mache, wie es

---

[8]) 149 dagegen und 114 dafür.

der deutsche in Regensburg sei! Der Vorschlag wurde zwar beseitigt, aber einige Tage später unter einer andern Form vorgebracht, und sie setzten zuletzt durch (am 29. Novbr.), daß die Dauer des Reichstags auf unbestimmte Zeit verlängert werden sollte (ad tempus bene visum).

Der Russische Gesandte, durch die Vorgänge der letzten Sitzung verletzt, reichte am 5. Nov. eine Note ein, worin er gegen alle Eingriffe und Veränderungen der von Rußland und den andern Mächten gewährleisteten Verfassung von 1775 protestirte. Man antwortete ihm: „man werde die ganze Verfassung ändern." — Der König, um die übersprudelnden und überwallenden Gemüther zur Ruhe und Mäßigung zurückzuführen und vor übereilten Schritten zu warnen, hielt am 6. Nov. eine jener weisen Reden, die seiner Einsicht so viel Ehre machten, aber da sie nicht vom persönlichen Uebergewicht unterstützt wurden, wirkungslos verhallten. Nachdem er vorgestellt, daß das gute Einvernehmen mit keiner Macht für Polen wichtiger sei als mit Rußland, dessen gegenwärtige Verlegenheit nur eine vorübergehende sei, fuhr er fort: „Suchen wir alle unsere Nachbarn zu Freunden zu behalten; zollen wir den persönlichen Eigenschaften der Monarchen unsere Achtung: aber in den Verträgen mit ihnen sei das Wohl des Staats unsere erste Richtschnur. Laut und nach innerster Ueberzeugung erkläre ich, daß von den benachbarten Mächten Rußland diejenige ist, deren Interessen am wenigsten mit den unsrigen in Widerspruch stehen. Wem anders als Rußland verdanken wir es, wenn die andern Mächte das über die Verträge hinaus uns Entrissene haben zurückgeben müssen. Mit keinem andern Lande bietet uns der Handel schönere Aussichten; und ich glaube versichern zu können, daß Rußland mit Vergnügen die Hand zur Vermehrung unserer Truppen bieten würde. Statt also dessen Kaiserin zu beleidigen, sollten wir trachten, ihre Freundschaft für uns zu befestigen; und besitzen wir diese, so werden wir leichter und sicherer unsere Lage verbessern können, als wenn wir eine hochsinnige und mächtige Fürstin gegen uns reizen und aufbringen."

Gewichtige Worte, sie zeigten die Bahn, die man einzuschlagen hätte. Doch schon lange war der König Prophet in der Wüste: man warf sich auf die entgegengesetzte Seite, verachtete die Warnungen der Klugheit und Erfahrung; und als man zuletzt durch einen falschen Schritt nach dem andern den Staatswagen in einen Irrgarten ohne Ausgang getrieben, warf man alle Schuld auf den König: was alle gefehlt, sollte der Eine verbrochen haben. [9])

Des Königs Worte dienten zu nichts weiter, als einen gewaltigen Aufruhr in der Kammer zu erregen, in welchem die verletzendsten Aeußerungen gegen ihn laut wurden. Man sagte ihm gerade heraus: „ob er mit der Nation oder Russe sein wolle? im letztern Fall werde niemand bei ihm bleiben." — Der König sah sich genöthigt, die Sitzung aufzuheben, was einen abermaligen Tumult herbeiführte, indem die Gegenpartei lange nicht vom Platze weichen wollte.

---

[9]) Prospera omnes sibi vindicant, adversa uni imputantur, bemerkte schon Tacitus (Glückliches eignet jeder sich zu, Widriges wird Einem aufgebürdet).

Kaum war jener Hauptpfeiler des Immerwährenden
Raths umgestürzt, als man an die Erschütterung eines
andern ging, und die Trennung des Departements des
Auswärtigen von demselben verlangte. Das gab Anlaß
zu heftigen Verhandlungen über einen andern Punkt, der
die Nation tief verletzte, die Russische Gewährlei=
stung der Verfassung von 1775. Unstreitig ein
Staat hört auf, unabhängig zu sein, wenn ein ande=
rer das Recht hat, in seinem Innern mitzusprechen und
gewisse Einrichtungen für unabänderlich zu erklären. Das
sagte ihr Gefühl den Polen, und darum ward jene
Russische Garantie, die so oft im Parteihaber angeführt
ward, Gegenstand der heftigsten Angriffe. Das Preu=
ßische Kabinet benutzte diese Stimmung, um einen neuen
Brand in das Feuer gegen Rußland zu werfen. Der
Gesandte Buchholz reichte am 19. Nov. eine Note ein,
worin es hieß: „der König erwarte von der Klugheit
und Festigkeit der Stände, daß sie sich in ihren weisen
Anordnungen zur Verbesserung der Regierung nicht durch
die Anführung einer besondern Garantie werden abhalten
lassen, um so weniger als diese Garantie, den ursprüng=
lichen Festsetzungen der Verträge von 1773 entgegen,
bloß von einer einzigen Macht, die sich eben auf sie be=
riefe, unterzeichnet worden sei. Der König erbiete sich
zu Bund und allgemeiner Gewähr, insofern diese die
Republik in ihrer Unabhängigkeit sichern könne, ohne sich
übrigens in Polens innere Angelegenheiten mischen noch
die Freiheit der Berathungen und Beschlüsse hemmen zu
wollen, die er vielmehr zu gewährleisten verlange." —
Als man diese Note der Reichsversammlung vorlas, ward

sie mit rauschendem Beifall empfangen. Walewski ver=
langte sogleich ein Bündniß mit dem Berliner Hof zu
schließen. „Man schwieg noch, sagt Stakelberg [10]), zu
diesem Vorschlage, obgleich der Haß gegen uns und der
Taumel für Preußen alle Köpfe verdreht. Selbst unsere
Anhänger beginnen uns zu verlassen. Der Streit in der
Sitzung ward so heftig, daß die Landboten schon ihre
Mützen aufsetzten, um die Säbel zu ziehen. Diese fort=
während Einwirkungen des Preußischen Kabinets dienen
die Exaltation zu erhalten, die schon zu einem wahren
Wahnsinn (frénésie) geworden ist, und die Jugend so
fortgerissen hat, daß gemäßigte Leute nicht den Mund zu
öffnen wagen, aus Furcht als Verräther und Verkaufte
angeherrscht zu werden. Die Opposition und vor allem
Sapieha haben auf eine so unanständige Art gegen Ruß=
land gesprochen, daß nur noch die Kriegserklärung fehlte.
Wären diese Leute in der Provinz, sie würden einen
allgemeinen Aufstand gegen uns erregen. Der König ist
der Märtyrer ihrer Apostrophen."

Der Reichstag nahm Anlaß von der Preußischen
Note zu bemerken: „eine Gewähr könne nur für Unab=
hängigkeit und Besitzthum geleistet werden, und nur
der könne sie anrufen, zu dessen Gunsten sie versprochen
worden, nicht aber der, welcher sie versprochen habe;
und am allerwenigsten, wenn dieser damit eine Verbesse=
rung bestehender fehlerhafter Einrichtungen hindern wolle;"
— und um zu zeigen, wie wenig jene Russische Gewähr
ihn kümmere, ward die verlangte Trennung des auswär=

---

[10]) In seinem Bericht vom 23. Nov. 1788.

tigen Departements vom Immerwährenden Rathe am
17. Dec. beschlossen, und die neu fürs Auswärtige er=
richtete unabhängige Deputation aus lauter Rußland
feindlichen Gliedern zusammengesetzt.

So gewichtig die angeführten Gründe gegen alle
fremde Gewähr auch waren, so hatte doch auch die Ge=
genpartei die ihrigen, und der Russische Vicekanzler, Graf
Ostermann, schrieb über diesen Streit dem Gesandten
unterm $\frac{1}{12}$. Januar 1789 folgendes: „Sie haben ein
speciöses Vorurtheil, das von einer pomphaften Rhetorik
ausgebeutet wird, zu widerlegen: als ob die Garantie be=
nachbarter Staaten den Aufwallungen des Polnischen Frei=
heitsschwindels keine Zügel anlegen könne, und dieser
das unbegränzte Recht genöffe, alle innern Angelegen=
heiten der Republik nach Belieben einer Reform zu unter=
werfen. Unstreitig in den Händen einer verständigen und
gemäßigten Nation, die bösen Rathschlägen und verderb=
lichen Anreizungen nicht nachgäbe, und bei allen ihren
Handlungen sich nicht durch das Ungestüm ihrer Leiden=
schaften, sondern durch das Wohl ihres Landes leiten
ließe, hätte ein solches Recht kein Bedenken: aber aus=
geübt von hitzigen Köpfen, die immer bereit sind, sich
allen möglichen Folgewibrigkeiten und unverdauten Pro=
jekten hinzugeben, würde es zu verderblichen innern Un=
ruhen und Streitigkeiten führen, die schon mehr wie ein=
mal nachtheilig auf die Ruhe der benachbarten Staaten
eingewirkt haben; es kann diesen folglich nicht gleichgül=
tig sein, welche Regierungsform und welche Verfassung
Polen annehme; und daß nur diejenige den Vorzug ver=
biene und erhalten werden müsse, welche eine gewisse

Ordnung, Ruhe und Sicherheit in der Nation auf=
recht hält."

Zu diesen Gründen ließen sich noch andere fügen.
Die menschliche Natur ist so beschaffen, daß das Gefühl
des Einen bei dem andern das gleiche erzeugt; eine Lei=
denschaft des Einen bei dem andern die gleichartige;
Milde z. B. besänftigt, Zorn erzürnt, Haß erzeugt Haß,
Aufregung bringt Aufregung hervor. Was von den Ein=
zelnen gilt, gilt auch von Völkern, und die Ansteckungs=
fähigkeit der Leidenschaft erstreckt sich auch auf sie. Darum
sehen wir, wenn ein Volk aufwallt, daß auch seine
Nachbarn unruhig werden; wenn es Thorheiten begeht,
daß auch seine Nachbarn große Lust dazu haben. Diese
große Ansteckungskraft der Leidenschaft vermehrt sich noch
durch die Massenhaftigkeit; darum werden große Ver=
sammlungen so leicht in Feuer und Flammen gesetzt.
Wenn daher regellose, politische Leidenschaften bei einem
Volke auflodern, so haben sich die Nachbarn allerdings
vorzusehen; und führen jene politischen Leidenschaften gar
Verwirrung, Anarchie, Faktionen und Bürgerkrieg herbei,
droht sich die Ansteckung gefährlicher Grundsätze und
Lehren von da auf die Nachbarvölker zu verbreiten, dann
haben die Regierungen derselben wohl das Recht einzu=
schreiten und in dem brennenden Nachbarhause, wenn
das Feuer auch das ihrige ergreifen kann, löschen zu
helfen. Hat nun aber eine Nation mehrere Menschenalter
hindurch bewiesen, daß sie sich nicht selbst regieren könne,
und bedroht sie durch ihre stegreifen Aufwallungen die
Ruhe ihrer Nachbarn, warum hätten diese nicht das
Recht, wie man leichtsinnigen jungen Leuten von Rechts=

wegen Vormünder setzt, auch eine solche leichtsinnige, immerfort unruhige und die Ruhe der andern störende Nation gleichfalls unter Vormundschaft zu stellen, d. h. eine angemessene Regierung einzurichten, und den Bestand derselben zu gewährleisten, damit sie nicht in dem ersten besten Anflug von Leidenschaft umgestoßen und alles wieder in Verwirrung gesetzt werde. Nun das war eben hier der Fall. Die drei Mächte hatten Polen auf Grund des Vorhandenen eine Verfassung gegeben, wobei die Nation, bis sie sich zur Fähigkeit eigenen Selbstregiments ausgebildet, ruhig und glücklich hätte bestehen können. Diese gewissermaßen unter Oberaufsicht der Nachbarn eingesetzte Regierung hatte nun auch wirklich den Polen funfzehn Jahre Ruhe, Ordnung und Frieden gegeben, und die Entwickelung der Nation mächtig gefördert. Daß aber die Polen auch jetzt, wo sie sich gegen jene Bevormundung oder Garantie auflehnten, noch keineswegs jene Reife und Mündigkeit erlangt hatten, um sich selbständig, mit Vernunft und Würde in mitten der andern Staaten zu führen, bewiesen sie eben auf diesem Reichstag durch den Ungestüm ihrer Leidenschaften und die Schmähungen, Beleidigungen und Herausforderungen ihrer Nachbaren.

Nachdem man die zwei Hauptpfeiler des immerwährenden Raths, das Kriegs- und auswärtige Departement weggebrochen, glaubte man ihn hinlänglich erschüttert, um ihn völlig umzustürzen und den Russischen Einfluß dazu. Doch ging man, da die Gegenpartei noch stark war und vielen auch die gefährlichen Folgen dieses Schritts vorschwebten, nicht ohne eine gewisse Beklommenheit daran, und einige Boten, den Höchsten in ihre irdischen Strei-

tigkeiten einmischend, bestellten Messen und Gebete zum
glücklichen Gelingen. Nach einigen vorläufigen Erörterungen trat der Wojewode von Sieradien, Walewski,
ein unerschrockener Mann, den man zu allen gewagten
Anträgen vorschob, am 19. Januar 1789 mit der Erklärung auf: „durch den bei Errichtung der Kriegskommission
gebrauchten Ausdruck: unter Aufsicht der Nation,
sei gewissermaßen die Nicht-Existenz des Immerwährenden
Raths schon ausgesprochen worden; und die Gewähr
desselben durch die Russische Kaiserin könne die im Reichstage versammelte Nation nicht hindern, die für nöthig
erachteten Reformen in ihrer innern Regierung zu treffen,
da jene Gewähr ja eben, wie auch Se. Preußische Majestät es auslegen, nur die Aufrechthaltung des Staats
bezwecke. Er trage demnach auf sofortige Aufhebung
des Immerwährenden Raths an und sodann zur
Feststellung der nöthigen Auflagen zur Formirung der
Armee.“ — Er fand lebhafte Unterstützung, und der
Reichstagssaal erschallte von bonnernden Reden gegen jene
Behörde. Stanislaus Potocki rief: „hebt ihr sie nicht
mit der Feder auf, so wird es mit dem Säbel geschehen!“
— Sapieha, der nie fehlte, wenn es galt gegen Rußland zu eifern, nannte den Immerwährenden Rath eine
„fatale Werkstatt, wo man Polens Ketten schmiede;
er habe selbst darin gesessen, und wisse das. Da überdieß die Departements des Kriegs und des Auswärtigen
ihm bereits entzogen wären, und die Justiz ihre besondern Tribunäle habe, so bliebe ihm nur noch die Polizei.
Wozu also ein solches Skelet länger existiren lassen?
Und was die Gewähr betreffe, so sei sie gegen den

Willen der Nation, folglich illegal abgemacht worden; zudem bloß mit einer einzigen Macht, da die Delegation zu seiner Zeit sie doch nur mit allen drei Mächten hätte abschließen sollen. Die Garantie wolle ja die Freiheit und Souverainetät der Republik sichern, sie könne demnach nicht gegen diese selbe Souverainetät angerufen werden. Man treibe also die Nation nicht zur Verzweiflung, man gebe ihrem allgemeinen Geschrei nach und bringe den Immerwährenden Rath als Brandopfer (holocauste) auf dem Altar des Vaterlandes dar." — Man bemerkte zwar dagegen: „die Fehler der Verfassung hätten lange vor dem Immerwährenden Rathe bestanden, und die größten Unglücksfälle, selbst die Zerstückelung des Landes, hätten die Republik betroffen, als der Immerwährende Rath noch gar nicht existirt habe und statt seiner Senats-Consilia dem Könige zur Seite standen." Sapieha, um den König in Verlegenheit zu bringen, forderte ihn auf, mit seiner Autorität einzutreten. Stanislaus bat hierauf, wohl zu überlegen, was sie thäten, zumal in einem so entscheidenden Augenblicke: „Wer weiß; rief er prophetisch, vielleicht ist dieser Augenblick die letzte Frist, die der höchste Schiedsrichter der Völker unserer Existenz gesetzt hat. Gedenket der Folgen, laßt uns nur nach reiflichster Ueberlegung vorschreiten. Vielleicht trägt irgend ein lichter Gedanke zur Rettung des Vaterlandes, mit dessen Unglück wir bedroht sind, bei. — Ich wünsche der Nation zu gefallen, schloß er, aber nicht für einen Augenblick, sondern für immer, auf daß sie nicht einst in den Fall komme, ihrem Könige vorzuwerfen: er habe sie nicht zur rechten Zeit gewarnt. Jetzt, da ich es gethan, wiederhole ich es: im Glück wie im Unglück bleibe ich unzertrennlich von meinem Volke. Mögen also die Stände entscheiden." [11]) — Und sie entschieden und hoben den Rath auf. Und kaum war das letzte Wort gefallen, so hörte man von der nahen Bernhardiner-Kirche ernste Töne der Glocken zu Grabe läuten. Aufsehen, Verwunderung, leises Gemurmel. Das Grabgeläute war bestellt und sollte der Russischen Uebermacht gelten, die mit diesem Gesetz ewig zu Grabe getragen sei! — Ironie des Schicksals, die hinter der höchsten Einbildung den nahen Fall verbirgt: nicht Rußlands Uebermacht, Polens Existenz wurde zu Grabe geläutet.

Der Russische Gesandte berichtete über diesen Ausgang: „Mehr wie 50 stimmten dagegen; andere, wie der Primas, die Bischöfe Kossakowski und Massalski und der größere Theil des Senats wie einige Landboten stimmten gar nicht; Branicki und Ignaz Potocki durch ihre arglistigen und gewaltsamen Reden entschieden. Damit haben sie diese einzige Behörde aufgehoben, welche vom König vorgesessen, die Regierung mit Einsicht und Einheit betrieb. Von den Magnaten ist nie etwas Folgerechtes zu erwarten. Sie sind doppelsinnig (doubles), interessirt, und jeden Augenblick bereit, die Dankbarkeit oder das Interesse ihres Vaterlandes dem ihrer Leidenschaften, ihrer Popularität, oder kleinen augenblicklichen Abmachungen aufzuopfern."

---

11) Journal der Reichstags-Sitzung vom 19. Januar 1789.

Damit war das Werk vollbracht: das mit Mühe im
Jahr 1775 aufgeführte Regierungsgebäude, dem Polen
funfzehn Jahre der Sicherheit und Wohlfahrt verdankte,
war in den Staub gerissen, und der Boden zu neuen
Bauten geebnet. Statt aber nun sogleich Hand ans Werk
zu legen und die günstigen Zeitumstände zu benutzen, ergingen sie sich in hundert disparaten Dingen, wie sie
ihnen eben Laune, Leidenschaft, persönliche oder Partei-
Interessen eingaben, nur nicht in denen die hauptsächlich
Noth thaten und die sie vor allem ins Reine bringen
mußten. Später als sie zu der Erkenntniß kamen, daß
sie die kostbarsten Stunden mit leerer Rednerei und über
Nebensachen verloren, während die Hauptsachen uner-
ledigt blieben oder übereilt wurden, entschuldigten sie sich
nach beliebiger Weise, indem sie, was sie gefehlt, ihren
Gegnern aufbürdeten. Wie einst zur Zeit der Restauration
in Frankreich, als der Grimm gegen die Regierung so
viele Conspirationen ins Leben rief, man selbige immer
nur der Polizei und ihren Umtrieben zur Last legte: so
sollte jetzt an allen begangenen Fehlern, Thorheiten und
Unterlassungssünden einzig nur die Russische Partei Schuld
gewesen sein, und zum Ueberfluß noch der König. Was
die eigentlich Russische Partei, d. h. diejenige, die ihre
Vortheile von Rußland erwartete, betraf, so bestand sie
um diese Zeit, da die Mehrheit sich dahin gewandt, wo
die Sonne eben leuchtete, nur aus wenigen Gliedern,
die fast nicht den Mund aufzuthun wagten, weil solches
ihnen nur Schmähungen und Beleidigungen einbrachte.
Ist aber die Branickische Partei darunter gemeint: so
legt man ihr mit Unrecht den Namen einer Russischen

Partei bei, weil später einige ihrer Glieder, als Glück und Aussichten sich auf die Russische Seite wandten, dahin übertraten und durch verdoppelten Eifer ihr früheres Benehmen wieder gut machen wollten: vielmehr war diese Partei bis in die Mitte des folgenden Jahrs (1790), wo sie sich mit der jungpatriotischen Partei überwarf, die allerheftigste und feindseligste gegen Rußland. Ueber Niemand klagte und beschwerte sich der Gesandte mehr in seinen Berichten, als eben über Sapieha, Branicki und ihren Anhang, die (Branicki ausgenommen) mit der ungezügeltsten Leidenschaftlichkeit gegen Rußland eiferten, schrieben, hetzten und selbst mit Sicilischen Vespern drohten; und zum Beweis, daß das keine Maske, sondern ihr voller Ernst war, so erlaubten sie sich auch die gehässigsten und persönlich verletzendsten Insinuationen, die am schwersten verziehen werden, gegen die Russen und deren Kaiserin. So spricht nur der offene Feind, niemals der verstellte, der weiß, daß persönliche Kränkungen am tiefsten schmerzen, und sich daher nie zu ihnen versteigt. Auch trat später nur ein Theil des Branickischen Anhangs zu Rußland über. Uebrigens Branickianer, Potockianer, Galizianer, Russisch Gesinnte oder Preußisch Gesinnte, waren es nicht immer Polen, Fraktionen eines und desselben Volks, die sich unter einander bekämpften? — und wenn die eine dieser Parteien auch wirklich so schlecht war, wie die Gegenpartei sie ausgab, so traf das ja nicht die Russen, sondern ihre eigene Nation, und da bleibt noch sehr die Frage, welche Partei ihrem Lande am meisten geschadet.

Was die eigentliche Ursache aller der Verzögerungen und Zeitvergeudungen war, hat uns ein Augenzeuge der

damaligen Vorgänge auf dem Reichstage und in War=
schau offenbart. Nicht die Russische Partei, sondern der
Nationalkarakter trägt die Schuld. Ein kurzer Auszug
aus seinen Bemerkungen möge es des nähern beweisen [12]).
„Außer der Selbstsucht, dem Hochmuth, der Herrschbegier,
und fremder Einmischung, sagt Schulz [13]), machen auch
Unwissenheit und Leichtsinn die Polnischen Reichs=
tage so stürmisch und so ohnmächtig. Zweidrittel der
Reichsboten kommen fast ganz roh auf den Reichstag,
und je unwissender desto hartnäckiger sind sie: ihr letzter
Grund ist dann immer: „ich will nicht“, oder ein „ale“
(aber). Genug bei diesen Leuten haftete der erste Ein=
druck, den ihr kleiner Ideenvorrath oder ihr Hochmuth
und Ehrgeiz erhielten, und die Parteiführer, hatten sie sie
einmal gewonnen, konnten auf sie rechnen. Nicht we=
niger schadete der den Polen eigenthümliche Leichtsinn.
Das Gewühl von Vergnügungen, welches den Reichs=
tag umgab, zerstreute die Boten und raubte ihnen den
größten Theil ihrer Zeit. Die Jüngern, die noch keine
Hauptrolle spielen konnten, fanden an Arbeiten, die ihrer
Eitelkeit nicht schmeichelten, kein Vergnügen, die Unter=
richtetern, die sich der Arbeit annehmen wollten, erlagen
darunter, und überließen sie dann im Mißmuth Advo=
katen, Abbés oder andern sogenannten geschickten Leuten,

---

[12]) Vergl. Reise eines Livländers von Riga nach War=
schau, durch Südpreußen über Breslau nach Bozzen
in Tirol. 7 Hefte. Berlin 1795. Der Verfasser ist der durch
Reiseschilderungen und andere Schriften zu seiner Zeit vielgenannte
Friedrich Schulz.

[13]) Drittes Heft. S. 154 ꝛc.

die aber nur die Bezahlung im Auge hatten und darüber
hinpfuschten. Bei der Erziehung, wie sie damals üblich,
und bei der Art, wie die Geschäfte betrieben wurden,
war niemand gewöhnt an ernste Arbeiten, die Sammlung, Nachdenken oder auch nur ein Stillsitzen erforderten;
und selbst die Vorzüge der Natur wurden ihnen zum
Nachtheil, indem ihre leichte Fassungsgabe sie verhinderte,
tiefer in die Sachen einzubringen, sie vielmehr verleitete,
über Dinge zu sprechen, die sie nicht genauer kannten,
zwar lebhaft, mit vielen Worten und Phrasen, aber ein-
seitig, oberflächlich und ohne gründliche Einsicht in den
Sachverhalt. Darum machte denn auch der erste unerwartete Einwurf sie verstummen. Der Umstand ferner,
daß sie die Angelegenheiten ihres Vaterlandes unent-
geltlich besorgten, bestärkte sie in Leichtsinn und Trägheit: jeder Augenblick, den sie demselben opferten, jede
That, jedes Wort zu Gunsten desselben, hielten sie für
eine Gnade, die sie ihm erwiesen" [14]); — und wollten dafür
auch Antheil an den Vortheilen haben, welche die Partei,
die eben oben auf war und sich Vaterland nannte, für
sich in Anspruch nahm. Doch auch in diesem Fall quälten
sie sich nicht mit Arbeiten oder Nachdenken; ihre Stimme,
die die Partei verstärkte, genügte. Dazu kam endlich der
überwiegende Einfluß der Frauen, die ihre Leidenschaften
in die Leidenschaften der Parteien mischten, und durch
die ihnen eigenthümlichen Reize und Lockungen Anhänger
für die ihrige warben. Eine Hauptrolle z. B. spielte
auf diesem Reichstag die Gemahlin des Fürsten Adam

---

[14]) Schulz' Reise. III. Heft, S. 159.

Czartoryski, Isabelle Flemming, bekannt durch ihre Verhältnisse mit Repnin und Lauzun, die ihren Schwiegersohn, den Prinzen Ludwig von Würtemberg gern emporheben wollte, wo möglich bis zur Königskrone. Sie war die Seele der Preußischen Partei; sie versammelte fast täglich die Reichsboten bei sich, bei ihr wurden die Pläne und Reden und vorzubringenden Anträge besprochen, Instruktionen geholt, Rollen ausgetheilt, Anhänger geworben und gewonnen. Was die Sorglosigkeit der Menge noch vermehrte, war die Gewohnheit, wichtigere Gegenstände Ausschüssen, hier Deputationen genannt, zur Begutachtung zu übergeben; und wenn dann ihre Arbeit vor den Reichstag gebracht ward, entschieden sie darüber, eben wie persönlicher Vortheil, Jahrgelder, Partei = Abmachungen oder Leichtsinn es geboten. In diese Ausschüsse suchte jede Partei ihre Anhänger zu bringen, und brachte damit ihre Spaltung hinein. Da Pünktlichkeit und Pflichtgefühl eben nicht in ihrem Karakter lag, so vergingen viele Sitzungen, ohne daß etwas gethan ward, weil die erforderliche Zahl, um eine Sitzung gültig zu machen, entweder gar nicht oder nur erst in den letzten Augenblicken zusammenkam, wo die Sitzung geschlossen werden sollte, weshalb denn alles im Fluge abgemacht ward. Das war der eigentliche Grund, warum die wichtigsten Unternehmungen so verzögert wurden, bis der günstige Augenblick vorüberging. Die Ausschüsse zur Entwerfung der neuen Verfassung, zur Verbesserung der Schatzlage, und zur Aufrichtung des Heers waren Jahr und Tag beschäftigt, und brachten nichts zu Stande, bis auf die letzte Minute, wo die Noth auf sie eindrang, und wo sie dann alles übereilten. Als Beispiel: Die Kurländischen Irrungen zwischen dem Herzog und dem Adel schwebten seit 1788 vor dem Reichstage; erst nach drei Jahren (1791) ward eine eigene Deputation zur Schlichtung derselben ernannt. Diese sollte wöchentlich zwei Sitzungen halten, hielt aber in neun Monaten deren in allem nicht mehr wie zehn, in welchen überdieß aus dem eben angeführten Grunde nichts gefördert ward, und erst nach der Russischen Kriegserklärung vereinigte man sich in einer einzigen Sitzung zu einem auf Schrauben gestellten Spruch, Konstitution genannt [15]), der alles ungewiß ließ, und die Geschäftsträger des Herzogs wie des Adels nach vierjähriger umsonst verschwendeter Zeit, Arbeit und ungeheurem Gelde unzufrieden nach Hause schickte. Auf gleiche Weise wie bei dieser Sache, ging es mit allen andern, die von Aufschub zu Aufschub erst in den letzten Stunden, als der Groll des nahenden Gewitters sich schon von weitem hören ließ, in aller Eile, so gut es ging, abgemacht wurden, wie z. B. die Sache wegen des Starostien-Verkaufs, die nach Jahre langen Berathungen erst am 6. April 1792, unmittelbar vor dem Ausbruch des Kriegs zu Stande kam. — Diese im Nationalkarakter wurzelnden Eigenschaften waren es, die alle Verzögerungen in den wichtigsten Sachen herbeiführten, und nicht, wie man hat behaupten wollen, die Russen und ihr Anhang.

Wie oben mit dem Kurländischen ging es auch mit den übrigen Ausschüssen, und so geschah es, daß der

---

[15]) Die Entscheidungen und Beschlüsse des Reichstags hießen in Polen „Konstitutionen."

so wichtige zur Entwerfung der neuen Regierungsform nicht eher als acht Monate nach dem Sturz des
Immerwährenden Raths, d. h. erst am 7. Sept. 1789
niedergesetzt ward. Er bestand aus erleuchteten Patrioten,
aber auch aus vielen leeren Schwätzern, und zwar gehörten zu ihm: der schlaue, vielerfahrene Bischof von
Kamieniec, Krasinski, einst die Seele der Barer Konföderation; der Litauische Großfeldherr Oginski, Stalo-
wicer Andenkens; der Litauische Großmarschall Ignaz
Potocki; der Litauische Vicekanzler Chreptowitsch;
der Schatzmeister Kossowski; der unterrichtete Graf
Moszczenski; und der Bote von Chelm Suchodolski, der „Brutus" der Republik, wie Stakelberg
ihn spöttisch nannte, weil er immer in Eifer war und
bei jedem Anlaß lange, phrasenreiche Reden hielt. —
Bei der Einsetzung dieses Ausschusses bemerkte der Gesandte nach seiner tiefen Kenntniß des Volks und der
Menschen prophetisch: „Er wird viel Zeit brauchen,
und kommen seine Vorschläge gar zur Berathung an den
Reichstag, so werden Monate und Monate darüber hingehen, wenn man sich nicht entschließt, ohne alle weitern
Erörterungen darüber einzuschreiten." — Beides bewährte
sich — zuerst die Monate- und Jahrelangen Debatten,
zuletzt das plötzliche Wegschreiten über dieselben und Einführung der Verfassung durch Ueberraschung.

Eins ihrer Hauptziele war mit dem Umsturz der
frühern Regierungsform erreicht; es ging an die fernern
Zwecke mit Hülfe und unter Anfeuerung Preußens.
Preußen waltete jetzt in Polen. Rußland, anderweitig
vollauf beschäftigt, hielt sich zurück; selbst die Instruk-

tionen schrieben dem Gesandten vor, sich passiv zu verhal=
ten und sich so wenig wie möglich hervorzustellen. „Unser
Augenblick wird kommen.“ — Die patriotische oder Preußi=
sche Partei hatte völlig freie Hand, denn auch der König
mit seinem nähern Anhang war zu gänzlicher Unbe=
deutenheit hinabgedrückt; sie hingegen leitete im Reichs=
tag allein die Staatsgeschäfte, die sie bald in besondern
Ausschüssen oder Deputationen, bald in voller Sitzung
verhandelte, wobei es freilich oft stürmisch genug herging.
Größere Versammlungen, zumal Polnische, haben das
Mißliche, daß man sich gegenseitig erhitzt. Einer über=
bietet den andern; keiner verantwortet für sich, alles geht
auf Rechnung des Ganzen; und folgenschwere Beschlüsse
werden von der Mehrheit in Masse genommen, die jeder
Einzelne für seine Person zurückweisen würde. — Tausende
von Projekten wurden vorgelegt und schöne Reden ge=
halten; über alles ward gesprochen, über nichts kam man
aufs Reine. Gewohnt ans Beherrschtwerden von außen,
und den Boden unter sich unsicher fühlend, horchten sie
auf Berlin, erwarteten sie von Berlin den Anstoß zu
ihren Schritten. Aber blind allen Verheißungen ver=
trauend, die ihren Wünschen schmeichelten, erkannten sie
weder die Menschen noch die Zeit; gaben sie sich zum
Spielwerk der Politik und ihrer augenblicklichen Interessen
hin, und gingen darüber zu Grunde.

Das 18. Jahrhundert war nicht das der Moral in
der Politik. Beispiele liegen nahe; und auch Friedrich
handelte in dem Geiste seiner Zeit, als er, aus Ruhmes=
durst und Verlangen, sein noch schwaches Reich zu run=
den und zu stärken, der hülflosen Maria Theresia Schle=

ſien entriß. Aber dieſer erſte Schritt beſchwor den Sturm
über ihn herauf; er mußte untergehen oder ſich durch alle
Mittel, recht oder unrecht, halten und heben. Er rang
mit wahrem Heroismus und politiſirte des von ihm einſt
widerlegten Meiſters würdig. So behauptete er Schleſien
und erwarb Weſtpreußen, wodurch ſein Königreich erſt
Zuſammenhang und innern Halt erlangte.[16]) Herzberg,
der ihm ſeine Künſte abgelernt zu haben glaubte, wollte
ihn fortſetzen. Daher jene grandioſe Politik in den erſten
Jahren nach Friedrichs Tode, die zur Größe, aber auch
zu tiefer Erniedrigung führen konnte, wie denn die Größe
durch die Tiefe, die zu ihren Füßen iſt, gemeſſen wird.

Der dunkle Gedanke, der Herzbergs Politik in Hinſicht Polens leitete, mochte folgender ſein: „Polen iſt
das rechte Land, wo man im Trüben fiſchen kann, wenn
man nur die geeigneten Netze gebraucht. Friedrich, unſer
großer Herr und Meiſter, holte aus den getrübten Waſſern
Weſtpreußen; wohlan, rühren auch wir die Gewäſſer auf,
und wir gewinnen Danzig und Thorn und vielleicht noch
etwas mehr. — Polen, wie es iſt, ohne Heer und Einkünfte in dem Jahrhundert der großen ſtehenden Heere,
kann ſich durch ſich ſelbſt nicht behaupten, es bedarf der
Schirmherrſchaft. Rußland, unſer abtrünniger Freund, hat
dieſe gegenwärtig; entziehen wir ſie ihm, indem wir den
Polen in ihren Wünſchen, Leidenſchaften und National-
Eigenheiten ſchmeicheln. Daraus kann nur zweierlei

---

[16]) Eine Einſicht in die geheimen Verhandlungen über die Theilung Polens im Ruſſiſchen Reichsarchiv hat dem Verfaſſer die klarſten
Beweiſe geliefert, daß alles hier von Friedrich ausging, daß er das
erſte und letzte Mobil derſelben war.

entstehen: die Umstände bleiben günstig, und wir behalten die Schirmherrschaft; oder Rußland, seiner Arme frei, fodert sie mit Nachdruck zurück. Nun dann, können wir sie nicht behaupten, so vergleichen wir uns; wir haben was anzubieten und etwas muß uns zufallen."

Daß Herzberg auch nicht von fern daran dachte, Polen wirklich groß zu machen, daß er es nicht als Selbst= zweck, sondern als Mittel zum Zweck betrachtete, geht aus allem hervor. Er liebte die Polen eben so wenig wie sein großer Meister, der sich stets lustig über sie machte. Selbst Oginski, obgleich in allen Täuschungen seiner Nation befangen, gibt darüber Zeugniß [17]). Herz=

---

[17]) Vgl. Mémoires de Michel Oginski sur la Pologne Paris 1826. 4 Vol. In Erwartung, einen für Polen ganz be= geisterten Minister zu finden, machte er Herzberg seine Aufwartung, und war nicht wenig erstaunt, als er sich vom Gegentheil über= zeugte. „Herzberg nahm mich wohl auf, erzählt er (I., S. 67), aber mit Verdruß sah ich, daß dieser erste Minister unsers neuen Verbündeten eine sehr ungünstige Ansicht von der Polnischen Nation hatte. Alle Fragen, die er mir in Hinsicht des Reichstags that, die Meinung, die er über verschiedene Hauptpersonen auf demselben aussprach, und der Unmuth, den er wegen der gefundenen Schwierig= keiten zum Abschluß des Vertrags zwischen Preußen und Polen em= pfand, offenbarten nur, daß er die Polen nicht liebe. Er suchte ihr Bündniß bloß, um bei dem angenommenen System zur Schwä= chung Oestreichs zu bleiben, Danzig und Thorn für Preußen zu er= werben und sich den Eingebungen des Londoner Kabinets zu fügen." — Und an einer andern Stelle I., 105: „Welches war mein Erstaunen, als ich Herzberg's bittere Vorwürfe, um nicht zu sagen Verwün= schungen gegen den König und den Reichstag in Polen vernahm, als er äußerte: „man habe den Kopf in Warschau verloren und werde nur zu spät bereuen, daß man Preußen Danzig und Thorn verweigert habe."

berg erkannte wie Friedrich zu wohl: daß die Bedingung
zu Preußens Größe nur Polens Erniedrigung sei. Ein
mächtiges Polen hätte das kleine Preußen bald zusammen=
gedrückt, und ihm die Ausgänge seiner Flüsse und die
entrissenen Provinzen abgefordert. War doch das meiste
was Preußen besaß, früher Polnisches Besitzthum ge=
wesen, selbst Schlesien; — und wenn je ein Volk, so
haben die Polen gutes Gedächtniß für das, was sie einst
besessen, und wäre es auch nur vorübergehend gewesen;
es wieder zu vereinigen, ist der Traum ihrer künftigen
Größe.

Der Chef des Preußischen Kabinets erkannte, daß zur
Umgarnung der Polen in dem feingesponnenen Netze der
ehrliche Deutsche Buchholz untüchtig sein werde, und be=
stimmte daher (seit dem 12. April 1789) [18]) den gewandten
Italiener, M a r c h e s e  L u c c h e s i n i  dazu, Friedrichs ehe=
maligen Kammerherrn und Gesellschafter, einen Staats=
mann echt Italienischen Geprägs, dem ein Erfolg nur
dann Werth zu haben schien, wenn er durch Schlauheit,
Hinterlist und Täuschung errungen war, und dem eine
gerade Staatskunst als Dummheit oder Kurzsichtigkeit er=
schien. Es war die Politik der Zeit, wo man den
größten Triumph in die gegenseitige Ueberlistung setzte;
nach dem Ruhm der Wahrheit, Redlichkeit und Zuver=
lässigkeit in seinen Versprechungen fragte man wenig.
Und doch beweiset die Geschichte, daß eine gerade, ein=
fache und redliche Politik am sichersten zum Zwecke führe,

---

[18]) Lucchesini war übrigens schon seit Eröffnung des Reichstags
von 1788 neben Buchholz in Warschau thätig.

und daß der Listige am Ende selber überlistet und in den eigenen Schlingen gefangen werde. Den Beleg dazu gab auch unser famose Italiener, der später seinen Meister fand, und zuletzt den Ruf hinterließ, daß er durch seine Ränke und Rathschläge zwei Staaten an den Untergang gebracht, zuerst Polen zum Vortheil Preußens, hernach Preußen zum Vortheil Polens, und den Abscheu aller davon trug.

Der aristokratische Prinz Friedrich von Braunschweig-Oels weiß in seinen Memoiren [19]) außer der Ränkesucht dem Italiener nichts Schlimmeres vorzuwerfen, als daß sein Großvater ein Hechelkrämer gewesen, und daß er es gewagt, sich auch ins Kriegsfach einzumengen. Hechelkrämer oder nicht, der höhere Adel ist der, welchen die Gottheit bei der Geburt dem Menschen aufdrückt, und Napoleon, wären seine Vorfahren auch Lumpensammler oder Hechelkrämer gewesen, hätte den Gottesadel immer an seiner Stirn getragen. Und Lucchesini's Einmengen in die Kriegsoperationen bewies nur, daß er richtig erkannte, es gehöre dazu ein weiterer Blick als dem damaligen Preußischen Korporalismus eigen war.

Wie Napoleon und die meisten Italienischen Staatsmänner litt auch Lucchesini an der Redesucht; sie diente ihm unstreitig zu seinen Zwecken bei geistig tiefer Gestellten, die er dadurch verwirrte und irre führte; den geistig Höheren verrieth er durch zu vieles Sprechen nur zu oft das was er verbergen wollte.

---

[19]) Militairische Geschichte des Prinzen Friedrich August von Braunschweig-Lüneburg. Oels 1797. 4°. S. 313 in der Note.

Er war für das damalige Polen ein trefflich gewähltes
Werkzeug; bald hatte er die Häupter der Partei ganz in
seiner Hand und leitete sie auf den Wink, treulich unter=
stützt dabei von dem Englischen Residenten Hailes.
So gingen die Herzbergischen Pläne in Erfüllung, und
in kurzer Zeit waren der Reichstag, Warschau, ganz
Sarmatien mehr Preußisch gesinnt, wie — Lucchesini
selbst, und folgten blindlings allen Anstößen, die er
ihnen gab.    Der erste war der, den Riß zwischen Ruß=
land und Polen zu erweitern, was ihm mit Hülfe der
vereinigten jung=patriotischen und Branickischen Partei
vortrefflich gelang.    Der Haber mußte vom Zaun abge=
brochen werden, und das gewohnte ungenirte Auftreten
Rußlands in Polen gab dazu den ersten Span.    Seit
hundert Jahren waren die Russischen Heere gewohnt,
Polen ohne viel Umstände in allen Richtungen zu durch=
ziehen, dort zu weilen, Magazine anzulegen und wie im
eigenen Lande zu verkehren.    Beim Ausbruch des Türken=
kriegs waren die Russischen Truppen, nach vorläufiger
Vereinbarung mit dem König und dem Immerwährenden
Rathe, auf dem nähern Wege durch die Ukraine und
Podolien gegen die Türken gezogen; dachte man doch
nächstens die Polen als Bundsgenossen zu begrüßen und
in die eigenen Reihen aufzunehmen.    Herzberg und Lucche=
sini nahmen davon den ersten Anlaß zum Hetzen: „das
dürfe man nicht dulden“, obgleich man es hundert Jahre
geduldet; „Polen sei eine unabhängige Macht, der man
so was nicht bieten dürfe“; — gewiß unabhängig, so
weit es der Schirmherr erlaubte, mochte es nun der alte
oder der neue sein.    Auf des neuen Gebot ergingen nun

die Klagen und Beschwerden von Warschau und Berlin
nach Petersburg gegen den Aufenthalt der Moskowitischen
Truppen, obgleich diese dem Lande durch die übermäßigen
Preise, die sie baar für die Landesfrüchte zahlten, große
Vortheile brachten. „Sie gefährdeten die Gränzen", hieß
es; „ja nicht bloß die Polnischen, sogar die Preußischen,
klagte Preußen, indem sie Türken und Tataren zu Ein-
fällen dahin lockten"; als ob ihre Gegenwart nicht den
besten Schutz gewährt, als ob sie nicht bereits die Türken
aus der Moldau vertrieben und alle Gefahr von Polen
entfernt hätten. Die Mahnungen, Forderungen, Drohungen und hundertfachen Chikanen gegen die Truppen
selbst wurden zuletzt so groß, daß die Kaiserin, gebunden
wie sie war, nachgab und Befehl ertheilte, Polen zu
räumen und alle Magazine von da wegzuführen. —
Polen hatte unstreitig Recht, es zu fordern, wenn es
eine selbstständige, unabhängige Macht war — aber das
eben stand in Frage!

Den zweiten Span bot der Religionshader. Die
Polen waren immer böse Herren ihrer andersgläubigen
Unterthanen gewesen; und die letzten Ereignisse hatten
ihren Groll gegen die Disuniten mächtig vermehrt. Jetzt,
da diese sich eines mächtigen Schutzes sicher wußten,
traten sie auch dreister auf, und ließen sich nicht alles das
gefallen was früher. Die verlangte Entfernung des befreundeten Heers vom Polnischen Boden, dem es doch
so viel Gewinn brachte, erzeugte Murren; die Priester
sprachen freier, und mischten ihr Murren zum Murren
des Volks; auf Vorschrift ihres Vorgesetzten, des Bischofs
von Perejaslaw und Archimandriten von Sluck, Sab-

kowski, beteten sie sogar in ihren Kirchen für ihre große
Beschützerin in Petersburg. Das erschien in den Augen
ihrer Polnischen Herren als Verbrechen. Kopf und Herz
voll von den Gedanken und Schrecken der unlängst vergangenen Bauern-Revolte aus der Barer Zeit, vermeinten
sie schon überall einen Bauernaufstand zu sehen; in jedem
Russischen Kaufmann, Marketender oder dem Erwerb nach-
gehenden Fuhrmann erblickten sie Aufruhr-Sendlinge,
Aufhetzer, Empörer, hatte man doch „Messer", wie sie
der gemeine Mann trägt, bei ihnen gefunden. Man
kerkerte sie ein, man stäupte, peinigte sie, man suchte
Geständnisse zu erpressen von Dingen, wovon sie nichts
wußten; berichtete von großen Verschwörungen, Empörungen und bevorstehenden Metzeleien der Edelleute durch
die Bauern nach Warschau, wo die Parteigenossen einen
gewaltigen Lärm aufschlugen, das ganze Land in Schrecken setzten und Rußlands Kaiserin geradezu bezichtigten,
die Empörung im Polnischen Lande anzufachen.[20] Die
Wüthigern unter ihnen, die Sapieha, Suchobolski, Kublicki hielten wahre „Brandreden", wie der Gesandte sich
ausdrückte, gegen Rußland, drohten mit dem Aufsitzen
der Nation und der Niedermetzelung aller Russen in Polen.
Priester wurden nicht bloß eingekerkert, sondern auch hin-

---

[20] Es geschah in der Reichsversammlung selber. — Das ingrimm-
volle Werk Kollontai's (vom Entstehen 2c. der Konstitution vom
3. Mai) spricht jedoch, man sollte es kaum glauben, die Russische
Regierung frei, um desto giftiger die sogenannte Russische Partei
dafür anzufallen. Parteihaß geht noch über Volkshaß! — Lelewel,
der sonst jenem pünctlich folgt, ist nicht so gnädig. Nach ihm hat
die Kaiserin Katharina alle Empörungen in Polen angezettelt.

gerichtet, der Bischof Sadkowski selbst, obgleich Koad=
jutor des Erzbischofs von Kiew und Russischer Unterthan,
wie ein gemeiner Verbrecher ins Gefängniß geworfen,
dann nach Warschau geschleppt, Jahre lang gefangen
gehalten, durch wiederholte Verhöre, durch wider ihn be=
stochene Zeugen gepeinigt, mehrmals mit Aufknüpfung
bedroht, obgleich man nichts ernstlich Belastendes wider
ihn aufbringen konnte, und zuletzt, beim Ausbruch des
Kriegs nach Czenstochau geschleppt, wo ihn die Russischen
Waffen endlich befreiten. — Keine Nation schreit ärger
über Despotismus und Unterdrückung als die Polnische,
keine übt sie mehr, wo sie kann.

Einige Anführungen aus den Berichten des Gesandten
mögen des Nähern über diese Vorgänge belehren. Unterm
31. Januar 1789 schreibt er: „Man hat Befehle in
die Ukraine geschickt wegen Aufruhrs der Bauern, die
aber nicht im Aufruhr sind. Die Ursache jedoch ist:
Lucchesini hat es so gewollt." — Unterm 7. Februar:
„Branicki hat immer die Revolte der Bauern im Munde,
obgleich die Berichte des Truppen=Befehlshabers in der
Ukraine, Felix Potocki's, uns völlig darüber beruhigen.[21])
Darum soll er abgerufen werden." — Unterm 18ten
April: „Sapieha, in einer wüthenden Rede hat offen=
bar Rußland angeklagt, die Revolte der Bauern ange=
stiftet zu haben. Ihn unterstützte Kublicki und überbot
ihn. Alles dieses ward verstärkt durch die Brandreden
der Suchodolski, Mierzejewski, die alle bei Branicki

---

[21]) Und Felix Potocki war bei einer wirklichen Gefahr wegen
seiner großen Besitzungen in der Ukraine am meisten bedroht.

wohnen und von ihm besoldet sind. Rußland soll durch=
aus die Bauern aufhetzen. Suchorzewski, von derselben
Partei, wollte gar, man sollte den Gesandten fortschicken
und den Krieg erklären. — Unterm 25. April: „Der
Archimandrit von Sluck ist angeklagt, zum Aufruhr ge=
hetzt zu haben. Man wollte ihn ins Gefängniß werfen;
durch meinen Protest: daß er Bischof von Perejaslaw,
Koadjutor von Kiew und Unterthan der Kaiserin sei,
konnte ich nur so viel erhalten, daß er nicht ungehört
verdammt werden soll." — Vom 17. Juni: „Die
Untersuchung dauert fort. Man hat noch nichts deut=
lich Beweisendes gegen den Archimandrit von Sluck ge=
funden. Zwei griechische Priester sind schon freigesprochen;
einen dritten, einen unirten, hat man hingerichtet, wegen
einiger Reden, obgleich jedermann wußte, daß dieser Mensch
vom Morgen bis zum Abend betrunken war. Das ist
kannibalische Justiz! Aber das Wahre ist, die Unseligen
in Warschau haben den Glauben an die Revolte accre=
ditirt, um ihre Herrschsucht und ihren Haß gegen Ruß=
land zu befriedigen." — Vom 3. Oktober: „Ich habe
mich für die unglücklichen Russischen Unterthanen ver=
wandt, die man ungerechter Weise zu schweren Arbeiten
verurtheilt hat, wegen angeblicher Revolte: arme Fuhr=
und Handelsleute, die in Wolynien ihren Geschäften
nachgingen, ergriffen und verurtheilt wurden als Theil=
nehmer eingebildeter Aufstände, und das bloß, weil Sa=
pieha und die andern Wiegler des Reichstags zu ihren
besondern Zwecken Unruhen in den Wojewodschaften und
einen Krieg mit Rußland wünschen." — 28. Oktober:
„Ich habe mit dem Könige über die lange Dauer und

den Karakter von Verfolgung annehmenden Proceß gegen
den Bischof von Perejaslaw gesprochen, und daß man
eine zweite Kommiſſion ernannt hat, weil die erſte nichts
ihn wirklich Belaſtendes hat auffinden können, und einige
Zeugen ſelbſt geſtanden haben, daß ſie beſtochen geweſen.
Iſt es nicht eine Tyrannei, einen unſchuldigen Menſchen
zu verfolgen, um durch eine niedrige Bosheit die Theſe
der Revolte aufrecht zu erhalten, die durch eine infernale
Verläumdung der Partei Sapieha auf die Rechnung Rußlands geſetzt wird, um das allgemeine Aufgebot gegen
uns berufen und das Weſtrat der Großfeldherrn wieder
herſtellen zu können."

Als Stakelberg Branicki wegen ſeines Neffen Vor-
ſtellungen machte, antwortete dieſer: „Was wollen Sie,
Sapieha ſucht den Ruhm, und gedenkt der Aufnahme
in Kiew." — Wer nur immer es wagte, gegen das un-
angemeſſene Betragen, das man gegen Rußland angenommen, zu ſprechen, bekam zum wenigſten die Namen
„Verräther" und „Verkaufter" zu hören; ja, als der
Franzöſiſche Hof in einer beſondern durch ſeinen Agenten
Aubert überreichten Note ihnen rieth: vorſichtiger in ihrem
Benehmen zu ſein, und die benachbarten Mächte, beſonders Rußland, mehr zu ſchonen, antwortete Sapieha dem
franzöſiſchen Agenten: „der Rath, den Frankreich ertheile,
ſei den jetzigen Verhältniſſen der Republik nicht ange-
meſſen, indem er Freundſchaft mit einem Polen ſchäd-
lichen Reiche empfehle und die mit einer für Polen nütz-
lichen Macht widerrathe. Das franzöſiſche Miniſterium
habe wahrſcheinlich in der Sorge über die zerrütteten
Finanzen des eigenen Landes ſeinen den Polen gegebenen

Rath nicht gehörig überlegt. Sei es doch Frankreichs Regierung, welche ehemals die Polen durch mäßige Geldsummen, aber desto größere Versprechungen, die nur unerfüllt geblieben, gegen Rußland aufgewiegelt und dadurch die Unfälle veranlaßt habe, die Polen ins Unglück gestürzt."

Um ferner alter Rachsucht zu genügen, bei den Russischen Anhängern Furcht und Schrecken zu erregen, und zugleich einem der Ihrigen eine höhere Reichswürde zu verschaffen, erhob man um diese Zeit (Sommer 1789) eine heftige Anklage gegen den ehemaligen Marschall des Theilungs=Reichstags, den jetzigen Großschatzmeister Po= ninski. „Man will ihm an Vermögen, Würden und Leben, schrieb Stakelberg unterm 6. Juni, selbst ohne ihn zu richten, ohne ihn zu hören. Obgleich kein acht= barer Mensch, kann er doch nicht verantwortlich gemacht werden für einen Traktat, den die Mehrheit schloß" (und wohl schließen mußte!) — Suchodolski und Suchorzewski, von der Partei Branicki, waren die Hauptankläger, was auch Poninski bei seiner Vertheidigung zu sagen bewog: „Er allein habe das Werk der Theilung nicht vollbringen können, und er wolle in Hinsicht dieser Operation wie noch einiger andern sehr dabei betheiligte Personen citi= ren, wie namentlich den Großfeldherrn Branicki, den Fürsten Radziwill, Nebenmarschall des Reichstags von 1773, und noch an 60 Landboten, Senatoren, Minister."
— Darüber große Verwirrung und Unruhe in den Fa= milien der Genannten, Streit und Hader inmitten der angekündigten Regeneration. Endlich mußten die bedroh= ten Mächtigen es durchzusetzen, daß ein Reichstagsschluß alle von Poninski als Theilnehmer Citirten von der ge=

richtlichen Verfolgung freisprach. Mit verdoppeltem Grimm
fiel man nun über den Angeklagten, dem man so die
Freiheit und die Mittel seiner Vertheidigung geschmälert,
her, und nachdem man über seinen sich fast ein Jahr lang
hinziehenden Proceß eine unendliche Zeit verloren, erklärte
man ihn des Verraths am Vaterlande schuldig, beraubte
ihn seines Adels, seiner Würden und Orden und verbannte ihn bei Todesstrafe aus den Polnischen Landen.
Er ward öffentlich degradirt und durch die Straßen geführt mit den Worten: „So bestraft man die Verräther
des Vaterlandes!" Es sollte ein Wink für die Russischen
Anhänger sein, deren Zahl aber durch die bisherigen
Vorgänge schon äußerst geschmolzen war, denn wenn
irgendwo so gilt es in Polen, daß dem augenblicklichen
Sieger alles zufällt. Poninski zog sich nach Galizien
zurück, und ward drei Jahre später durch die Targowicer
wieder rehabilitirt.

Neben diesen Ausfällen und Herausforderungen Rußlands, neben den Verhandlungen über die angebliche
Revolte, und den Proceß Poninski's gingen die Berathungen zugleich über Armee und Finanzen fort, ohne
daß es mit der einen noch mit den andern vorwärts gekommen wäre. Man legte höhere Schatzungen von 10
vom Hundert auf die Landgüter; verlangte von den Be-
sitzern der Starostien statt des vierten Theils die Hälfte
der Einnahmen; von der Geistlichkeit 20 vom Hundert;
zog die Einkünfte des reichen Bisthums Krakau (über
800,000 Gulden) mit Ausschluß von 100,000 Gulden
für den neuen Bischof, ein, und dekretirte: daß kein
Bischof künftig mehr wie 100,000 Gulden Einkünfte

haben und der Ueberrest dem Staatsschatz zufallen sollte. —
Viele weinten vor Freude, weil nun das Heer von
100,000 Mann doch ganz gewiß zu Stande kommen
würde. Aber, man hatte tausend Interessen und Ge=
müther verletzt, und als es zur Berechnung kam, waren
die erforderlichen Kosten für 100,000 Mann, die man
auf 49 Millionen Poln. Gulden veranschlagte, lange
nicht beisammen. Man beschloß also fürs erste das Heer
auf 60,000 Mann zu beschränken, und um baare Gelder
herbeizuschaffen, seine Zuflucht zu Anleihen zu nehmen.
Man unterhandelte sie in Genua und Amsterdam — und
brachte nach langen Verhandlungen auch hier nichts
zu Wege.

Doch während man so in Geldnöthen war, und das
Gold auf alle Art aufzubringen suchte, warf man, nach
eigenthümlicher Landesart, große Summen in unnöthigen,
nur leerem Prunk dienenden Ausgaben weg. Immer von
der Idee des Russenhasses, der Stärkung wider Rußland,
der Erweckung von Feindschaft gegen Rußland und einer
engern Verbindung mit dessen Feinden geleitet, ernannte
man Gesandte an alle Europäischen Höfe, vor allem an
die mit Rußland gespannten oder verfeindeten, wodurch,
obgleich man große Herren dazu wählte, die schmalen
Einkünfte noch um ein Bedeutendes durch die großen
dazu erforderlichen Auslagen geschmälert wurden. Schon
im April 1789 ward Georg Potocki nach Schweden, im
Juni Peter Potocki an die Pforte geschickt, als den bei=
den offenen Feinden Rußlands. Außerdem wurden im
Herbst desselben Jahrs ernannt: Joseph Czartoryski
nach Berlin, Nepomuk Malachowski nach Dres=

ben, Franz Bukaty nach London, Adam Rzewuski
nach Kopenhagen, Thaddäus Morski nach Madrid,
Stanislaus Potocki nach Paris, Michel Oginski
nach dem Haag; ungerechnet die Gesandten bei den
Kaiserhöfen, Graf Woina in Wien und Deboli in
Petersburg. Jene sollten gegen Rußland intriguiren,
ihm Feinde erwecken, und wo möglich nähere Verbindungen gegen dasselbe eingehen. Sie irrten sich nur
in Einem: jene Kabinete, meist von geschickten Staats-
männern geleitet, benutzten wohl zu ihren augenblicklichen Absichten jene Polnischen Anträge und Erbietungen, ließen sich aber nur in so weit ein, als es
mit den Interessen und Zwecken ihrer Staaten vereinbar
war. Die meisten dieser kostspieligen Gesandtschaften
erwirkten somit fast nichts: Spanien war fern, und wollte
sich in nichts mischen; Frankreich durch innere Unruhen
bewegt; Dänemark blieb neutral; Schweden sann auf
Frieden, da ihm der fortgesetzte Krieg nicht viel versprach;
Hollands Interesse zog es zu Rußland, obgleich von
England und Preußen dominirt; England dachte die
Polnischen Vorschläge so weit zu benutzen, als sie ihm
dienlich schienen: nur zwei Mächte ließen sich näher mit
der Polnischen Republik ein, Preußen und die Türkei, jenes voran unter den Gegnern, diese unter den
Feinden Rußlands. Zuerst Preußen. Die Unterhandlungen begannen bereits im December 1789 und dauerten
längere Zeit: es sollte zugleich ein Handels- und ein
Kriegsbündniß werden. Hier aber gingen die Zwecke
und Interessen aus einander: Preußen wollte vor allem
das Kriegsbündniß, um sich zu verstärken und ein neues

Gewicht in die Wage gegen Rußland zu legen, und noch
etwas; Polen vorzüglich das Handelsbündniß, um seinem durch die Preußischen Zölle beengten und fast erstick-
ten Handel Luft zu verschaffen. Darüber verging ge-
raume Zeit, ohne daß man die widerstreitenden Interessen
vereinigen konnte. Dazu kam noch, daß das Preußische
Kabinet den Schleier seiner verborgenen Absichten ein
wenig lüftete: das Etwas, was es noch verlangte, war
Danzig und Thorn, wofür es den Polen außer großen
Handelsfreiheiten die Rückgabe Galiziens von Oestreich
versprach, das wiederum in der Türkei entschädigt werden sollte. Früher hatte Polen für die Türkei leiden
müssen, jetzt sollte die Türkei für Polen leiden. So
vortheilhaft der Antrag war, und obgleich Preußens
Verbündete England und Holland demselben allen möglichen Vorschub thaten und die erforderlichen Bürgschaften
für die künftige Sicherheit des Polnischen Handels zu
leisten versprachen: so lehnte der Reichstag ihn dennoch
ab; er wollte nichts Gewisses für Ungewisses hingeben.
Der Handelsvertrag also, das eben von Polen Gewünschte,
wurde ins Weite geschoben und nur der Schutzbund am
29. März 1790 geschlossen. Man sagte sich in demselben „gegenseitige Hülfe zu, Preußen von 16,000 Mann,
Polen von 12,000 Mann, die auf Verlangen von Preußen auf 30,000, von Polen auf 20,000 M. verstärkt
werden sollten; und im Nothfall Hülfe sogar mit ge-
sammter Macht. — **Niemand sollte sich in Polens
innere Angelegenheiten mischen;** und wären
Vorstellungen deshalb unwirksam, so versprach Preußen
den stipulirten Beistand. Man garantirte sich endlich

gegenseitig den Besitzstand, und entsagte allen Forderungen und Ansprüchen an einander." — Die patriotische Partei triumphirte: sie glaubte Polen gerettet: von Innen bald 60,000 M. unter den Waffen; von Außen ein enges Band mit dem kriegerischen Preußen, dessen hochberühmtes Heer schlagfertig da stand; nichts fehlte noch, als die weitern Zwecke zur Umformung der Verfassung in Ausführung zu bringen, wozu Preußen sogar ermunterte, und was jetzt unter dem Schutz einer solchen gewaltigen Heeresmacht ohne Gefahr zu vollbringen schien. Stolz sprach die Partei: „der Traktat mit Preußen gebe Polen seine Freiheit wieder, sichere seine Existenz, und sei ein Meisterwerk der Politik." Doch auch hier bewährte sich der Widerstreit menschlicher Hoffnungen und Erwartungen mit den Entscheidungen des Schicksals. Was vereinen sollte, entzweite; was stärken, schwächte; und das Bündniß, das alle Wünsche Polens krönen und den Weg zu dessen Größe bahnen sollte, führte gerade zum Untergang. Nicht ohne Selbstverschuldung. Das Preußische Kabinet verlangte sehnsüchtig nach dem Besitz von Danzig und Thorn, zum Vortheil seines Handels und um Herr der Weichsel zu sein; um so sehnsüchtiger, da er seit Jahren ihm verweigert und immer als Lockspeise vorgehalten war. Durch seine freundschaftliche Annäherung an Polen, durch so viele diesem erzeigte Gefälligkeiten, durch Versprechungen, vorgespiegelte Luftbilder, gedachte es sicher jene Städte zu erhalten: und in dem entscheidenden Augenblick versagte die Hoffnung, und zwar von dieser Seite unwiederruflich, indem der Reichstag mit Bezug auf jene Forderung am 6. Sept. 1790 den thörichten Beschluß faßte: „kein Stückchen Polnischen Landes solle hinfort von dem Ganzen der Republik getrennt werden." Thöricht war der Beschluß, weil, wenn sie die Kraft hatten, jede Trennung zu verhindern, er unnöthig war, und der Staatsweise nie Unnöthiges thut; und hatten sie nicht die Kraft, so mußten sie nur Schande davon ernten. Die Wirkung dieses Beschlusses war, daß das Preußische Kabinet auf einmal in seiner heißen Freundschaft erkaltete, und sich nach andern Seiten umzusehen begann, um zu seinen Zwecken und zum Besitz des Gewünschten zu kommen, und daß, als die Stunde der Entscheidung schlug, Polen statt eines warmen, diensteifrigen, nur einen lauen, fast gleichgültigen Freund mehr hatte.

Um nichts besser ging es mit der zweiten Macht, der Türkei. Auch dorthin war im Juni 1789 ein Gesandter, Peter Potocki geschickt worden, der sich eifrig um ein Schutz- und Trutz-Bündniß mit diesem offenen Feinde Rußlands bewarb. Sie baten hier demüthig die Geschlagenen um eine Gewähr, welche sie von den Siegern stolz zurückgewiesen, und ließen sich alle Erniedrigungen, alle Demüthigungen, allen Hohn gefallen, welche der Dünkel und Uebermuth der Osmanen damals auf die Christen-Gesandten, besonders die der minder mächtigen Staaten, in reichem Maße herabgoß. Und alle diese Unterwürfigkeiten erwirkten nichts. Es kam zwar am 6. December 1790 ein Bund im Entwurf zu Stande, ein Schutz- und Trutzbündniß, das Zeugniß gab von dem ohnmächtigen Haß gegen Rußland, und direkt gegen dasselbe gerichtet war, gegen eben den Staat, mit welchem sie sich vor zwei Jahren gegen diese selbe Pforte

hatten verbinden wollen; aber ehe es vollzogen werden
konnte, hatten die Begebenheiten eine Wendung genommen, daß es ewig unvollzogen blieb. [22])

Ihre Gesandtschaften, ihre Bundesbewerbungen hatten
ihnen solchergestalt nur Kosten, Schaden und Demüthigungen und neue schwarze Steine bei der von ihnen an-
gefeindeten Macht gebracht. So mißlang ihnen alles,
weil Urtheil, Selbstbeherrschung und ruhig erwägende
Weisheit in allem was sie unternahmen, ihnen abging.
Und wie von außen, so scheiterte zuletzt aus denselben
Gründen alles was sie von innen unternahmen.

---

[22]) Da weder Martens noch Schöll diesen Traktat enthalten, so
geben wir hier die Grundzüge desselben mit wenig Worten:

Artikel des Vertrags: 1) Der Zweck des Bundes soll sein,
die gegenseitige Unabhängigkeit beider Staaten zu wahren, und
fremden Einfluß von deren innern Angelegenheiten abzuhalten. Im
Verletzungsfall verspricht man sich Hülfe. — 2) Nicht bloß, wenn
Oestreich und Rußland wirklich angreifen, sondern schon wenn sie
Anstalt zum Angriff treffen, soll man sich gegenseitig beistehen. —
3) Die Pforte stellt aufs erste Verlangen 30,000 Reiter, die sie im
Nothfall bis auf 45,000 vermehrt; — Polen 20,000 Mann, halb
Fußvolk, halb Reiter. — 4) Man gewährleistet sich den gegenwärtigen Besitzstand. — 5) Die gegenseitigen Handelsvortheile werden
nach dem Karlowitzer Vertrag geordnet. — 6) Der Traktat soll in
drei Monaten bestätigt und ausgewechselt werden. (Folgen noch 3
minder wichtige Artikel.)

Besondere Artikel. 1) Da Rußland sowohl der Pforte als
Polen Ländergebiete entrissen hat, und die Pforte den Krieg gegen
Rußland fortsetzt, und der König von Preußen sich gleicherweise
daran zu betheiligen denkt: so wird Polen im Verein mit der Pforte
und Preußen aus allen Kräften an diesem Kriege gegen Rußland
Theil nehmen.

2) Die Verbündeten werden sich gegenseitig ihre Kriegsentwürfe
mittheilen; werden weder Waffenstillstand noch Frieden ohne Wissen

Nachdem die Verfassungs-Deputation einige Monate gerathschlagt, unterlegte sie dem Reichstage am 17. Dec. 1789 einen vorläufigen Entwurf in 8 Artikeln. Dieselben lauteten: 1) Der Nation verbleibt die **Königswahl**, Gesetzgebung und oberste Entscheidung. 2) Die begüterten Bürger aber bilden die Nation und wählen die Reichsboten. 3) Alle 2 Jahre Reichstage, aber auch außerordentliche. 4) Bei den Hauptgesetzen entscheide. Einmüthigkeit (also liberum veto). 5) Bei den Traktaten eine Mehrheit von drei Viertel. 6) Der König mit verantwortlichen Ministern vollzieht. 7) Alle Behörden sollen unter Aufsicht stehen. 8) Konföderations-Reichstage hinfort nicht erlaubt, und Konföderations-Gesetze nie verbindlich. — Der Entwurf ward angenommen, und wieder vergingen Wochen und Monate mit neuen Berathungen. Man änderte das Bewilligte, schlug vor (am 7. Aug. 1790), den Thron **erblich** zu machen, aber mit Beschwörung vorgelegter Bedingungen (pacta conventa); ein Widerspruch! Darüber Aufregung und Streit. Man vereinigte sich auf den Kurfürsten von Sachsen, der die neue erbliche Dynastie in Polen anfangen solle; und ordnete zugleich, da die zweijährige Frist zur Erneuerung der Reichstage abgelaufen, im Nov. 1790 die Wahl

---

und Einwilligung des Königs von Preußen schließen, sondern den Krieg fortsetzen bis zur völligen Genugthuung der Pforte und Polens, und bis sie einen vortheilhaften Frieden erlangt haben.

3) Nach Unterzeichnung dieses Traktats soll der König von Preußen eingeladen werden, den Bedingungen desselben beizutreten.

Folgen 2 geheime Artikel über den künftigen freien Handel der Polen auf dem Dniestr, dem Schwarzen und Weißen (Marmora-) Meere.

neuer Landboten an. Um aber dem begonnenen Werk
der Umformung die alten Arbeiter nicht zu entziehen,
beschloß man, daß auch diese bleiben und die neuen Bo=
ten sich ihnen anschließen sollten: so hatte man einen
verdoppelten Reichstag, doppelte Boten. Am 16. Dec.
1790 eröffnete die also vermehrte Reichstagsversammlung
ihre Sitzungen, ohne daß mit der verdoppelten Zahl auch
doppelte Thätigkeit oder Wirksamkeit in sie gekommen
wäre; im Gegentheil, mit der vermehrten Kopfzahl kam
auch größere Verschiedenheit der Ansichten und Meinun=
gen herein und damit Hemmung. Man hielt nach wie
vor schöne Reden über alles, betrieb fleißig Nebensachen
und lachte die aus, die auf den Weiser der Zeit deuteten
und aufs Nothwendige drangen: Heer und Finanzen,
Finanzen und Heer. Das hing freilich mit einem wun=
den Fleck zusammen. Man hatte beim Reichstag den
Vorschlag zur Rückforderung und Verkauf der Starostien
zum Vortheil des aufzurichtenden Heers gemacht, und
damit alle Besitzer und alle Hoffende getroffen. Er fand
daher großen Widerspruch im Reichstage wie in der Ge=
sellschaft, wo zumal die Frauen dawider eiferten, die ihn
als den Zerstörer ihrer Putz= und Kleiderschränke, als
den Räuber ihrer Juwelen und Kleinodien betrachteten,
indem die meisten von ihnen wegen ihrer Nadelgelder
von Vätern und Männern auf diese Starostien angewie=
sen waren. Und Frauen=Einfluß war zu jeder Zeit in
Polen allmächtig. So wußten sie durch ihre Künste
einen Beschluß deshalb lange zu verhindern; daher denn
auch die Heiterkeit auf dem Reichstage, wenn diese Sache
nur berührt ward.

Unterdessen trübte sich der Himmel — düstere Gewitter zogen sich im fernen Ost zusammen: Rußland schloß seinen Frieden mit Schweden, und machte sich damit seinen rechten Arm frei; mit Preußen und England gingen die Unterhandlungen, mit dem Sultan der Krieg noch fort, aber schon unter günstigeren Aussichten. Die schweren Wetter, die über Frankreich hingen, beunruhigten die Fürsten, erweckten neue Sorgen und lenkten von den alten ab. Otschakow und sein Gebiet ward nicht mehr eine Lebensfrage für Europa: Frankreich bot ernstere. England und Preußen begannen sich Rußland zu nähern; mit Oestreich hatte Preußen am 27. Juli 1790 die Reichenbacher Konvention geschlossen, welche die beiden Monarchen Leopold und Friedrich Wilhelm in vertrauten Briefwechsel mit einander brachte, in Folge dessen der alte Oestreichhasser, der unruhige, alles durch einander wirrende Herzberg beseitigt, und Friede und Freundschaft, und bald darauf inniges Einverständniß und engeres Bündniß zwischen den Monarchen von Süd- und Nord-Deutschland angebahnt ward. So änderte sich die Lage der Dinge allmälig, während die Polen in zaubernden Berathungen, mit hundert Kleinigkeiten zugleich beschäftigt, am meisten mit Festen, mit Tanz und Spiel und Sinneslust, leichtsinnig und arbeitsscheu die kurze Frist verschwelgten, die ihnen gegeben war, sich stark und kräftig wiederzugebären. Das Schicksal prüfte sie, doch sie wurden zu leicht erfunden; und während sie immer noch sich den Einbildungen von künftiger Macht und Größe hingaben, war die Gunst der Umstände schon vorüber, neigte sich das rollende Glücksrad abwärts und immer tiefer abwärts. Da gemahnte es die Häupter, daß keine Zeit zu verlieren sei, und sie beschlossen nun die heimlich entworfene und unter sich abgemachte Verfassung in die Welt einzuführen; sie ihren widerstrebenden, argwöhnischen Landesgenossen durch Ueberraschung aufzulegen; überzeugt, daß durch regelmäßige Berathung und Erörterung auf dem Reichstage sie nie zu ihrem Zwecke kommen würden. So ward der 3te Mai des 1791ten Jahres eingeleitet; an seinem Vorabend gewissermaßen, am 14. April, ward, um sich durch den Bürgerstand zu verstärken, das Gesetz wegen der Städte erlassen.

Die freien oder königlichen Städte (im Gegensatze der dem Abel gehörigen) hatten bereits am 10. Dec. 1789 eine Bittschrift um Wiederherstellung ihrer Rechte eingereicht. Sie wiesen nach: daß sie früher Sitz und Stimme auf den Reichstagen gehabt und zu allen Verhandlungen der Stände wären beigezogen worden. Es findet sich noch in den Archiven ein Einladungsschreiben Siegmund I. vom Jahre 1510 an sie vor, Boten (nuntii) zum Reichstag von Petrikau zu senden. Allmälig hatte der Abel, besonders im 16ten Jahrhundert, sie wie den Bauernstand um alle ihre Rechte zu bringen, und sie von der gesetzgebenden, vollziehenden und selbst richterlichen Gewalt auszuschließen gewußt; schon 1575 wurden sie zu den Berathungen der Stände nicht mehr zugelassen. Bis zum gegenwärtigen Reichstag waren sie immer tiefer gesunken, und hatten weder ihre alten Freiheiten noch sonstige Abhülfe erlangen können. Auch jetzt wurden sie anfangs zurückgewiesen: man wollte keinen neuen Stand schaffen, der durch seinen Aufschwung dem Abel hätte

gefährlich werden können. Nach langen Verhandlungen
und nicht geringen Geldopfern erhielten sie aber doch auf
Suchorzewski's Vorschlag eine scheinbar günstige Antwort. Suchorzewski gab einen Ausweg an, der alle
Schwierigkeiten aus dem Wege räumte, und den Bürgerstand gewissermaßen zur Vorschule und Ergänzungsquelle
des Adels machte: man entzog ihm alle seine bessern
Glieder und adelte sie; so konnte der nachbleibende geist-,
macht- und vermögenslose Rest wenig Besorgnisse einflößen. Man ließ sie zum Militair und zu den Gerichten zu: wer sich dort zum Offizier erhob, hier einige
Jahre diente, oder wer den Bürgerstand auf den Reichstagen vertrat, ward adelig; wer Fabriken anlegte und
größere gewerbliche oder Handels-Unternehmungen betrieb,
ward adelig; wer Geld genug hatte, Dorfschaften und
liegende Gründe zu kaufen, ward dadurch selbst zum Edelmann: kurz jeder der sich durch Dienst und Verdienst,
durch Reichthum oder Unternehmungsgeist auszeichnete,
ward dem Bürgerstand entzogen und dem Adel einverleibt. Das schmeichelte dem einzelnen Bürger, seine Eitelkeit pries es als große Begünstigung, obgleich es gerade
das Mittel war, den ganzen Stand niedrig, macht- und
einflußlos zu erhalten. Die bewilligte Vertretung auf
dem Reichstage war auch nur scheinbar: die sämmtlichen
Städte des Landes sollten nur 24 Vertreter zum Reichstag senden; und diese durften bloß Wünsche vortragen,
nicht mit berathen, ausgenommen in Sachen, die unmittelbar die Bürgerschaft betrafen; sie blieben damit wie
früher Bittsteller, die man nach Belieben anhörte oder
nicht. Um sie endlich bei den bevorstehenden Ereignissen

zu gewinnen und leichter sie leiten zu können, ließen die vornehmsten der patriotischen Partei, der Reichstagsmarschall Malachowski nebst noch 42 Boten sich als Bürger aufnehmen, nachdem man die am Bürgerstande klebende Makel gehoben und erklärt hatte: „es solle keinem Edelmann zur Schande gereichen, Bürger zu werden, Handel und andern bürgerlichen Erwerb zu treiben." Damit gewann die Partei den Bürgerstand ganz für sich.

Vier Monate lang hatten mehr wie 60 Personen der patriotischen Partei das Geheimniß der beabsichtigten Veränderungen heilig bewahrt; niemand, auch nicht der Russische Gesandte, erfuhr etwas davon; jetzt, da es ans Handeln gehen sollte, sahen ihre Führer wohl ein, daß wenn sie mit ihren Vorschlägen durchbringen wollten, sie vorläufig den König für sich gewinnen müßten.

Stanislaus hatte sich während der letzten zwei Jahre fast leidend verhalten: Rußland konnte ihm keine Hülfe gewähren, seine Partei, wie auch die Russische, waren gebrochen: Wind und Wellen waren für die jung-patriotische, reformirende, umschaffende, vorwärtstreibende. Der Abschluß des Bündnisses mit Preußen erschütterte zuerst seine frühern Gesinnungen und Grundsätze. Er erklärte: „er könne und wolle sich von seiner Nation nicht trennen; er wolle sie nur leiten." In Preußen glaubte er jene Stütze zu finden, mit deren Hülfe man Polen aus seiner Erniedrigung würde ziehen können. Seine alten Wünsche und Hoffnungen zur Hebung und Verbesserung der heillosen innern Zustände erwachten von neuem; waren doch die Zwecke, auf welche die jungpatriotische Partei hinarbeitete, dieselben, denen er so lange Zeit

nachgestrebt hatte. Der Gedanke an die zahllosen Verdrießlichkeiten, die seiner warteten, wenn er Rußland treu
bliebe, da alles was Russisch war durch die Umtriebe
der Gegner äußerst verhaßt geworden; die Hoffnung,
viele wesentlichen Gebrechen abgestellt zu sehen; die Aussicht, von jetzt als König mehr Macht und Einfluß und
zugleich die Liebe der Nation zu gewinnen; endlich der
Umstand, daß die Führer der Patrioten, junge Leute in
den dreißigern, meist seine Zöglinge waren, die er durch
seine Unterredungen, Ermahnungen und Belehrungen
über die Uebelstände der alten Regierung aufgeklärt hatte;
und daß sie, als sie die ersten Spuren seiner veränderten
Gesinnung wahrnahmen, sich ihm näherten und durch
Bitten, Vorstellungen, Beschwörungen ihn zum Uebertritt
auf ihre Seite zu bewegen suchten: alles dieses zusam-
mengenommen bewirkte, daß er sich allmälig zu ihnen
hinüberneigte und seine nächsten Anhänger mit hinüber-
zog, um im Verein mit den jungen Patrioten die völlige
Reform der Verfassung, trotz aller Hindernisse durchzuführen. Um auch seine Eigenliebe mit ins Spiel zu
ziehen, forderte man ihn auf, selber einen Entwurf, wie
er die neue Verfassung wünsche, zu machen. Er reichte
einen solchen als „den Traum eines guten Bürgers" ein.
„Kein Traum, erwiederte man ihm; es ist eine Verfassung, die man, wenn man nur ernstlich will, leicht
in Ausführung bringen kann." Da sein Entwurf in
den Hauptzügen, wie natürlich, mit dem der Patrioten
übereinstimmte, so überredete man ihn: die neue Verfassung sei sein Werk, sei nach seinen Ideen entworfen;
und wenn sie durchginge, gebühre ihm der Ruhm, Polen

gerettet, es vielleicht auf die Bahn der Größe und Macht
hingeleitet zu haben. Von jetzt an umringte man ihn
mit Personen, die ihn bewachten, bei Anfällen von Aengst-
lichkeit stärkten, und bald seinen Verstand, bald sein Herz,
bald seine Einbildungskraft oder seine Ruhmesliebe zu
den beabsichtigten Zwecken anzuregen wußten. So wurde
er auf dem einmal betretenen Wege allmälig immer weiter
fortgezogen, und ihm zuletzt die Umkehr unmöglich gemacht.

Die ersten Urheber und Begünstiger des neuen Plans
waren nur wenige; sie hielten sich darum absichtlich im
Verborgenen, damit nicht kund würde, wie eine so geringe
Zahl die Nation künstlich in Feuer setze und zu geheimen
Absichten leite: die drei vornehmsten, die eigentlichen Ent-
werfer der neuen Verfassung waren Ignaz Potocki, Hugo
Kollontai, und Piatoli. Ihnen schloß sich der alte Reichstagsmarschall Stanislas Malachowski an; auf den man
vornämlich durch die Gebrüder Czacki wirkte; ferner der
leidenschaftliche Stanislas Soltyk, der den Russenhaß
(obgleich selber Russischer Herkunft) von seinem Oheim
geerbt, den weiland Bischof; sodann die meisten Glieder
der zahlreichen und mächtigen Familie Potocki und die
der Czartoryski, mit ihrem ganzen Anhang von jungen
talentvollen Leuten, den Niemcewicz, Weißenhof, Mostowski, Matussewicz, Wybicki, Zabiello u. s. w. Ihr
Bestreben ging nun darauf hinaus, für die beabsichtigten
Veränderungen immer mehr Anhänger im Volk und unter
den Reichstagsgenossen zu gewinnen, und in jeder Art
auf die Meinungen der Hauptstadt und des Landes zu
wirken, bald durch verbreitete Gerüchte, wahre, falsche,
aufmunternde, niederschlagende; bald durch Zeitungsartikel,

in denen sie die Tagesfragen erörterten oder von den
„Verbrechen der Russen gegen Polen" sprachen; bald
durch Schriften, in denen sie die Hauptfragen näher be-
leuchteten und die Landeszustände besprachen; bald endlich durch fähige junge Leute, die sie als Meinungsver-
fechter in die größern gesellschaftlichen Kreise brachten.
Der Wahlthron jedoch, das liberum veto, die Konföderationen und die vielen andern Mängel des alten Zustandes hatten auf dem Reichstage wie im Lande, und
besonders bei den ältern und weniger gebildeten Personen,
viele Anhänger, die sie unzertrennlich von dem, was sie
Polnische Freiheit nannten, hielten: man mußte sich also
auf heftigen Widerstand gefaßt machen. Es kam nun
darauf an, zu überraschen, zu überrumpeln, und den
neuen Verfassungsentwurf in einem Augenblick, wo wenig
Gegner auf dem Reichstag versammelt wären, durchzusetzen. Dazu machte man folgenden Plan. Die Ostern-
ferien zerstreuten die Landboten, indem die meisten sie in
der Heimath feierten. Diesen Umstand wollte man benutzen, und während der Abwesenheit der Gegner und
indem man die eigenen Anhänger zusammenhielt, den
Staatsstreich ausführen. Der Ostern-Sonntag fiel in
diesem Jahr (1791) auf den 24. April. Die Reichstags-
sitzungen waren während der ganzen vor- und nachfolgen-
den Woche ausgesetzt und begannen erst am Montag den
2. Mai wieder. Da nichts wichtiges angekündigt war,
so beeilten sich die Abwesenden eben nicht, gleich bei der
Wiedereröffnung der Sitzungen gegenwärtig zu sein. Dieser
Umstand sollte nun benutzt und die Konstitution im Sturm
davon getragen werden; zuerst bestimmte man den 5. Mai,

später, um sicherer zu gehen, den 3. Mai oder den zweiten Tag nach Wiedereröffnung der Kammer dazu, indem alsdann nur wenige Boten angekommen sein konnten. [23] Der Plan war, durch Furcht und Hoffnung auf die Anwesenden zu wirken, durch Furcht, indem man Besorgnisse um das Schicksal des Landes erregte, das angeblich durch eine neue Theilung bedroht wäre; durch Hoffnung, daß man dieser drohenden Gefahr durch eine rasche Regierungsveränderung würde entgehen können. Sie bewiesen damit die geringe Meinung, die sie von der Urtheilskraft ihres Volkes hatten. Wie sollte eine Regierungsveränderung, die allerdings in der Macht der Polen stand, Theilungspläne, die nicht von den Polen, sondern von den fremden Kabinetten abhingen, verhindern können? Wäre damals, wie man fälschlich vorgab, eine Theilung beabsichtigt worden, so hätten alle ihre Verfassungsänderungen selbige nicht rückgängig gemacht. Es war

[23] Das wird nun in Kollontai's lügenhafter Schmähschrift, das bekannte Werk vom Entstehen und Untergang der Poln. Konstitution vom 3. Mai. L 172., um durch Einen Wurf mehrere Gegner zu treffen, also erklärt: „Der König habe den Plan dem Kanzler Malachowski mitgetheilt, dieser, Verrath übend, den Russischen Anhängern, die darauf durch Eilboten ihre Genossen (die „Landtagsraufer", wie er sie nennt) auf schleunigste nach Warschau beschieden hätten. Man habe also deren Ankunft zuvorkommen wollen." Durch diese Deutung konnte er zugleich dem Könige als Verräther, dem Kanzler Malachowski als zweitem Verräther, endlich der Russischen Partei eins versetzen, die ohnehin nach ihm das primum mobile alles Bösen und Verderblichen, was nur immer in Polen geschehen, gewesen sein sollte. Und doch, wäre Verrath geübt worden, so hätte der Russische Gesandte etwas Näheres erfahren; er wußte aber, wie aus seinen eigenen Berichten hervorgeht, bis auf den letzten Augenblick nichts Bestimmtes.

aber nur leerer Staub in die Augen für nicht denkende Köpfe. [24])

Das zweite Mittel, dessen man sich bediente, war, daß man diplomatische Schreiben anfertigte, und darin die Lage und die Gefahren aufs düsterste schilderte, als wenn die Theilung des Landes nächstens bevorstehe. Diese Schreiben wurden den verschiedenen Ministern im Auslande übermacht, um sie zu unterzeichnen und einzuschicken. So geschah es denn, daß die verschiedenen genau an demselben Tage, zur selben Stunde fast, einlaufenden Briefe aus Berlin, aus Wien, aus dem Haag, Dresden wie aus Petersburg, alle dasselbe Thema behandelten, und von einer Zerstückelung Polens sprachen, die sofort zur Entschädigung für die Kosten des Türkenkriegs, stattfinden solle; obgleich gerade in jenem Zeitpunkt kein Gedanke ferner lag und Petersburg und Berlin durch eine weite Kluft von einander getrennt standen. Es war gerade der Augenblick der Krise (April 1791), wo eine Englische Flotte Kronstadt, ein Preußisches Landheer Livland bedrohte, und jeder Eilbote fast Nachrichten vom Marsch und den Bewegungen der Preußischen Truppen brachte.

Man gab ferner zu verstehen, die Uebelgesinnten des Reichstags (die Russische Partei, wie man sie nannte)

---

[24]) Es heißt in dem Werk vom Entstehen ꝛc. I. 181: „Bald darauf erwiesen der von der ausländischen Deputation gegebene Bescheid und die vorgelesenen Berichte aller unserer ausländischen Minister, wie fürchterlich groß das Unglück sei, welches der Republik drohe, wofern sie nicht in der schleunigsten Gründung einer guten Regierungsform das einzige Rettungsmittel finden werde, das ihr noch übrig sei." — Glaubten die Verfasser selber an ihre Worte?

wollten die Städte um die ihnen bewilligten Vorrechte bringen, daß aber der König die Aufrechterhaltung dieser Freiheiten und Rechte in der Sitzung vom 3. Mai feier= lich zu beschwören gedenke; man rieth daher den Bürgern, sich bei jener Reichstagssitzung einzufinden, um Zeugen der That zu sein und die Gegner einzuschüchtern.

Man versäumte keine Vorsichtsmaßregel. In der ersten Frühe des bestimmten Tages ward der Platz zwischen dem Schloß und dem Fluß, so wie die angrenzenden Höfe mit Truppen besetzt; andere standen in ihren Ka= sernen mit geladenen Gewehren bereit; die Pferde zu den Kanonen angeschirrt. Im Schloßhof waren mehrere Ge= schütze aufgefahren, und in die Augustiner=Kirche daneben wurden in der Nacht 3000 Flinten und Pistolen gebracht, um das Volk, das man durch Geldspenden gewann, zu bewaffnen. In Towarzysz (Edelleute der National=Kava= lerie) verkleidete Ulanen wurden im Saal vertheilt und sollten alle Aus= und Eingänge des Schlosses bewachen; jene Reichtagsglieder endlich, denen man nicht traute, sollten im Saale selbst von Haufen sicherer Leute umringt werden. [25]

Am Abend zuvor versammelte die Partei ihre Anhänger im Pallast Radziwill, wo ein Gasthaus eingerichtet war. Nach der Bewirthung ward der Verfassungsentwurf vor= gelesen und mit einem lauten zgoda aufgenommen. Man legte ihn hierauf zur Unterschrift vor; die Namen der Bischöfe von Kamieniez (Krasinski) und von Kujavien

---

[25] Wir geben die ganze folgende Erzählung nach dem Journal des Reichstags, es hier und da nach den Russischen Gesandtschafts= berichten ergänzend.

(Rybinski) die schon auf dem Papier standen, bewogen die meisten unbedenklich zu unterschreiben. Früh am folgenden Morgen sollten sich die Eingeweihten im Hause des Reichstagsmarschalls einfinden. Man gab sich das Wort, in der Kammer keine Einwendungen zu machen, und alles was hemmen könnte, zu vermeiden.

Die Sonne des 3. Mai's ging endlich auf. Schon früh erfüllte das Volk die umliegenden Straßen des Schlosses; jeder eilte auf die Kunde, daß etwas Außerordentliches vorgehen werde, herbei und erwartete zwischen Furcht und Hoffnung die Lösung. Bald waren nicht nur die anliegenden Straßen, sondern auch der Schloßhof, die Treppen, die Hausflur, die Gallerien und der Sitzungssaal selbst angefüllt mit Menschen, viele mit Knütteln bewaffnet.

Die Mitglieder des Reichstags versammelten sich früher wie gewöhnlich. Die nicht eingeweihten Boten begaben sich wie die andern in den Saal, aber eingeschüchtert durch die ungewöhnlichen Maßregeln, durch die Ungewißheit über das was man vorbereite, erschreckt endlich durch den Anblick des betrunkenen Pöbels draußen und die aufgefahrenen Kanonen. Der König wurde mit Jubel empfangen; alsobald umschlossen an 200 Generale und Offiziere seinen Sitz; selbst die Kammerherrn hatten Säbel umgegürtet. Bei wachsender Spannung eröffnete endlich der Reichstagsmarschall um 11 Uhr die Sitzung, mit trüben Betrachtungen über die Wandelbarkeit der Schicksale von Menschen und Völkern. Jüngst noch so mächtig sei das große Volk der Polen jetzt ein Spielwerk der Nachbarn geworden. „Gott des Himmels, schloß er,

bewahre uns vor dem Unglück, das uns, wie unsere aus=
wärtigen Botschafter einstimmig berichten, von neuem be=
droht." — Stanislaus Soltyk ergriff nun mit pathetischen
Ausrufen das Wort: „Entsetzliche Nachrichten! — meine
Zunge bebt, sie auszusprechen! O Vaterland, was steht
dir bevor! — o Polen, die ihr es liebt, eilt zu seiner
Rettung herbei! — Nicht nur unsere Botschafter bringen
jene Kunde, auch unsere Freunde, unsere Verwandte im
Auslande schreiben einhellig von einer Theilung. Nur
eine kurze Frist, nur dieser Augenblick ist uns noch ver=
gönnt, das Vaterland zu retten." — Es war Brauch,
wenn auswärtige Depeschen vorgelesen werden sollten, die
Zuschauer zu entfernen. Doch die Verschwornen ver=
langten: sie sollten bleiben. „Hat man bei geringern
Fragen sie bleiben lassen, warum nicht bei dieser wich=
tigern", rief Soltyk. Der König erhob sich nun und
versicherte: „Allerdings interessirten die eingelaufenen Nach=
richten jedermann, da sie die Unverletzlichkeit des Vater=
lands beträfen; er verlange daher deren Vorlesung." —
Ehe es aber dazu kam, trat folgender Zwischenfall ein.
Suchorzewski, der frühere Russenfeind, der Begünstiger
der Städte, der kürzlich vom König mit dem Stanis=
laus=Orden Geschmückte, rief: „er habe fürchterliche
Dinge zu entdecken und bitte um Gehör." — Man ver=
sagte es ihm; er solle nachher sprechen; und Matussewicz,
Mitglied der auswärtigen Deputation, bereitete sich zu
lesen. Suchorzewski warf sich auf die Knie, kroch zwischen
den Füßen der Voranstehenden bis zum Throne vor, und
hörte nicht auf bald knieend, bald kreuzweise hingestreckt,
während lange Faden seines Ordensbandes, das er ab=

geriſſen, von ihm herabhingen, um Gehör zu bitten. Aufgehoben und an ſeinen Platz geführt, erhielt er es endlich auf Verwendung des Königs. „Nicht vergebens, ſprach er darauf, habe ich mich unter euern Füßen zum Throne durchgewunden, denn entſetzliche Dinge habe ich euch zu berichten. Seit mehrern Tagen laufen dumpfe Gerüchte um, dieſe Kammer ſoll der Schauplatz werden, wo man unſere Freiheiten antaſten wolle; und den Ver- theidigern derſelben hat man den Tod geſchworen. Ich will alles dieſes beweiſen; vermag ich es nicht, will ich gern den Tod leiden. Frei, vertheidige ich das Vater- land; geknechtet, bin ich deſſen Feind. Um uns die Bürger zu entfremden, hat man ihnen eingeredet, wir wollten das zu ihren Gunſten gegebene Geſetz umſtoßen; darum ſind hier alle Zünfte verſammelt worden, um durch ihre Maſſen zu imponiren. Laßt euch nicht täuſchen; nichts von den bewilligten Rechten wollen wir euch ent- ziehen; ihr ſeid unſere Stütze. Wir wollen nur keinen Erbthron. — Noch Eins: ich verlange der Herr Marſchall von Litauen (Ignaz Potocki) und der Herr Reichsbote von Lublin (Stanislaus Potocki) möchten uns doch Auf- ſchluß über ein ausgeſtreutes Gerücht geben, als ob man ihnen ans Leben wolle? (Das Gerücht war abſichtlich verbreitet worden, um Intereſſe für die Potocki, die Haupt- urheber des Entwurfs, und Haß gegen deren Widerſacher zu erwecken.) „Nennt ſie, wer ſind dieſe Leute, die euch umbringen wollen? — Ich habe geſprochen und widerſetze mich nicht weiter der Vorleſung der Depeſchen.“

Matuſſewicz las nun: „aus dem H a a g: Die Herren Kalütſchew und Buchholtz (Ruſſiſcher und Preußiſcher Bot-

schafter daselbst) hätten dem Hr. Middleton, der die
Geschäfte der Republik dort führe, versichert: „eine neue
Theilung Polens werde unfehlbar statt haben!" — aus
Petersburg: „Man hoffe nächstens den Frieden
auf Kosten Polens zu schließen. Preußen insinuire wegen
Danzig und Thorn, wolle Rußland vom Bündniß des
Kaisers abziehen und mit sich verbinden, was aber durch
England vereitelt worden sei. — Rußland sei der Urheber
der ersten Theilung gewesen; habe bereits 1780 (wo ge=
rade eine völlige Erkältung zwischen Rußland und Preußen
herrschte) eine zweite vorgeschlagen, doch der verstorbene
König von Preußen habe sie abgelehnt (!). Deboli
wolle dieses sogar in einem Originalbriefe des Königs
gelesen haben (!). Die Politik der Höfe sei wechselnd,
man dürfe sich auf keinen verlassen. — Die Unthätigkeit
des Reichstags diene zum Gespött. Potemkin halte oft
Konferenzen mit dem Preußischen Minister; das Gerücht
laufe in Petersburg, Polen werde die Kriegskosten be=
zahlen müssen. Man setze daselbst alle Springfedern in
Bewegung, um die neue Organisation in Polen zu hinter=
treiben; die anwesenden Polen würden auf alle Art bear=
beitet. Ein erfindungsreicher Kopf habe schon den Plan
entworfen, Polen in sechs Fürstenthümer zu theilen, deren
eines Potemkin zufallen solle." Die Depesche schließt
mit dem Rath, worauf es abgesehen war: „eiligst das
große Werk der nationalen Konstitution zu beendigen." —
Aus Dresden: „Der Kurfürst habe erklärt: er nehme
den größten Theil an Polens Glück, aber so lange keine
feste, dauerhafte Verfassung eingeführt sei, müsse er über
Polens Schicksal immer in Unruhe schweben." — In

demselben Styl und nach derselben Berechnung waren die Depeschen aus Wien und Berlin abgefaßt.

Jetzt erhob sich Ignaz Potocki: „Sie sehen, es handelt sich nicht um den Mord eines Einzelnen, sondern um den völligen Untergang unsers Vaterlandes. In dieser kritischen Lage richte ich meine Stimme an den König: möge er in seiner Weisheit uns die Mittel angeben, das Vaterland vom Abgrunde, an dem es steht, zurückzuziehen."

Der König nahm nun das Wort: „Wir sind verloren, wenn wir noch länger mit der Einsetzung einer neuen Regierung zaudern. Seit einigen Monaten beschäftige ich mich, ermuntert und aufgefordert von einigen Wohlgesinnten, mit dem was zu thun ist, um die Verfassung unseres Landes schneller und besser in Ordnung zu bringen. Dieses gegenseitige Vertrauen hat auf Ideen geführt, wie das Gewünschte ins Werk zu setzen. Man hat einen Entwurf gemacht und mir vorgelegt, man will ihn verwirklichen. Ich hoffe, wenn man ihn gehört, daß man ihn noch heute annehme, was ich innigst wünsche, weil wir damit unser Schicksal sichern, was nach zwei Wochen vielleicht schon zu spät sein würde. Nur Eine Stelle in diesem Entwurf darf ich nicht berühren, als nur mit dem besondern Willen des Reichstags (die Thronfolge). Ich bitte, Herr Marschall, lassen Sie den Entwurf vorlesen."

Der Geheimschreiber des Reichstags las ihn nun vor: er hatte den Titel: Einrichtung der Regierung und enthielt die bekannten Punkte der neuen Verfassung [26].

---

[26] Der nachmaligen Konstitution vom 3. Mai.

Nach Beendigung der Vorlesung sprach der Marschall: „Zwei republikanische Verfassungen stellen sich uns dar: die Englische und Amerikanische; die uns vorgeschlagene übertrifft sie nach meiner Einsicht beide, und verbürgt uns Freiheit, Sicherheit und Unabhängigkeit[27]). Ich beschwöre daher den König, sich mit uns zu vereinigen, auf daß wir diese neue Regierungsform erhalten und damit Polens künftiges Glück sicherstellen."

Jetzt erhob sich Widerspruch: mehrere Landboten, namentlich der von Masovien, Malachowski; der von Wilna, Korsak; die von Podolien Zlotnicki und Orlowski; der Kastellan von Woinicz, Dzarowski; der Kastellan von Przemysl Fürst Czetwertynski, und verschiedene andere widersetzten sich der Annahme und beriefen sich auf die pacta conventa. Die Vertheidiger des Entwurfs dagegen, deren vornehmste, außer dem Marschall Malachowski, der Bote von Posen Zakrzewski, der von Krakau Linowski, von Lublin Stanislaus Potocki; Kicinski von Liw, Mineiko von Kowno, Rzewuski von Podolien waren, bemerkten: „der Entwurf enthalte nichts der Freiheit Nachtheiliges, er zeige vielmehr die Mittel, das besorgte Vaterländ zu beruhigen." — Von beiden Seiten ward mit vieler Hitze für und wider gesprochen.

Der König ermunterte und beschwor zu verschiedenen Malen die Versammlung, den Entwurf doch im Laufe der Sitzung anzunehmen, und um sie besser dazu zu bewegen, fügte er hinzu: „er habe erfahren, die fremden hier restdirenden Minister böten alles auf, das Projekt

---

[27]) Kann eine Verfassung Unabhängigkeit verbürgen?

zu hintertreiben; einer von ihnen hätte selbst im Vertrauen
gestanden: wenn es durchginge, ständen große Veränderungen in der Europäischen Politik bevor, und wirklich,
habe er hinzugesetzt, werden wir dann Polen höher
achten müssen."

Es erregt ein eigenes Gefühl, wenn man alle diese
Versicherungen, Betheuerungen, das Pathos, die Aus-
rufe und Beschwörungen von so vielen hochstehenden
Männern hört, die doch im Grunde ihrer Seele recht
gut wußten, daß alles nur Lüge, Trug und Täuschung war!

Die Worte des Königs sollten spornen; doch verlangten mehrere Boten eine nähere Berathung über das
Projekt. Der Reichstagsmarschall erwiederte: „Der heutige
Tag diene als Epoche für die Polnische Konstitution;
alle Formalitäten müßten daher beseitigt werden." —
Dieser ungewöhnliche Vorschlag vom Marschall selbst, dem
eigentlichen Wächter der Gesetzlichkeit, erweckte eine große
tumultuarische Bewegung in der Kammer. Die Landboten
von Wolynien erklärten: ihre Instruktionen verböten ihnen,
eine erbliche Thronfolge anzunehmen; andere verlangten
Bedenkzeit zum Ueberlegen und drangen auf die gesetzliche
zweitägige Berathung; noch einige schärfer Sehende sagten
geradezu: „die Berichte der auswärtigen Deputation seien
Mährchen, durch welche man die Gemüther einschüchtern
und zu übereilter Annahme des Entwurfs bewegen wolle."
— Dagegen behaupteten die Betreiber der neuen Verfassung, denen alles daran lag, die Ueberlegung und den
zweitägigen Aufschub zu verhindern, damit die Gegenpartei sich nicht durch die neuankommenden Boten ver-
stärke: „was sei da zu berathen; das Projekt sei ja be-

kannt genug, da es nach den frühern gebilligten acht Punkten entworfen sei. Berathung! habe man ja doch weit minder wichtige Dinge ohne Berathung zugelassen." (Eine Verletzung der Form rechtfertigt nicht eine andere; und bei minder wichtigen Dingen war auch weniger Gefahr dabei.) Und um zuletzt mit einem banalen Gemeinspruch fortzureißen, riefen sie: „wer wolle nicht lieber gegen die Formalitäten als gegen das Vaterland verstoßen." Echt revolutionaire Sprache, die das zu Beweisende voraussetzt. Die Berathung sollte ja erst darthun, ob das neue Projekt dem Vaterland heilsam wäre. Die Formalitäten sind die Schutzwehren des Gesetzes: stoßt ihr diese um, so stoßt ihr das Gesetz selber um, das sie aus Vorsicht sich beigesellt hat. War man des allgemeinen Beifalls so gewiß, wie die Anhänger immerfort versicherten, warum der Sache nicht ihren gesetzlichen Gang lassen, warum sie durch Ueberrumpelung durchführen wollen. Nur Böses verlangt Uebereilung; Gutes gewinnt durch nähere Beleuchtung.

Schon dauerte der Lärm und Hader mehrere Stunden, da forderten die Potockischen Parteigenossen den König auf: „die Konstitution doch sofort zu beschwören; die Willensmeinung des Reichstags sei ja offenbar, und alle ihr Vaterland liebenden Polen würden dem Beispiel folgen." Als ob die Gegner ihr Vaterland weniger liebten, und es nicht eben so gut zu vertheidigen glaubten. In solchen Fällen entscheidet nicht die Berufung auf Gefühl und Leidenschaft, sondern in kühler Berathung das Urtheil der Vernunft. — Der König, in demselben Sinn sprechend, versicherte: „er handele hier ohne Rücksicht auf sich oder

seine Familie, nur aus aufrichtiger Liebe zum Vaterlande; denn jeder, der sein Vaterland liebe, müsse für
das Projekt sein. Wer also dafür, erkläre es." — Geschrei: Alle, Alle! — Sapieha verlangt wenigstens eine
nochmalige Vorlesung des Projekts. Das wollten die
Begünstiger nicht; Zabiello ruft daher dem König zu:
„er möchte doch nur auf die neue Verfassung schwören";
die Menge ruft es ihm nach, und mehrere Boten eilen
von ihren Plätzen gegen den Thron, um mit dem Könige
den Eid zu leisten; Suchorzewski mitten unter ihnen,
um sie daran zu hindern, während die Widersacher schrien:
„nie ma zgody (wir willigen nicht ein)!" und gegen die
Gewalt zu protestiren drohten. Inmitten dieses Tumults
ward Suchorzewski, der sich viel Bewegung gab, gepackt
und gehalten. Die zahlreichen Zuschauer aber, die gar
nicht zum Reichstag gehörten, erhoben zu wiederholten
Malen ein die Mauern erschütterndes Geschrei: „es lebe
die neue Verfassung!" und drückten ihre Freude über den
Entschluß des Königs und der Kammer, sie anzunehmen,
aus. Der König, dadurch ermuthigt, fordert den Bischof
von Krakau, Turski, auf, ihm den Eid vorzusagen, den
er gern leisten wolle. Nachdem er diesen Eid auf das
Evangelium, das der Bischof von Smolensk ihm vorhielt,
geleistet, sprach er: „Juravi Deo, ich habe geschworen
und werde es nicht bereuen; ich gehe in die Kirche, um
Gott für diesen glücklichen Tag zu danken, und lade alle,
die das Vaterland lieben, ein, mir zu folgen." Damit
erhob er sich. Die Freunde und Begünstiger der neuen
Verfassung folgten, obgleich Melzynski, Landbote von
Posen, sich vor die Thür niederwarf, um sie zu hindern;

man schritt über ihn weg und verletzte ihn dabei bis aufs Blut. Die Widersacher blieben im Saal zurück. Der Litauische Reichstagsmarschall Sapieha, der, seit einiger Zeit von den Patrioten vernachlässigt, in seinen Meinungen schwankte, wollte nicht mitgehen; doch mehrere Boten faßten ihn unter den Arm und zogen ihn mit Gewalt fort in die ganz gefüllte Johanniskirche; denn schon befanden sich dort alle Zünfte mit ihren Fahnen und eine unzählige Menge Volks. Während nun alle daselbst gegenwärtigen Landboten und das Volk bei Verlesung des Eides zwei Finger in die Höhe hielten, schworen die beiden Marschälle laut den Eid; Sapieha nicht, ohne zuvor zu erklären: „er thue es nur, um sich nicht von seinem Kollegen, dem er in allen wichtigen Dingen zu folgen pflege, zu trennen, obgleich ihm die Verfassung keineswegs vollkommen erscheine."

Schon neigte sich der Tag und erleuchtete nur noch mit schwachem Schimmer die alten Gewölbe der Johanniskirche, als hier an geweihter Stätte, zwischen den Trophäen und Denkmälern alter Helden, ihrer Vorfahren, unter den ragenden Bannern und Fahnen der Zünfte und Innungen der König, die Bischöfe, Senatoren, Minister und Landboten, dicht umgeben vom drängenden Volke, mit aufgehobenen Zeigefingern den Eid auf die neue Verfassung, eine rettende, wie sie glaubten, leisteten, und darauf den Ambrosischen Lobgesang anstimmten, den tausend Stimmen begleiteten, während draußen der Donner des Geschützes und die Rufe der versammelten Mengen dazwischen einfielen.

Aber die Widersacher der neuen Verfassung (nach
einigen nur 10 bis 15 Personen, nach andern gegen 50) [28]),
die im Reichstagssaal zurückgeblieben, beschlossen, förm=
liche Protestationen in den Kanzleien des Warschauer
Grods oder in ihren Wojewodschaften niederzulegen, ohne
sich um die durch die neue Konstitution angedrohten
Strafen zu kümmern. Aus diesem kleinen Kerne sollte
später das Verderben entsprießen.

Nach vollbrachtem Gottesdienst kehrte der Zug in den
Reichstagssaal zurück, und nachdem angeordnet worden:
den verschiedenen Deputationen den Eid auf die neue
Verfassung abzunehmen, trennte sich die Versammlung.
Die Bürger und die Zünfte begaben sich nach dem Säch=
sischen Hofplatz, wo der Sächsische Gesandte wohnte, um
durch ein Vivat ihre Ergebenheit für den neuen Thron=
folger zu bezeigen, und dann noch vor die Wohnungen
des Reichstagsmarschalls und anderer beliebter Personen.
Nach 10 Uhr Abends ward alles still, und ein merk=
würdiger historischer Tag erreichte seine Endschaft.

Zu obiger Erzählung nach dem Reichstags=Journal
und andern Berichten, fügen wir noch einige Ergänzungs=
Züge aus den Depeschen des Russischen Gesandten:

Vom 3. Mai. Abends. „Seit 4 Tagen war
man hier durch eine außerordentliche Begebenheit bedroht;
man bereitete sie zu Donnerstag (5. Mai) vor, führte sie
aber heute (Dienstag) aus. Ich kenne noch nicht alle

---

[28]) So viel geben die Gesandtschaftsberichte an.

Umſtände, denn eben endigt die Sache und hört man auf, aus Kanonen zu ſchießen.

Beim Anfang der Sitzung war alles rings umher vom Volke angefüllt, man rechnete an 20,000 Menſchen. Man las die Depeſchen der Geſandten an den fremden Höfen vor, die aber hier verfertigt waren, und worin eine neue Theilung angedroht wurde. Der König erklärte: zaudere man noch 3 Tage, ſo ſei Polen verloren; die Verfaſſung ward darauf vorgelegt und angenommen. Er befahl nun allen, ihm in die Kirche zu folgen, wo man ſchwor. Einige der Gegner waren bereit, die Säbel zu ziehen, doch der kleinſte Verſuch der Art würde ein großes Blutvergießen herbeigeführt haben. — Im Entwurf wird geſagt: wer nicht beitrete, ſolle als Feind des Vaterlandes angeſehen werden. — An 50 Senatoren und Landboten ſtürzten in die Kanzleien, um Manifeſte zu machen; doch dieſe waren verſchloſſen. — Trotz der Nacht ziehen die Einwohner in Haufen mit Fahnen unter Geſchrei durch die Straßen. — Sobald ich mehr erfahre, mehr; heute iſt alles noch außer ſich."

Vom 7. Mai. Nach Mittheilung der Umſtände von den Vorſichtsmaßregeln, fährt er fort: „der Plan ward ſehr geheim gehalten; die Bürgerſchaft gewann man durch die Bewilligungen. Am Dienſtag früh (3. Mai) ließ der König den Senatoren und Reichsboten anzeigen, ſich zum Marſchall Malachowski zu begeben, wo man ſie zum Unterſchreiben des neuen Verfaſſungsentwurfs anhielt; doch viele weigerten ſich, unter ihnen Sapieha. — Der Bürgerſchaft ſagte man, um ſie herbeizulocken: man wolle in der Kammer die ihr bewilligten Rechte zu

rücknehmen. Ueberhaupt unterließ man weder Lüge noch
Betrug, um die Leute aufzuregen. Die Depeschen waren
hier verfertigt, und den Ministern zur Unterschrift zuge=
schickt worden: die Theilung Polens, die Nähe des Frie=
dens sollten schrecken; man fürchtete auch die baldige
Rückkehr jener Reichsboten, die der Ferien wegen nach
Hause gefahren. Man verbreitete: ich hätte 60,000 Du=
katen zu feindseligen Zwecken aufgewandt. Ich habe nicht
einen Groschen dafür ausgegeben, weil ich den Erfolg
voraussah. — Der Thron war von Generalen und Offi=
zieren, 200 an der Zahl umringt; selbst die Kammer=
herren hatten Säbel umgegürtet. In Towarzysze ver=
kleidete Ulanen erlaubten niemand den Ausgang; selbst
Branicki, der hinaus wollte, ward zurückgehalten. — Als
der König einlud, ihm in die Kirche zu folgen, warf
sich Mielzynski aus Posen vor die Thür auf die Erde
und schrie: doch alles schritt über ihn weg, und man
verletzte ihn dabei so gefährlich, daß das Blut ihm aus
dem Halse strömte. Wer nur ein Wort sagen oder han=
deln wollte, wurde von den Umstehenden gehalten. —
Als man dem Reichstagsmarschall Malachowski vor=
warf: er handle gegen die Gesetze, gegen die Konföderra=
tionsakte, gegen die Konstitutionen des Reichs, antwor=
tete er: „es sei kein Reichstag, keine Konfödera=
tion mehr, sondern eine Revolution." — In den
Lärm mischten sich die Zuschauer mit ihrem Geschrei und
ihren Drohungen. Ueber das Militair verfügte und ord=
nete alles des Königs Neffe Joseph Poniatowski. —
Von Landboten waren in dieser Versammlung nicht mehr
wie 100, und als der König sich in die Kirche begab,

blieben von Opponenten, Senatoren, Minister und Land=
boten, an 50 zurück. Doch der Pöbel begann nun, sei=
nen Unfug hier zu treiben.

Der Großkanzler Malachowski gab dem Könige die
Siegel zurück und fuhr auf seine Güter; eben das thaten
viele Landboten; Suchorzewski sandte seinen erst vor vier
Wochen erhaltenen Stanislaus=Orden zurück. An dem=
selben Tage versammelte der Reichstagsmarschall Mala=
chowski die Verfassungs=Deputation und bestand darauf,
daß sie die neue Konstitution unterschreibe. Der Präsi=
dent derselben, Bischof Kossakowski, antwortete: „die
Glieder der Deputation hätten schwören müssen, kein Ge=
setz eher zu unterschreiben, als bis es einmüthig oder von
der Mehrheit angenommen sei; hier aber wäre weder
turnus (Herumstimmen) noch Einstimmigkeit gewesen, sie
könnten daher auch nicht unterschreiben.“ — Die Unruhe
der Unternehmer dauerte auch in der Donnerstags=Sitzung
(5. Mai) fort, die mit denselben Volkshaufen und be=
waffneten Leuten gehalten ward, wie am Dienstage.
Malachowski trug die gemachten Schwierigkeiten der De=
putation vor, und die Kammer enthob sie darauf ihres
frühern Eides und befahl zu unterzeichnen, was denn
auch geschah.

Aus allem Obigen werden Sie ersehen, daß jeder
Widerstand unmöglich war, wenn man nicht in Stücken
gehauen oder von der Menge zerrissen sein wollte. —
Die jungen Leute sind entzückt, sie glauben, alles sei
abgethan, und Polen werde nun groß und mächtig
werden.“ —

Vom 11. Mai. „Sie hoffen hier, Rußland werde
die neue Verfassung bestehen lassen, sagen, man könne ja
die Nachfolge einem Großfürsten übertragen u. s. w. —
Den König habe ich zweimal gesehen. Er spricht seit
langem nicht mit mir von Geschäften, und auch jetzt
nicht; doch gegen andere hat er geäußert: „Rußland wird
mit allem zufrieden sein;" — und trug seine Gedanken
vor, ein Bündniß mit demselben zu schließen. — An
seinem Namenstage (8. Mai) ein kleiner Zufall, den
aber ängstliche Gemüther für ein übles Vorzeichen neh=
men: als der Senat, die Minister und Landboten ein=
traten, ihm Glück zu wünschen, saß er auf einem Thron
(auch etwas Neues), und als er aufstand, glitt er aus,
und fiel mit solcher Gewalt auf den Rücken, daß die
Papiere aus seinem Busen hinausflogen und er einen
Augenblick die Besinnung verlor. Zu sich gekommen und
aufstehend, sagte er: „dasselbe sei auch dem Papst Gan=
ganelli begegnet!"

Was war nun diese berühmte Konstitution? Ent=
sprach sie wirklich allen Anforderungen? — Bei weitem
nicht! Sie war ein ziemlich konfuses Machwerk, ohne
Logik, voll Widersprüche, voll altpolnischer Vorurtheile;
hie und da mit bunten Lappen [29]) aus fremden Konsti=
tutionen aufgestutzt, die Glanz verleihen sollten aber nur
das Zeug verriethen, von dem sie abgeschnitten waren.
In dem Verhältniß der verschiedenen Stände und Ge=

---

[29]) Assuitur pannus unus et alter, late qui splendeat!

walten zu einander wurde wesentlich nichts verändert. Weil aber einige wirkliche Mißbräuche durch die neue Verfassung beseitigt wurden; weil man sie mit Modephrasen aufpußte und ihre Fehler und Mängel unter einem Wortschwall verbarg: so ward sie von der Jugend des Landes, die wenig denkt und in ihr das Recept zu Polens künftiger Größe zu erblicken glaubte, mit gebieterischem Beifall, vom Auslande mit beifälligem Kopfnicken aufgenommen. Betrachten wir sie näher:

I. Von der Religion. „Wir sind schuldig [30]), allen Leuten, von welchem Bekenntniß sie auch sein mögen, Ruhe in ihrem Glauben und Schutz der Regierung angedeihen zu lassen." — Aber zwei Zeilen höher heißt es: „wer vom römisch-katholischen Glauben zu irgend einer andern Konfession übergeht, verfällt in die Strafe der Apostasie." — Also keine völlige Freiheit des Glaubens.

II. Adel. Alle möglichen Rechte und Vorrechte, Freiheiten, Würden und Besitzthümer werden ihm bestätigt und zugesichert „aus Ehrfurcht für die Vorfahren"; — wenn $7/8$ der Nation als Leibeigene seiner Willkühr preisgegeben werden, so geschieht es „aus Achtung für die Stifter einer freien Regierung." — „Gleichheit, Eigenthum und persönliche Sicherheit werden jedem verbürgt;" — auf dem Papier, denn in der Wirklichkeit

---

[30]) Bei den Citaten folgen wir dem Hauptwerk darüber, dem vom Entstehen und Untergang der Polnischen Konstitution vom 3. Mai; übersetzt von dem großen Polnischen Sprachkenner Linde. I. S. 200 ꝛc.

waren und blieben sie nirgends unsicherer wie in Polen; wer Geld und Macht hatte, durfte sich alles erlauben.

III. Der Bürgerstand. Das Gesetz für die Städte oder den Bürgerstand wird bestätigt; — wir kennen es; es bezweckte, keinen Bürgerstand aufkommen zu lassen.

IV. Bauern. Leeres Wortgepränge. Nach einem pompösen Eingang: „daß das Landvolk die fruchtbarste Quelle des Reichthums eines Landes sei, den zahlreichsten Theil der Nation und den mächtigsten Schutz des Landes ausmache," erwartet man natürlich große ihm bewilligte Zugeständnisse und Rechte. Man höre: „Alle Freiheiten, Concessionen oder Verabredungen, welche die Gutsbesitzer mit den Bauern auf ihren Gütern authentisch werden eingegangen sein, sollen gemeinschaftliche oder wechselseitige Verbindlichkeiten auflegen" (wir kürzen hier den Wortschwall ab). — „Solche von einem Grundeigenthümer freiwillig übernommene Vergleiche mit den daraus fließenden Verbindlichkeiten, sollen ihn und seine Erben verbinden, daß sie nichts daran willkührlich ändern dürfen." — Außer der Wiederholung, was enthalten die beiden Sätze anderes als: Kontrakte sollen Kontrakte sein, wer Verbindlichkeiten kontraktmäßig eingegangen ist, soll sie halten. Das Schwierige ist nur das freiwillig. Wie viele dieser Grundeigenthümer, an willkührliches Verfahren gewöhnt, werden sich bindende Verpflichtungen auflegen! Es blieb also auch hier, trotz aller tönenden Phrasen, beim Alten.

V. Die Regierung. Wunderbare Schlüsse! „Jede Gewalt in der menschlichen Gesellschaft entspringt aus dem Willen der Nation (die französische Phrase von der

Volkssouveränetät!). Was wird nun daraus gefolgert?
— Daß die Polnische Regierung aus drei Gewalten be=
stehen solle, einer gesetzgebenden, vollziehenden und rich=
terlichen. (Das Volk ist souverain, folglich sollen drei
Gewalten sein!); — und diese Gewalten sollen sein,
„um, außer der bürgerlichen Freiheit und Ordnung, auch
die Unverletzlichkeit des Gebiets der Republik auf immer
sicher zu stellen." — Weil drei Gewalten im Staate, so
ist die Unverletzlichkeit des Gebiets für immer gesichert.
(In Polen dauerte diese Sicherung nicht zwei Jahre.)

VI. Der Reichstag. Zwei Kammern: Senat
und Landbotenstube. — Die letztere soll „das Heilig=
thum der Gesetzgebung" sein und in ihr über alle Pro=
jekte entschieden werden, über politische, bürgerliche und
peinliche Gesetze; über Steuern, Staatsanleihen, Aus=
gaben; über Krieg und Frieden und Vollziehung aller
Traktaten und diplomatischer Akte. — Die Krone hat die
Initiative, doch nicht ausschließend. Dem Senat steht
ein aufschiebendes Veto zu bis zur nächsten Reichstags=
sitzung, wo der von den Landboten wieder bestätigte Be=
schluß Gesetz wird; er stimmt sonst zusammen mit den
Landboten nach Stimmenmehrheit.

Ueberall soll Stimmenmehrheit entscheiden, und das
liberum veto, wie Konföderationen und Konföderations=
Reichstage werden aufgehoben. — Der gewöhnliche Reichs=
tag sitzt alle zwei Jahre. — Alle 25 Jahre soll die Ver=
fassung auf einem außerordentlichen Reichstage durchge=
sehen und verbessert werden. — Kein auf einem Reichs=
tage gegebenes Gesetz darf auf demselben Reichstage zu=
rückgenommen werden. (Aber wenn es nun offenbar

nachtheilig, durch Uebereilung, Ueberrumpelung gegeben worden? Und dennoch soll man es zwei Jahre heilig beobachten!)

VII. Der König, die vollziehende Gewalt. Die vollziehende Gewalt soll bei dem König und seinem Staatsrath sein, der den Namen: „Wache des Gesetzes (straż)" führen soll. — Sie darf unterhandeln, aber keine Traktaten oder diplomatischen Akte abschließen.

Der König ist unverantwortlich; alles geschieht in seinem Namen, er hat das Begnadigungsrecht, außer bei Staatsverbrechen.

Er hat die Obergewalt über das Heer, auch die Ernennung der Anführer und Offiziere; gleicherweise die Ernennung der Bischöfe, Senatoren, Minister. — Im Staatsrathe entscheidet seine Meinung; um aber gültig zu sein, muß sie von einem Minister unterzeichnet sein.

Der Straż oder der Ministerrath besteht aus dem Primas, der die Erziehungs=Kommission unter sich hat, und fünf Ministern, dem der Polizei, Justiz, des Kriegs, des Schatzes und des Auswärtigen; nebst zwei Geheimschreibern ohne entscheidende Stimme. — Die Minister sind einer zur Prüfung ihrer Handlungen niedergesetzten Deputation verantwortlich und werden durch die Reichstagsgerichte gerichtet. Zur bessern Ausübung ihrer vollziehenden Macht werden ihnen vier Kommissionen beigegeben: 1) der Erziehung, 2) der Polizei, 3) des Kriegs und 4) des Schatzes, deren Mitglieder vom Reichstag gewählt werden.

Nach dem jetztlebenden Könige soll der Kurfürst von Sachsen folgen mit seiner männlichen Nachkom-

17*

menschaft; bleibt er ohne männliche Erben, so soll die neue Dynastie von dem für seine Tochter gewählten Gemahl beginnen. Jeder neue König muß auf die Konstitution und die mit dem Kurfürsten von Sachsen abzuschließenden pacta conventa schwören.

VIII. **Richterliche Gewalt.** Verschiedene Arten von Gerichten angegeben, zu denen die Richter alle zwei Jahre neu auf den Landtagen gewählt werden sollen. — Das höchste Gericht ein Reichstagsgericht, zu dem der jedesmalige Reichstag die Beisitzer wählt.

IX. **Minderjährigkeit.** Hier soll die Königin mit den Ministern die Regentschaft übernehmen.

X. **Erziehung der Königskinder.** Die Erziehungskommission schlägt den Plan, der Reichstag den Erzieher vor.

XI. **Bewaffnete Macht.** Sie schwört dem Könige und der Konstitution, darf nicht bloß auswärts, sondern auch innerhalb zur Unterstützung des Gesetzes verwendet werden.

— — — — — — —

Was war also das Endergebniß? Wie verhielt sich die eben festgesetzte zu den vorhergehenden Einrichtungen, wie zu den Lehrsätzen der Theorie? Wie ward das Verhältniß der Gewalten zu einander, und was gewannen die einzelnen Stände? Die Antwort lautet kurz: Von den Ständen gewann der Adel die Bestätigung aller seiner Vorrechte; der Bürgerstand bloß das Recht geadelt zu werden; der Bauernstand nur Worte. — In Hinsicht der Gewalten behielt die Landbotenkammer alle Macht, nicht bloß die gesetzgebende, sondern auch die oberste, in

letzter Instanz entscheidende; — der König vermehrte die
seinige nur um ein Geringes; der Senat um nichts; —
die richterliche Gewalt blieb verdorben wie sie war, da
sie nicht unabhängige, rechtskundige Ausführer, sondern
alle zwei Jahre Reugewählte, entweder sich zudrängende
Intriganten, oder jeder Bestechung Zugängliche oder sonst
Abhängige zu ihren Vertretern erhielt.

Im Verhältniß zu den vorhergehenden hatte diese
Verfassung den Vorzug, die drei großen vielbesprochenen
Uebelstände: Wahlreich, Stimmeneinheit und Konföderationen abzuschaffen; das vierte Uebel, die Unabhängigkeit der Minister war bereits schon früher
durch die Errichtung der Kommissionen, und später der
Departements im Immerwährenden Rathe beseitigt worden. Dieses und die Modephrasen von Volkssouverainee-
tät, von repräsentativer Regierung, Abwägung der Gewalten, von zwei Kammern erwarben der Konstitution
vom 3. Mai bei oberflächlichen Beurtheilern ein großes
Lob, das sie im Grunde wenig verdiente. Sie schaffte
einige Uebel ab, ließ aber größere bestehen. Repräsenta-
tiv war die Regierung gar nicht, da nur eine einzige
Volksklasse vertreten und die andern beiden ihrer Willkühr preisgegeben waren. Eben so wenig waren die Gewalten abgewogen: die Landbotenkammer hatte alle an
sich gerissen und ließ der ausübenden (dem König und
den Ministern) nur was sie nicht selbst thun konnte, aber
auch das nur unter großer Verantwortlichkeit. Die zwei
Kammern waren eigentlich nur e i n e, da in allen wichtigern Fällen Senat und Landboten zusammenstimmten,

also die größere Zahl der letztern entschied. — Sonst blieb so ziemlich alles beim Alten.

Der wahre Kern der brittischen Verfassung war nicht begriffen worden, wie es nachmals auch andern Völkern begegnet ist: er liegt in dem Verhältniß der königlichen Gewalt zu den andern. Bei allen noch so verschiedenartigen Verfassungen des Alterthums war immer der Stein des Anstoßes und des Umsturzes die Reibung der Gewalten unter sich. Die Englische beugt diesem Uebelstande vor, indem sie die königliche Gewalt nicht in das Räderwerk der andern hineinmischt, sondern sie als mäßigende, ausgleichende, bessernde darüber stellt und jene durch sie im richtigen Gange erhalten werden läßt. Artet die gesetzgebende Kammer aus, so löset der König sie auf und läßt eine andere wählen; überschreiten die Minister oder die ausübende Macht ihre Befugnisse, so entläßt sie der König; urtheilt der Richterstand zu streng, zu sehr nach dem Buchstaben des Gesetzes, so mildert es der König durch sein Begnadigungsrecht. So schwebt er über allen drei Gewalten, ohne eine von ihnen zu sein; hat das Recht, sie zu regeln, im rechten Gange zu erhalten, ohne durch ihre gegenseitige Reibung getroffen oder verletzt zu werden. Er inspirirt sie in letzter Instanz alle, ist aber kein Theil von ihnen; er thront wie die Vernunft über dem Widerstreit des Verstandes und der Leidenschaften, und bleibt in ewiger Klarheit außer dem Bereich ihres Kampfes.

Das war alles nicht in Polen. Die höchste, entscheidende Macht hatte die Landbotenkammer; der König mit seinen Ministern war nur unterwürfiger Ausführer.

Er konnte aus eigener Macht fast nichts thun, nur unter Aufsicht jener handeln; noch viel weniger hatte er ein Recht gegen jene Kammer. Wenn sie übergriff, sich Willkührliches, Gesetzwidriges erlaubte, falsche Richtungen einschlug: er konnte sie nicht auflösen, sondern mußte dem Strome folgen. — Die Minister sollte er zwar aus- und einsetzen können, aber auch hier hing er von den Kotterien der Kammer ab, und mußte zu Ministern wählen, die jene ihm empfahlen. Er hatte das Begnadigungsrecht; aber gerade in den Fällen, wo es am nöthigsten, wo die Leidenschaft am ersten Richtersprüche verfälscht, bei politischen Verbrechen, war es ihm entzogen. Bei Unterhandlungen und Verträgen mit auswärtigen Mächten, bei Krieg und Frieden, wo Einheit, Folgerechtigkeit und Geheimniß so nothwendig, konnte er nicht entscheiden: sie hingen von den Verhandlungen und Beschlüssen der Kammer ab, wo oft ein hinterlistig eingeschobener Satz (wie z. B. jener von der Unverletzbarkeit des Gebiets, der Preußen entfremdete), oder mangelnde Kenntniß der Verhältnisse, Uebereilung, Leidenschaft die besten Conceptionen vereiteln, und in verderbliche Richtungen führen konnten. Die Kammern repräsentiren die auseinanderstrebenden Leidenschaften der Menschen; wo die Vernunft sie nicht einigen und regeln darf, sondern ihnen folgen muß, da ist nicht Heil, sondern Untergang.

Die Wahl endlich eines machtlosen Fürsten war auch ein Mißgriff. Wählten sie dagegen einen Prinzen von einer der drei großen sie umgebenden Mächte: so trennten sie deren Verbindung, und erwarben sich an der vorgezogenen Macht einen bei ihrem Wohl interessirten Verbündeten.

Gegen alles dieses bleibt freilich die Einwendung: man konnte bei den vorhandenen Hindernissen nicht mehr thun; — und das ist wahr; wie viel unedle Mittel mußte man nicht schon anwenden, um das Wenige durchzusetzen. Aber die Schuld lag hier mehr in dem Volke selbst als am Auslande, das sie in nichts hinderte. Wir haben schon oben des Befehls an den Russischen Gesandten er= wähnt, sich zurückzuhalten und in die innern Angelegen= heiten Polens durchaus nicht zu mischen. Eben so han= delte Oestreich, und Preußen gar ermunterte sie. Hier stand ihnen also nichts im Wege: nur ihre zwieträchtige, eigenwillige Gesinnung [31]), die einer andern Ueberzeugung nie weichen wollte und bei großer Unwissenheit doch zu= gleich immer die größte Hartnäckigkeit bewies, war zu überwinden. Unter diesen Umständen war die neue Ver= fassung durch Beseitigung so mancher Uebelstände der frühern allerdings ein großer Schritt vorwärts, und sie hätte ohne die vorhergegangenen Reizungen und Heraus= forderungen der Nachbarn einige Zeit Bestand haben können; obgleich jeder, der den Karakter und die gesunkenen mora= lischen Zustände des herrschenden Theils der Nation kannte, voraussah, daß auch ohne die Einmischung Fremder, innere Wirren und blutiger Haber den neuen Einrichtungen eine

---

[31]) Oder wie die Kollontaiisten und ihre Nachbeter sagen: „die Russischen Partisane", ohne zu bedenken, daß sie die Nation damit nicht entschuldigen, sondern vielmehr schmähen, als die sich durch wenige fremdgesinnte oder fremdländische (wie man den vieldeutigen Ausdruck nimmt) Leute habe leiten und beherrschen lassen. Es war aber nur das Polnische „Pitt und Coburg" der französischen Jakobiner.

balbige Ausartung oder Endschaft bereitet haben würden.
Die Keime des Todes waren durch die lange Anarchie
bereits zu sehr im Innern der Nation (b. h. des Adels;
der eigentliche Kern des Volks, der Bauernstand, war
gesund aber roh) entwickelt, als daß Polen, so wie sich
die Dinge rund umher gestellt hatten, auf die Länge als
selbstständige Macht hätte bestehen können. Wenn die
Stunde des Verhängnisses gekommen, hilft kein Mittelchen mehr! [32])

---

Während die Polen ihre Revolution vollbrachten und
dann wieder in die alte geschäftige Unthätigkeit [33]) versanken, nicht ohne ein gewisses unbehagliches Gefühl von
Ungewißheit, von Furcht und Hoffnung wegen dessen,
was nächstens kommen würde, da sie, mit Preußen gespannt, mit Rußland verfeindet, von beiden im Bewußt-

---

[32]) Wer sich überzeugen will, wie tief gesunken Karakter und
Sitten waren, den verweisen wir auf gleichzeitige Beobachter, die etwas
tiefer drangen, wie z. B. König Friedrich II., Bautrin, Méhée
(die beiden letztern freilich von den sich getroffen fühlenden Polen stark
verschrieen) und vornämlich auf den harmlosen, aber scharf und sicher
beobachtenden Friedrich Schulz, der gerade zur Zeit des langen
Reichstags in Warschau verweilte. Das Ausland übersah, durch
das Geschrei der Polen und das ihnen scheinbar angethane Unrecht
verführt, daß sie selber die eigentlichen, die Fremden nur die
zufälligen Werkzeuge ihres Untergangs waren. Zwölf Millionen, die gesund, streicht man nicht nach Willkür von der
Karte aus.

[33]) So beschäftigte sich der Reichstag in diesen dringenden Augenblicken mehrere Monate hindurch mit der Geschäftsordnung des Straz
und der ihm beizugebenden Kommissionen.

sein eigener Schuld nicht viel Gutes erwarteten: fand in den Gesinnungen und der Politik der Europäischen Machthaber ein völliger Umschwung statt. Die ausartende Französische Revolution näherte die Entzweiten einander. Die Deklamationen der Jakobiner, die Flucht des Königs, der Fanatismus der Freiheitsapostel, die Gährung in allen Ländern, die Hinneigung endlich der mittlern Klassen zu den aufregenden Freiheitsideen der Neufranken, erfüllte die Fürsten mit Besorgnissen und entfremdete selbst diejenigen, welche die Bestrebungen der Polen früher begünstigt hatten, ihrer Sache, die man mit der Französischen auf gleichen Fuß setzte. So reagirte der Zeitgeist, so ward an der Weichsel der Gegenstoß der Dinge an der Seine empfunden, und durch die Verirrungen der Französischen Revolution den bessern Richtungen der Polnischen geschadet, die man jetzt auch mit mißtrauischem Auge zu betrachten anfing. Auf beide Revolutionen hatten die Schriften der Französischen Philosophen vielen Einfluß gehabt[34]); beide wurden durch die gebildeteren Stände jedes Landes vollbracht; der Unterschied war nur, daß der gebildetere Stand in Frankreich der höhere Bürgerstand, in Polen der Adel war, daher die Revolution dort mehr demokratisch, hier mehr aristokratisch ausfiel. Doch gebührt der in Polen ein unendlicher Vorzug vor jener in Frankreich. Während diese ohne Unterschied alles umwarf, baute jene auf Bestehendem fort, verbesserte nur

---

[34]) Rousseau und Mably hatten auf Verlangen bereits zur Barer Zeit eigene Abhandlungen zur Belehrung der Polen geschrieben über die Mittel, ihrem Volke aufzuhelfen.

deffen Mängel und ließ noch andere Verbesserungen hoffen.
Doch ihre Tage waren gezählt!

Friedrich Wilhelm von Preußen, der die Polen so
vielfach angefeuert hatte, wandte sich immer mehr von
ihnen ab und richtete seine Augen auf Frankreich. Im
Frühjahr 1791 sandte er seinen Vertrauten, den Oberst
Bischofswerder, mit Vorschlägen an Kaiser Leopold, der
damals in Italien reisete und am 20. Mai eine Zusammen=
kunft in Mantua mit dem Grafen Artois hatte, wobei
außer Bischofswerder sich auch Lord Elgin aus London
und der Graf Durfort mit Klagen und heimlichen Auf=
trägen von Ludwig XVI. aus Paris einfanden. Artois
und sein Begleiter Calonne trieben zum Krieg; doch der
friedfertige Leopold wünschte durch andere Mittel seinem
unglücklichen Schwäher zu helfen. Er erließ am 6. Juli
1791 aus Padua eine Circularnote an die Hauptmächte,
worin er sie zu einer Einigung über die französischen An=
gelegenheiten einlud. Doch diese zeigten sich, außer dem
kriegerischen König von Schweden und dem König Frie=
drich Wilhelm von Preußen, ziemlich lau zum Handeln.
Friedrich Wilhelm dagegen, den Blick halb auf Polen,
halb auf Frankreich gerichtet, schloß mit Leopold am
25. Juli 1791 eine vorläufige Uebereinkunft ab, deren
drei Hauptbedingungen folgende waren: [35]

1) Man wolle eine Vereinbarung der vornehmsten
Europäischen Mächte wegen der französischen Angelegen=
heiten herbeizuführen suchen.

---

[35] Bei Angabe dieser Bedingungen folgen wir archivalischen
Nachrichten. Martens V, 5 u. Schöll I. 524 haben sie etwas anders.

2) Man verspricht sich gegenseitig Hülfe und Beistand, im Fall die innere Ruhe einer der betheiligten Mächte gestört werden sollte.

3) Man will die Kaiserin von Rußland einladen, gemeinschaftlich mit den Mächten festzusetzen: daß man nichts unternehmen wolle, die Integrität oder die Erhaltung der freien Verfassung in Polen zu ändern; daß die Mächte nicht suchen wollten, einen Prinzen ihres Hauses auf den Polnischen Thron zu setzen, sei es durch Heirath mit der jungen Prinzessin von Sachsen, sei es im Fall einer neuen Wahl; daß sie endlich ihren Einfluß niemals bestimmend auf die Wahl der Republik zu Gunsten eines andern Prinzen wollten einwirken lassen, als nur nach gemeinschaftlicher Uebereinkunft.

Man sieht hieraus, daß von Zerstückelung Polens damals noch keine Rede war. Dieser authentische Traktat widerlegt auch zur Genüge den angeblichen von Pavia vom 6. Juli 1791 [36]), der von nichts als Entschädigungen und Theilungen spricht, die Unechtheit aber für jeden Kenner der Verhältnisse an der Stirn trägt, indem er Gedanken, die zum Theil später entstanden, auf eine frühere Periode überträgt, wo sie noch unmöglich waren.

Friedrich Wilhelm, um sich Rußland, das er sich entfremdet wußte, bei den veränderten Umständen wieder zu nähern und die alten freundschaftlichen Verhältnisse herzustellen, benutzte die französische Sache dazu, und ließ durch seinen Botschafter den Grafen Golz am 15. Aug.

---

[36]) Bei Martens (nach der Collection of state papers) V. 5. und bei Schöll I. 522.

1791 folgende Note in Petersburg darüber einreichen:
„Der Oestreichische Gesandte, Fürst Reuß, habe dem Könige
in einer besondern Audienz ein Schreiben seines Kaisers
in Bezug auf die französischen Angelegenheiten überreicht
und zugleich eine Depesche des Kanzlers Fürsten Kauniß
vom 17. Juli 1791, worin die Vorschläge des Kaiserlichen Hofes zu einer Vereinbarung der vornehmsten Mächte
Europa's in Hinsicht der Lage und der Angelegenheiten
Frankreichs enthalten wären.

Der König habe die Gründe zu einem Einschreiten in
Frankreich für gerecht und billig erachtet, da der Geist
der Frechheit und Unbotmäßigkeit sich ansteckend von da
zu verbreiten drohe, und sei sehr geneigt, sobald die
Unterhandlungen in Sziftowe und Petersburg wegen des
Friedens mit der Pforte beendigt wären, thätigen Antheil
an den Maßregeln der Mächte zu nehmen.

Der erste Schritt müßte eine gemeinschaftliche Decla-
ration der Mächte in Paris sein, aber dieser müßte, wenn
abgelehnt, durch eine hinreichende Kriegsmacht Nachdruck
verliehen werden. Man müßte sich daher früher über die
Zahl und die Verwendung der Streitkräfte, die man stellen
wollte, vereinbaren.

Hier entstünden nun drei Fragen: 1) Welches würden
die zweckdienlichsten Maßregeln sein? 2) Darf man sich
Vergrößerungsabsichten überlassen? 3) Welche Regierungsform soll man Frankreich geben?

ad 1) Nur Gewaltmaßregeln würden ausreichen. —
ad 2) Besondere Vergrößerungsabsichten würden dem allgemeinen Zweck schaden, also hätten alle Mächte bestimmte und
gleichlautende Erklärungen abzugeben. — ad 3) Hier seien

verschiedene weit von einander abweichende Meinungen zu
erwarten. Die des Königs wäre: um die Sache nicht zu
schwierig zu machen und sich einem unüberwindlichen Widerstand auszusetzen, die von den Bevollmächtigten der Nation
entworfene und vom König beschworene Verfassung bestehen zu lassen, nur das königliche Ansehen zu verstärken,
damit es der wesentlichen Form der Monarchie mehr entspräche. — Doch müßte man hierüber noch die Umstände
und die gemeinschaftliche Meinung zu Rathe ziehen." [37]

Am 25.—27. August 1791 fand darauf die berühmte
Zusammenkunft in Pillnitz zwischen Kaiser Leopold und
König Friedrich Wilhelm mit ihren Thronfolgern statt.
Auch Graf Artois, der sich viele Bewegung gab, um
die Mächte zum Einschreiten in Frankreich anzutreiben,
sein treuer Gehülfe Calonne, Prinz Nassau, und eigens
berufen General Bouillé erschienen daselbst. Am 27. Aug.
erließen die beiden Verbündeten eine Erklärung: "daß man
die wirksamsten Mittel anwenden wolle, um den König
von Frankreich in den Stand zu setzen, mit voller Freiheit
die Grundlagen einer monarchischen Regierung in Frankreich zu entwerfen, wie sie den Rechten des Königs und
dem Wohl der französischen Nation am besten entspräche.
Von Seite des französischen Prinzen wußte man in diese
sonst friedliche Erklärung am Schlusse noch die Drohung
einzuschwärzen: "daß man zur Erreichung dieses gemeinschaftlichen Zwecks die erforderlichen Truppen in Bereit-

---

[37] Wir geben diese Note nach den Archiven aber von ihrem
diplomatischen Wortkram entkleidet, um die damaligen Ansichten der
Monarchen, die man vielfach entstellt hat, nach ihren eigenen vertrauten Aeußerungen darzulegen.

schaft halten werde, um sofort handeln zu können." —
Ueber die Polnischen Angelegenheiten ward hier nichts
beschlossen, wahrscheinlich nur das in Wien Abgemachte
bestätigt. „Der Kurfürst von Sachsen, äußerte einer der
Monarchen gegen Nassau, will die Anerbietungen des
Polnischen Reichstags nur auf den Fall annehmen, wenn
alle drei Höfe einwilligen; außerdem ist er unzufrieden,
daß man ihm in Hinsicht der Vermählung seiner Tochter
die Hände binden will. [38])

Später, am 21. Nov. erklärte Kaiser Leopold, als
Ludwig XVI. die neue französische Verfassung am 14. Sept.
angenommen hatte: „Der König von Frankreich scheine
frei, man dürfe also seine Annahme der Verfassung als
gültig betrachten." — Jedoch Schweden, Rußland und
Spanien wollten den König nicht als frei betrachten und
bestärkten die Prinzen in ihren Protestationen.

Solches war der Stand der Europäischen Verhältnisse
am Schluß des Jahres 1791; um nun auch eine Ueber-
sicht der Polnischen bis zu diesem Zeitpunkt zu geben,
mögen hier einige Auszüge aus den gesandtschaftlichen
Berichten Bulgakow's dienen. Stakelberg war bereits
seit mehr als einem Jahr nicht mehr Gesandter in Polen.
Immerfort von Branicki bei Potemkin angeschwärzt, war
er längst schon aus der Gunst gefallen; zuletzt reizte er
noch die Empfindlichkeit der Kaiserin, indem er, die Dinge
von seinem einseitigen Standpunkte in Warschau betrach-
tend, bringend zum Frieden rieth, als wenn dieser von
der Kaiserin allein abgehangen hätte; ja in einem spätern

---

[38] Romarzewski S. 215.

Schreiben (vom 6. Febr. 1790) hatte er geradezu gesagt:
„Der Friede sei nothwendig, und liege in den Händen
Potemkins." — Dieser war eben anwesend in Peters=
burg; sechs Wochen später ward Stakelberg abberufen.
In der Note deshalb an den Vicekanzler sagte die Monar=
chin: „Er hat gethan, was er nicht sollte, und was er
thun sollte, hat er unterlassen. Ueberdieß will er alles
besser wissen, als wir." [39]) — Bulgakow, ein Günstling
Potemkins, der ihn ersetzte, kam im August 1790 nach
Warschau.

Bulgakow vom 15. Juli 1791. „In jedem
andern Lande würde eine solche Veränderung (die neue
Verfassung) bald Wurzel schlagen. In Polen aber, wo
keine Festigkeit, keine Kraft, keine Einigkeit; wo viele
mit ihr unzufrieden sind, und es doch nicht wagen, ein
Wort dagegen zu erheben; wo endlich alles von Neben=
Einflüssen abhängt, wanken jetzt selbst die Unternehmer
der Revolution, die auf Preußens Beistand, Sachsens
politische Unterstützung, auf den fortdauernden Krieg und
auf andere Umstände, wie sie die Zeit herbeizuführen
pflegt, rechneten, und nun nicht mehr wissen, was sie
thun sollen, um ihrem Werk eine festere Begründung zu
geben. Die Aussicht eines baldigen Friedens peinigt sie,
denn sie setzen voraus, daß die Nachbarn, die Hände
einmal frei, sich wieder mit ihnen beschäftigen werden, in
welchem Fall die Provinzen, die jetzt nicht wagen, Haupt

---

[39]) „Il n'a rien fait de ce qu'on lui a ordonné, et il a fait
tout ce qui lui était défendu; outre cela il entend tout infiniment
mieux que nous autres."

und Stimme zu erheben, ihre wahre Meinung offenbaren
würden, die eben nicht zu Gunsten der Erblichkeit und
der vermehrten Königsgewalt ausfallen möchte."

Vom 17. Sept. 1791. Vom Fürsten Repnin die
Anzeige vom Abschluß der Friedenspräliminarien (mit der
Pforte) empfangend, hielt ich für nöthig, sie vor allem
dem Könige mitzutheilen, um zu sehen, welchen Eindruck
diese unerwartete Nachricht auf ihn hervorbringen würde.
In der That gerieth er in Verwirrung und sagte in der
ersten Bestürzung: „Wie glücklich bin ich, daß ich bis
jetzt das hiesige Drängen habe aufhalten können." Er
befragte mich darauf um die Bedingungen; ich erwiederte:
„Ich kenne nur die neue Gränzbestimmung, zu welcher
der Dniestr dienen soll, wie Ihre Kaiserliche Majestät
es von Anfang an gewünscht und verlangt; übrigens
kenne jedermann Ihrer Majestät Bereitwilligkeit, allen
ihren Freunden und Verbündeten beizustehen." — Er begriff den Sinn meiner Rede und sagte: „Er sei immer
Ew. Kaiserlichen Majestät ergeben gewesen, sei es noch,
und werde es immer sein." — Dieses bat er mich zweimal bringend Ew. Majestät zu berichten.

Die neue Ordnung ist niemand feindlicher als dem
König von Preußen; daher kann er sie unmöglich unterstützen. — Der Mangel an Geld zwingt sie zu Auflagen;
die Auflagen öffnen den Provinzen die Augen, da sie
ohnehin schon seufzen, daß mit dem Ende des Kriegs
auch die großen Vortheile aufhören würden, die sie vom
Verkauf ihres Korns gezogen; — und sie versichern, daß
sie nicht im Stande sind, die neuen Auflagen zu
zahlen."

Vom 11. Oct. 1791. Ich entdecke hier neue Pläne. Das Benehmen des Kurfürsten von Sachsen zeigt, daß er die Polnische Krone nicht annehmen werde ohne die Einwilligung Ew. K. M. und ohne einige Abänderungen in der neuen Konstitution. Wie ich weiß, ist der König durch den Kurfürsten selber davon unterrichtet, und zaudert nur, bloß um Zeit zu gewinnen. Es macht ihm große Sorgen; und um alle Hindernisse zu beseitigen, hat er einen neuen Plan erdacht, und er unterhandelt, aber nicht durch die Minister, sondern durch Privatpersonen, bei dem Kaiser und dem Könige von Preußen, daß sie vereint den Kurfürsten überreden möchten, seine Tochter dem Prinzen Stanislas Poniatowski, des Königs Neffen, zu geben. Die Sache wird durch den bekannten Abbé Piatoli geführt. — Nach einem andern Plan will man, wenn fremde Truppen einrücken sollten, die Freiheit der Bauern proklamiren und die ganze Nation zu den Waffen rufen.

Die Gährung dauert fort, und trotz der Drohungen des Königs und der Potocki vergeht kein Tag auf dem Reichstage ohne Ausfälle gegen die neue Konstitution.

Vom 23. Nov. 1791. Nach einer geheimen Berathung zwischen dem Könige, Ignaz Potocki, Abbé Piatoli und Kollontai wurde beschlossen: „da der Kurfürst von Sachsen nicht annehmen zu wollen scheine, die ganze Konstitution aber mit der Erblichkeit des Throns zusammenfallen würde, statt seiner einen andern Kandidaten zu wählen, einen Oestreichischen, Preußischen, Russischen Prinzen. Gegen alle diese erhoben sich Schwierigkeiten; Piatoli schlug den Prinzen Stanislas Poniatowski vor (einen Neffen des Königs); man wandte seine Unbeliebtheit im Lande ein; worauf der König seinen Neffen Joseph [40]) vorschlug, der ein vortreffliches Herz habe, beliebt, ein braver Soldat sei und gegen dessen Wahl nicht so viel Schwierigkeiten statt finden würden. Dabei blieb es und man verabredete, es damit wie mit der Konstitution zu machen: erst eine große Partei dafür zu gewinnen, und dann, wenn man sich dessen am wenigsten versähe, plötzlich mit dem Antrag aufzutreten und den Reichstag fortzureißen.

Lucchesini hatte eine Zusammenkunft mit Adam Czartoryski in Posen. Er sprach, wie früher Goltz, von der neuen Konstitution, daß sie gar keine Verbindung mit dem Allianz-Traktate habe und den König nicht verbinde, den Kurfürsten von Sachsen zur Annahme der Krone zu bewegen. — Nach den Berichten aus Berlin erhellt, daß der dortige Hof sehr bemüht ist, sich dem Russischen wieder zu nähern. Lucchesini will auch nicht weiter den Kommerztraktat unterhandeln.

Vom 28. Nov. 1791. Der Plan wegen Prinz Joseph, den der König vorgeschlagen hatte, ist nun auch gefallen. In der letzten Konferenz des Königs mit seinen drei (oben genannten) Rathgebern kam die Sache wieder zur Sprache, aber die Meinungen und Aeußerungen hatten sich sehr verändert. Ignaz Potocki gab zu verstehen, daß diese Wahl ihm gar nicht gefalle und auch für die gegenwärtigen Umstände nicht passe. Je weniger der König

---

[40]) Derselbe der zuletzt nach wechselnden Schicksalen als französischer Marschall in der Elster ertrank.

dieses erwartet, desto mehr ergriff es ihn. Piatoli war bestürzt und wußte nichts zu sagen; er dankt seinen großen Kredit bei dem Könige der Einigung desselben mit Potocki, und könnte bei ihrer Trennung auch leicht aus der Gunst fallen. Er wagte daher nicht dem Groß-Marschall zu widersprechen, aber fürchtete auch, sich des Königs Wünschen abgeneigt zu zeigen.

Vom 14. Dec. 1791. Die Polen fangen immer mehr an, die Augen zu öffnen und wünschen sich Ruß-land zu nähern. Man hat schon das Betragen gegen mich sehr geändert. Lucchesini, wie man hier erzählt, soll selber dem Könige angerathen haben, sich an Ew. Majestät zu wenden; vielleicht in der Hoffnung, daß eine unfreundliche Antwort die Köpfe hier wieder ent-zünden möchte, damit sie abermals ihre Zuflucht zu Preußen nähmen.

Vom 30. Dec. 1791. Die Unentschiedenheit des Kurfürsten von Sachsen hält sie hier alle in der Schwebe und beunruhigt nicht wenig den König und die Revolutionspartei.

Lucchesini in einer Gesellschaft wegen Polens Schick-sal befragt, antwortete: „Das größte Glück für Polen wäre, in eine noch größere Abhängigkeit zu fallen als früher. Die Lage des Landes, der Karakter der Nation, die schwankenden Gesetze werden Polen nie erlauben, sich unabhängig zu machen und seiner vollen Freiheit zu genießen, eine feste, wohlgeordnete Regierung zu haben und noch weniger eine starke und zahlreiche Armee zur Vertheidigung seiner Gränzen." — Aber der Preußi-sche Beistand, sollte Polen durch den sich nicht heben können? — „Auf Verbindungen, die unbestimmt sind, darf man nicht bauen; ich glaube auch nicht, daß eine Macht verpflichtet ist, auf Kosten eigener Interessen fremde aufrecht zu halten. Polen hat seines Zwecks verfehlt; es konnte sich Preußen auf eine Art verbinden, daß es sich alle Hülfe von demselben hätte versprechen können." — Auf die Frage, ob er etwa Danzig und Thorn meine? wich er aus. — Auch spricht man hier, Preußen wolle sein Bündniß mit Polen aufheben, da die Lage der Dinge nach der neuen Konstitution hier eine ganz andere geworden sei.

Der König sprach mit seinem Neffen Joseph von dem Plan, ihn zum Könige zu machen, doch dieser wollte nichts davon wissen, sondern nur Soldat bleiben; er habe nicht die Fähigkeiten dazu.

Neulich äußerte der König: „Die Republik hat einen großen Fehler begangen, daß sie zu seiner Zeit nicht Rußland von der neuen Konstitution unterrichtet hat; diese Unterlassung kann uns verderblich werden; aber die Preußische Partei ist daran Schuld; sie erklärte, diese Zuziehung Rußlands sei unnöthig. — Wir haben uns zu sehr auf die Gunst und die Unterstützung des Berliner Hofs verlassen, aber überzeugen uns immer mehr, daß dessen Benehmen gegen uns sehr zweideutig ist; und so war es immer." —

# Vierter Abschnitt.

1792.

# Vierter Abschnitt.

## Das Jahr 1792. — Suworow noch in Finnland.

---

Suworow — Erste wichtige Begebenheiten des Jahrs — Bündniß von Oestreich und Preußen vom 7. Febr. 1792 — In Folge von Gustav III. Ermordung muß Suworow noch in Finnland bleiben — Auszüge aus seinen Briefen von da (in den Noten biographische Notizen über Rachowski, Kretschetnikow, Prosorowski, Popow, Markow, Altesti, Gribowski) — Suworow nach Süd-Rußland versetzt — Er offlanisirt — Sein Wohlthätigkeitssinn — Abreise.

Während tausend von Neid und Haß gewebte Fäden den Russisch-Polnischen Knäuel immer mehr verwickelten, so daß zuletzt keine Lösung blieb als durch's Schwert, weilte der, der dieses Schwert einst führen und jenen scharf zerhauen sollte, immer noch in ehrenvoller Verwendung, wie seine Gegner sagten, in schmachvoller Verbannung, wie er selber seufzte, zwischen den gewundenen Seen und Felsenthälern Finnlands. Seine Seele war unruhig: er vernahm den schwachen Nachhall der fern im Westen wogenden Volkstumulte, er ahnete, daß eine Epoche ernsten Ringens bevorstehe, und war gebeugt durch den Gedanken, vom Schauplatz großer Thaten entfernt gehalten zu werden. Wer die Natur der Leidenschaften und der brennendsten von allen, des Ehrgeizes, kennt, fühlt, welche Stacheln ihm die Brust zerreißen mußten.

Es war eine gewaltige Zeit, in welcher große durch Leidenschaft belebte Kräfte mit einander rangen; eine Zeit des Uebergangs aus alten in neue Zustände, wo alles eine andere Gestalt annehmen sollte; nicht wie gewöhnlich durch leise allmälige Umwandlung der Dinge, sondern durch heftige, gewaltsame Umbildung. Wer in einer solchen Zeit Kraft in sich verspürt, fühlt sich unglücklich, wenn Umstände ihm die Theilnahme verbieten, doppelt unglücklich, wenn er glaubt, daß es durch die Böswilligkeit Anderer geschehe. Das war ungefähr Suworows Fall; und er hörte darum nicht auf, gegen die Umstände und die Feindseligkeit der Menschen, die ihn von seinem eigentlichen Berufskreis entfernt hielten, anzukämpfen. Wie solches in diesem 1792sten Jahre und zuletzt mit Erfolg geschah, werden wir im vorliegenden Abschnitt vernehmen.

Das Jahr ward eröffnet durch fünf folgenschwere Begebenheiten, denen eine sechste nicht minder verhängnißreiche folgen sollte: sie waren der im ersten Beginn desselben, am 9. Januar 1792 geschlossene Friede Rußlands mit der Türkei in Jassy; das engere Bündniß Friedrich Wilhelms von Preußen mit Kaiser Leopold, hauptsächlich gegen die Französische Revolution gerichtet, vom 7. Februar; Leopolds Tod am 1. März; die Ermordung König Gustav III. von Schweden, des Paladins, der in dem Kampfe gegen die Französischen Thron-Erschütterer vorkämpfen sollte, am 16. März; die Kriegserklärung der Französischen National-Versammlung gegen Oestreichs

Monarchen vom 20. April, und der sofort in den Niederlanden ausbrechende Krieg; die sechste große Erschütterung Europäischer Zustände war endlich der Einmarsch Russischer Heere in Polen, um die in der letzten Zeit erlittenen Beleidigungen zu rächen und die Dinge auf den frühern Stand zurückzubringen: also zwei Invasionen fast zugleich gegen die Franzosen des Westens und des Ostens; gegen die Republikaner im Keime und gegen die Republikaner in der Auflösung; mit verschiedenem Erfolg geführt, theils weil die sich entwickelnde Kraft stärker ist als die absterbende; theils weil man auf der einen Seite die Sachen mit Hochmuth leicht nahm und unzulängliche Mittel aufbot, von der andern dagegen die Widerstandskraft eher über= als unterschätzte und daher vollkommen zureichende Mittel aufwandte.

Betrachten wir diese Begebenheiten näher.

Von dem Frieden zu Jassy, der Rußland die Dniestr= Gränze gab, haben wir gesprochen. Er machte Katharina's Arme völlig frei und gab ihr die Mittel, mit der ganzen Wucht der Kraft ihres Reichs auf den Gang der Begebenheiten außerhalb einzuwirken. Sie konnte sich jetzt in ihrer vollen Höhe wieder aufrichten und in den Europäischen Angelegenheiten die Sprache führen, zu der Thaten, Ruhm und Macht ihr die Berechtigung gaben. Aber, und das ist eben das Zeichen des überlegenen Geistes, da sie nie etwas unternahm, ohne vorher die Mittel und Gegenmittel reiflich abgewogen und den erforderlichen Aufwand von Kraft berechnet zu haben: so ebnete sie, ehe sie zum Handeln schritt, sich erst die Wege und beseitigte jeden möglichen Widerstand, der von irgend einer

Seite hätte kommen können. Wie das geschah, werden wir später erfahren.

Im vorigen Abschnitt sahen wir, wie die Französische Umwälzung Friedrich Wilhelm von Preußen und Leopold von Oestreich, früher Erbfeinde, einander genähert und zum Abschluß eines vorläufigen Vertrags vom 25. Juli 1791 und sodann zu einer mündlichen Besprechung in Pillnitz geführt hatte. Das wirkliche Bündniß zwischen ihnen ward am $\frac{26.\ Jan.}{7.\ Febr.}$ 1792 zu Berlin geschlossen. Außer der Bestimmung einer gegenseitigen Hülfe von 20,000 Mann, waren die besondern Artikel desselben die nämlichen, welche wir oben angeführt; nur ward noch ein 4ter geheimer Artikel wegen Kurland beigefügt, wo der gegenwärtige Zustand erhalten und ohne Einwilligung der beiden Mächte nichts geändert werden sollte. So reichten sich zwei Gegner, die einander lange entgegen gearbeitet hatten, durch die Verhältnisse gezwungen, die zögernde Hand zum Bunde; aber kaum verbunden, erwachte wieder der alte Argwohn, und mit allerlei Hintergedanken fuhren sie fort, einander mißtrauisch zu beobachten, und, wo sie konnten, die gegenseitigen Wünsche und Absichten zu durchkreuzen. Darum ward so wenig von dem, was sie im Verein bezweckt, erreicht. — Der Vertrag war unterzeichnet Oestreichischer Seits vom Fürsten Reuß (XIV); Preußischer Seits von Finkenstein, Schulenburg und Alvensleben. Der König vollzog ihn am 19. Februar, und Oberst Bischofswerder ward nach Wien geschickt, um die Ratifikation Leopolds entgegenzunehmen; er kam aber nur, um Zeuge seines Todes zu sein, der am 1ten März an einer Cholera-artigen Krankheit erfolgte[1]). Erst von seinem Nachfolger ward der Vertrag vollzogen. Oestreich und Preußen waren so im Bunde gegen das revolutionäre Frankreich, jedoch ohne das Schwert zu ziehen; dieses ward ihnen erst in die Hand gegeben durch die übereilte Kriegserklärung der herrschenden Girondisten-Partei am 20. April. Von keiner Seite war man gehörig vorbereitet und traf eben keine großen Anstalten, da man von Seiten der Verbündeten, besonders Preußens, die Sache, in Erinnerung der leichten Bezähmung der Holländer und Belgier, ziemlich obenhin nahm, und alles mit einem bewaffneten Spaziergang nach Paris abzuthun gedachte. Man pochte auf die taktisch ausgearbeiteten Heere, auf die vielen noch überlebenden Schüler und Meister des siebenjährigen Kriegs, die Braunschweig, Möllendorf, Kalkreuth; die Wurmser, Koburg, Clairfait; und spottete der destruirten Französischen Kriegsmacht, deren in der Schule des eben erwähnten Kriegs gereifte Feldherrn, die Broglie, Castries, Bouillé, Biomenil, alle ausgewandert waren, wodurch die Anführung des in seiner Zucht völlig aufgelöseten Heers nur Neulingen, wie man wähnte, oder höchstens im Amerikanischen Wüsten- und Posten-Krieg geübten aber noch wenig bewährten Generalen, den Lafayette, Rochambeau, Kellermann, Biron u. s. w. verbliebe.

---

[1]) Man hat, wie beim plötzlichen Tod aller vorragenden Männer, von Gift gefabelt; so viel man von den damals wenig begriffenen Symptomen der Krankheit erfährt, scheint diese eher eine Art Cholera gewesen zu sein. Erbrechen, Krämpfe, die heftigsten Unterleibsschmerzen und schneller Tod.

Doch der Hochmuth irrt sich immer in seinen Berechnungen.

Alle diese Begebenheiten wirkten von ferne auf Rußland zurück; was es aber näher anging, war die Ermordung Gustavs III. durch eine Adelsfaktion, die ein-
tretende Näherung und Ausgleichung mit Preußen, endlich der Kampf gegen Polen.

Suworow hatte sicher gehofft bei den großen Vorbereitungen und Rüstungen, jetzt da sein mächtiger Verfolger, aus Leben und Wirksamkeit abgerufen, ihm nicht
mehr schaden konnte, eine seinem Kriegsverdienst angemessene Verwendung zu erhalten: die Ermordung des der
Kaiserin befreundeten Gustavs und die dadurch wieder
unsicher gewordenen Verhältnisse mit Schweden, wo Rußlands Feind und Frankreichs Freund, der zweideutige
Herzog von Südermanland die Regentschaft übernahm,
vereitelten seine Hoffnungen. Man wollte einen so bewährten Feldherrn in diesem kritischen Zeitpunkt von hier
nicht abrufen; er sollte die Befestigung der Gränze
vollenden, und zugleich übertrug man ihm nach des Prinzen von Nassau Abreise den Oberbefehl über die gesammte Streitmacht in Finnland, nicht nur zu Lande,
sondern auch zu Wasser. Dieselbe bestand aus einer
starken Infanterie-Division und einer Flottille von Ga-
leeren und Kanonierböten mit ihrer Besatzung unter dem
Gegenadmiral Traversai und dem Generalmajor Herrmann; im Gesammt gegen 25,000 Mann.

Auf diese Verhältnisse beziehen sich nun die mit seinem Freunde und Bevollmächtigten Chwostow in Petersburg um diese Zeit gewechselten Briefe, worin der alte

Kriegsmann ohne Falsch seine ganze Seele und alle ihn
eben bewegenden Gefühle und Gedanken niedergelegt hat.
Da jedoch der gesammte Briefwechsel mit seinen zum
Theil weniger wichtigen Beziehungen von geringem Interesse sein würde, so begnügen wir uns, einige bemer-
kenswerthere Stellen aus demselben zur bessern Karakteri-
stik unsers Helden wie der Zeitumstände hier anzuführen.

### Chwostow an Suworow.

3. April 1792.

Den Ostern-Sonntag habe ich, nach Ihrer Maxime,
fern vom Lärm zugebracht, und mich zu Hause unschuldig mit Eierrollen[2]) vergnügt. Auch in der Stadt waren wegen des Todes des Königs von Schweden keine
Festlichkeiten. Eine Trauer auf sechs Wochen ist angeordnet, und innerlich ist die Kaiserin sehr erbittert. Es
ist gewiß keine Schmeichelei, aber bei den Veränderungen,
die in Schweden eintreten können, bauet die Monarchin
auf Sie wie auf eine Mauer. Das Wohlwollen und
die Meinung der Kaiserin von Ihnen sind sehr groß.
Prinz Nassau wird selber deshalb schreiben. Er hat über
Sie berichtet und sagte, daß General Strandmann über
Rotschensalm und die Division befehligen wird. General Iwan Iwanowitsch Herrmann hat um seine Entlassung aus Rotschensalm gebeten; er war auch bei Zubow
und hat den Auftrag, eine Karte der Kuban zu entwerfen.

Ueber die Polnischen Sachen folgendes aus sicherer
Quelle. Wahrscheinlich wird man Sie, wo Sie sind,

---

[2]) Ein beliebtes Spiel des gemeinen Russischen Volks.

laſſen, zumal ſeit dem Tode des Königs[3]); man fürchtet
für das neue Bündniß[4]); Schweden könnte ſich leicht
wieder der alten Regierungsweiſe zuwenden; daher iſt
man ſehr geſpannt auf die weitere Entwickelung. Ueber
Polen hat man nichts Entſcheidendes, und auch nichts
wegen Preußen. Sollte es mit dem König von Preußen
zu etwas kommen, ſo wird weder Repnin noch Graf
Iwan Saltykow gebraucht werden; von Allen am eheſten
Sie. Das iſt alles noch mit einem Schleier bedeckt.
Die Truppenbewegungen ſind wahr. Eine Armee unter
General Rachowski marſchirt auf Polen, und unter ihm
befehligen der Pole Koſſakowski und der von Ihnen
empfohlene Derſelben; — Graf Iwan Petrowitſch Sal-
tykow zieht mit einer kleinen Abtheilung an die Düna;
viel wird entſendet zu Kretſchetnikow in Kiew, und un-
ter ihm ſteht Raſchtſchokin. Dieß iſt alles ſicher. Der
Steuermann am Schiff iſt jetzt A. A. Besborodko.
Platon Zubow iſt Ihnen geneigt; Derſhawin faſt eine
Null.[5])

## Von Suworow an Chwoſtow.

(ohne Datum.)

Befreien Sie mich von Rotſchenſalm. Sprechen Sie
mit dem Prinzen Naſſau ganz einfach; Turtſchaninoff[6])

---

[3]) Von Schweden.

[4]) Abgeſchloſſen zwiſchen Rußland und Schweden am $\frac{5}{16}$. Oct.
1791, das Rußland große Geldopfer auflegte, aber Guſtav zu ſeiner Heerfahrt gegen die Neufranken ermuntern ſollte.

[5]) Er war damals Staatsſekretair in Sachen des Senats, galt
aber nicht viel.

[6]) Er war Staatsſekretair für die Kriegsangelegenheiten.

sagen Sie leichthin: ich wünsche mich von hier weg, denn man habe mich förmlich mit den Leuten betrogen. — Nikolai Saltykoff[7]) opfert mich wegen des einäugigen Bräutigams[8]) sowohl dem Iwan Saltykow als den Intriguen Repnins. Ich habe ohnehin hier alle Hände voll zu thun.

Von Chwostow an Suworow.

$\frac{\text{23. April}}{\text{4. Mai}}$ 1792.

Die Südprovinzen werden wahrscheinlich lange noch, wenn auch nicht für immer, ohne höheren Verwalter bleiben; sie stehen unter Allerhöchst eigener Leitung und Popow[9]) (ein braver Mann! Anmerkung von Suworow)[10]) hat den Vortrag über sie.

Fürst Repnin ist weder Gesandter noch sonst etwas, eine Null, und wird es wahrscheinlich bis zum künftigen Jahrhundert bleiben (wenn er es erlebt! Suworow).

In Polen treten Kretschetnikoff und Kachowski auf. Sollten die Umstände eine Veränderung erfordern, so sind Sie näher wie jeder andere; am fernsten Fürst Repnin, der, wie ich es wiederhole, gar nichts gilt. (Wer täuscht mich denn? der Heuchler Schiräjew, der Diplomat Sacken, der Illuminat Beier? Suworow.)

---

7) Er war Chef des Kriegs-Departements.

8) Saltykows Sohn, der Suworows Tochter heirathen sollte; aber die Unterhandlung zerschlug sich.

9) Er war längere Zeit Kanzlei-Direktor bei Potemkin gewesen und besaß dessen ganzes Vertrauen.

10) Suworow hatte die Gewohnheit, den Briefen an ihn, wenn sie ihn besonders interessirten, kurze Anmerkungen zwischen den Zeilen beizuschreiben.

J. W. Gudowitsch kommt in die Kuban; Iwan Pe=
trowitsch Saltykow wird Befehlshaber der Düna=Armee,
bestehend aus drei Regimentern.

Die fremden Zeitungen sprechen von einem Geschwa=
der; sicher ist nur, daß der Prinz Nassau reiset, aber
allein als Gesandter und mit Geld. Sollte eine Hülfe
an Mannschaft erforderlich und möglich sein, so wird
man sie aus Polen nehmen und einen sichern General
ernennen, aber bestimmt nicht den Prinzen von Nassau.
Es muß eine allgemeine Uebereinstimmung der Höfe vor=
handen sein, worüber noch nichts verlautet; man spricht
bloß, daß Oestreich den Krieg mit den Franzosen schon
begonnen habe.

**Anmerkung von Suworow.** Sicherer Ge=
neral! Das wird sein entweder Kretschetnikow unter
dem Ruf als Weiser; oder Michelson, als Intrigant;
oder der Bruder des Ministers, Graf Ilja Andrejewitsch
(Besborodko).

### Von Chwostow an Suworow.

14. Mai 1792.

Das Manifest wegen Polen ist fertig aber noch nicht
publicirt. Der Sinn desselben ist: daß diese unter unserm
Schutz stehende Macht sich während des letzten Kriegs
sehr feindselig gegen uns benommen, und daß viele Pol=
nischen Magnaten und Edelleute, unzufrieden mit der
letzten Verfassungs=Aenderung, den Schutz Rußlands an=
gerufen hätten, zu welchem Zweck denn auch die Truppen
einrücken sollten. Ein Krieg wird es nicht sein. — Von
der Hülfe gegen die Franzosen ist man auch abgekommen;

man weiß bestimmt, daß die Franzosen geschlagen sind.
— Im Innern ist es Gott sei Dank! wieder ruhiger:
man hat das Nest der Martinisten in Moskau zerstört,
und ihren Anführer Nowikow nach Solowki entfernt.

### Von Suworow an Chwostow.

**Ohne Datum.**

An Turtschaninoff schreibe ich nicht, doch berathen
Sie sich öfters mit ihm. Der Gegenstand ist nur Einer:
ich verlange mit Ungeduld nach meinem Element, den
aktiven Dienst. — Mussin-Puschkin, Kamenski, Elmpt,
ein Triumvirat; Repnin, Iwan Saltykow, Dolgorukij
bilden das zweite, in dem einer den andern untergräbt;
das dritte endlich ist Kachowski, Krekschetnikoff, wozu
noch Igelström kommt und es stützt. Rumänzow wird
der Rückenhalter sein.

Im Herbst endige ich bestimmt; Tutschkow oder ein
anderer Ingenieur kann den völligen Ausbau übernehmen;
die Truppen irgend ein General-Lieutenant. Die vielen
Arbeiten, die schlaflosen Nächte haben mir meine Brust
angegriffen, den Hals, den Magen; ich bin schwach, am
meisten aus Unzufriedenheit. Das letzte Papier gleicht
einer Kassirung mit Ehren. Läßt man mich ungeschoren,
so beendige ich in einem Jahr, wozu andere zehn ge=
braucht hätten, und zwar mit den geringsten Kosten.
Wer erfährt, wer schätzt das? — Früher sah ich mich in
den Relationen; jetzt mag ich auch nicht davon hören.

Sollte irgend eine geheime Unzufriedenheit, und zwar
durch mich veranlaßt, vorwalten: so wird doch Turtscha=

ninow mich nie warnen. — Im Herbst, wenn ich hier fertig bin, eile ich nach Petersburg.

### Von Suworow an Chwostow.

26. Juni 1792.

Nach Beendigung der Arbeiten liegt mir noch ob, die Ordnung, Subordination und Disciplin zu befestigen, im Herbst den Skorbut und die andern Krankheiten zu vertreiben; im Winter gibts Arbeit am Hafen und müssen die Materialien vorbereitet werden; im Frühjahr den Bau vollenden. Bis auf den runden Thurm ist Rotschensalm schön ausgebauet; eben so Neuschlot; Willmanstrand wird in Angriff genommen. So viel!

Was soll ich in Petersburg? — intriguiren lernen? — auch der große Redner Repnin gewinnt damit wenig.

Iwan Petrowitsch Saltykow will seinem Vater nachfolgen[11]); Repnin hetzt, und auf alle ohne Unterschied; Nikolai Saltykow will niemand über sich emporsteigen lassen, und hat auch Puschkin unter seinem Flügel — was soll ich da streben! — Warum man mich nicht gebraucht? — Platon Zubow 2c. wollen zeigen, daß sie die Dinge zu leiten verstehen; sonst wäre man auf mich zurückgekommen. — Die jetzigen Operationen[12]) sind durch ihre Größe wichtiger als unser letzter Konföderationskrieg; und Turtschaninoffs „politischer Krieg" steht dem wirklichen Kriege eben nicht nach.

---

[11]) Dieses war der Feldmarschall Peter Semenowitsch Saltykow, der (oder unter dem man) die Schlacht von Kunersdorf gewann.

[12]) In Polen.

## Suworow an Chwoſtow.

Willmanſtrand, 13. Juli 1792.

Meine drei bekannten Vorſätze ſind: entweder Ab=
ſchied, Reiſen, oder fremder Dienſt. Für die bei=
den letztern würde ich ein für allemal brauchen 10,000
Rubel in Dukaten.

## Chwoſtow an Suworow.

16. Juli 1792.

Ich darf Ihnen nicht verhehlen, daß das Gerücht in
der Stadt den Fürſten Repnin mit 40,000 Mann gegen
Frankreich marſchiren läßt; ein anderes verbreitetes Ge=
rücht ſagt: er wolle nicht. Er iſt jetzt nicht hier, das
hindert nicht; wahrſcheinlich iſt's, daß die Truppen mar=
ſchiren; Wien und Berlin haben Polen nicht umſonſt
preisgegeben. Turtſchaninoff verſicherte wie gewöhnlich
von nichts zu wiſſen. Ich ſprach darauf mit Derſhawin.
Aus beider Antworten ſehe ich, daß wenn der Anführer
auch nicht beſtimmt, der Krieg doch mehr als wahrſchein=
lich iſt. Hier thut Schnelle und Gewandtheit Noth.
Turtſchaninoff hält mich nur mit Worten hin, und man
muß ein Auge, ja beide auf ihn haben. Sie zögern
auch nicht und ſind am 20. Sept. fertig. Die Zeit iſt
koſtbar. — Platon Zubow hat Ihr: „Ich Armer
(я бѣдненкой)“ [13]) geſehen; ſeine Antwort iſt zwei=
deutig; Sie wollen aber geradezu als Patriot eine Ver=
wendung. Schreiben Sie ihm in klaren Ausdrücken.

---

[13]) In einem Zubow durch Derſhawin vorgelegten Briefe ſagte
Suworow: „Und ich Armer habe zwei Kampagnen verloren.“

Von Ihren drei Entschlüssen, Abschied, Reise ins Ausland u. s. w. wird nichts geschehen und darf nichts geschehen. Aendern Sie das."

Suworow hatte an die Kaiserin direkt geschrieben, und um eine Verwendung in Polen gebeten. Die Kaiserin ließ ihm durch Turtschaninoff antworten: „die Polnischen Sachen seien nicht von der Bedeutung, um einen Suworow dabei zu gebrauchen; man behalte sich seine Verwendung zu wichtigeren Dingen vor." Die eigenen Worte der Kaiserin lauteten: „die Polnischen Sachen verlangen keinen Mann wie Suworow; die Polen bitten schon um Waffenstillstand, um alles wieder auf den alten Fuß zu setzen."

### Turtschaninoff (General-Lieutenant und Staatssekretair) an Suworow.

16. Juli 1792.

Aus vielem wahrnehmend, daß Sie sich erbittern, langweilen, und statt leichter Mittel zu den gewaltsamsten greifen, halte ich es für Sünde, Ihnen nicht meine wahre Meinung zu sagen.

Das Schreiben Ihrer Majestät, unserer Mutter und Ihrer Wohlthäterin, spricht es klar aus: „die Polnischen Sachen sind eines Suworows nicht werth;" klar, kurz und wahr!

Ihre gegenwärtige Bestimmung ist der Kaiserin eigener und auch Ihr Wunsch; und in der That, dort wie hier haben Sie die Tochter unter den Augen, Ihr Hauptwunsch.

Wer kennt Sie, Ihren Dienst, Ihre Nothwendigkeit besser als jene hohe Wohlthäterin; — Mittelsmann ist Ihr aufrichtiger Sohn [14], der vielfache Gelegenheit hatte, Sie in stürmischer Zeit zu prüfen; für wen und wofür sollte dieser Sie verrathen?

Jahre, Dienst und Erfahrung stellen Sie über jeden Rath, und ziemt es wohl mir oder irgend einem andern, Ihnen Rath zu ertheilen? Aber warnen und wo es nöthig Sie erinnern, das ist meine Schuldigkeit, und solches weiß Gott, die Monarchin, Sie und mein Gewissen. Ich würde viel darum geben, Sie gesund und im Geist beruhigt zu sehen; doch das hängt von Ihnen ab, und sollten Sie da noch schwanken?

Kretschetnikoff, Kachowski und die andern von Ihnen Erwähnten, halten sie wohl den Vergleich mit Ihnen aus? kann deren Belohnung Ihnen Unruhe machen? Und übrigens, wer wagt es, sich dem Allerhöchsten Willen zu widersetzen? — ich bin so klein, daß ich daran auch nicht zu denken wage, und nach mir urtheile ich auch von andern.

Ihr Wunsch ist der Kaiserin bekannt, von der das Gute unmittelbar herkommt; was bedarf es hier fremder Hülfe?

Wüßte ich gewiß, daß mein Rath, meine Vorstellungen bei Ihnen Gehör fänden, so würde ich aufrichtig sagen: seien Sie ruhig und überzeugt, daß dem Würdigen auch das Würdige wird, ohne alles Nachsuchen, das in der That ganz überflüssig ist. —

---

[14] So nennt sich Turtschaninoff selbst.

## Von Suworow an Chwostow.

Willmanstrand, 18. Juli 1792.

Das Schreiben von Turtschaninoff ist schmeichelhaft, aber nicht hoffnungsreich: Aussicht zur Verwendung ist da keine. Hüten sie sich überall vor der vague incertitude, und zeigen Sie sie gegen niemand. Marczenko hielt mich von Stund' zu Stunde in einem beständigen Fieber, so daß ich zuletzt mit ihm in völlige Spannung gerieth und jetzt mit ihm über wichtige Sachen gar nicht spreche. Wenn Koritzkij, Marczenko oder irgend ein anderer von Ihnen zu mir kommt, machen Sie mir durch sie keine Mittheilungen; sie verwirren nur alles; schreiben Sie lieber selbst umständlicher. Auch Beier und Sacken taugen nicht dazu.

Ich bin auf alles gefaßt; mein Leben ist nicht lang mehr; nur benachrichtige man mich zuvor.

## Von Suworow an Chwostow.

Kymenegard, Eliastag (20. Juli) 1792.

Die Augen schmerzen mir, meine Gesundheit ist wankend. Ich mag von dieser Sache schon nicht mehr schreiben; Gottes und unserer Kaiserin Wille geschehe. Der Sterbliche denke an den Tod; er ist mir nicht mehr weit. Am nächsten 23. Oct. bin ich funfzig Jahr in Dienst, soll ich da nicht lieber meine untadelhafte Laufbahn schließen? mich aus der Welt in irgend ein Dorf zurückziehen, wo 1000 Rubel zu meinem Unterhalt hinreichend sind, und meine Seele zur großen Wanderung vorbereiten, im Fall eine Verwendung gar nicht für mich abzusehen wäre.

Indeß bin ich sehr mit Arbeit überhäuft, seien Sie daher kurz und klar. Gewiß, Turtschaninoff hat kein Interesse an meiner Demüthigung. Er spielt auf meine Gier nach Belohnungen an; er irrt sich, ich will sie nur verdienen. Ist die Polnische Sache wirklich beendigt, so verliere ich darüber kein Wort weiter, nur denken Sie an Zukünftiges. Bewahren Sie die Freundschaft von Turtschaninoff, und belästigen Sie ihn nicht zu sehr.

### Chwostow an Suworow.

20. Juli 1792.

Sonntag kam der Oberst P. A. Saltykow als Kourier von Kachowski. Beim Uebergang über den Bug gab es ein hitziges Treffen [15]) unter Kachowski's eigener Anführung. Nähere Umstände hat der Oberst nicht mitgebracht und kennt er nicht. Von uns sind der Oberst Zolotuchin, Palmbach, der Freiwillige Lambert und mehrere andere Offiziere getödtet worden. Die Kaiserin ist unzufrieden, Zolotuchin's [16]) Tod hat sie sehr geschmerzt; der Kourier ist niedergeschlagen und bis jetzt noch nicht belohnt. — „Sie bitten um Waffenstillstand" — aber was ist's? Lesen Sie nur die ausländischen Zeitungen: wir werden überall geschlagen [17]), und in der That, wo sind die Vor-

---

[15]) Das von Dubienka vom $\frac{7}{18}$. Juli 1792 ist gemeint. — Im folgenden Abschnitt werden wir das Nähere darüber erfahren.

[16]) Es war der tapfere Oberst der Fanagorischen Grenadiere, der sich beim Sturm auf Ismail so sehr ausgezeichnet.

[17]) Das heißt in den Zeitungen nach den Polnischen Berichten, die damals eben so logen wie 40 Jahre später.

theile? 18) — Schreiten Sie nicht zum Aeußersten; er-
freuen Sie durch Abschied-Verlangen nicht ihre Neider.
Ihr Wunsch ist am Throne bekannt. Der Brief an Zubow wird Sie nicht bloßstellen; er wird nur abgegeben
werden, sobald man ihn für Sie gewonnen hat. Turtschaninoff hat mir wohl schon zwanzigmal gesagt: „ich
bin klein, bin nur ein Spinngewebe, ich darf nicht erinnern." — „Aber Platon Alexandrowitsch (Zubow) darf
es." — Turtschaninoff behauptet, Sie werden auf keinen
Fall in fremde Dienste gehen. Das Fodern des Abschieds
würde man als Vorwurf betrachten. Ohne Frankreich,
Repnin oder sonst jemand zu nennen, haben Sie eine
freie Bahn: „ich bitte um Verwendung im Kriege, meinem
Element." Sie haben begonnen, harren Sie aus.

Von den Türken ist es still; man hat eben die Friedens-
Medaille vertheilt. — Samoilow 19) steht nicht gut; er
erscheint auch nicht bei Hofe, Krankheitshalber. Fragen
Sie nur, wem es gut bei Hofe gehet? Gegen meine
Gewohnheit muß ich antworten: ich weiß es nicht; sie
kriechen fast alle wie die Krebse rückwärts.

### Suworow an Chwostow.

29. Juli 1792.

Beim Uebergang über den Bug 20) verloren sie und
nahmen sie wieder acht Kanonen. Der Angriff geschah

---

18) Die waren doch in die Augen springend. Die Polnische
Armee ward von Podolien bis Lublin zurückgetrieben und konnte
sich nirgends halten. Aber Chwostow, um Suworow nach dem
Munde zu reden, möchte Kachowski gern herabsetzen.
19) Potemkin's Neffe.
20) Bei Dubienka.

mit dem rechten Flügel, die Mitte weiter zurück u. s. w. so erzählen die hiesigen Zeitungen. . Sie schreiben darüber nicht, obgleich so viele Eilboten von der Armee ankommen, es interessirt sehr.

Subsistenz.. Graf Nikolai Iwanowitsch (Salty-kow) schickt mir einen guten Proviantmeister: der belehrt mich schlecht; ich werde ihn belehren, da ich selbst Proviant-meister gewesen. — Besborodko ist unzufrieden wegen seines Verwandten. Ich soll doch nicht wohl alle Ochsen, Böcke, Füchse hoch bewirthen. Er sollte sich seines Bruders erinnern.

Kachowski [21]) war im Preußischen Kriege Unterlieute-nant; ich Oberstlieutenant; Kretschetnikoff [22]) Sekund-Ma-jor, eben so wie Prosorowski [23]).

---

[21]) Michaila Wassiljewitsch Kachowski, geb. 1734, im Kadetten-korps erzogen, trat 1752 in den aktiven Dienst, und machte den siebenjährigen Krieg mit, ohne daß man etwas Näheres über ihn weiß. Unter Katharina ward er General-Quartiermeister und erhielt die Verwaltung der Gouvernements Mohilew und Witebsk. 1773 war er schon General-Lieutenant, und führte 1783 ein besonderes Korps in die Krimm, als dieses Land für Rußland erworben ward; 1784 ward er General en Chef. Er wußte Potemkin's Gunst zu gewinnen, der ihn fortan sehr hervorzog, der Kaiserin empfahl, und kurz vor seinem Ende durch einen Boten zu sich berief, um ihm den Oberbefehl über das Heer zu übertragen (1791), den ihm jedoch Kamenskij streitig machte. Die Kaiserin entschied für Kachowski. — Er führte nun in Folge der Targowitzer Konföderation das Heer nach Polen und erzwang in der Nähe von Warschau des Königs Beitritt zu derselben. Doch scheint er nicht die Zufriedenheit der Kaiserin erworben zu haben: am Ende des Jahres 1792 wurde sein Heer getheilt: mit einem Theil blieb Igelström in Polen, mit dem andern Kretschetnikoff in Wolynien; Kachowski aber wurde im Jahr 1793 General-Gouverneur von Nishe-Nowgorod und Pensa. (Kaiser

Popow [24] steht nicht gut mit Nikolai Saltykow; er sollte mit mir Freundschaft halten. — Dershawin ist ein

Paul verlieh ihm an seinem Krönungstage (April 1797) die Grafen= würde und 2000 Bauern; entließ ihn aber im folgenden Jahr des Dienstes. Er starb 1800, 67 Jahr alt. — Er war ein biederer, uneigennütziger und gerechter Mann, der ohne Ansehen der Person richtete und streng auf Kriegszucht hielt: Ende 1792 nahm er dem Bruder (Valerian) des mächtigen Zubow wegen Unordnungen in dessen Division den Befehl ab, was ihn um den seinigen brachte.

[22] Michaila Nikititsch Kretschetnikoff. Ward im Ka= dettenkorps erzogen und machte den siebenjährigen Krieg als Major mit. 1769 bereits Oberst in der Armee von Galizün; dann Gene= ral=Major, und als solcher zeichnete er sich in der Schlacht am Kagul (1770) aus. — 1772 trat er in den Civildienst über und ward Gouverneur von Pskow. 1775 General=Lieutenant; Gouver= neur in Twer, dann in Kaluga; 1778 General=Gouverneur von Kaluga, Tula und Räsan; 1790 General en Chef, und als solcher befehligte er die in Klein=Rußland zusammengezogenen Truppen. 1792 führte er den gegen Litauen bestimmten Theil der Armee an und starb im Mai 1793. — Er war ein braver Soldat, aber ohne höheres Talent; er stieg schnell, weil Potemkin ihn begünstigte; sonst ein guter Gefährte, von wohlwollendem Karakter, nur etwas stutzerhaft und hochmüthig.

[23] Fürst Alexander Alexandrowitsch Prosórowskij, geb. 1732; 9 Jahr alt (1742) als Soldat in die Garde einge= schrieben; 21 Jahr alt (1753) Garde=Sergeant, und sodann mit dem Rang eines Lieutenants zu einem Feld=Regiment versetzt. Als Hauptmann machte er den siebenjährigen Krieg mit, focht bei Groß= Jägerndorf, bei Zorndorf (in beiden Schlachten verwundet), bei Züllichau, bei Kunersdorf und stieg im Lauf des Kriegs bis zum Oberst; 1765 ward er General=Major. — 1769 beim beginnenden Türkenkriege befehligte er Galizüns Vorhut und zeichnete sich in den damaligen Gefechten aus. 1770 diente er in der zweiten Armee unter Graf Peter Panin, und beobachtete während der Belagerung von Bender mit 3 Reiter=Regimentern Otschakow, wobei er dem Feinde mehrere glückliche Gefechte lieferte. 1771 war er mit bei der

redlicher Mann und in naher Verbindung mit Platon
Zubow; Turtschaninoff ist Prediger in der Wüste. —

---

Eroberung der Krimm durch Dolgorukij; ward 1773 General-Lieutenant, und erhielt den Befehl über die Truppen in der Krimm, welche
er gegen die Versuche der Türken und Tataren behauptete.   1782
ward er General en Chef, und 1790 General-Gouverneur von
Moskau und Senator. — (Vom Kaiser Paul wurde er zum General
der Infanterie umbenannt und mit dem Befehl über die Smolensker
Heer-Abtheilung betraut, aber gleich darauf verabschiedet. — Unter
Kaiser Alexander, wo man der siegreichen Katharina alte Feldherrn
wieder hervorsuchte, ward er 1807 Feldmarschall und erhielt 1808,
75 Jahre alt, den Oberbefehl über die Armee gegen die früher mit
Glück von ihm bekämpften Türken.   Doch seine Zeit war vorüber.
Altersschwach, kränklich und durch seine Gesundheit mehr in Anspruch
genommen, als dem Feldherrn erlaubt ist, hatte er auch die moralischen Gebrechen des Alters, war unentschlossen, eigensinnig, argwöhnisch.   So leistete er nicht viel.   Sein Sturm auf Braila am
19. April 1809 kostete an 5000 Mann und mißlang; die Serben
ließ er ohne gehörige Unterstützung; nichts wollte ihm mehr glücken,
und physisch und moralisch erlosch er allgemach.   Er starb im August
1809. — Großer Bewunderer Friedrichs, war er ein tapferer Soldat,
ein strenger Führer, und hielt auf gute Mannszucht; aber als Oberfeldherr war er, wie alle Generale aus der Schule Friedrichs, von
wenig Bedeutung; seine letzten Jahre schmälerten selbst den Ruhm
seiner vorigen.   Er lieferte abermals den Beweis, daß, einige außerordentliche Ausnahmen (Suworow, Blücher, Radetzki) abgerechnet,
man nur bis zu einem gewissen Alter guter Soldat und Feldherr
bleibt.

²⁴) **Wassilij Stepanowitsch Popow**, geb. 1745, trat,
obgleich Sohn eines Priesters, 1765 in den Kriegsdienst; sollte jedoch, anstellig, thätig und arbeitsam wie er war, nicht sowohl durch
das Schwert als durch die Feder glänzen und steigen.   Wegen der
Klarheit und Gewandtheit seiner schriftlichen Arbeiten vertraute ihm
der Krimmische Dolgorukij, als er Gouverneur von Moskau ward,
1780 die Leitung seiner Kanzlei.   Dolgorukij starb 1782, und nun
nahm der mächtige Potemkin Popow zu sich und dieser ward sein

Dem frommen Nikolai Iwan Saltykow ist meine Erniedrigung so nothwendig wie Repnin mein Tod. Ich aber
will nur für die große Katharina sterben.

N. S. Verbrennen Sie alle solche Episteln.

---

Chwostow that es nicht und zog sich darüber schlimme
Händel von Suworow zu. Dieser hatte in einer un-
muthigen Stunde bittere Worte über seine Verfolger,
wirkliche und eingebildete, und besonders über Potemkin
aufs Papier geworfen; wie es scheint auch, nach seiner
Art, einige beißende Knittelverse beigefügt, und das Ganze
an Chwostow geschickt. Dieser, den die Manie des
Versemachens im höchsten Grade plagte, dadurch ange-

---

rechter Arm. Alle Kanzleigeschäfte des Gewaltigen, die Rechnungen,
die besondern Verwaltungsarbeiten lagen ihm ob, und wurden von
ihm mit unermüdlicher Thätigkeit besorgt. So stieg er schnell: 1784
war er schon Oberst; 1787 Brigadier; 1788 Generalmajor; und wie
die Rangstufen flogen ihm die Ehrenzeichen zu: bald besaß er sie
alle, selbst den Alexander-Newski- und den Wladimir-Orden erster
Klasse als Generalmajor. — Nach Potemkins Tode ward er von der
Kaiserin mit großem Vertrauen beehrt, wurde Chef der Bittschriften-
Kommission, des Bergkorps, zuletzt des Kaiserlichen Kabinets. (Kaiser
Paul ernannte ihn zum Geheimenrathe, Präsidenten des Kammer-
kollegiums und Senator; schloß ihn jedoch bald darauf aus dem
Dienste aus, und übergab ihn, durch eine falsche Anklage verleitet,
dem Gericht. — Kaiser Alexander hob den Erniedrigten wieder und
vertraute ihm die Oberleitung verschiedener Geschäftszweige. Ihn
traf der Arbeitsamen Loos: er erblindete zuletzt völlig und starb 1822,
78 Jahre alt. — Er war, wie ihn Suworow nennt, ein braver,
rechtlicher Mann; in Geschäften gewandt und wohl erfahren. Leicht
zugänglich, ganz ohne Stolz, sich Unglücklicher gern annehmend,
wußte er sich allgemeine Achtung und Liebe zu erwerben.

feuert, hatte dazu auch seine Lucubrationen gefügt und
ein Gedicht mit Bezug auf Suworow zusammengesetzt,
dessen erste Worte: „warum ruht unser Herkules?"
schon den Inhalt bezeichnen. In der Selbstgefälligkeit
des Autors hatte er seine Verse und die Verse Suworows und als Kommentar dessen langes zürnendes Schreiben
dem guten Freunde, Oberstlieutenant Korycki, den wir
als Aufseher der Tochter bereits kennen, mitgetheilt, dieser
zeigte sie weiter, und so kamen endlich Brief und Verse
bis zu den Augen Dershawins und Turtschaninoffs, große
Anhänger Potemkins und jetzt Zubows. Durch einen
der Offiziere, die unaufhörlich in Dienst= und Privat=
Geschäften zwischen Finnland und Petersburg hin und her
fuhren, Namens Maximowitsch, ward Suworow von
diesem Mißbrauch seines Vertrauens unterrichtet und brach
nun gegen Chwostow los. In der ersten Hitze schonte
er wenig seiner Ausdrücke; „Verräther", „Betrüger",
„alberne Wärterin" kamen darunter vor. Chwostow war
wie vernichtet. Seiner Schuld sich bewußt, aber durch
Suworows Hitze und Heftigkeit tief gekränkt, wußte er
anfangs nicht, was er thun sollte. Er ergriff zuletzt den
besten Ausweg, beichtete aufrichtig seine Fehl, und eine
unverstellte Traurigkeit verrathend, suchte er durch Sanft=
muth und verdoppelte Dienstfertigkeit sie wieder gut zu
machen. Darauf gehen nun die nächstfolgenden Schreiben.
Dazu kam noch ein anderer Umstand. Es war um diese
Zeit verabredet worden: Suworow solle selber an Zubow
schreiben, und um seine Vermittlung bitten, damit er
wieder aktiv im Felde verwendet würde. Das Ehrgefühl
des alten Kriegers sträubte sich gewaltig gegen einen solchen

Schritt. „Gerade an Zubow zu schreiben, äußerte er gegen Chwostow [25]), wäre niedrig, und könnte gegen mich gemißbraucht werden. Selbst in meinen höchsten Nöthen schrieb ich nicht an Gregor Gregorjewitsch Orlow, meinen Freund, und überhaupt an Niemand, und glänzte nach der Verfinsterung doch wieder. Ganz eigen war es mit Potemkin: ich war ihm oft nöthig als. eine Art Leonidas." — Indeß der Schritt mußte doch geschehen, um von der ihm verhaßten Beschäftigung als Festungsbauer loszukommen. Zögernd und mit Widerwillen entwarf er zuletzt folgendes Schreiben, dem man später das Datum vom 30. Juli beisetzte.

„Dem Ueberbringer dieses, Herrn Maximowitsch, der mit mir dient, empfehle ich dem Schutze Ew. Excellenz.

Ich habe Sie nicht beläftigt; wenn Sie sich meiner erinnern wollen, ich bin Ihnen wie früher ergeben.

Ich werde hier bald endigen; die Beiwerke mag ein anderer ausführen. Ew. Excellenz weiß, wornach ich dürfte: es ist nicht neidische Ruhmbegierde oder Sucht nach Belohnungen, ich bin damit überhäuft, sondern es ist meine alte funfzigjährige Gewohnheit, die mich drängt, den Rest meines Bluts, wo und mit welchen Truppen es sei, auf dem Altar der Mutter des Vaterlandes zu vergießen. — Mich Ihrem Schutz anempfehlend habe ich die Ehre u. s. w."

Chwostow machte dazu die Bemerkung: „Sein Blut auf dem Altar der Mutter des Vaterlandes vergießen" würde man übel auslegen können — ihr Altar ist in den

---

[25]) In einem Schreiben vom 20. Juli.

Herzen. Der Gedanke wäre anders zu wenden. Das ist „Pedantismus". In zehn Tagen muß sich die Sache entscheiden."

Aber nun kam die oben erwähnte verdrießliche Geschichte mit Suworows unmuthvollem Briefe und den Versen dazwischen. Die erste Erwähnung derselben geschieht durch Chwostow in folgendem Schreiben.

### Chwostow an Suworow.

29. Juli 1792.

Dieses zu Ihrer Beruhigung wegen des Schreibens. Man verfuhr nicht gut dabei, ganz meine Schuld. Es ist äußerst verdrießlich; auch habe ich einen ganzen Tag nicht essen können. Glücklicherweise hatte ich es mit einem redlichen Mann zu thun. Die Verse: „warum ruht unser Herkules" sind bereits an Sie abgeschickt worden.

Um 6 Uhr Morgens fuhr ich nach Zarskoje Selo. Turtschaninoff war hinauf zur Kaiserin gegangen, ich zu Dershawin. Gegen seine Gewohnheit empfing er mich grob, und ich beichtete ihm alles. Er ist mein Mäcen. Ich blieb den ganzen Tag in Zarskoje; überzeugte nicht nur ihn, sondern er auch die andern; auch sagte ich es auf seine Weise Turtschaninoff.

Kachowski steht nicht gut — offene Abgunst. Ich beschloß die Umstände zu benutzen, und abermals hin nach Zarskoje. Der erste, der mir begegnete, war Dershawin. Ich: „Der Augenblick ist günstig, Kachowski steht schlecht." — Er: „ja, sehr schlecht, man war nahe daran, einen andern zu ernennen." — Ich: „und was weiter?" — Er: „jetzt ist alles vorbei; eben ist der Brigadier Gudowitsch von Kretschetnikoff gekommen: der König hat die Konföderation [26]) unterschrieben." — Da kam Turtschaninoff heraus: „was willst du, mein Herrchen, hier?" — Ich dasselbe über Kachowski. — „Ich weiß von nichts; der Graf möge ruhig sein" — und nun fing er an Ihre Lage zu erheben. Auf meine Frage: weshalb ist Gudowitsch gekommen? — „Ich weiß nicht." — Andrei Iwanowitsch Altesti, der vorüber ging, sagte laut: „Der Friede mit Polen ist geschlossen. Wie der Allerhöchste Plan es vorschrieb, so hat man es beendigt." — „Aber Frankreich? in der Stadt sagt man für gewiß, es sei nach Fürst Repnin geschickt worden." — „Ei Possen! schreiben Sie es um Gotteswillen nicht dem Grafen, Sie werden ihm ohne Grund Unruhe machen." — „Lieber umsonst beunruhigen als versäumen." — Das letzte Wort von Turtschaninoff war: „man wird ihn von hier nicht wegnehmen." (In die Garnison! Suworow.)

Die Polnische Sache ist beendigt; die französische nahe am Ende; der Herzog von Braunschweig ist im Marsch auf Paris. Sollte sie sich aber in die Länge ziehen, so wird man wahrscheinlich Kutusow schicken, der mehr Aussicht hat als Repnin. — Ihr Brief an Zubow kann zur französischen Expedition dienlich sein, wenn diese gerade in der Verhandlung ist.

Ich habe zwar die Verse: „Herkules ruhte nicht" Derschawin gezeigt, aber ich stehe mit meinem Kopf dafür, denn ich kenne ihn, daß sie nicht werden bekannt

---

[26]) Die Targowitzer.

werben, eben so wenig wie „Polyphem der Trunkene"[27], oder „Ziska's Fell über der Trommel"[28]).

Nach meiner Meinung fängt Ihre Laufbahn erst recht an („ich bin kassirt!" Suworow); Turtschaninoff sagt: sie ist beendigt. — Durch meine Bemühungen für Sie bin ich ihm lästig, und er hat, um mich abzuschrecken, seine Zuflucht zur Grobheit genommen, indem er mich Ihren Spion nennt. Sein Schmähen ist mir gleichgültig; entflammt für meinen Zweck gehe ich meinen Weg. Hastatow und die andern sind Würme („aber sie beißen." Suworow); er aber ist ein Armenier.[29]

Ich habe gefehlt, aber entziehen Sie mir nicht Ihr Wohlwollen und Vertrauen; mehr verlange ich nicht, denn es ist mein Leben; und Ihre Belehrungen sind mir eine wahre Seelenspeise.

### Suworow an Chwostow.

Kymenegorod, 29. Juli 1792.

Ich eile Ihnen heute mit dem zweiten Kourier zu schreiben. Diwow hat mir gesagt: Der Krieg in Polen sei zu Ende, der König trete der Konföderation bei und die frühere Konstitution werde wieder hergestellt. Meine gethanen Schritte sind ins Wasser! — Kutusow soll mit

---

[27] Anspielung auf Potemkin, der in einem Streit ein Auge verloren hatte.

[28] Suworow hatte geschrieben: „Auch sein Schatten (Potemkins) ist furchtbar; würde man seine Haut wie die Ziska's über eine Trommel ziehen, so könnte man Kinder damit ins Bockshorn jagen."

[29] Die für besonders schlau galten, nach dem Sprichwort: „ein Grieche beträgt 7 Juden, aber ein Armenier 7 Griechen."

20*

18,000 Mann gegen die Franzosen; und man habe sie
schon von der Polnischen Armee abgetheilt; Repnin wird
als eine Art Teschenscher Kommissair [30]) gehen. Die
Türken und das Banat sind ruhig. Ilowaiski ist nach
Petersburg berufen wegen der Transkubaner (die Tscher=
kessen), die nicht viel bedeuten. Mit dem König von
Preußen ein bestimmter Vertrag; mit den Gothen (Schwe=
den) Frieden. Der Herzog von Braunschweig hat die
Französische Gränze überschritten, und es wird da eben
so gehen, wie in Polen."

(Damit schien es mit Suworow's Hoffnungen auf
aktiven Kriegsdienst vorüber, und er schloß mit Erge=
bung:) „Ich falle vor den Fügungen Gottes nieder!
Rußland ist auf die höchste Stufe erhoben. Die große
Monarchin ist ewig!

Schreiben Sie oft und klar. Meiden Sie die Schön=
redner, Intriganten, Gimpel und Zwischenträger. Gott
mit Ihnen, mit Natalien und der übrigen Familie."

### Suworow an Chwostow.

30. Juli 1792.

Besborodko hält sich zu seiner eigenen Sicherheit in
Verbindung mit Nikolai Saltykow. — „Kachowski sei
von Potemkin selbst ernannt!" — Da man ihn aber
bestätigt hat, so ist das eine Herabsetzung meiner und
ich mag nicht unter seinem Befehl stehen. Obgleich ich
ein Wurm, kein Mensch bin, so hab' ich doch Gefühl!

---

[30]) Fürst Repnin war Russischer Unterhändler beim Teschener
Frieden.

Saltykow tritt meine Würden und Ehren durch das Alter=
thum nieder; Zubow wiegt sich in schmeichlerischen Ein=
bildungen. · Daher ist mein Entschluß: so wie ich hier
geendigt, übergebe ich die Festungen dem Ingenieur=Major,
und die völlige Beendigung des Hafens an Prevot.

Bemerken Sie: ich schreibe, vergesse, Abschriften habe
ich nicht; Sie sind mein Archiv. Erinnern Sie mich zu
feiner Zeit und handeln Sie stets nach den Umständen.

Wird in Polen ein Hülfskorps bleiben? — Besser
zu den Kaiserlichen, meinen Freunden, was unstreitig
näher; noch näher der Abschied. Fremder Dienst ist Tod;
gleichviel, nur keine Abhängigkeit von einem R. Saltykow
und Repnin; — wie niedrig, von einem solchen, der nie
eine Schlacht gewonnen hat. Turenne warf Mazarin
ein Glas Wasser auf die Karte um.

Ich sage noch: in den Fügungen Gottes folgt auf
Leiden Ersatz. Benutzen Sie das Unglück. Man ver=
schüttet wahren Werth; zeigen Sie den Unwerth der
Kameraden. Ich kann nicht kriechen und ginge Babylon
zu Grunde.

Dem Turtschaninoff wäre in einem Briefe vorzuhal=
ten: 1) Meine Wegtreibung aus Petersburg im vergan=
genen Herbst, wozu als Werkzeug der Allerhöchste Zorn
dienen mußte. 2) Zubows Gleichgültigkeit dabei und
Abneigung zu einem Gespräch ohne Zeugen mit mir.
3) Zubows und Saltykows Verbindung mit Repnin.
4) Des letztern schmähliges Verfahren gegen mich, na=
türlich nicht, ohne von andern dazu ermuntert worden zu
sein. 5) Die Neigung noch vor kurzem, mir die Be=
festigung von ganz Finnland zu übertragen, was endlos

gewesen wäre. 6) Das Vorgeben als sei ich unwissend im Verpflegungswesen, worüber viel gesprochen worden. 7) Turtschaninoff's abscheuliche Auslegung der Allerhöchsten Worte; und, wenn es wahr ist, die boshafte Verbreitung meines bloß für Sie bestimmten Schreibens. Um das letztere zu verhindern, hätte ich lieber alle meine Dörfer dem Korytzki geschenkt, damit er nicht nöthig gehabt, bei den andern den gehorsamen Diener zu machen. Ich fürchte auch den Mißbrauch meines Briefs an Zubow. Das Schreiben an Sie, erinnern Sie sich, war nur Soldatengebell. Aber Ein Schritt führte Kolumbus von der Höhe zur Einsperrung. Mir bleibt Ein Hafen, bei den Gebeinen meines Vaters!

Ich schreibe Ihnen täglich oder alle 24 Stunden, da bei meiner Unruhe Tag und Nacht in einander fließt. Sie versetzen mich dagegen durch Nichtschreiben in eine peinliche Ungewißheit. Also schreiben Sie öfter.

Noch muß ich Sie erinnern: hüten Sie sich vor dem mittäglichen Dämon[31]) in Hinsicht der Eifersucht. Erwarten Sie eine günstigere Zeit.

### Suworow an Chwostow.

31. Juli 1792.

Ist's mit meinem Schreiben an Platon Alexandrowitsch (Zubow) nicht zu spät? ist nicht alles verdorben durch Korytzki's Veröffentlichung meiner Zuschrift an Sie? („Potemkin flog herbei" x.). Ich erschrak zuletzt, das erschien wie offenbare Verrätherei. — Wie konnten Sie

---

[31]) Chwostows Gemahlin ist gemeint.

das Korytzki zu thun erlauben, ihm, der mich schon mehr=
mals in die größten Verlegenheiten gestürzt; lieber hätte
ich alle meine Güter verloren. Bedenken Sie denn nicht,
daß ich meine Briefe und Entwürfe, selbst die den Dienst
betreffenden, Ihnen in Rücksicht der Verhältnisse anver=
traue, damit Sie sie genau erwägen und die nicht wohl
schicklichen zurücksenden mit Angabe der Gründe, oder sie
vernichten: wie können Sie also solche Korytzki, Mar=
czenko, oder andern anvertrauen?

In Ihrem Schreiben mit Marimowitsch erwähnten Sie
von der Sache nichts, und kaum wollte ich ihm glauben.
Sie waren bei Turtschaninoff und brachten jenes ver=
wünschte Schreiben nicht zurück. Wenn Sie ihn nicht
zu Hause fanden, so hätten Sie ihn erwarten sollen,
und wäre es auch mehr als 24 Stunden. — Was ist
mir in diesem Aeußersten selbst Natascha!

Benachrichtigen Sie mich genau, wie Sie jenes
Schreiben zurückerhalten haben; unterscheiden Sie Schmei=
chelei, die nur zum Bösen führt, und Wahrheit, und
sagen Sie, welche Wendung die Sache genommen, und
welche Maßregeln Sie ergriffen haben, um dem Uebel
vorzubauen.

O mein Gott! man hat in das Spiel mit mir auch
Popow verwickelt: er hat keine nähere Verbindung mit
mir, sondern mit den Rachowski's, daher der fatale Gang
der Sache. „Potemkin flog herbei" — „die Kriechenden"
u. s. w., reize ich nicht diesen ganzen Schwarm gegen
mich auf? Und wie hat Turtschaninoff sich entschließen
können, das Schreiben nicht nur Dershawin, sondern
auch Popow mitzutheilen? Die Gründe. Indem Sie

ihn anklagen, glauben Sie Ihre Schuld zu vermindern; Possen, die Grundursache von allem sind Sie.

Ribas ist mein Freund und kann Ihnen mit Rath beistehen; nur muß man seine Phrasen zu verstehen wissen, und nehmen Sie kein widerstrebendes Gesicht an.

Man sagt Ihnen, ich soll nach Petersburg kommen, zu meiner Beruhigung; das könnte am Himmelfahrtstag (15. August) geschehen. Da habe ich aber Harlekinaden, muß die Flagge im Hafen aufhißen lassen als Zeichen der beendigten Arbeit u. s. w. Erforschen Sie früher, ob es nicht geschehe, um den Anwesenden leichter zu strafen?

„Ergebenheit" — der Affe aus übermäßiger Zärtlichkeit zerbricht dem lieben Kinde das Bein — das ist Affen-Art!

Jene Leute opfern für den kleinsten Vortheil Vater und Mutter, geschweige denn mich.

Doch ich will nicht verletzen — Friede! — Mir ist hier wohl; meine Gesundheit werde ich in Petersburg verbessern. Ich befinde mich nirgends wohler als auf dem Geschwader, überall hin.

Nennen Sie jedesmal die Person, von der Sie etwas Gehörtes melden; sagt es Ihnen jemand unter dem Siegel des Geheimnisses, so ist er um so eher ein Verräther.

Indem sie verrathen, zu Grunde richten, suchen sie an dem Leidenden eine Ursache; das führt denn auch vielleicht zu irgend einer Belohnung.

Um Gottes Willen, geben Sie meiner Seele die Ruhe wieder, seien Sie nicht schläfrig, halten Sie die Mitte zwischen festina lente und übergroßer Hast, damit ich vorbereitet wäre, Sie am 20. Sept. oder einem andern Tag zu sehen — oder niemals!

Meinen Brief an Platon Alexandrowitsch geben Sie nicht ab. —'Das fatale Schreiben, hoffe ich, haben Sie zurückgenommen und vernichtet.

### Chwostow an Suworow.

31. Juli 1792.

Maximowitsch kam gestern früh an und hat Ihre Zuschrift mir eingehändigt. Ich eile Ihnen zu antworten.

Ihr bewußtes Schreiben ist mir schon lange zurückgegeben worden; die großen Blätter waren bei niemanden. Niemand weiß von ihnen, niemandes Gesinnung ist durch sie verändert worden.

Wie mir Korytzki gestanden, hat er das Schreiben in seiner Gutmüthigkeit Maximowitsch gezeigt, als von. Ihnen, indem er auf dessen Ergebenheit gegen Sie rechnete. Vor seiner Abreise sprach mir Maximowitsch davon. Ich, ohne noch von Ihnen zu reden, war persönlich beleibigt, daß man es in Dershawins Hände hatte kommen lassen. Ich mußte ihn nun beruhigen, und ich glaube Ihnen Bürge sein zu können, daß Sie von Dershawin nichts zu fürchten haben. Im Fall des Gegentheils wäre Ihr Zorn gegen mich gerecht; und er ist mir stets höchst empfindlich. Meine Maximen bei Geschäften sind: ruhige Erwägung, Schweigen, Mißtrauen; die Wahrnehmung Ihres Vortheils ist mir heilig.

Ich hatte gestern mit Turtschaninoff ein zweistündiges offenherziges Gespräch. An seiner Ergebenheit gegen Sie ist nicht zu zweifeln, nur seine Schutzlosigkeit macht ihn furchtsam. Zu einer Verwendung Ihrer in diesem Augenblick sieht er keine Aussicht und beharrt bei seinem Schreiben vom 16. Juli. — In Polen ist alles vorbei, selbst der jüngere Poniatowski ist der Konföderation beigetreten; bloß Malachowski ist nach Karlsbad gereiset und hat protestirt. In Krakau ist es noch etwas unruhig. Unsere Truppen stehen 12 Werst von Warschau und werden dort auch überwintern d. h. ein Theil von Kretschetnikoffs Truppen. Rzewuski und Wielhurski sind als Abgeordnete hierher gekommen. Frankreich bedroht der Fall; der Herzog von Braunschweig ist in vollem Marsch dahin. Das Gerücht gibt Repnin den Befehl über ein Korps; anfangs September wird er hier erwartet: sein Martinismus hat seine Lage eben nicht verbessert. Man spricht zwar von Absendung eines Korps, doch scheint es für dieses Jahr zu spät.

Man sagt, der Hof werde nach Narwa gehen; man sucht dazu einen Vorwand, die Wahrheit ist, eines Arztes wegen, damit hier nicht die Nachricht wegen des Podagra sich verbreite!

31. Juli. Abends 10 Uhr.

In Zubows Kanzlei hörte ich von Gribowski [32]), daß es wegen Sendung eines Korps wieder still sei; gewiß nur ist, daß Valerian Zubow und der Garde-Major Korsakow [33]) die Erlaubniß haben, als Freiwillige nach Koblenz zu reisen. Turtschaninoff hat doch Recht gehabt, als er im Frühjahr sagte: „man werde keine Truppen

---

[32]) Gribowski, Altesti, Kanzlei-Beamte bei Zubow.
[33]) Der nachmalige Held von Zürich.

gegen Frankreich schicken." Und gestern: „ich weiß nichts und kann nicht sagen, ob man Truppen senden wird. Die Wahl des Anführers hängt von der Kaiserin allein ab; sie kennt alle, und ihn von der besten Seite. Wenn ich und andere helfen wollten, würde es nur schaden. Wir alle waren gegen Kachowski, und das Gegentheil geschah." — Er versichert: „Alle am Hofe seien nur Vollbringer; seit des Fürsten Tode wage niemand nur zu mucksen."

Für Dershawin stehe ich wie für mich selber: er ist zwar heftig und aufbrausend, aber ehrlich und Ihnen ergeben. — Eine Reise nach Petersburg ohne bestimmten Zweck ist umsonst; im Nothfall würde man Sie nicht nur in Neuschlot sondern selbst in der Kuban zu finden wissen.

Vor den nagenden Würmern muß man sich hüten; Hastatow³⁴) gehört dazu. Neulich hat er sich gerade an die Kaiserin gewandt, Zeugnisse von Prinz Koburg und General Posniakow beigelegt über sein Wohlverhalten bei Fokschani, und um das Georgenkreuz gebeten, ohne welches er nicht leben kann. Daß er nicht auch ein Zeugniß von Ihnen beibringe, liege an ihrer Abneigung gegen ihn. Es ist eine Kleinigkeit, aber die Undankbarkeit ist verdrießlich. — Doch Ihr gutes Herz! Sollten Sie wieder aktiv gebraucht werden oder Hastatow Ihnen sonst nöthig sein, so ist nach sechs Monaten das alte Vertrauen wieder da. Ihr Vertrauen ist eine Lade von Topasen. Ich sagte Turtschaninoff: keine vorgefaßte Ab-

---

³⁴) Vgl. über ihn Theil 1. Er war früher Suworow's Adjutant gewesen.

neigung sei gegen Hastatow gewesen; seinen Eifer haben
Sie mit gleichem Eifer bezahlt. Zeugnisse aber gibt man
nur nach bestimmten Regeln.

### Von Chwostow an Suworow.

d. 1. August, Nataliens Geburtstag, 1792.

Altesti's Nachrichten, die ich gestern mittheilte, über
Polen und über das Korps nach Frankreich, waren rich=
tig. Mehr weiß niemand.

Die letzte Zeile Ihres Schreibens (vom 30. Juli)
von dem „mittäglichen Dämon" war mir bis ins
Innerste kränkend. Sie haben sehr Unrecht, so zu den=
ken, der Erfolg wird es zeigen. Ich fürchte nur, daß
es mir die Hände binden wird. Marimowitschens Ver=
wendung brauche ich nicht; da ich die Verhältnisse kenne,
habe ich nicht an mich gedacht. Ich bin nicht ehrgeizig,
auch wäre es bei 40 Jahren zu spät[35]). Ich begnüge
mich die Gelegenheit zu erwarten; ich bedarf nicht der
Dosen oder des Wladimir=Kreuzes. Da haben Sie mein
aufrichtiges Bekenntniß. Ich bin nur ein Diener.

### Chwostow an Suworow.

2. August 1792.

Ich bin auf Marimowitsch nicht böse und lade ihn
zu mir ein. Doch mit dem Gewissen ists eine eigene
Sache: er kommt nicht. (Dazu Suworow: „Es ist sehr
schlimm mit einem kranken Kopf gegen einen gesunden
Kopf. Das Gewissen bei Korytzki ist dumm und sonder=
bar, bei Marimowitsch freundschaftlich gesinnt. Vertragen

---

[35]) Chwostow war geboren 1753.

Sie sich also. Ich muß mich im Spiegel sehen können; und mit Oel löscht man kein Feuer, nur mit Wasser.")

Wegen des Schreibens werden Sie jetzt beruhigt sein; ich werde es nie sein. Der Titel „stupide Wärterin"[36]) kränkt mich nicht, aber wohl der Name „Verräther" und „Betrüger" aus Ihrem Munde. —

In Hinsicht der Wahl eines Bräutigams habe ich geschwiegen, doch nicht aufgehört herumzuschnüffeln, was Ihnen frommen könnte. Ihre Befehle sind mir heilig. Ich wage selbst nicht daran zu denken, Sie von mir zu befreien; ich kann den Ausbruck Ihrer aufbrausenden Hitze immer noch ertragen, aber ein anderes ist es mit der Trauer, in die meine Seele versenkt ist. Die Gräfin ist Gott sei Dank gesund. Mit besonderer Hochachtung bin und bleibe ich u. s. w.

---

Suworow gereute seiner Hitze und er bot Chwostow die Friedenshand. Dieser ergriff sie freudig und gelobte für die Zukunft größere Vorsicht; damit ward die verdrießliche Sache beigelegt, deren Verhandlung wir vollständig mitgetheilt haben, weil sich die Karaktere in der Leidenschaft am besten offenbaren. So hier bei Suworow: Aus Unmuth und Verdruß über seine Zurücksetzung bitterer Spott und „Soldatengebell", wie er es nennt; als er seine vertraulichen Ergießungen in Gegners Hände gerathen sieht, gewaltiges Aufbrausen und Heftigkeit: er

---

[36]) Глупая нянька — Anspielung auf die ihm vertraute Wahrung der Interessen Suworows in Petersburg.

fürchtet seine ganze Zukunft, seine geheimsten Hoffnungen, einst noch den großen Feldherrn in sich zu zeigen, in Frage gestellt, vereitelt zu sehen. Seine lebhafte Phantasie hält ihm alle möglichen Schreckbilder vor: sein Zorn gegen Chwostow, dessen Fahrlässigkeit er alles dieses zuschreibt, ist gränzenlos. Doch als dieser demuthsvoll seine Schuld bekennt, und als die anfangs befürchteten Gefahren sich als nichtig darstellen, ist er auch sogleich entwaffnet; seine in der Hitze ausgestoßenen Ausbrücke thun ihm leid, und die Versöhnungshand reichend, schenkt er Chwostow sein altes Vertrauen wieder.

In einem Briefe ohne Datum, aber aus dieser Zeit, gibt er folgende Beschreibung seines Lebens in Finnland.

„Gar stattlich ist das Hauptquartier in Wiborg. Am Sonntag Ball, großer Mittag und Abend; an Feiertagen Wachtparade nach der Taktik. Nicht immer schlafe ich um Mittag, sondern gehe bisweilen auf die Jagd von Hasen oder Meerskorpionen. Zu seiner Zeit empfange ich die Rapporte, und der Subordination wegen theile ich häufige Verweise aus. Projekte mache ich keine, und je später ich endige, um so länger bleibe ich nothwendig. Ich habe gedient; mögen es nun andere. Welcher Kontrast! Statt der Pflege hasse ich Kranke, laufe, sprenge umher als Tages-Ordonnanz, trachte statt in zehen in Einem Jahr zu endigen, statt prächtiger Bälle harpagonische Windungen; ich beeifersüchtele alles wo es um mein Element geht, und lechze nach dem Kriegsfelde, als wäre es das geweihte Thal der neun Schwestern; ich fliehe die Aufblähung des Ruhms, indem ich die Neigung zu demselben als eine altgewohnte Sache be-

trachte; ich halte die unersättliche Gier nach Belohnungen
von mir fern, da ich mit ihnen überschüttet bin; Miner-
vens Leitung folge ich in meiner Begeisterung unverrückt,
und bin der unerschütterlichen Ueberzeugung, daß ich nichts
vollbracht, bis ich nicht als ein geringer Theilnehmer
meinen letzten Athemzug in der beständigen Vollführung
Ihrer (der Kaiserin) Absichten ausgehaucht habe."

Kaum war die unangenehme Geschichte wegen des
mißbrauchten Vertrauens beigelegt, als neue Verdrießlichkeiten seiner warteten. Suworow hatte sich ein eigenes
Ideal von Soldaten gebildet, dem er seine Untergebenen
nahe zu bringen suchte. Der Soldat, wie er ihn wollte,
sollte mit der höchsten moralischen auch die größte physische
Kraft und eine eiserne Gesundheit verbinden. Soldat und
Kränklichkeit schien ihm Widerspruch: kranke Soldaten
waren ihm zuwider, Hospitäler ein Abscheu. Mit diesem
Geiste suchte er auch seine Untergebenen zu durchdringen:
kleine physische Uebel sollte der Krieger gar nicht achten,
wenn er würdig sein wolle, Suworow's Soldat zu heißen;
und die kräftige Natur und harte Erziehung der gemeinen
Russen kam ihm dabei zu Hülfe. Nur wenig Krankheiten ließ er gelten, d. h. nur solche, die aus natür-
licher Anlage oder Ansteckung entsprangen, und denen
auch der Kräftigste nicht ausweichen könne: alle übrigen
kleinen physischen Leiden sollten durch die Seelenkraft
niedergehalten werden, und im Nothfall durch Diät, frische
Luft und kleine Hausmittelchen, wie die Genossenschaften
(Artelle) sie mit sich führten. „Dem Gesunden, pflegte

er zu sagen, ist die freie Luft Speise, dem Kranken
Trank; — Hospitäler sind nur die Vorhöfe des Todes." —
In diesem Sinn handelte, in diesem Sinn schrieb er:
„man müsse die Hospitäler ganz abschaffen; sie dienten
nur kleine Uebel zu verschlimmern, indem die ansteckende,
todtbringende Luft in denselben nachtheilig selbst auf die
Gesunden zurückwirke." — Diese Theorien, die unstreitig
manches Wahre in sich bargen, stritten zu sehr mit dem
hergebrachten Schlendrian, um ungeahndet hinzugehen.
Alles Neue, soll es Gnade finden, muß den Erfolg für
sich haben; bleibt dieser in irgend einem Stücke aus; sei
es aus welchem Grund es wolle, sei es aus völlig fremden Nebenumständen: so ist es auch von den Anhängern
des Alten verurtheilt. Es war natürlich, daß Suworow's
durchgreifende Art einige Mißvergnügte machte; diese hatten
ihre Freunde und Gönner in Petersburg, zumal in allen
denen, die aus irgend einem Grunde eben nicht die
Freunde und Gönner Suworow's waren. Alltagsmenschen
verzeihen außerordentlichen nie ihre Ueberlegenheit; sie
auf ihre Höhe oder vielmehr Tiefe herabzuziehen, ist ihr
liebstes Bestreben. Bald erschallten die höhern Kriegsbe-
hörden von Beschwerden und Klagen über Suworow:
„er strenge die Soldaten übermäßig an, er jage sie in
weiten Märschen umher, er nehme keine Rücksicht auf
Krankheiten, wolle sogar alle Krankenanstalten abgeschafft
wissen. Er verstehe nicht die Kunst der Verpflegung,
matte die Soldaten zu sehr bei den öffentlichen Arbeiten
gegen geringe Bezahlung ab, erzeuge Unzufriedenheit und
reize dadurch die Soldaten zum Fortlaufen." — Schwere
Anklagen, über die man sich sehr unwillig stellte. Hören

wir die Widerlegung derselben durch Suworow, wie er sie in mehrern Schreiben an den obersten Chef der Kriegsverwaltung, Graf Nikolai Iwanowitsch Saltykow, niedergelegt hat.

„Lange trieb man hier Mißbrauch mit den Spitälern; ich litt es nicht. Die Regiments- und Kompagnie-Chefs, sorglos um der Krieger Gesundheit, schickten sie oft aus der Ferne dahin ab, und zwar bei den geringfügigsten Zufällen; und durch einen solchen weiten Transport kamen sie denn halbtodt in die todbringende Luft der Siechen und Sterbenden. „Mineralien und Ingredienzen" (künstliche Arzneien) sind nicht nach ihrer Natur und Erziehung; in den Genossenschaften hat man bei mir botanische Mittelchen. In den Spitälern hat ein Arzt mehr wie hundert Kranke auf dem Arm und dabei die unwissendsten Gehülfen. Als ich im Beginn dieses Jahres den Befehl über die Truppen hier übernahm, enthielten die Hospitäler zu Friedrichsham und Kymenegard mehr wie 1000 Kranke. Schon in den ersten Monaten verminderte sich die Zahl, später blieben nur mit vier Krankheiten Behaftete darin: Schwindsüchtige, Wassersüchtige, am Stein Leidende und Venerische; und als Ausnahme ein Epileptischer. Bei meiner Abreise von Friedrichsham waren nur noch 40 Kranke; die übrigen, auch in geringer Zahl, wurden in den eigens dazu errichteten Regiments-Lazarethen verpflegt. Eben weil ich so streng über die Gesundheit der Soldaten wache, hassen mich die Egoisten."

„Skorbut! Thorheit; es gibt hier keinen Skorbut: Sauerkraut, Tabak und Meerrettig, und zumal Reinlichkeit lassen ihn nicht aufkommen. — Unter Abschaffung der Spitäler habe ich nichts weiter verstanden, als ihre Ausleerung durch Heilung der Kranken. Stufenweise geht es bei mir von Kranken zu Schwachen, zu Genesenden, zu Gebesserten und von hier in die Kompagnie."

Spöttisch bemerkte er dann: „Bei meinem Vorgänger gab es Tage, an welchen eben so viel und mehr Menschen in die andere Welt gingen, als bei mir in zehn Monaten, d. h. bis zu 500 Menschen. — Ausreißer sind bei mir kaum 300 angezeigt; bei ihm liefen vom Regiment Pskow allein 700 Mann weg. Bruce und Herrmann befehligten hier; ich hatte keinen Einfluß. Herrmann errichtete das Spital zu Kymenegard, wo 50 Mann in der Woche starben."

In Hinsicht der ihm vorgeworfenen Gewaltmärsche äußerte er: „Als ich von Laboga nach Smolensk marschirte, bei Koth und Regen im Spätherbst hatte ich nur Einen Todten, Erschöpfter ein halbes Dutzend. Dagegen bei meinem Zug in die Uralische Steppe und zurück, nicht einen Todten. Bei dem raschen Zug von Kopyl an den Laba-Strom nur einen Todten; auf dem Marsch nach Koslubschi keinen. — Nur Eins noch: als man in der Krimm die Hospitäler einrichtete, wollten mir die Unternehmer 7000 Rubel auf die Hand geben. — Einer aus meinem Stabe verlangte in die Kompagnie. Auf meine Frage warum? — „Ich habe dort tausend Rubel." — Woher? — „Von den todten Soldaten."

Als die Verläumdungen aber fortdauerten, verlor er die Geduld, und bezeugte dem Präsidenten des Kriegskollegs seinen gerechten Unwillen: „Es ist dem Kollegium

bekannt, daß in den zehn Monaten meines Oberbefehls
über die Finnländische Division nur 400 Mann starben,
200 davonliefen; und daß Kranke, Schwache und Marode
in allem nur 300 übrig blieben. Das widerlegt hinlänglich die Verläumbungen, Mißverständnisse und falschen
Berichte. Jetzt schweige ich noch; aber künftig werde ich
auf strenge Untersuchung bringen, denn meine Dienstehre
ist mir heilig."

Die Willfährigkeit, womit alle gegen ihn vorgebrachte
Beschuldigungen aufgenommen wurden, erbitterte ihn, und
machte ihm den Aufenthalt in Finnland immer unerträg-
licher. Von jetzt an athmen seine Briefe noch sehnlicher
den Wunsch von da fortzukommen. Er wendet sich an
alle, bei denen er Einfluß vermuthet: Turtschaninoff,
Besborodko, Zubow. Lange vergeblich: Turtschaninoff
war furchtsam und unzuverlässig, Besborodko wider ihn
eingenommen, Zubow gleichgültig. Wenn einer hätte
helfen wollen, so konnte es dieser letztere, denn er war jetzt
die Sonne, der sich alles zuwandte: seine Allmacht erstreckte
sich über alle Verwaltungszweige, da das Alter und dessen
Beschwerden, wie überhaupt ihre Eigenschaft als Frau
die Kaiserin Katharina verhinderten, so scharf wie früher
alles zu überwachen. Durch den ihm ganz ergebenen
Nikolai Saltykow herrschte er über die Kriegsverwaltung;
außerdem wurde ihm die Genie- und Artillerie-Verwaltung
als Feldzeugmeister untergeben; die auswärtigen Angelegenheiten leitete er durch Besborodko und später durch
ein willigeres Werkzeug, Arkadij Markow, den er hervorzog und Besborodko entgegensetzte. Eben so bedeutend
war sein Einfluß in die innern Angelegenheiten: kurz er

21*

erſetzte Potemkin in der Macht und Gewalt, nicht in dem
Verſtand, dem ſcharfen Blick und der politiſchen Klugheit,
die dieſer, trotz ſeiner bedeutenden Fehler, doch überall
und vorzüglich in der Wahl ſeiner Werkzeuge bewies.
Alles beugte ſich jetzt vor Zubow, wie früher vor dem
Taurier; und obgleich er ſich Anfangs beſcheiden gezeigt,
unterlag er der Schwäche der Menſchennatur und übertraf dieſen bald an Hochmuth und Vornehmthun. Bei
ſolchen Eigenſchaften deſſelben blieb Suworow, der, wie
er ſelber ſagte, weder zu kriechen noch zu intriguiren verſtand, wenig Hoffnung; auch zog es ſich, trotz ſeiner
und ſeiner Freunde Beſtrebungen mit ſeiner Verſetzung
in den Süden noch bis zum Winter hin. Dafür rächte
ſich denn der Alte durch bittern Spott, und ſcheint vornämlich ihn und ſeine nächſten Gehülfen die Markow [37]),
Alteſti [38]), Gribowski [39]) ꝛc. im Auge gehabt zu haben,
als er vom „Triumph der Therſiten‟ ſprach.

---

[37]) Markow, Arkadij Jwanowitſch, geboren 1747 in Moskau,
Sohn eines Hofraths, zeigte früh gute Anlagen, und wurde 1764
wegen ſeiner Sprachkenntniſſe und beſonders ſeiner Gewandtheit im
Franzöſiſchen beim Kollegium der auswärtigen Angelegenheiten ange-
ſtellt. Nach vier Jahren kam er als Ueberſetzer zur Geſandtſchaft
nach Spanien; ward 1772 Geſandtſchafts-Sekretair in Warſchau;
1775 Legationsrath im Haag; kam 1776 in gleicher Eigenſchaft zu
Repnin nach Konſtantinopel; und ward 1779 Kanzleirath. Da ihm
im Kollegium die Beſorgung der franzöſiſchen Depeſchen und Akten-
ſtücke oblag, ſo hatte er Gelegenheit, die Aufmerkſamkeit der Kaiſerin
auf ſich zu lenken, und wurde hierauf 1782 zum Miniſter im Haag
ernannt, und ſodann 1785 in Stockholm. Auf Guſtavs III. Be-
ſchwerden über ihn, rief ihn die Kaiſerin nach Petersburg zurück,
ernannte ihn zum wirklichen Staatsrath und gebrauchte ihn abermals im auswärtigen Kollegium. Er hatte nun Theil an allen

Einige Auszüge aus seinen Briefen aus dieser Zeit
mögen die ihn bewegenden Gedanken und Gefühle schildern.

---

damaligen Verträgen des Russischen Hofs. Als Besborodko zum
Abschluß des Friedens nach Jassy abging, gewann er durch die Be=
günstigung Zubows, dessen Vertrauen er ganz besaß, die Oberhand
im Kollegium und drängte Besborodko mehr und mehr in den Hinter=
grund. Die auswärtigen Angelegenheiten lagen nun in seinen und
Zubows Händen. Er wurde Geheimerrath, Graf u. s. w. — (Mit
Kaiser Pauls Regierungsantritt hatte sein und seines Gönners Ein=
fluß ein Ende, Besborodko kam wieder empor und Markow zog sich
auf seine Güter zurück. Kaiser Alexander suchte ihn, wie überhaupt
die Diener Katharina's, wieder hervor, und ernannte ihn zum Ge=
sandten am konsularischen Hofe in Paris. Doch machte er sich hier
durch seinen Hochmuth verhaßt und trug nicht wenig zum Zerwürfniß
zwischen Rußland und Frankreich bei. Kaiser Alexander rief ihn ab
und seine staatsmännische Thätigkeit hatte ein Ende. Er starb 1827,
80 Jahre alt. Kleinlich in seinen Ideen, intrigant im Karakter und
hochmüthig in seinem Benehmen, erwarb er sich, wo er nur war,
wenig Liebe. Ein Zug, den man von ihm erzählt, mag ihn karak=
terisiren. Während seines Aufenthalts in Paris unterhielt er sich
einst mit dem ersten Konsul über Gartenkunst und bewog ihn, mit
ihm in den Garten hinabzusteigen. Als sie aber unten an der Thür
waren, ließ Markow seinen Wagen vorfahren und empfahl sich;
höchlich triumphirend, den Konsul überlistet und dahin gebracht zu
haben, ihn bis zur Thür zu geleiten. Der eine Zug zeichnet den
ganzen Mann.

³⁸) Altesti, aus Ragusa, durch den Russischen Minister Bulga=
kow in Konstantinopel aus einem Kaufmannsladen in seine Kanzlei
versetzt. Nach Ausbruch des Kriegs suchte er sein Glück in Peters=
burg und kam wegen seiner Sprachenkenntniß in die Kanzlei von
Zubow, dessen Vertrauen er zu gewinnen wußte und bei dem er
nun ein Hauptarbeiter wurde. Von ihm rührte später eine Schrift
gegen die Polen her (Mémoires sur la révolution de Pologne, St.
Pétersbourg. 1792. 8. 76 Seiten), die sein Ansehen bei Zubow und
am Hofe nicht wenig vermehrte, obgleich es ein höchst elendes Mach=
werk war: platt, schwülstig, voll erkünstelten Eifers und Zorns.

. Ueber die Verdrießlichkeiten mit den Spitälern schreibt er Anfangs Augusts an Chwostow: „Ich bin jetzt in einen gerichtlichen Wasserschlund gestürzt; da kann man einen recht ersäufen. Die hier bei den Arbeiten herrschende Sterblichkeit, die man mir zuschreibt, ist leicht zu erklären, da man eine Arbeit von 60 Jahren in einem Jahre beendigt haben will.

Turtschaninoff ist eine Wetterfahne, wenn nicht Betrüger, doch selbst betrogen durch trüglichen Schein. Aus Furchtsamkeit wird er Verräther; trauen Sie nicht seiner umgarnenden Schönrednerei."

Ein anderes Schreiben zeigt seine Hoffnungen und Wünsche. „Die hiesigen Sturmwinde tragen mich nach verschiedenen Enden der Welt: in die Kuban, auf den Kaukasus, nach Cherson und Otschakow. Ich bin bereit; das letzte wäre mir das liebste. Doch muß man es dem Schicksal überlassen, ich bin hier blind.

---

Es regnete nun Belohnungen auf ihn, so geschätzt waren damals moralische Dienste; obgleich der von ihm geleistete ein sehr geringer war, denn seine Brochüre fand Beifall vielleicht nur in Petersburg und ist längst vergessen. Er bekam jetzt fast alle Polen betreffenden Geschäfte unter die Hände, und bereicherte sich dabei nicht wenig; in gleichem Grade wuchs, wie gewöhnlich bei wenig durchgebildeten Männern, sein Stolz und Uebermuth Bei Kaiser Pauls Regierungsantritt ward allen diesen Leuten das Handwerk gelegt, und er nebst seinem Gönner fortgeschickt.

[20]) Gribowski, eines Priesters-Sohn, von noch weniger Schulbildung als Altesti, war zuerst Schreiber in der Kanzelei Potemkins gewesen; kam von da zu Zubow, stieg in zwei Jahren bis zum Obersten und theilte Altesti's Kredit; auch er erwarb sich große Reichthümer, die er aber eben so schnell wieder vergeudete. Der Fall seines Gönners zog auch den seinigen nach sich.

Früher plagte mich Ein Teufel; that mir doch auch bisweilen Gutes; jetzt, ohne alles Gute, sind sieben Teufel gegen
mich los: Lucifer der Martinist, Asmodeus der Fromme,
Astaroth u. s. w. nebst einer Unzahl kleiner Teufelchen."

Wieder in einem andern klagt er: „Weimarn war
schlau, Rumänzow groß, weise Wäsemskoi; mit ihnen
ist es jetzt vorbei. Repnin ist auf dem Rade, Nikolai
Saltykow dreht es, Iwan Saltykow schmiert es: mich
wünschen sie zum Teufel! Von mir ist nirgends die
Rede, ich bin wie ein Begrabener!"

Auf einem losen Stück Papier lieset man: „Ohne
Geld, ohne Landsitze und Gärten, ohne Equipagen und
Livreen, ohne Gastmähler: daher ohne Freunde und ohne
Ruf, niemanden gleichgeschätzt — soll ich aber wünschen,
ihnen gleichgeschätzt zu werden? Ohne Vermögen habe
ich mir einen Namen erworben, und wie ich glaube, einen
der keinem andern nachsteht.

Besborodko's Freunde, Zawadowski und Alex. Woronzow stützen sich auf höhere: mein Eigenthümliches ist,
daß ich dem Vaterlande dienen will, aber nicht als Werkzeug anderer.

Im vorigen Jahre begann meine glänzende und dauerhafte Arbeit hierselbst; und im dritten Jahr wird Rotschensalm höchst wichtig sein; auch Willmanstrand; Fort David
wird fast ein Neuschlot. Im vierten Jahre mag der
Pedantismus die Thürme im Meer vollenden.

Besborodko muß zur geeigneten Zeit mich einer schick-
lichern Thätigkeit wiedergeben. Befand ich mich nicht
immer in derselben, war ich nicht selbst unter dem Fürsten
Potemkin in der ersten Rolle?" —

Demgemäß schrieb er an Besborodko:

Kanal bei Kewke Silda, 27. Sept. 1792.

Ew. Erlaucht haben mir viel Gutes gethan, und ich werde mich dessen bis zum Grabe erinnern: erneuern Sie Ihre Güte, geben Sie mich nicht meinen Neidern Preis. Ich will ja diese nicht hindern, bin überreich an Auszeichnungen von unserer großen Monarchin, selbst auf 50 andere Jahre hin. Verwenden Sie mich nicht zu weitaussehenden Unternehmungen: ich bin kein Soldat, der hinter den Koulissen steht. Hier kann ein anderer leicht endigen.

Sie sind Minister: ein Kampf mit Frankreich steht bevor: die Truppenzahl ist leerer Vorwand, ich habe mit 500 und mit 5000 siegreich gegen zehnfache Ueberlegenheit gestritten, und die Gallier sind keine Preußen. — In meiner Betrübniß verbleibe ich u. s. w.

Er war im September selbst nach Petersburg gereiset, um sein Gesuch zu unterstützen; ließ durch Besborodko sogar eine Bittschrift an die Kaiserin einreichen. Alles vergeblich. Er versank in einen tiefen Kummer, da richtete ihn folgendes Schreiben von Chwostow wieder auf.

Chwostow an Suworow.

15. Okt. 1792.

Um Ihnen die ganze Wahrheit zu sagen, Repnin ist General-Gouverneur von Riga geworden. Er sträubte

ſich lange wegen ſeiner Nichtkenntniß der deutſchen Sprache;
und ſeine Abreiſe verzögert ſich, weil man Leute ſucht,
die der Sprache und Sitten kundig ſind; doch ſoll ſie
Ende dieſes Monats ſtatt finden.   Turtſchaninoff verſichert: „er ſei ihretwegen Repnin ein Dorn im Auge
geweſen; dieſes aber ſei Repnins retraite."

Die Kaiſerin iſt ſehr durch die Franzöſiſchen Sachen
in Anſpruch genommen.   Der König iſt in ſchmähliger
Einſperrung, das Königthum vernichtet, die Republik erklärt.   Zu ihrem äußerſten Verdruß hat eine Stafette die
Nachricht gebracht, daß wegen Krankheiten, Mangel an
Proviant und Pferdefutter die verbündeten Armeen ſich
zurückgezogen hätten, daß der Feldzug beendigt und Unterhandlungen angeknüpft ſeien.   Aller Augen wenden ſich
hieher: ändern ſich nicht die Dinge im Winter, ſo erfordert
unſere Ehre, kräftig einzugreifen, und dann iſt ein General-
Lieutenant zu wenig.   Turtſchaninoff ſagt: „Sie ſeien
jetzt der einzige; man habe Kachowski nun probirt.   Nur
ſei Sanftmuth nöthig und alle Anſchwärzung zu vermeiden."

Nachdem Repnin beſeitigt, hat die Kaiſerin wiederum
mit Vorſicht geäußert: „zu Felde!" — Ihr Schreiben an
Besborodko kam zur rechten Zeit; er iſt benachrichtigt und
wird nicht zuwider ſein.   Ihr Schreiben an Zubow dagegen werde ich nicht übergeben, da es jetzt ohne Zweck iſt.

Auch in Hinſicht der Türken ſind nahe und ferne Aus-
ſichten.   Die Franzoſen, wie es auch in den Zeitungen
ſteht, ſuchen ſie auf alle Weiſe zu bearbeiten, und da
werden wir zu thun bekommen.   Kurz entweder Frankreich oder Cherſon, dahin muß man zielen.

Anmerkung Suworows: „Dieser Brief hat mir die Seele erleichtert. — Wenn Repnin Gouverneur ist, so hindert er meine Versetzung nach Cherson nicht. Nik. Saltykow wird nichts dafür thun, ich hoffe aber auf Besborodko. Hier fühle ich mich wie in einer Hölle.“

Suworow täuschte sich in Hinsicht der Gesinnungen Besborodko's gegen ihn; derselbe schien das allgemeine Vorurtheil gegen Suworow zu theilen. Nach Chrapowitzki's Tagebuch (Nov. 1792) zeigte er sich sehr unzufrieden, als man Suworow später den Befehl über die Truppen an der Türkischen Gränze gab. „Er wird alle erschöpfen, äußerte er, und sie so . herumjagen wie in Finnland. Wir brauchen einen Mann, der alles schont, vorbereitet und hierher genaue Nachrichten liefert, da die Türken große Rüstungen machen. Suworow dagegen wird nur in Räthseln an Turtschaninoff schreiben.“ — Das war der Ausdruck der allgemein am Hofe herrschenden Meinung über Suworow; nur der Scharfblick der Kaiserin allein hatte eine bessere gefaßt, und sie war es, die trotz des Widerstrebens ihrer Minister, ihn zuletzt seinem wahren Berufe wiedergab. — Wie richtig sie überall, selbst bei mangelhaften Daten, die Sachen würdigte, beweiset folgender Zug, den Chwostow um . diese Zeit Suworow meldete. Die Kaiserin fragte Repnin: „Man sagt, der Herzog von Braunschweig habe sich zurückgezogen (aus der Champagne)?“ — Repnin: „Das hat er als weiser und großer Feldherr gethan, indem er nicht wie ein Unsinniger weiter ging und sein ganzes

Heer der Gefahr des Untergangs aussetzte." — Die
Kaiserin ironisch: „Ich wünsche nicht, daß meine
Generale so weise seien." — Ihr Scharfblick unterschied
Weisheit, die alles vorher ruhig erwägt und dann ent=
schieden handelt, von der Unentschlossenheit und Karakter=
schwäche, die sich so gern für Weisheit geben möchte;
die nichts vorausgesehen hat, und darum vor allem er=
schrickt; die bald vor Uebermuth aufschwillt, bald vor
Kleinmuth zusammensinkt; die will und nicht will, und
vor lauter halben Maßregeln zuletzt sich und andere ins
Verderben führt.

Noch kurz vor seiner Erlösung schrieb Suworow fast
entmuthigt am 23. Oct. 1792 an Chwostow: „Heute
sind es 50 Jahr! (d. h. seit seinem Diensteintritt, der
also auf den 23. Oct. 1742 zu setzen ist). Bei Salty=
kow (dem Kriegspräsidenten) gilt nur Alterthum, nicht
Würdigkeit: da liegt der Fallstrick, und für mich ist da
kein Platz: unter beschönigenden Worten bin ich vernichtet.
Und wer soll mir helfen? der Mantel nach dem Winde
(Turtschaninoff)? — Es ist Zeit vor den Stürmen den
Hafen zu suchen." — Wenn die letzte Hoffnung schwin=
det, ist oft die Hülfe am nächsten. Im November kam
er wieder nach Petersburg und seine Bemühungen waren
glücklicher. Die Aufhetzungen und Umtriebe der republi=
kanischen Franzosen in Konstantinopel, ihre Bestrebungen,
die Türken wieder zum Krieg gegen Rußland aufzustacheln,
um das letztere von einer Theilnahme am Kampfe gegen
Frankreich abzuhalten, ihre Verheißungen von wirksamer
Unterstützung sowohl durch eine Flotte als Landtruppen,
hatten zuletzt Erfolg gehabt, und die mächtigen Rüstun=

gen und Vorbereitungen der Pforte ließen mit Wahr-
scheinlichkeit einen baldigen Bruch des kaum geschlossenen
Friedens voraussehen. Wen hätte man unter diesen Umständen füglicher den Osmanen entgegenstellen können,
als den Mann, der lange ihr Schrecken gewesen war.
Das entschied, und am 10. Nov. 1792 erging ein
Rescript an Suworow, worin es hieß: „Graf Alexander
Wassiljewitsch! Indem Ich die im Katharinoslawschen
Gouvernement, in Taurien und dem neuerworbenen Be-
zirk befindlichen Truppen Ihren Befehlen untergebe, trage
Ich Ihnen zugleich die Ausführung der zur Sicherheit
der dortigen Gränzen vom Ingenieur-Major de Volant
entworfenen Befestigungen auf.“ — Das war ein dop-
pelter Auftrag: Armeebefehl und Gränzbefestigung; eine
Abrufung von verhaßten Festungsbauten, aber auch eine
Uebertragung anderer. Es bewies das Zutrauen und
die Zufriedenheit der Kaiserin mit seinen bisherigen Lei-
stungen: aber so sehr ihn der eine Auftrag erfreute, so
sehr widerte ihn der andere an: nur die Aussicht auf
baldige Kriegsthätigkeit gegen den so oft mit Ruhm von
ihm bekämpften Feind ließ ihn alles übersehen und mit
Freudigkeit und Entzücken den neuen Beweis vom Zutrauen seiner angebeteten Monarchin aufnehmen.

Und so sollte er denn allmälig in eine neue oder
vielmehr in seine alte Bahn wieder einlenken.

Zum Schluß noch einige Striche zur Kenntniß des
alten Kriegers: von ausgezeichneten Männern sind auch
Kleinigkeiten interessant und wir danken Plutarch noch
jetzt für viele kleine Züge seiner Helden, die die Menschen

zeichnen, und die ohne ihn uns für immer verloren
wären.

Im Sommer dieses Jahrs hatte der Dichter Jermil
Koſtrow († 1796) ſeine Ueberſetzung des Oſſian Suworow zugeeignet; ein gar bleiches Abbild, denn ſie war
aus der Franzöſiſchen Ueberſetzung der Engliſchen Ueberſetzung oder vielmehr Zuſtutzung alter Gaeliſcher Lieder
durch Makpherſon gemacht worden; aber auch ſo übte ſie
einen bewältigenden Eindruck auf den alten Kriegsmann
aus, wie um dieſelbe Zeit auf einen andern jüngern
Kriegsmann, deſſen Name und Ruhm bald die Welt
erfüllen ſollte; ſie begeiſterte ihn gar zur poetiſchen Nachahmung. Da aber die Geiſtesrichtung des Alten mehr
ſatyriſch als epiſch war, ſo entſtand ein eigenes halb
burleskes Gemiſch. Hier eine ſolche Epiſtel im Oſſia-
niſchen Ton, die er an Chwoſtow richtete:

„Ich wandere in dieſen felſigen Gegenden und ſinge
mit Oſſian: O, welche Finſterniß umgibt mich! Aber
ſieh! Da erleuchtet mich plötzlich ein die Finſterniß
durchbringender Strahl des Taggeſtirns!

Die entſchwundenen Schatten längſt geſchlagener Schlachten,
Funfzehn mal Tauſend jagte die Windsbraut gen Matſchin,
Wo der Held ſie alle wieder zu Boden ſchlug; laut ſodann ſchrie
er durch ſein Fagott:
„Schauet hier den Weſtr und hunderttauſend Scheingeſtalten mit ihm!"

Sieh! da glänzt Neuſchlot! Hin werde ich getragen
auf den leichten Fittigen eines ſäuſelnden Windes, der
ſich aus den Tiefen von Kutvenettaipola, die ſich durch
die Wüſte Pumala hinziehen, plötzlich erhebt. Schau-
dernd ſtehe ich am jäh-ſteilen Abhang! Dann wende ich

mich gegen Kerkeschilde, dessen Ufer nicht so mit Steinen
übersäet sind. Schaue das Flußbett auf nacktem Gestein.
Aber sieh! ein schwarzes Pulver bohrt man in das Gestein, ein Funke, und hoch in die Wolken fliegt der zer-
splitterte Felsen, alles in Finsterniß hüllend. — Dort
aber seh' ich den rasch hinströmenden Saima mit seinen
undurchsichtigen Gewässern in Windungen tief die Erde
durchschneiden. — Wo aber ist mein Freund Steinheil? [40])
— Ist er in den Armen der geliebten Gattin? oder ist
er im trauten Gespräch mit Seelen, die lange schon in
finstere Nebel entschwanden? Ach Trauer befällt mich um
ihn, und mehrt mein altes Leid, meine Sehnsucht nach
dem Süden. O Barden! singet die Freuden desselben,
denn ihr kennt sie! Werden mich die Kriegsadler nicht
bald in jene von Honig fließenden Gefilde tragen, wo
ich so oft die Schlachtreihen angeführt, und wo linde
Zephyrlüfte selbst des Winters rauhe Tage beleben."

So kam er immer wieder auf denselben Gedanken,
der Versetzung nach dem Süden, zurück. — Um für den
Genuß, den Ossians Dichtungen ihm gewährt und für
die Zueignung dem bedürftigen Uebersetzer seinen Dank
zu beweisen, wollte er ihm ein ansehnliches Geschenk
machen und sogar nach seinem Tode eine Pension aus-
setzen. Doch wie gewöhnlich erhoben die nähern Umgebungen Widerspruch und Suworows Adjutant Kuris
schrieb deshalb unterm 16. August 1792 an Chwostow:
„Der Graf ist in Verlegenheit, wie er Kostrow belohnen

---

[40]) Damals Oberst vom Generalstabe, später General, bekannt
aus dem Feldzuge von 1812.

soll. Er gedenkt ihm 500 Rubel als Geschenk zu senden, und nach seinem Tode eine jährliche Pension von 100 Rubel auszuwerfen. Das letztere scheint mir. ganz unpassend, und das erstere zu viel; 2 bis 300 Rubel möchten schicklicher sein. Der Graf überläßt die Entscheidung, Ihrem Gutbefinden."

Wie hier gegen Kostrow übte Suworow auch gegen andere Bedürftige im Geheim seine Wohlthätigkeit, von der wir nichts erfahren würden, wenn seine Anweisungen an Chwostow darüber nicht noch vorhanden wären. Eben so unterstützte er seine beiden Schwestern, die Gortschakow und die Oleschew durch jährliche Pensionen, gleichwie einige arme Offizierswittwen. Folgendes Schreiben an seinen Geschäftsmann Chwostow gibt davon Zeugniß:

„Die jährlichen 1500 Rubel schicken Sie sofort aus den Einkünften von Undal an Monsieur-Madame (so nannte er aus unbekannten Gründen, vielleicht wegen ihres männlichen Wesens, die getrennt von ihm lebende Gattin). Dem Abgesandten der Dame haben Sie gut geantwortet. — Der Frau Hauptmann Meier zahlen Sie jährlich 100 Rubel als Pension aus, die ganze Summe auf einmal; eben so der Schwester Anna Wassiljewna (Gortschakow, Chwostow's Schwiegermutter) 250 Rubel." — Wir werden weiterhin noch andere Züge seiner Gutmüthigkeit, seines Wohlthätigkeitssinnes und seiner Bereitwilligkeit zu helfen erfahren; ein. beliebter Ausspruch von ihm war: „Gutes zu thun darf man keinen Augenblick zaudern."

Von der einen Schwester, Maria Wassiljewna, existirt in der oben erwähnten Sammlung des General-Adjutanten Fürsten Suworow noch ein Schreiben an ihn, das wir seiner Naivetät wegen hier einrücken wollen:

„Mein Väterchen Bruder Alexander! Für die Sendung der Pilze (грибы) danke ich ergebenst, und schicke Dir, mein Väterchen, 20 Bergamotten, iß sie zur Gesundheit. Ich bitte Gott, daß er Dich gesund erhalten möge, küsse Deine Hände und verbleibe Deine gehorsame und dankbare Schwester Maria Oleschewa." (Dazu Suworow: Und ich bin im geheim der Deine). — In einem andern Schreiben an Chwostow sagt er in der Nachschrift: „Schwester Marie, schämst Du Dich nicht; verstehst noch bis jetzt nicht orthographisch zu schreiben."

Noch ehe Suworow Finnland verließ erhielt er von seiner Monarchin einen neuen Beweis ihres großen Zutrauens zu ihm: er mußte nicht nur einen Entwurf einreichen, wie die angefangenen Bauten fortzusetzen wären, sondern er sollte auch die Maßregeln andeuten, die man im Fall eines neuen Kriegs mit Schweden zu nehmen hätte. Es ist nicht bekannt geworden, welche Vorschläge er gemacht, und ob man dieselben bei der spätern Eroberung Finnlands benutzt habe, nur so viel ist gewiß, daß sie die völlige Billigung der Kaiserin erhielten.

---

Gegen Ende des Jahrs 1792 begab sich Suworow, voll großer Hoffnungen und Erwartungen zu seiner neuen Bestimmung nach Südrußland. Aber wie sollten sie getäuscht werden! Er hatte Verbesserung seiner Lage gehofft, und verschlimmerte sich. In Finnland hatten ihn kleine Leiden gedrückt, hier sollten ihn größere treffen, und er gerieth in so unangenehme Verwickelungen, daß er zuletzt in der Verzweiflung sein ganzes Vermögen opfern und sich selbst dem Vaterlande entziehen wollte. Prüfungen des Schicksals, die den Würdigsten am schärfsten treffen; Tiefen, die der Erhebung vorangehen und im Verhältniß zu dieser stehen; Verfinsterungen, die dazu dienen, den Glanz des nachmaligen Lichts stärker hervorzuheben! —

Wir verlassen ihn auf der Reise dahin, und kehren zu den Polnischen Angelegenheiten, die im Lauf des 1792ten Jahres einen großen Umschwung erlitten, zurück, um sie im Zusammenhang und als Einleitung zu der letzten durch Suworow's Degen herbeigeführten Katastrophe darzustellen.

---

# Fünfter. Abschnitt.

## 1792.

# Fünfter Abschnitt.

## Das Jahr 1792 in Polen — Umsturz der Verhältnisse — Die Targowicer.

---

Sorglosigkeit in Warschau — Die zwei schroff entgegenstehenden Parteien — Die Potocki, Rzewuski, Branicki wenden sich an Rußland — Deboli's Warnungen aus Petersburg — Dem Könige wird eine fast unumschränkte Gewalt übergeben — Beleuchtung der damaligen Lage Polens — Ablehnung des Kurfürsten von Sachsen — Die Kaiserin Katharina rüstet sich zur Umstoßung der neuen Polnischen Verfassung — Sie bringt den Wiener und Berliner Hof auf ihre Seite — Entwurf zur Targowicer Konföderation — Weisung an Bulgakow — Stimmung in Warschau — Das Russische Manifest vom $\frac{7}{18}$. Mai — Nähere Umstände bei Ueberreichung des Manifestes und nachher — Ignaz Potocki's verfehlte Reise nach Berlin — Beschlüsse des Reichstags und dessen Vertagung — Konstituirung der Konföderation zu Targowice — Beschaffenheit der Polnischen Armee — Poniatowski's erste Maßregeln — Das Russische Heer und dessen Operationsplan — Stärke und Vertheilung der Ukraininischen Armee — Das Russische Heer rückt über die Gränzen — Gefechte bei Lubar — Räumung von Polonne — Treffen bei Zielence am $\frac{7}{18}$. Juni — Poniatowski weicht nach Ostrog zurück — Waffenstillstands-Unterhandlungen — Fortgesetzter Rückzug des Polnischen Heers — Es zieht sich hinter den Bug — Operationen in Litauen — Plan für die Russisch-Litauische Armee unter Kretschetnikow — Stärke und Eintheilung des Heers — Gang der Operationen — Die Litauische Konföderation in Wilna proklamirt —

Gefecht von Mir — Michel Zabiello übernimmt den Befehl über das Polnisch-Litauische Heer in Grodno — Er zieht sich hinter den Bug zurück — Der oberste Kriegsrath in Warschau — Kachowski geht bei Kladnew über den Bug — Treffen bei Dubienka am $\frac{7}{18}$. Juli — Kachowski verfolgt das Polnische Heer bis über Lublin hinaus — Gefecht bei Grabow am $\frac{14}{25}$. Juli — Einstellung der Feindseligkeiten.

Die Polen hatten nun ihre neue Regierungsform und frohlockten; statt aber jeden Nerv anzuspannen, um diese Errungenschaft mit Kraft und Macht zu behaupten, versanken sie in ihre gewöhnliche Sorglosigkeit und beschäftigten sich Monatelang, statt mit Heer und Finanzen und andern Mitteln zu ihrer Vertheidigung, mit Vorschriften zur Geschäftsordnung für die einzelnen Regierungsbehörden, mit kleinlichen Zänkereien, mit Festen und Partei-Umtrieben. — Diese Sorglosigkeit lag im Karakter der Nation. Ganz von der Gegenwart erfüllt, sieht der Pole auch die allernächste Zukunft nicht voraus, weiß er auch nicht die wahrscheinlichsten Folgen zu berechnen. Daher die vielen unüberlegten, ja unbesonnenen Schritte, zu denen sie sich von jeher durch den Leichtsinn und Ungestüm ihres Karakters verleiten ließen, und wodurch sie ihr Reich zuletzt in den Untergang gebracht. — Man überließ sich, unbekümmert um die Welt, dem gewohnten Hang zur Genußsucht: nie ging es lustiger in Warschau her als in diesem Jahr.[1] Schon ließ sich von fern dumpf grollender Donner vernehmen, ohne daß

---

[1] **Friedrich Schulz** (Reise eines Livländers) gibt davon Zeugniß. Er befand sich um diese Zeit im Gefolge der Herzogin von Kurland selber in Warschau.

sie aus ihrem Taumel erwacht wären. Die Kunde des Friedens-Abschlusses zu Jassy, der Rußland die Arme frei machte, erschreckte sie zwar, aber nur für einen Augenblick. Da es nicht gleich zum Bruche kam, so erwarteten sie ihn gar nicht mehr. Sie hatten das, was durch diplomatische Verträge festgesetzt und verbürgt war, umgestoßen, mit Füßen getreten, und weideten sich mit der Hoffnung, man werde es ihnen ruhig hingehen lassen. Die kostbaren Augenblicke verstrichen ungenützt, nichts wurde zur bessern Wehrhaftigkeit und Vertheidigung gethan.

Wäre die Nation noch einig gewesen; aber daran fehlte viel. Zwar die Jugend, die weniger überlegt als hofft und wünscht, war ganz für die neue Verfassung, in der sie das Unterpfand von Polens künftiger Größe zu sehen wähnte. Doch die Aelteren, die den Blick mehr nach rückwärts gewandt haben, hingen noch den alten Formen Polnischer Ungebundenheit, die sie Freiheit nannten, an. Die Besitzenden, die Landjunker seufzten über die großen Auflagen, die sie nur mit Mühe aufbrachten, über den gehemmten Absatz ihrer Produkte seit dem Frieden, über die drohenden Kriegsdrangsale, die in Aussicht standen. So war die gegen die neuen Aenderungen gestimmte oder die Partei der Erinnerung nicht viel geringer als die Partei für sie oder die der Hoffnung; sie bestand selbst aus gewichtigeren Leuten, den Besitzenden, Erfahrenen, welche aber eben darum nicht den Impuls, den Ungestüm der Jüngern oder Hoffenden hatten, die alle ihre Wünsche und Erwartungen in die Zukunft und in ihre unerfahrene Kraft setzten. — Dazu hatte die eben oben auf befindliche Partei durch die neue Verfassung alle

Mittel zu schrecken oder zu strafen in ihrer Hand, Heer, Schatz, Gerichte; und jede Auflehnung, jeder Widerstand wurde scharf niedergehalten und bestraft. Die Unzufrie- denen wagten sich daher nicht zu rühren; nur einige Häupter derselben, die zu sehr sich vorangestellt, die Felix Potocki, Severin Rzewuski und einige andere, ver- ließen zornerfüllt das Land, um ihren Nothruf über die Unterdrückung der Freiheit ihres Vaterlandes bei den aus- wärtigen Höfen erschallen zu lassen. Polnischer Hader und Widerstreit erhob sich solchergestalt in Dresden, Berlin und Wien so gut wie in Warschau, da auch die herr- schende Partei ihre Anhänger, jenen entgegen zu arbeiten, dahin sendete. Von Wien begaben sich Potocki, Rze- wuski, aus Polen Anton Czetwertynski und andere Häupter im Spätherbst 1791 nach Jassy, um den mächtigen Po- temkin für sich zu gewinnen; sie fanden nur seine Leiche, und blieben rathlos längere Zeit in Jassy. Da gesellte sich auch Branicki zu ihnen, der, unter dem Vorwand, die Erbschaft seiner Gemahlin, Potemkins Nichte, in Empfang zu nehmen, sich nicht ohne Mühe aus War- schau, wo man ihn nicht wegkassen wollte, losgemacht hatte. Vereint baten sie um die Erlaubniß, nach Peters- burg kommen zu dürfen. Erst als der Frieden mit den Türken am $\frac{\text{29. Dec. 1791}}{\text{9. Jan. 1792}}$ abgeschlossen worden, erhielten sie dieselbe, und eilten im Februar 1792 dahin. Sie er- schienen hier als Verfolgte, Verbannte, ihrer Würden und Besitzungen durch ihre politischen Gegner, die auch die Gegner Rußlands waren, Beraubte; sie baten um den Kaiserlichen Schutz und die Wiederherstellung der

alten durch die Kaiserin gewährleisteten Verfassung. Sie
wurden freundlich und mit Theilnahme aufgenommen.
„Wie sollte man sie nicht aufnehmen, äußerte die Kaiserin
zu einem Vertrauten [2]), der eine ist seit dreißig Jahren
Rußlands Freund, und der andere ist aus Feind ein Freund
geworden." — Jetzt begann auch der Polnische Botschafter
in Petersburg, Deboli, Lärm in Warschau zu schlagen,
und überschickte die schreckendsten Gerüchte von den Umtrieben der Ausgewanderten, von Rußlands Rüstungen
und weitaussehenden Plänen, von der Kaiserin Unzufriedenheit mit dem König und der Nation. — Im April
gab er die bestimmte Nachricht von dem bevorstehenden
Ausbruch des Ungewitters. Das schreckte sie endlich in
Warschau auf, und sie begannen nun eilends das zu betreiben, wozu sie Jahrelang Zeit gehabt, ohne daß sie
sie benutzt hätten. Jetzt wurden alle Maßregeln über-
hastet: man betrieb die Rüstungen, genehmigte den Verkauf der Starosteien als Unterpfand der zu machenden
Anleihen, suchte sich geschickte Offiziere und Generale zu
verschaffen, und unterhandelte an den fremden Höfen.
Doch in den letzten Stunden ergriffen, kamen diese Maßregeln alle zu spät. Immer dringender, immer schrecken-
der wurden Deboli's Warnungen aus Petersburg: da
machten die Leiter der herrschenden Partei ein geschicktes
Manöver, um bei der drohenden Gefahr ihren eigenen
Hals aus der Schlinge zu ziehen, dem Zorn und Fluch
ihrer Nation auszuweichen und sich von aller Verantwortlichkeit ihrer Handlungen zu befreien. Sie beschlossen

---

[2]) Chrapowitzki's Tagebuch.

nämlich, statt, wie sie sollten, mit zusammengenommener
Kraft sich selber vor den Riß zu stellen, alle Gewalten
dem Könige zu übertragen, und es ihm zu überlassen,
wie er sich und das Land aus der gefährlichen Lage,
worin sie es gebracht, würde herauswickeln können; ein
infernaler Plan, wahrscheinlich von Kollontai eingegeben.
Gelang die Rettung, so waren sie nahe genug, um gleich
wieder das Steuerruder zu ergreifen und sich das Verdienst anzumaßen; unterlag man, wie es wahrscheinlich,
der Uebermacht, nun so hatte man jemand, auf den
man alle Schuld schieben konnte. Sie, die ihr ganzes
Leben hindurch die Schwäche und Wankelmüthigkeit des
Königs angeklagt, seine Gesinnungen verdächtigt, seine
Unterwürfigkeit unter dem Willen der Zarin gerügt hatten,
zeigten sich auf einmal voll Vertrauen zu seiner Kraft,
Festigkeit und Einsicht, um ihm eine ganz unbeschränkte
Gewalt über Schatz, Heer und selbst die Gerichte zuzu-
gestehen: alles wurde ihm übergeben, zu seiner Verfügung
gestellt; es hieß nun: ziehe den Staatswagen aus dem
Sumpf, in den wir ihn verfahren. Woher kam ihnen
auf einmal dieses unbedingte Vertrauen? — Der König
seinerseits, dem man sein Lebenlang die Hände gebunden,
der die neue Verfassung als die reife Frucht seiner Lehren
betrachtete, übersah in der Freude seines Herzens über
das ihm bezeugte Zutrauen, über die ihm übertragene
fast unbeschränkte Macht, die Schlinge, die dahinter lag:
denn so wie er jene Gewalten und die oberste Leitung
der Angelegenheiten übernahm, so hatte er auch alle Verantwortlichkeit übernommen, und die bisherigen Leiter
und Betreiber der Dinge, die Ignaz und Stanislaus

Potocki, die Kollontai und Genossen, konnten beim Nichterfolg, wie er voraussichtlich war, ihre Hände in Unschuld waschen und den König für wirklich oder nur angeblich begangene Fehler anklagen und verdammen. Und
das haben sie denn auch redlich gethan, und den Fluch
der Nation, der eigentlich sie wegen ihrer ungeschickten
politischen Manipulationen treffen sollte, auf den König
geladen; sie waren die ersten, den Stein gegen ihn aufzuheben und ihn dem öffentlichen Haß und Fluch zu
weihen; und es gelang ihnen wirklich, in dem Sturm
der Ereignisse, die damals ganz Europa bewegten, die
öffentliche Meinung so irre zu führen, daß sie gleichsam
als verfolgte Heilige erschienen, ihre politischen Gegner
aber, die sie unter dem Namen „Russischer Partisane"
auf alle Art zu brandmarken suchten, als die größten
Bösewichter betrachtet wurden. Und doch: Iliacos intra
muros peccatur et extra! Weder waren die Einen so
gut noch die andern so schlecht als man sie ausgab.
Aber immer erregt es eine widrige Empfindung, wenn
man sieht, wie Bosheit und Schlechtigkeit, wenn sie nur
recht laut schreiet, fast immer über Unschuld und Schwäche,
die schweigen, triumphirt, und ihre Verläumdungen dann
von der Gedankenlosigkeit nachgebetet werden.

Am 15. April war es, wo der Reichstagsmarschall
Malachowski dem Reichstage den Plan vorlegte, nach
welchem 1) dem Könige alle Gewalt gegeben ward, das
Reich in Vertheidigungsstand zu setzen und dazu die
Truppen nach Belieben zu verwenden; 2) sollte ihm er-
laubt sein, aus dem Auslande zwei bis drei geschickte
Generale kommen zu lassen (wogegen man sich früher

auf dem Reichstage so sehr gesträubt hatte), um die
Armee anzuführen, gleichwie tüchtige Ingenieur= und
Artillerie=Offiziere; und daß er ihnen Rang, Gehalt und
Belohnungen bestimmen sollte (die Absicht war, die Groß=
generale ganz zu beseitigen, wie man früher schon die
Untergenerale beseitigt hatte); 3) erhielt die Schatzkom=
mission Befehl, in Polen oder im Auslande 30 Millionen
Polnischer Gulden (5 Millionen Thaler) anzuleihen, so=
bald der König die Nothwendigkeit dazu erkenne, und
die Anleihe sollte auf den Verkauf der Starostien begründet
werden; 4) ward der König berechtigt, von den bei der
Schatzkommission befindlichen Geldern oder von der An=
leihe 10 Millionen Gulden zu den nöthigen Vertheidigungs=
anstalten aufzuwenden, und im Fall einer Kriegserklärung
woher es sei, die ganze Summe zu verlangen. (Das
Ueble war nur, daß alle bei der Schatzkommission oder
bei den Wojewodschafts=Kommissionen befindlichen Gelder
kaum auf 9 Millionen Gulden ($1\frac{1}{2}$ Millionen Thaler)
stiegen[3]); und mit der Anleihe stand es noch ziemlich
weit hinaus.) 5) Ueber zwei Monate sollten die Minister
des Straż dem Reichstage Rechenschaft von der Verwen=
dung obiger Gelder ablegen, sobald ein Reichstagsglied
es verlangen würde. (Das war die Hinterthür, welche
die Partei sich offen hielt, um, wenn sie es für vor=
theilhaft erachtete, die Leitung des Ganzen wieder an sich
zu nehmen.)

So glaubte sich der Reichstag aller Pflichten zu ent=
ledigen, wenn er Beschlüsse erließ; ob diese ausgeführt

---

[3]) Depesche von Bulgakow vom $\frac{7}{18}$. April 1792.

würden oder ausführbar wären, kümmerte ihn nicht; — und auf diese Beschlüsse, von denen bis zur Ausführung eine weite Kluft war, baute dann die Verläumbung nach= mals die Anklage: „Man stellte dem Könige Millionen, unermeßliche Hülfsmittel, und die zur Vertheidigung des Staats nöthigen Streitkräfte zur Verfügung, ver= traute ihm die ganze Republik an, die er dann verrathen habe." [4] — Man bemerke aber nur: diese Beschlüsse wur= den am 16. April 1792 gegeben, vier Wochen ehe die Feindseligkeiten begannen; was konnte also in dieser kurzen Zeit gethan werden, da alles noch zu thun war, indem man drei Jahre sorglos verschlummert hatte; und was die unermeßlichen Hülfsmittel betraf, so wollen wir sie etwas näher beleuchten und uns dabei als Leitfaden einer kleinen nicht in den Buchhandel gekommenen Schrift bedienen, die unter dem Titel: Opinion sur le Roi de Pologne, 1792 in Warschau erschien, und bald einem Tengoborski, bald mit mehr Wahrheit dem Könige selbst zugeschrieben wurde. [5]

„Nach Einführung der Konstitution vom 3. Mai, heißt es dort, mußte man die Armee vermehren, für Waffen und Geld sorgen; aber die ohnehin beträchtlichen

---

[4] So schreibt nicht etwa ein Kopfloser aus der großen Menge, sondern ein Gelehrter, der für besonders unterrichtet über diese Sachen gilt, obgleich er meist nur die elenden Werke von Kollontai und Ferrand ausschreibt, Lelewel in seiner Geschichte Polens. 2. Aufl. Leipzig 1847. 382 S.

[5] Daß die Schrift von niemand anders als dem Könige selbst herrührt, beweiset die im Moskauer Reichsarchiv befindliche Fort= setzung derselben im Manuscript, ganz von der eigenen Hand des Königs geschrieben.

Auflagen erlaubten nicht, sie zu erhöhen, um die Nation nicht ganz abzuschrecken. Ohne Auflagen kein Geld; ohne sichere Hypothek keine Anleihen. Man suchte die Hypothek in dem Verkauf der Starostien, aber da diese Maßregel viele hundert der reichsten Personen des Landes unangenehm berührte, so ging es damit weder leicht noch schnell; es dauerte ein ganzes Jahr. Aber im Lauf dieses Jahrs änderten sich die Dinge rund umher; Polen konnte eine hinlängliche Hypothek den Anleihern nicht eher vorweisen, als bis schon der Sturm an der Gränze brausete; und weil der Sturm brausete, schlossen sich die Börsen, und das Element, ohne welches kein Krieg zu führen ist, blieb aus. — Man mußte ferner Adel und Bürgerschaft bewaffnen; der König erinnerte immerfort daran, aber man antwortete ihm: „Waffnen wir die ganze Nation, so geschieht hier was in Frankreich; die Menge, ihre Kraft fühlend, wird sich nicht regieren lassen, sondern wird selbst den Reichstag regieren wollen, und wir werden das ganze Land in Flammen setzen. Erhebt sich von außen ein Sturm gegen uns, nun dann geben wir der Nation die Waffen in die Hand." — Der König erwiederte: „Um im Augenblick der Noth dem Volke Waffen zu geben, müssen wir sie bereit haben; aber wir haben keine; unsere jungen Waffenfabriken liefern kaum 2000 Flinten das Jahr; man muß also deren aus dem Auslande kommen lassen." — Auch das konnte man erst spät erlangen. Man schickte Bevollmächtigte hinaus, aber in Preußen und Sachsen erlaubte man ihnen nicht, Waffen zu kaufen; Oestreich brauchte seine Waffen selbst; im übrigen Deutschland hatten die Französischen Emi-

granten alle Waffen für sich aufgekauft. Man mußte
also welche bestellen; dazu bedurfte es mehrerer Monate
Zeit, und als sie fertig waren, konnte man schon nicht
mehr Gebrauch davon machen. Man kaufte in andern
Ländern; der König von Preußen hielt sie beim Durchgang an — das hätte man von diesem Alliirten nicht
erwarten sollen! So fehlte es an allem zum Krieg Noth-
wendigen, als die drohende Russische Deklaration (vom
$\frac{7}{18}$. Mai 1792) mit der Russischen Armee im Gefolge
erschien.“ — Er fährt dann fort andere verkehrte Maßregeln zu beleuchten: „Warum ward nicht die ganze Polnische Armee Anfangs 1792 an der Russischen Gränze
vereinigt? — warum ward nicht schon damals Joseph
Poniatowski, der sie befehligen sollte, in die Ukraine geschickt? — warum in ganz Litauen nicht die mindeste
Kriegsvorbereitung getroffen? — Vergebliche Bemühungen
des Königs beim Reichstag während eines ganzen Jahres,
um das Militair auf guten Fuß zu bringen; und warum?
— weil kleinliche Sonder-Interessen bewirkten, daß viele
Militairs, und gerade die am meisten auf den Reichstage schrieen, hartnäckig die Verbesserung des Militair-
Etats so wie alle Maßregeln des Kommissariats verhinderten, ohne welche weder die Zelte, noch das Lederwerk,
noch Pulver, Kugeln, Kartätschen, und das ganze übrige
erforderliche Rüstzeug angeschafft werden konnten, ohne
die aber niemand den Krieg mit Erfolg zu führen vermochte. Als Prinz Joseph fragte: „Wo sind meine
Magazine, meine Kriegsdepots, um den Kriegsabgang
zu ergänzen; — wo wird mein Waffenplatz in der Ukraine
sein, da ich wenigstens Einen nöthig habe; — wo soll

ich meine Kriegshospitäler errichten? wo sind die Wund=
ärzte und die Arzneimittel? — wo werde ich meine Re=
serve=Artillerie, Pferde, Fuhrwerke und Ersatz=Laffeten
finden? — wer wird Intendant für die Lebensmittel sein?
wer mein Generalquartiermeister?" — Auf alles dieses
antwortete man ihm: „Wir werden die Lieferung aller
dieser Rüstungsstücke aufs schleunigste besorgen, und sie
nach dem Maße als sie fertig werden, zuschicken. Seien
Sie selbst Ihr General=Intendant und ihr General=
Quartiermeister; thun Sie Wunder wie wir, die wir in
3 Jahren die Armee von 18,000 auf 55,000 M. gebracht
haben, wovon fast die Hälfte Kavalerie. Es ist freilich
wahr, die Hälfte dieser Kavalerie versteht kein Manöver;
die Sättel, Zäume, die Feuerwaffen haben keine Gleich=
förmigkeit; — aber man darf sich nicht aufhalten, man
muß an die Gränze eilen, versammeln so viel man kann,
und sich vertheidigen so gut man kann. Muth und Liebe
zum Vaterlande müssen alles Uebrige ersetzen." — So
sprach der König zu seinem Neffen, als er ihn dem
öffentlichen Dienst weih'te, und der Neffe antwortete
seufzend: „Ich gehe, ich bin Pole, aber ich gehe wie
zum Tode, und zu Schlimmerem noch, denn ich setze
meinen Ruf ein." — Er hatte von Mohilow am Dniestr
bis nach Lojew am Dniepr eine Ausdehnung von hun=
dert Meilen zu vertheidigen mit etwa 24,000 Mann,
die in kleinen Trupps auf dieser langen Linie und bis
nach Polonne hin zerstreut waren; und dieses Polonne,
50 Meilen vom Dniestr und vom Dniepr, sollte ihm als
Waffenplatz dienen; aber erst am 6. Mai, als Prinz
Joseph von Warschau abreisete, begann man es zu

befestigen. Als er in Tulczyn, seinem Hauptquartier ankam, fand er nicht 2000 Mann vor. In diesem Central-
punkt mußte er seine zerstreuten Truppen versammeln,
viele mehr wie 50 Meilen von da entfernt, während er
von Kiow, Balta und Mohilow drei Korps gegen sich
marschiren sah, deren jedes fast dem Gesammt seiner
Streitmacht gleichkam. — Es war ihm namentlich vorgeschrieben worden, nie seine Verbindung mit Warschau
sich abschneiden zu lassen. Dieser Befehl hat ihn fast
eben so genirt wie alle die andern widrigen Umstände,
und doch war dieser Befehl nothwendig zur Erhaltung
der Verbindung mit ihm, und um ihm allmälig die Artillerie, den Schießbedarf, Zelte, Geld, kurz alles was
ihm fehlte, zukommen zu lassen. — Was endlich von
Litauen sagen, wo man erst damals die 8 zweiten Bataillone zu errichten anfing, die den Regimentern noch
fehlten; wo es völlig an Artillerie und an allen Mili-
tair-Rüstungsstücken gebrach? Man mußte alles von
Warschau dahin senden, alles in Warschau verfertigen
lassen. Man brauchte einen General, der Vertrauen bei
den Litauern aber auch im Auslande erlangte Geschicklichkeit hätte. Als der König von Preußen alle Generale
versagte[6], so glaubte man in dem Prinzen Ludwig von
Würtemberg den erwünschten General zu finden[7]. Der
König ernannte ihn. Man weiß, wie er den Befehl

---

[6] Man hatte vornämlich den General Kalkreuth zu erhalten
gewünscht und lange darüber unterhandelt.

[7] Er war mit einer Tochter des ältern Adam Czartoryski vermählt, und wurde von der Czartoryskischen Partei getragen.

aufgab⁸), als die Russen die Hälfte des Landes schon besetzt hatten. So war die Lage der Dinge, als der Reichstag dem Könige den allgemeinen Oberbefehl für die Kriegszeit übergab. Der König fühlte das Gewicht der Verantwortlichkeit, die man auf ihn häufte; sein persönliches Interesse hätte verlangt, es abzulehnen; aber er mußte es annehmen, um den Vorwurf zu vermeiden: „er habe im Sturm das Steuerruder nicht fassen wollen."—

Um diese Zeit, Ende April 1792, ließ auch der Kurfürst von Sachsen, der sie lange wegen der Thronfolge in der Schwebe gehalten, durch seinen Kommissair in Warschau, Graf Löben, eine Antwort einreichen, die so gut wie eine Ablehnung war. Der weise Fürst, zu wohl von den Angelegenheiten Europas unterrichtet, weigerte sich, um nicht sein eigenes liebes Erbland in Unglück zu bringen, einen Thron anzunehmen, über den er das Verderben hereinbrohen sah. In dieser Antwort machte er Erstens aufmerksam auf die unveränderlichen Kardinalgesetze der Konstitution von 1768, und auf die in die Russische Garantie von 1775 eingerückten 4 Artikel der drei Höfe, nach welchen Polen ein Wahlreich bleiben solle; er verwies auf Stakelbergs Protestation vom 5. Nov. 1788 gegen jede Veränderung; auf die Antwort des Reichstagsmarschalls vom 17. Nov. 1788, wo klar gesagt sei: „im Fall eine Verfassungs=Veränderung erforderlich sei, werde man sich mit Unterhandlungen an die drei

---

⁸) Der Prinz schrieb dem König von Preußen: „Er werde nichts den Interessen seiner Schwester, der Großfürstin, Nachtheiliges unternehmen." — Der Brief ward aufgefangen, und der Prinz, des Befehls entsetzt, mußte das Land verlassen.

Höfe wenden;" — und schloß: „also wende man sich an die drei Höfe."

Zweitens äußerte er seine Bedenklichkeiten über die neue Konstitution. „Ist die Akte vom 3. Mai auch gehörig legal gewesen?" fragte er. War die Zahl der Stimmenden hinlänglich und gesetzlich konstatirt? Bedurfte es nicht eines freien Reichstags[9] dazu, dem die gewöhnlichen Landtage vorangingen? oder hätte nicht wenigstens der gegenwärtige Reichstag die Landtage zur Entscheidung über jene Konstitution vom 3. Mai zuvor berufen müssen, wie man es auch mit dem Erbfolgegesetz gethan habe?[10] — Mehrere Wojewodschaften haben gegen die Erbfolge protestirt, die Landboten haben also gegen ihre Instruktionen gehandelt.

Drittens verlangte er, daß das absolute Veto dem Könige verbleibe, ohne Zeit- oder andere Gränze; sonst könne der König kein Uebel, keine Ungerechtigkeit verhindern. Besonders sei jenes Veto dem Könige bei den konstitutionellen Reichstagen, die alle 25 Jahre zur Verbesserung der Verfassung zusammentreten sollten, von Wichtigkeit; eben so im Fall der Reichstag einen ungerechten Krieg wolle.

---

[9] Im Gegensatz des konföderirten, wie es der lange von 1788—1792 war; denn nach dem Polnischen Staatsrecht mußten die Beschlüsse eines konföderirten Reichstags, um gültig zu sein, immer erst noch von einem freien Reichstag bestätigt werden.

[10] Hätte man aber diese Bedingungen einhalten wollen, so wäre jene Konstitution nie zu Stande gekommen. Als Werk einer Partei wurde sie nur durch Ueberrumpelung und mit Hintansetzung aller bestehenden Gesetze im Sturm davon getragen und zur Geltung gebracht.

Zum Vierten behielt sich der Kurfürst vor, seine Tochter unabhängig von der Erbfolge zu vermählen.

Fünftens verlangte er das vollständige Recht der Begnadigung, nicht wie es in der Konstitution beschnitten worden war.

Zum Sechsten sollte dem Könige der Oberbefehl über die Truppen zustehen, auch in Friedenszeiten, und er das Recht haben, die befehligenden Generale zu jeder Zeit des Befehls entheben zu dürfen.

Siebentens endlich verlangte er: der Eid des Heers solle künftig, wie es auch früher geschehen, nur dem Könige und der Republik geleistet werden; denn wenn es einen Eid der Nation und dann dem Könige leisten solle, so würde man den Soldaten das Recht oder wenigstens den Vorwand geben, vorher zu untersuchen, ob die Sache, für die sie die Waffen ergreifen sollten, auch der Konstitution gemäß sei oder nicht. Ueberhaupt könnte ein Eid, der Nation und König trennte, zu verschiedenen gefährlichen Auslegungen Anlaß geben, da hinter dem unbestimmten Ausdruck Nation sich stets die herrschende Faktion versteckte."

Diese Einwürfe, die der Weisheit des Kurfürsten Ehre machten, waren zugleich ein indirekter Tadel der hastigen, inkonstitutionellen Weise, womit man die Nation mit der neuen Verfassung überrascht hatte, und deckte mehrere der wesentlichsten Fehler derselben auf; unangenehme Wahrheiten für die Stifter der neuen Konstitution, die sie der Wahl des Kurfürsten gereuen machte. [11]) Ehe

---

[11]) Darum wurden die Bedingungen des Kurfürsten bei der Bekanntmachung von der Partei verfälscht und alle sie anklagenden

sie aber auf jene Bedenklichkeiten eine genügende Antwort geben konnten, nahmen die Dinge eine Wendung, die nur zu gut zeigte, wie gegründet sie gewesen waren.

Kaum hatte sich die Kaiserin Katharina des Türken= kriegs entledigt, als sie all' ihre Aufmerksamkeit den Pol= nischen Sachen zuzuwenden begann. Wollte sie auch ganz von den Unbilden in Wort und That absehen, die ihr und ihren Unterthanen in den letzten vier Jahren von den übermüthigen Polen waren zugefügt worden: so konnte sie doch unmöglich zugeben, daß alle von ihr gewährleisteten Einrichtungen (mochten solche nun mit Recht oder Unrecht verbürgt worden sein), und selbst die in den letzten Verträgen mit Preußen und Oestreich fest= gesetzten, von der Politik diktirten Grundsätze in Hinsicht Polens, umgestoßen würden; daß man ihre Anhänger und alle Rußland Geneigte verjagte, verfolgte, unterbrückte, während die Gegenpartei sich ihres Siegs berühmte und nicht wenig damit brüstete; kurz daß der Russische Ein= fluß auf Polen, der seit Peter dem Großen gedauert, unter ihr, seiner Fortsetzerin, völlig sollte vernichtet wer= den. Sie schuldete es ihrer Macht und Würde, von einem bisher beschützten Nachbarvolke sich nicht öffentlich trotzen und Hohn sprechen zu lassen. Die Polen hatten die Politik des Schwachen, die ihnen ihr König in seiner berühmten Rede vom 6. Nov. 1788 so dringend zu Ge= müth geführt: „in den Streit der Starken sich nicht zu mischen, sondern sich fern zu halten", vergessen oder nicht

---

Bemerkungen unterdrückt. Wer sich davon überzeugen will, den verweisen wir auf die Angabe dieser Bedingungen bei Ferrand III. 170, und nach ihm bei Lelewel S. 326 in der Note.

beachtet: sie hatten sich auf jegliche Art darein gemischt, indem sie Bund und Freundschaft mit den Einen gegen den andern schlossen, und diesem andern wo sie nur konnten zu schaden und Verlegenheiten zu bereiten suchten. Sie mußten nun die Folgen ihrer unverständigen Politik, wenn man anders die leidenschaftlichen Eingebungen einer verwirrten Masse Politik nennen kann, erwarten.

Obgleich die Kaiserin also den festen Vorsatz hatte, das ohne sie und gegen sie in Polen Gethane umzustoßen, so erhob sich eine schwere Bedenklichkeit. Die Preußische Politik, die seit dem Tode Friedrichs des Großen ohne sichern Leitstern hin und herschwankte, hatte sich bald an die eine bald an die andere Macht angelehnt, früher an England, Schweden, die Pforte, jetzt in einer plötzlichen Schwenkung oder vielmehr Umkehr an Oestreich. In dem mit dieser Macht am 25. Juli 1791 vorläufig fest= gesetzten, in Pillnitz näher besprochenen, am 7. Febr. 1792 endlich wirklich geschlossenen Bundesvertrag setzten die beiden Mächte in dem 3ten geheimen Artikel, wie wir oben gesehen [12]), fest: „Alles in der letzten Zeit in Polen Geschehene und namentlich die Konstitution vom 3. Mai solle aufrecht erhalten werden." Wollte man es also umstoßen, so mußte man sich auf den ent= schiedenen Widerstand jener Mächte gefaßt machen. Wie ihn beseitigen oder wenigstens ihm seine Kraft rauben? — Zwei Wege boten sich dar: Abwendung durch die That, oder durch die Ueberzeugung; entweder daß man die stipulirenden Mächte anderwärts und durch wichtigere

---

[12]) Siehe Abschnitt III. S. 268.

Sachen zu beschäftigen suchte; oder daß man die Einzelnen auf ihre besonderen Interessen aufmerksam machte, und ihnen den Widerspruch derselben mit jenen Stipulationen vor Augen rückte. — Beides unternahm nun die Kaiserin, und, von den Umständen begünstigt, mit Erfolg. Die Verwirrung in Frankreich, die immer größer ward, die dort gepredigten Lehren, die allen Thronen den Untergang droh'ten, die schmählige Behandlung, die Flucht und Gefangenschaft der königlichen Familie, die Hoffnung endlich, durch ein kräftiges Einschreiten den von dorther drohenden Uebelständen Einhalt zu thun: alles das waren Motive, welche die Kaiserin den zunächst dabei betheiligten Fürsten, dem Kaiser Leopold und dem König Friedrich Wilhelm von Preußen zu Gemüthe führte und sich dabei entschlossen zeigte, von ihrer Seite allen Nachdruck aufzuwenden, um die zu einem so löblichen Zweck gemachten Anstrengungen zu unterstützen. „Ich zerbreche mir den Kopf, äußerte sie zu Chrapowitzki [13]), um das Wiener und Berliner Kabinet in die Französischen Angelegenheiten zu bringen. Habe ich Unrecht? Es gibt so manche Gründe, die sich nicht sagen lassen; ich möchte sie in Geschäfte verwickelt sehen, um die Hände frei zu haben; denn so viele Unternehmungen liegen unbeendigt vor mir, und jene müssen beschäftigt werden, damit sie mich nicht hindern." — Friedrich Wilhelm in seinem ritterlichen Sinn war zu allem bereit, er dürstete nach Kriegsruhm: in Holland war er schon als Befreier einer unterdrückten Fürstenfamilie aufgetreten und

---

[13]) S. dessen Tagebuch unterm 14. Dec. 1791.

mit Lobsprüchen überhäuft worden; lockender war die
Aussicht, auch die Französische königliche Familie zu retten, einen geordneten Zustand in Frankreich herzustellen,
und Preußen dadurch auf die höchste Stufe des Ansehens
und Kriegsruhms zu erheben. Ueberdieß ließ das An-
denken an Roßbach, der leichte Erfolg in Holland, endlich
die Versicherung der überall verbreiteten Französischen
Emigranten, die Sache als ohne große Schwierigkeit erscheinen; und Friedrich Wilhelm baute dabei auf sein
Heer, das heldenreiche; auf seine Feldherrn, die Freunde
und Schüler Friedrichs. — Kaiser Leopold zeigte sich zu-
rückhaltender — er liebte nicht den Krieg — er hatte
kaum erst einen solchen, der dem Lande schwere Wunden
geschlagen, beendigt; — doch die Ungeduldigen der Französischen National-Versammlung trieben selbst dazu, um
in den vermehrten Wirren eine Republik und alle ihre
Verfassungsideale in Frankreich einzuführen, während die
Kriegstüchtigen unter ihnen, von Ehrgeiz oder Habsucht
gestachelt, auf Kriegsruhm oder geraubte Schätze rechneten. So ward Kaiser Leopolds Nachfolger Franz II.
wider Willen in den Französischen Krieg fortgerissen und
damit von Polen abgewandt. — König Friedrich Wilhelm, mit ihm verbündet, war bloß zu einer Unterstützung
von 20,000 Mann verpflichtet; doch die obigen Beweggründe, die Ermunterungen der Kaiserin Katharina, und
vielleicht auch eigene hinterhaltige Absichten bewogen ihn,
das Versprechen zu geben, mit ganzer Macht gegen die
Französischen Ruhestörer aufzutreten. — Die Unterhandlungen über diese Sachen hatten ein freundschaftliches
Verhältniß mit Petersburg wieder hergestellt, und dieses

benutzte nun die Kaiserin, um den König auf die wahren Interessen der Preußischen Staatskunst aufmerksam zu machen, wie sie sein großer Vorfahr stets im Auge gehabt. Diese erforderten: 1) Polen nicht groß werden zu lassen, denn Polens Größe Preußens Verfall; 2) Das Sächsische Haus, den nächsten Preußischen Nachbar, von Polens Thron abzuhalten. Sachsen mit Polen vereinigt hätten Preußen wie umstrickt; Polen durch bessere Staatseinrichtungen und einen Erbthron gehoben, hätte im Bunde mit Sachsen Preußens erst werdende, aufstrebende Macht in allen ihren Unternehmungen beengt, hätte sie vielleicht zuletzt erdrückt, denn man durfte nicht darauf rechnen, daß Preußen lauter Friedriche hervorbringen würde. Diese Betrachtungen wurden dem Preußischen Hof in einer dem Botschafter Graf Golz in Petersburg übergebenen sogenannten mündlichen Note vom 17. Febr. 1792 vorgehalten. Es hieß darin: „Im Laufe der freundschaftlichen Mittheilungen und Eröffnungen, die zwischen den Höfen von St. Petersburg und Berlin aus Anlaß der Französischen Begebenheiten statt gefunden, hat das Ministerium Sr. Königlichen Majestät über die Polnischen Sachen einige Bemerkungen hingeworfen, die zum Zweck zu haben schienen, die Gedanken Ihrer Kaiserl. Majestät darüber zu erfahren. Nach dem glücklichen Aufhören aller Gründe zum Streit zwischen den beiden Höfen, durfte man in diesem Versuch des Preußischen Ministeriums keine bloße Neugierde und noch weniger den Wunsch sehen, die Absichten Rußlands auszuforschen, um ihnen hernach entgegenzuarbeiten. Die Kaiserin, welche die gegenwärtigen Gesinnungen des Preußischen Monar-

chen gegen sich nach denen beurtheilt, die sie gegen ihn
hat, und die vollkommen die Gleichheit des Interesses
erkennt, die in diesen Stücken zwischen ihnen besteht, hat
daher in jenem Schritt nichts weiter sehen können als
das Verlangen, sich einander zu nähern und über einen
Gegenstand von so handgreiflicher Wichtigkeit für beide
sich einzuverstehen. Ihre Majestät hätte mit völligem
Vertrauen schon früher jenem Wunsche entsprochen, wenn
sie nicht vorher ihren Frieden mit den Türken hätte zu
Stande bringen wollen. Da solches jetzt geschehen, so
beeilt sie sich, ihre Gedanken über den fraglichen Gegenstand darzulegen.

Wenn das Werk vom 3. Mai des vergangenen Jahres bleiben und Bestand erhalten soll, so ist nicht zu
bezweifeln, daß Polen mit Sachsen einen Staat bildend
und neu organisirt, eine Macht geben würde, die ein bedeutendes Gewicht auf ihre Nachbarn üben oder ihnen
wenigstens sehr unbequem werden könnte. Rußland freilich hat in dieser Hinsicht nur die Ausdehnung seiner
Gränzen zu überwachen; aber Preußen hat außerdem noch
seine Augen auf Deutschland zu richten, wo Sachsen,
mittels dieser Verbindung, bedeutend an Einfluß und
Macht gewinnen würde. Dieser Umstand könnte Stoff
zu ernstlichen Bedenken geben und zu einem Einverständniß zwischen Preußen und Rußland einladen, um Maßregeln zu ergreifen, wie sie ihr gegenseitiges Interesse
erfordern würde. Um nun ein solches Einverständniß
herbeizuführen, theilt man diese Ideen dem Grafen
Goltz mit, um sie an seinen Hof zu befördern." —
Die Note war meisterhaft auf den Zweck berechnet und

machte in Berlin tiefen Eindruck. Friedrich Wilhelm, der bisher den Kurfürsten von Sachsen zur Annahme der Polnischen Krone ermuntert und vor kurzem die Aufrecht- haltung der Verfassung vom 3. Mai in seinem Vertrag mit Oestreich stipulirt hatte, änderte völlig seinen Sinn und wurde nun eben so kalt gegen Polen und dessen Erbthron, als er früher Eifer dafür bezeugt hatte. Ja er leitete sogar Unterhandlungen ein zu einer Erneuerung des früher bestandenen Schutzbündnisses mit Rußland.

. Somit war dem drohenden dritten geheimen Artikel des Oestreich=Preußischen Bundes seine Spitze abgebrochen, und die Kaiserin konnte nun entschiedener gegen die Polen vorgehen. Ursachen genug hatte sie zu einem offenen Krieg; sie fürchtete aber die Eifersucht und eingeschlummerte Sympathie der Nachbarmächte für die Polen wieder zu erwecken: sie beschloß demnach den alten Gang einzuschlagen, durch kräftige Unterstützung einer Gegen=Konföderation die gemachten Neuerungen im Nachbarreich umzustoßen, und die Dinge und damit auch ihr geschmälertes Ansehen in Polen wieder auf dem alten Fuß herzustellen. Unzu- friedene Polen gab es die Menge; in Ländern, die von Parteiungen zerrissen werden, darf man stets auf die eben unterliegende Partei rechnen, da die nähern Parteizwecke, bei der Leidenschaft, mit der man sie verfolgt, den ent- fernten Vaterlandszwecken meist vorgesetzt werden. Die vornehmsten Häupter der Gegenpartei, die Felix Potocki, die Severin Rzewuski, die Branicki, Kossakowski, Suchor- zewski waren, wie wir gesehen, nach Petersburg geeilt, und hier wurde nun die Grundlage des Plans verabredet, die Sachen in Polen wieder auf den alten Fuß einzu-

richten, oder wie die Parteisprache lautete: „Den Despo=
tismus abzuschaffen und die alte Polnische Freiheit wieder
ins Leben zu rufen." Eine Konföderation sollte an einem
Gränzpunkte Polens aufgerichtet werden, sich gegen alle
verfassungswidrigen Neuerungen erklären, und, durch Ruß=
lands Truppen unterstützt, den Widerstand der Gegner
brechen und Polens Konstitution, wie sie 1768 und 1775
näher festgesetzt worden, wieder in Geltung bringen.

Ehe die Kaiserin aber ihre Truppen einrücken ließ,
unterrichtete sie über ihre Absichten den Wiener und Ber=
liner Hof. Der erstere, obwohl er die unternommene
Aenderung der letzten Verfassung ungern sah und noch
ungerner darein willigte, gab in Rücksicht der Umstände
nach und erließ selbst eine bestimmte Erklärung an die
Regierung Polens, daß sie auf Oestreichs Hülfe oder
Vermittelung nicht zählen möchte. — Der Berliner Hof,
obgleich völlig umgewandelt, und mit dem Russischen
jetzt ganz einverstanden, wünschte nicht Rußland allein
das Spiel zu überlassen, und schlug andere Auskünfte
und Mittel vor. Doch die Kaiserin ließ sich dadurch
nicht beirren, sondern schritt auf ihrem begonnenen Wege
kühnlich vorwärts.

Aus allem Obigen sieht man, daß von einer Thei=
lung Polens bisher noch keine Rede war, obgleich die
Schriftsteller über diese Sachen, sei es aus Unkunde, sei es
um mehr Haß zu erregen, sie überall einmengen. Der Augen=
blick war noch nicht gekommen, er nahete; — geheime
Gedanken mochten ihm wie lange Schatten vorangehen,
bis er auf einer Seite, wo man es am wenigsten er=
wartete, plötzlich ins Leben trat.

Als alles gehörig vorbereitet war, erließ die Kaiserin unterm ⅔. April an ihren Botschafter in Warschau folgende Weisung: „Zwischen dem ¹⁄₇. und ¹²⁄₇. Mai werde General Kachowski in Polen einrücken. Um diese Zeit habe Bulgakow die beifolgende Deklaration zu überreichen; früher aber sich jeder Andeutung zu enthalten, denn je unbekannter der Inhalt, eine desto nachdrücklichere Wirkung dürfe man erwarten; auch solle er sich mit den Polnischen Ministern in keine Unterhandlung über Modifikationen zur Erhaltung dessen einlassen, was die Kaiserin umzustürzen beschlossen habe. — Gedruckte Exemplare der Deklaration in Russischer und Polnischer Sprache solle er an alle Freunde Rußlands überschicken und außerdem noch einige besondere Schreiben des Grafen Besborodko an die vornehmsten derselben, so wie ein eigenhändiges Schreiben der Kaiserin dem Primas.

Die neue Konföderation, zu deren General-Marschall der Feldzeugmeister Felix Potocki ernannt sei, werde sich an der Gränze, sobald die Russischen Truppen einrückten, erklären. Zur Wahrung des Russischen Interesses sei derselben der Staatsrath Bühler als Bevollmächtigter der Kaiserin beigegeben.

Dem Oestreichischen und Preußischen Botschafter habe Bulgakow eine französische Uebersetzung der Russischen Erklärung alsbald zukommen zu lassen.“

Das Eigenthümliche höherer Geister ist es, daß sie Alles zu einer größern Unternehmung Erforderliche wie in einem klaren Bilde in sich anschauen, jeden ins Gewicht fallenden Umstand voraussehen, und alle nöthigen Maßnahmen und Vorkehrungen richtig berechnen und so

viel als recht ist treffen. Weniger hochstehende Geister
dagegen haben kein klares Bild des Kommenden, thun
zu viel oder zu wenig, und werden von jedem unvorher-
gesehenen Umstand außer Fassung gebracht. Den Beleg
dazu sollte die Expedition in Polen mit der fast gleichzeitigen in Frankreich geben, die wahrscheinlich eben so
gelungen wäre wie jene, wenn man sie richtiger berechnet,
besser vorbereitet und kräftiger ausgeführt hätte. Die
Kaiserin hatte alles Nöthige genau erwogen und veran-
staltet, alle Mittel des Gelingens auf ihre Seite gebracht,
und um auch bei der Durchführung ihres Vorhabens keine
zu geringe Streitmacht aufzuwenden, eine Heeresmasse
von beinahe 100,000 Mann in Bewegung gesetzt, hinlänglich auch den entschiedensten Widerstand der Polen,
wie man ihn erwartete, niederzuschlagen. Der größere
Theil derselben, etwa 65,000 Mann, die eben von dem
Feldzuge gegen die Türken zurückkehrten, sollten unter
General Kachowski von Süden gegen die dort aufgestellte
Polnische Hauptmacht vorrücken, während der kleinere
Theil, 32,000 Mann, unter General Kretschetnikoff vom
Norden und Osten die Litauischen Provinzen überziehen
sollte, wo Polnischer Seits fast nichts zu einer ernsten
Abwehr vorbereitet war.

Kurz vor dem Ausbruch des Sturms gab Bulgakow
noch folgende Auskünfte über die Stimmung in War-
schau. „Man ist hier, schrieb er unterm $\frac{18}{29}$. April, völlig
zum Kriege gegen Rußland entschlossen. Die Erbitterung
gegen dasselbe, so wie die Freude und Zuversicht der
Häupter der Faktion ist so groß wie ihre Verblendung:
sie glauben alles gethan zu haben und brauchten nichts

zu fürchten; ja sie wünschen sogar den Krieg mit Rußland, indem sie auf die Polnische Tapferkeit bauen.
„„Und im Unglücksfall, sagen sie, haben wir ja das
Mittel des allgemeinen Aufgebots, die Bewaffnung der
Bürger, die Verleihung der Freiheit an die Bauern, die
sodann alles zur Vertheidigung der Konstitution vom
3. Mai daran setzen werden.““ — Der Aberwitz dieser
Leute ist schwer zu beschreiben: mit ihrer Bauernfreiheit
würden sie selbst ihr Grab graben und vielleicht ganz
Polen darin begraben; und auch das Aufgebot wäre
ihnen gefährlich, da es aus dem kleinen Adel besteht,
den sie durch Zurückweisung von den Landtagen gegen
sich aufgebracht haben." — Und unterm $\frac{23.\ April}{4.\ Mai}$ meldete
er: „Man scheint hier zum Widerstand bereit, erweitert
deshalb auch die Gewalten des Königs, der selber zur
Armee soll, aber womit und wie? — Um Geld zu bekommen, hat man nach Holland um eine Anleihe geschrieben; Generale und Offiziere erwartet man aus
Preußen. — Die Hitzigeren rechnen auf besondere Zu-
fälligkeiten, auf das allgemeine Aufgebot, und vielleicht
auch auf die Preußische Hülfe; doch herrscht in dieser
Hinsicht großer Argwohn, daß man sich täusche. — Diejenigen, die mit mir verkehren, werden offen bedroht."

Endlich unterm $\frac{6}{17}$. Mai, am Vorabend des Ent-
scheidungstages: „Es scheint, sie haben einen Einmarsch
unserer Truppen bisher nur als bloße Drohung betrachtet [14]); die letzten Berichte von Deboli haben sie eines

---

[14]) Sie verließen sich auf die Stipulationen zwischen Oestreich
und Preußen zur Aufrechthaltung ihrer Konstitution.

andern belehrt, daher die übereilten Maßregeln auf dem
Reichstage. Die Hitze ist gewaltig. – Man will durch
Aufbieten eines allgemeinen Heerbanns und durch die
verkündigte Bauernfreiheit ein Feuer in ganz Polen an-
zünden, das bis jenseits hinübergreifen solle. Sie rechnen
sicher auf die Aufhetzung der Einwohner in Weißrußland
und anderwärts. Ignaz Potocki ließ die Konstitution
vom 3. Mai ins Russische übersetzen, um sie über die
Gränze zu schicken; in Wilna läßt man, heißt es, auf-
regende Schriften drucken, worin die Bauern zum Aufruhr und zur Erwerbung ihrer Freiheit aufgemuntert werden. Die Tataren- und (Polnischen) Kosaken-Regimenter
wollten sie in kleinen Parteien herumschicken, um zur Empörung aufzufordern. In Konstantinopel endlich intriguiren sie durch ihren Gesandten Potocki, um die Pforte
wieder zum Krieg zu bewegen."

Das waren die Absichten, Pläne, Drohungen der
herrschenden Partei in Polen. Wie wenig ging davon
in Erfüllung! Sie bewiesen damit nur ihren Willen zu
schaden — und ihre Ohnmacht dazu.

Der Tag der Entscheidung rückte heran — am $\frac{7}{18}$. Mai
übergab Bulgakow das Kaiserliche Manifest [15]). Dasselbe enthielt im Wesentlichen Folgendes: Es begann mit
einer Beschwerde der Kaiserin, daß man ihre Absichten in
Hinsicht Polens verläumbet und in falschem Lichte dargestellt, wie namentlich die Akte, wodurch sie die Bürg-

---

[15]) Man findet es fast nirgends abgedruckt; was davon bekannt
geworden, sind nur die abgerissenen Bruchstücke im Werke von Kollontai, vom Entstehen ꝛc. der Poln. Konstit. v. 3. Mai.

schaft für die gesetzlich festgestellte Verfassung der Republik
übernommen habe, während doch andere Mächte und
namentlich Deutschland solche Garantien sogar gewünscht
und erbeten hätten. Und selbst die jüngsten Vorgänge
hätten bewiesen, wie nothwendig eine solche Sicherung
des Bestehenden sei. — Es folgte nun eine Reihe Beschwerden über Verletzungen der Polnischen Verfassung
durch den letzten Reichstag oder vielmehr durch die auf
demselben herrschende Partei, die mit dem völligen Umsturz der gewährleisteten Verfassung, unter welcher Polen
so viele Jahrhunderte geblüht, geendigt hätten, um mit
Hülfe des Pöbels und durch Gewaltthätigkeiten aller
Art die Konstitution vom 3. Mai dafür einzuführen, von
der man sich erfrecht hätte zu behaupten: „sie wäre der
freie Wille der Nation." — Hierauf ging das Manifest
mit den Worten: „nicht zufrieden, innere Gefahren herauf-
beschworen zu haben, suchte jene Partei auch das Land
mit den benachbarten Mächten in Zwiespalt zu bringen
und vorzüglich mit dem, Polen so lange befreundeten,
Rußland" — auf die dem letztern zugefügten Unbilden
über und beklagte sich: 1) über die unfreundlichen, ungestümen Forderungen zur unmittelbaren Räumung des Polnischen Gebiets von den Russischen Truppen und Magazinen, wobei man, selbst als denselben genügt ward, sich
allerlei Hudeleien und Plackereien erlaubte; 2) über die
Bedrückung und Mißhandlung Russischer Unterthanen, die
ruhig ihrem Erwerb nachgingen. Da hieß es: „Durch
Torturen preßte man ihnen willkürliche Geständnisse ab,
und diese Geständnisse benutzte man zu schweren Strafen

gegen sie." [16] — 3) Ueber die gegen den Bischof von Perejaslaw und Archimandriten von Slutzk angestellte Verfolgung. [17] — 4) Ueber den Einbruch Polnischer Soldaten in die Russische Gesandtschaftskapelle und Wegschleppung eines Kirchenbeamten von da ins Gefängniß und vor ein Gericht, dem er gar nicht zuständig. Verweigerung der geforderten Genugthuung. — 5) Ueber die berüchtigte Gesandtschaft nach Konstantinopel und Ansuchen um ein Bündniß gegen Rußland [18]), mit welchem die Pforte eben im Kriege. — 6) Ueber die unausgesetzten Schmähungen und Beleidigungen der Kaiserin auf dem Reichstage, die von den Häuptern der Partei nur ermuntert worden seien.

„Geringere Ursachen wie diese, heißt es zum Schluß, würden zu einer Forderung von Genugthuung berechtigt haben. Doch die Kaiserin unterscheide zwischen der Partei und der Nation. Die Unbilden gegen sich wolle sie vergessen, könne aber unmöglich den bringenden Bitten so

---

[16]) Kollontai selbst (II. 55.) gesteht: „in der ersten Hitze seien einige Russen durch das Schwert des Gesetzes gefallen, nach dem Polnischen Rechtsgang, aber ohne Tortur." — Seine verlegene auf Schrauben gestellte Erzählung beweiset, wie wenig er selber an sie glaubte.

[17]) Die in der That empörend war. „Er habe, sagt Kollontai (II. 57.), ohne allen Bedacht bei seinem Unterricht, in Gebeten und Vorträgen geistliche und weltliche, ja politische Materien durcheinander gemischt, und habe damit den Argwohn der Bürger und die Aufmerksamkeit der Regierung auf sich gezogen." — Aus diesen vagen Beschuldigungen erhellt schon der Ungrund der ganzen Anklage. — Der Bischof war überdieß eine durchaus unbescholtene Persönlichkeit.

[18]) Kollontai meint: „man habe nur ein Vertheidigungsbündniß bezweckt;" — die geheimen Artikel des Vertrags beweisen das Gegentheil.

vieler durch Geburt, Würde und patriotische Tugenden
ausgezeichneter Polen es verweigern, die alte Freiheit
und Unabhängigkeit ihres Vaterlandes wieder herzustellen.
Diese hätten zu dem Ende eine Konföderation geschlossen,
und die Kaiserin um Schutz und Unterstützung gebeten,
welche die Monarchin ihnen denn auch zugesagt und
einem Theil ihrer Truppen befohlen habe, in Polen ein=
zurücken, um die Wiederherstellung der alten Polnischen
Rechte und Freiheiten zu bewirken."

Eine gute Staatsschrift muß präcis und klar sein,
nichts Unnöthiges enthalten, nichts Wichtiges übergehen;
sie muß endlich die Punkte, worauf es hauptsächlich an=
kommt, gehörig hervorheben. — Das konnte man von
dieser wahrscheinlich aus Markows Feder geflossenen De=
klaration eben nicht behaupten: sie war weitschweifig, un=
klar, und mischte Wichtiges mit minder Wichtigem, ja
sogar Unbegründetem durch einander, wodurch sie den
Eindruck der Hauptsachen schwächte und dem Gegner bei
der Beantwortung leichtes Spiel gab; denn das Be=
gründete nur obenhin berührend, ließ er das volle Ge=
wicht seiner Widerlegung auf die vielen minder haltbaren
Beschwerden fallen, z. B. daß man den Reichstag kon=
föderirt, daß man ihn über die Gebühr verlängert, ihn
zuletzt gar verdoppelt habe. Das waren alles Dinge,
die nur die Polen allein angingen; und die Konföderation
hatte der Russische Gesandte selber betrieben, so lange er
es den von ihm bezweckten Absichten zuträglich hielt.
Gleiches ließ sich von der Garantie sagen: wenn andere
Staaten solche erbeten, so war es nur in Hinsicht äußerer
Sicherheit, nicht aber mit Bezug auf innere Ent=

24*

wickelung, auf die jeder unabhängige Staat Anspruch
hat; Verfassung und ihre Verbesserungen dürfen nicht vom
Auslande, sondern von dem Willen der Bürger abhängen.
Die Verbürgung einer bestehenden Verfassung durch das
Ausland macht jede durch die Umstände gebotene Veränderung derselben unmöglich. Und das war es eben
worüber die Polen sich beklagten.

Es besteht in Europa ein besonders günstiges Vorurtheil über die Vortrefflichkeit der Russischen Diplomatie.
Es kommt darauf an, wer an der Spitze steht: ist es
ein überlegener Geist, so wählt er auch tüchtige Ausführer. — Zur Zeit der Kaiserin Katharina waren die
Staatsschriften dieser Diplomatie keineswegs so hervor-
ragend, eher das Gegentheil; sie litten mehr oder weniger
an Weitschweifigkeit, Unklarheit und Mangel scharfer
Logik. Nur was unmittelbar aus dem Kabinet der
Kaiserin kam, zeichnete sich durch Schärfe der Auffassung,
durch Bestimmtheit der Ideen und Hinweisung auf die
wahren Hauptpunkte aus. Man erkannte darin die In-
spiration der Monarchin, die Feder Besborodko's. —
Was dagegen von ihren Vicekanzlern ausging, ließ oft-
mals viel zu wünschen übrig.

Ueber die nähern Umstände bei der Ueberreichung
dieses Manifestes möge uns Bulgakow selber unterrichten.
„Am $\frac{7}{18}$. Mai schreibt er [19]), um 6 Uhr Nachmittags
händigte ich dem Minister des Auswärtigen, dem Litauischen Unterkanzler Chreptowitsch die Deklaration ein, auf
die ich das Datum „$\frac{7}{18}$. Mai" gesetzt habe, zugleich mit

---

[19]) Depesche vom $\frac{14}{25}$. Mai 1792.

einer französischen Uebersetzung. Sie entgegennehmend, sagte er: „er errathe ihren Inhalt, werde sie aber jetzt nicht lesen, um sie unverzüglich dem König zu über= bringen;" — zu dem er denn auch sogleich hinfuhr, nach einem kurzen freundschaftlichen, nicht ministeriellen Gespräch mit mir, worin er äußerte: „besser wäre es, wenn alles auf eine friebliche Weise ausgeglichen würde." Ich er= wiederte: „das habe ja nur von ihnen selber abgehangen, und hänge auch jetzt noch von ihnen ab auf Grundlage der Erklärungen der Deklaration; der Einmarsch der Truppen geschehe in keinen feindlichen Absichten gegen Polen, son= dern sei eine freundschaftliche Hülfe zur Wiederherstellung ihrer alten Freiheiten und Regierungsform; — die Mittel der Strenge könnten selbst noch gemildert werden, wenn man auf keinen Widerstand stieße." — Hierauf fuhr ich zum Primas, und händigte ihm zuerst das Schreiben Ihrer Kaiserlichen Majestät und dann die Deklaration ein. Das erstere eröffnend, sagte er: „er errathe den Inhalt;" und nach der Durchlesung: „Ihre Kaiserliche Majestät ließen ihm Gerechtigkeit widerfahren, indem Sie ihn für einen guten Patrioten erklärten." Er meinte, alles würde sich haben beilegen lassen ohne Anwendung strenger Maß= regeln, und schloß damit, daß er sogleich zum König fahren werde. — Seitdem habe ich ihn nicht wiederge= sehen, da er gleich am folgenden Tage auf seine Güter fuhr und weiter keiner Reichstagssitzung beiwohnte.

Hierauf war ich bei Lucchesini und bei de Caché zur Uebergabe der Deklaration. Der erstere war nicht zu Hause; kam aber bald darauf zu mir und fragte: „ob alle Minister eine solche Deklaration erhielten?" — Nur

Er und der Oestreichische. — Er sagte mir: „von seinem Könige sei unserm Hofe der Vorschlag gemacht worden, zur Vermeidung gewaltsamer Maßregeln, gemeinschaftlich von allen drei Höfen eine Erklärung hier zu übergeben." — Er stimmte übrigens in seinen Urtheilen mit mir überein. — An demselben Tage sandte ich gedruckte Exemplare an alle Wohlgesinnten hier und auf dem Lande.

Als Chreptowitsch dem Könige die Erklärung überreichte, gerieth dieser in große Bestürzung und Unruhe, als hätte er solches nicht erwartet.

Am $\frac{7.}{17.}$ Mai ward der Straż versammelt und die Deklaration vorgelesen. Ignaz Potocki erklärte: „sie sei eine Kriegserklärung;" die andern schwiegen. Man beschloß sie am Montage (den $\frac{14.}{18.}$ Mai) dem Reichstage zu übergeben und unterdeß bei Lucchesini und Löben (dem Sächsischen Kommissar) anzufragen, ob Polen bei ihnen Beistand zu hoffen habe? — Ferner ward beschlossen, den Reichstag zu limitiren. Man verlas ein Schreiben von Deboli: „daß die Konföderation in Petersburg bereits unterschrieben sei, und daß man auch eine Proscriptionsliste vieler hiesiger Personen aufgesetzt habe."

Chreptowitsch fuhr zu Lucchesini. Dieser bat, ihn in Ruhe zu lassen, bis er Befehle von Berlin hätte. Am $\frac{14.}{18.}$ Mai ward die Deklaration auf dem Reichstage vorgelesen. Trotz der Menge der Zuschauer lief alles ruhig ab, denn der König hatte am Abend vorher Vorsichtsmaßregeln treffen lassen. Er hielt eine Rede und übergab sie dem Marschall Malachowski mit dem Auftrag, die nöthigen Anordnungen zu treffen.

Man beklagt sich: „die Deklaration sei an niemand namentlich, nicht einmal an den König gerichtet; der Reichstag sei eine Faktion und die patriotische Partei Meineidige genannt worden. Man sucht auf alle Art, durch erlaubte und unerlaubte Mittel den Geist zu entzünden; man ermuntert zum Krieg und beschleunigt die Anstalten dazu."

In einer andern Depesche[20]) meldet er: „Am Montage d. ⁵⁄₁₄. Mai, wurde die von mir übergebene Deklaration im Reichstag vorgelesen. Der König hielt eine lange Rede, worin er sagte: „Sie sehen, mit welcher Verachtung in dieser Note Ihr Werk vom 3. Mai behandelt wird, so wie alle ihre frühern Operationen, und welche Mühe man sich gibt, das Ansehen des gegenwärtigen Reichstags zu vernichten; Sie sehen aber auch zugleich, daß wir alle Mittel zu unserer Vertheidigung aufbieten müssen. Wir müssen jetzt sowohl unsern Muth entgegensetzen, als auch Hülfe in der Unterhandlung mit andern Mächten suchen. Zuerst haben wir uns an den König von Preußen zu wenden. Sie erinnern sich, daß seit Eröffnung des gegenwärtigen Reichstags die wichtigsten Schritte desselben auf die Eingebung und den Rath Sr. Preußischen Majestät geschehen sind, und namentlich unsere Befreiung von der Garantie, die Sendung in die Türkei, die Wegschaffung der Russischen Truppen und Magazine aus unserm Lande. Derselbige großmüthige Nachbar wünschte, daß wir eine feste Regierung errichteten, auf deren Grundlage er ein Bündniß

---

[20]) Vom ⁵⁄₁₄. Mai 1792.

mit uns eingehen wollte; und in diesem Bündniß hat er uns zuerst bona officia, und hernach wirkliche Hülfe versprochen, wenn jene nicht fruchteten, um unsere Unabhängigkeit und unsere Gränzen zu sichern. Der Augenblick ist jetzt gekommen." — Hierauf wurden in einer besondern beim Marschall gehaltenen Sitzung verschiedene Maßregeln getroffen, und gestern auf dem Reichstage ward dem König volle Macht über die Truppen und alles zum Krieg Gehörige verliehen; auch ward die Hierarchie der Griechischen Konfessions-Verwandten in Polen festgesetzt. In dieser Woche denken sie noch verschiedene andere Vorschläge in Gesetze zu verwandeln und den Reichstag zu entlassen, dem Könige die Macht ertheilend, ihn wieder zu berufen, wenn er es für nöthig erachtet. Der König macht sich bereit, nach Dubno zur Armee abzugehen; die Abreise ist auf den $\frac{14}{25}$. Mai festgesetzt.

Ignaz Potocki und sein Bruder Stanislas, Weißenhof, Mostowski und Piatoli haben eine ganze Nacht an der Antwort auf unsere Deklaration gearbeitet. — Die Aufregung ist hier sehr groß; Konferenzen über Konferenzen; in der Gesellschaft steht man niemand; sie sind so bestürzt, daß man aus ihren Reden nichts Bestimmtes herausbringen kann."

Endlich unterm $\frac{22. \text{ Mai}}{2. \text{ Juni}}$ schreibt er: „Chreptowitsch händigte mir gestern um 6 Uhr Abends die Antwort auf die Deklaration ein. Sie durchgehend, sagte ich ihm: ich lese sie bloß, um zu sehen, ob sie nicht, nach der hier eingeführten Art, unanständige und spitze Ausdrücke habe;

denn was den Inhalt beträfe, so sei da nicht eine Zeile, die ich nicht sogleich zu widerlegen vermöchte; übrigens werde ich sie meinem Hofe zustellen." — Chreptowitsch hatte wahrscheinlich Befehl, sich mit mir in keine weitern Erklärungen einzulassen, äußerte aber sein Vertrauen zu der Großmuth der Kaiserin, und daß die jetzigen Wirren ohne Schaden und Verderben Polens endigen möchten. „Das habe, erwiederte ich, immer nur von ihnen abgehangen, und auch jetzt noch."

Es fanden große Erörterungen und Streitigkeiten wegen dieser Antwort statt; zuletzt beschloß man, um völlige Gleichheit beizubehalten: die Antwort Polnisch zu verfassen mit beigelegter Französischer Uebersetzung, sie von den Marschällen des Reichstags unterschreiben und mir durch den Minister des Auswärtigen überreichen zu lassen, an demselben Wochentage und zur selben Stunde wie ich, d. h. am Freitage um 6 Uhr Abends; was denn auch geschah.

So groß die Hitze und der Unverstand bei den Häuptern der hiesigen Revolutionspartei auch war, so fangen sie bereits an sich gar sehr zu besänftigen, obgleich sie die Menge immerfort noch aufhetzen. Da es nun zur Entscheidung kommt und sie in ihren Erwartungen sich getäuscht sehen (sie hielten alles für bloße Drohungen); da ihnen auch die Hoffnung auf die Hülfe ihrer Bundsgenossen ausgeht, beginnen sie schon zu sprechen: „ohne Rußland vermöchten sie nichts; man müßte sich mit demselben vereinigen, und mit dessen Hülfe sich an dem verrätherischen Bundsgenossen rächen, der, nachdem er Polen in alles dieses Elend gestürzt, es nun ganz verließe."

Dieß ist jetzt die allgemeine Stimmung in Warschau. Deshalb spricht man auch nicht mehr von meiner Fortschickung oder von Deboli's Zurückberufung, um sich nicht des letzten Mittels zur Versöhnung zu berauben. Die Furcht der Häupter der Revolution zeigt sich auch darin, daß sie unter verschiedenen Vorwänden Anstalten treffen, Polen zu verlassen. Ignaz Potocki ist zum Intriguiren nach Berlin gereiset; der Marschall Malachowski, der Unterkanzler Kollontai, Piatoli fahren in die Bäder [21]); Maffei [22]) nach Italien; die Familie des Königs und viele andere wollten Warschau verlassen, doch hörend, daß die Russischen Truppen freundlich verfahren, sind sie geblieben.

Die Reise des Königs zur Armee ist ein Räthsel; viele glauben, sie werde nicht statt haben. Ignaz Potocki, der über alle das Uebergewicht gewonnen, behauptete: „sie würde hunderttausend Streiter herbeiziehen", und nöthigt den König zur Reise, zu der man große Vorbereitungen macht."

Wie Bulgakow hier erwähnt, hatte sich Ignaz Potocki noch im Mai nach Berlin begeben, um auf das Preußische Kabinet einzuwirken. Er verfehlte aber ganz seines Zwecks, obgleich er große Summen mitgenommen hatte. Bei der Audienz fragte ihn der König um die Ursache seiner Ankunft, und als er sie vernahm, sagte er: „Potocki

---

[21]) Piatoli, schreibt Bulgakow an einer andern Stelle, erhielt vom Könige 3 Wechsel, jeden von 6000 Dukaten, machte sie zu Gelde und ging davon.

[22]) Auch einer von der Italienischen Genossenschaft, die den König umgab und leitete. Erzdemokrat.

hätte sich die Reise ersparen können. Er, der König, habe seinen bevollmächtigten Minister in Warschau, der sein volles Zutrauen besitze; an den habe man sich mit allen Anfragen und Wünschen zu wenden, durch den werde er auch seine Antwort ertheilen." — Potocki kam unverrichteter Dinge aber mit der Ueberzeugung zurück, daß von Preußen nichts zu erwarten sei, was die Bestürzung, aber auch den Grimm gegen Preußen aufs höchste trieb. Rache, Rache an Preußen, war jetzt das Hauptgefühl, das sie belebte, und worüber sie fast ihren alten Bruder-Haß gegen Rußland vergaßen.

Schon früher hatten sie durch Lucchesini Antworten erhalten, die ihnen Bedenken einflößen mußten. Als sie bei den drohenden Aussichten im April bei ihm angefragt, hatte er geantwortet: „es sei nicht wahrscheinlich, daß die Russen einen Einfall in Polen thun würden; übrigens wäre es ihre Sache, ihre Lage zu erwägen, und die wirksame Hülfe der Fremden zu verdienen; denn die Maßregeln, die sie ergreifen würden, würden auch die fremden Mächte bei ihrer Unterstützung leiten." — Das war eine Antwort, die man auslegen konnte, wie man wollte. Deutlicher ging er schon mit der Sprache heraus, als er ihnen auf eine wiederholte Anfrage am 4. Mai die mündliche Erklärung gab: „Sein König habe an der Konstitution vom 3. Mai nicht den mindesten Antheil gehabt, und halte sich daher, wenn die Anhänger derselben sie mit gewaffneter Hand vertheidigen wollten, keineswegs für verpflichtet, ihnen dazu Beistand zu leisten." [23] — Jetzt endlich auf ihr wiederholtes

---

[23] Siehe d. Werk vom Entstehen ꝛc. I. 75.

Drängen, übergab er eine Note seines Königs vom 8. Juni, worin derselbe erklärte: „Sie hätten sich ohne sein Wissen und ohne seine Zustimmung eine Verfassung gegeben, die zu unterstützen oder zu vertheidigen, ihm nie eingefallen sei; im Gegentheil habe er öfter vorausgesagt, daß sie durch ihre drohenden Maßregeln und Kriegsrüstungen gerade die Uebel auf ihr Land herbeiziehen würden, die sie vermeiden wollten. Seine Denkungsart und die Sprache seiner Minister hätten sich nie geändert. Da aber die Umstände seitdem völlig anders geworden und die gegenwärtigen durch die Konstitution vom 3. Mai herbeigeführten Verhältnisse nicht mehr auf die Verpflichtungen seines frühern Vertrags anwendbar wären, so könne er auch ihren Wünschen in dieser Hinsicht nicht entsprechen. Wollte jedoch die patriotische Partei, in Rücksicht der von allen Seiten sich erhebenden Schwierigkeiten, auf ihre Schritte zurückkommen, so sei er bereit, sich mit der Kaiserin und dem Wiener Hof über die Maßnahmen zu verständigen, welche Polen seine Ruhe wiedergeben könnten. [24] — Damit war alle Hoffnung auf Preußischen Beistand abgeschnitten; denn ihre eben eingeführte Konstitution, auf die sie groß thaten, wieder umzustoßen, lehnten sie als schmachvoll ab. Sie wandten sich an den Wiener Hof, und erhielten fast die gleiche Antwort: Ablehnung von Hülfe, und Rath, ihre alte Verfassung wieder herzustellen. — Da erriethen sie das Einverständniß, und daß eine thätige Staatskunst ihnen unvermerkt alle Stützen weggerissen habe, auf die sie

---

[24] Siehe die Note bei Ferrand III. 198.

zuversichtlich gebaut. Vom ohnmächtigen Sachsen, von der gedemüthigten Pforte war noch weniger Hülfe zu erwarten: sie blieben also sich selber überlassen.

Wurde ihr Kraftgefühl dadurch gereizt, ihre Thätigkeit gespornt? Mit nichten. Sie waren nur darauf bedacht, alle Verantwortlichkeit von sich abzuwenden und übertrugen nun dem Könige Gewalten und Befugnisse, mehr als er bestreiten konnte. Als der König, nach Vorlage des Russischen Manifestes, den Reichstag aufforderte, Mittel der Vertheidigung zu treffen, dekretirte dieser am 22. Mai: „Die Armee solle auf 100,000 Mann erhoben werden" (aber wie? man hatte es in drei Jahren nicht vermocht, als niemand sie hinderte, und jetzt sollte es in wenigen Wochen geschehen, da der Feind schon im Lande vorrückte). „Sollten diese nicht hinreichen, so solle der allgemeine Heerbann (pospolite ruszenie) berufen werden" (diese aus der alten Rüstkammer hervorgeholte Maßregel war längst außer Gebrauch gekommen, da sie stets mehr Nachtheile als Vortheile gebracht, mehr dem Lande als dem Feinde geschadet hatte). „Der König solle den Oberbefehl über alle diese Streitmittel übernehmen, und die nöthigen Magazine sofort errichten lassen" (diese Maßregel haben sie besonders betont; als wenn die Anführung eines schwachen durchaus unkriegerischen Königs die Verwirrung und die Schwierigkeiten aller Art bei der Armee nicht noch vermehren mußte). — Zwei Tage darauf fügte der Reichstag den Beschluß hinzu: „alle Steuern sollten verdoppelt werden" (aber selbst die einfachen konnte man nicht einbringen); und am 29. Mai endlich: „im ganzen Lande sollten Büchsen ausgestellt werden, um die freiwilligen Beiträge zu empfangen" (eine völlig lächerliche Maßregel); und „die Empfangscheine der Befehlshaber über erhaltene Naturalien sollten als Papiergeld überall angenommen und später von einer zu ernennenden Kommission berichtigt werden." — Leicht war es solche Dekrete auf dem Papier zu erlassen, schwer sie in Ausführung zu bringen.

Nachdem der Reichstag diese Beschlüsse gefaßt, schloß er, als wenn er allem vorgesorgt, am 29. Mai, gerade im Augenblick der herannahenden, durch ihn heraufbeschworenen Gefahr seine Sitzungen, und überließ dem König und dem Aufsichtsrath (dem Straż) das Land, so gut sie vermöchten, aus der Noth zu ziehen.

Der Einmarsch der Russischen Truppen hatte bereits begonnen und unter deren Schutz hatte sich die Gegenkonföderation zu Targowice, einem kleinen Städtchen der Ukraine, versammelt, konstituirt, Felix Potocki zu ihrem General-Marschall, Branicki und Rzewuski zu Räthen ernannt, und ihre Konföderations-Akte bekannt gemacht.' Zwölf vornehme Polen, Minister, Senatoren oder Landboten, hatten sie unterschrieben, voran der Feldzeugmeister Felix Potocki, der Kron-Großfeldherr Franz Xaver Branicki, der Kron-Unterfeldherr Severin Rzewuski, der Senator Anton Czetwertynski, Kastellan von Przemysl; sodann von Landboten Georg Wielhorski, der staatskundige Moszynski, der Kämpfer vom 3. Mai Suchorzewski, ferner die Boten aus Podolien oder Wolynien Zlotnicki, Zagorski, Kobylecki, Szweikowski und Hulewicz. Sie verpflichteten sich eidlich in dieser Akte: „die neue Konstitution, das Grab der Freiheit, zu vernichten, und ihre Verbindung nicht eher aufzulösen, als bis sie jene gestürzt und die freie republikanische Verfassung wieder hergestellt hätten." Hierauf hielten sie der herrschenden Partei ein langes Sündenregister vor, wie es bei Parteikämpfen gewöhnlich ist: „Täuschung und Berückung der Nation; Konföderirung des Reichstags, obgleich es ein freier Reichstag habe sein sollen; die über alle Gebühr verlängerte Dauer desselben; den Umsturz der alten Regierungsform und Einführung einer neuen; die Verdoppelung der Reichstagsglieder durch neue Wahlen; die Ausschließung des unbegüterten Adels von den Landtagen; die Beraubung der Republik durch den Verkauf der Starosteien, die Aufhebung der Königswahl und Einführung der Erblichkeit; die Neigung zu demokratischen Grundsätzen; endlich die Täuschung der Nation durch falsche Gerüchte und Anwendung gewaltsamer Maßregeln am 3. Mai."

Der Parteigeist hat die Häupter der Targowicer Konföderation hart angeklagt. So heißt es, um nur ein Pröbchen anzuführen, in dem Werk vom Entstehen und Untergang der Polnischen Konstitution vom 3. Mai [25]): „Diese schwärzesten Verbrecher auf dem Erdboden opferten ihr Vaterland ganz ihrem rasenden Stolze." — Ließ sich das nicht eben so gut auf die Gegenpartei anwenden? Waren nicht Eigenliebe, Stolz (Ignaz Potocki) und Habsucht (Hugo Kollontai) auch ihre Haupttriebfedern? — So geneigt man sein mag, die Targowicer zu verdammen, so berücksichtige man: sie waren

---

[25]) Theil II. S. 35.

Partei so gut wie ihre Gegner und hatten damit gleiche
Berechtigung; sie wollten das Bestehende beibehalten
wissen, ihre Gegner den Umsturz desselben; sie wollten
Anschluß an Rußland, da Polen sich allein nicht zu halten vermochte, ihre Gegner an Preußen; es frägt sich
nun, ob es nicht besser mit Polen gestanden, wenn man
ihren Rathschlägen als denen ihrer Gegner gefolgt wäre?
— Aber sie riefen ausländische Hülfe herbei? — Was
hatten ihre Gegner anders gethan, hatten sie nicht Preußische, ja Türkische Hülfe und Bundsgenossenschaft in
Anspruch genommen? — Ueberdieß wäre Rußland ein-
geschritten auch ohne sie, denn es hatte Ursachen genug
dazu; — und noch weniger kann man ihnen die nachmalige Theilung zur Last legen, wie böswillige Schriftsteller es gethan, denn diese rührte, wie wir bald sehen
werden, von andern Ursachen her, und eher ließ sich der
Vorwurf ihren Gegnern zurückgeben, denn ohne das un-
verständige Benehmen derselben, wodurch sie ihre Schutz-
macht Rußland völlig zurückstießen und sich allen deren
Feinden in die Arme warfen, hätte die Kaiserin schwerlich in eine fernere Theilung gewilligt. [26] — Endlich
wirkten auch persönliche Beweggründe auf sie. Die Gegenpartei hatte sie aufs äußerste getrieben, sie ihrer Stellen, Würden, Güter beraubt und sie gezwungen, im
Auslande Schutz vor Verfolgung zu suchen; — hatte ihr
Vaterland mit einer Verfassung überrumpelt, die sie nach
den herkömmlichen Ideen ihres Landes als eine Vernichtung ihrer alten Freiheiten ansahen und damit verab-

---

[26] Wir werden die Beweise davon weiter unten beibringen.

scheuten. Der Parteigeist sieht stets nur eine Seite der Dinge und haßt jeden, der sie nicht so anschaut, wie er. Seine Ansicht über die seiner Gegner triumphiren zu machen, wird nun sein höchstes Ziel, und dabei über- sieht er die Gefahren, die er auf sein Vaterland herbei- zieht. — Polen wird stets ein Spiegel für andere Länder bleiben, in dem sie die Folgen von innerer Zwietracht und Parteiung, von Selbstsucht, Rechthaberei und blinder Leidenschaft gewahren können.

Russischer Seits wurde die Targowicer Konföderation, welche der Ukrainischen Armee folgte, als die wahre Re- gierung Polens betrachtet, und ein eigener Bevollmäch- tigter, der Staatsrath Bühler, bei ihr niedergesetzt. In der demselben gegebenen Instruktion hieß es: „Das alte Interesse Rußlands, in Polen die frühere freie Verfassung wieder herzustellen, stimmt mit den Wünschen von Drei- viertel der Nation zusammen. Beiden kann nicht besser genug gethan werden, als durch den Umsturz der Konsti- tution vom 3. Mai, welche ihnen entgegen ist. Das ist der einzige Zweck der gegenwärtigen Konföderation und des Beistandes, den Ihre Kaiserliche Majestät ihr leistet. Ohne Zweifel erlaubt die Veränderung, welche die Zeit in den Sitten, dem Karakter und der Denkungs- art der Polnischen Nation herbeigeführt hat, es nicht, in den fernen Jahrhunderten der Republik die Muster der Verfassung zu suchen. Auch waren die Gesetze, die man 1768 und 1775 annahm, weniger mangelhaft und unzu- reichend in sich, als durch die schlechte Ausführung und die Mißbräuche, die man sich erlaubte. Daher glaubt

Ihre Kaiserliche Majestät, daß, indem man wenigstens
einen Theil dieser Gesetze, so wie das Gleichgewicht, das
früher zwischen den Gewalten im Staate bestand, wieder=
herstellt, es nicht schwer fallen würde, sie mit den Zwecken,
welche sich Ihre Majestät und die Ihren Schutz anrufen=
den Polen vorsetzen, in Uebereinstimmung zu bringen.
Demzufolge hat sie folgenden Plan der Verfassung ent=
worfen." Folgen nun die Hauptzüge derselben, die, ab=
gesehen von einigen Verbesserungen, die Dinge meist auf
die 1768 und 1775 eingerichtete Verfassung zurückführen.

Eine gleiche Konföderation, wie die Targowicer für
die Krone, bildete sich in Litauen unter Vermittelung der
Kossakowski. Beide Konföderationen vereinigten sich später
in Brest = Litowsk.

So traten denn nun die Widersacher von beiden Seiten
gegen einander auf und das Schwert sollte entscheiden!

Nach den jahrelangen Rüstungen betrug die Polnische
Armee gegenwärtig, als sie die Hoffnungen des Landes
bewähren sollte, kaum 56,000 Mann [27]), von denen nach
Abzug von 7000 Mann Besatzungen in Kamieniec, Krakau,
Czenstochau, Posen und Warschau und von 4000 Mann
bei den Depots und andern Verwendungen, kaum 45,000
zum Streit verfügbar blieben, die noch überdieß weit
herum zerstreut waren. Die größere Hälfte davon, 20,000
Mann, die sich in Podolien und der Ukraine zerstreut
befanden, und 10,000 Mann, die sich unter Lubomirski

---

[27]) Genau: 37,394 Mann für Polen.
18,245 = = Litauen.
Gesammt: 55,639 Mann. Komarzewski S. 221.

in Dubno sammelten, sollte unter dem Neffen des Königs, dem Fürsten Joseph Poniatowski in der Ukraine gegen die Russische Hauptarmee auftreten, die kleinere, etwa 15,000 Mann, in Litauen, Anfangs unter dem Prinzen von Würtemberg, als dieser aber entfernt worden, unter dem General Judycki. Fürst Joseph, damals ein junger lebenslustiger Weltmann von 28 Jahren, hatte seine Schule im Oestreichischen Kriegsdienst gemacht, seine Kriegs- erfahrung aber nur aus dem unglücklichen Feldzug von 1788 geschöpft, wo er bei Sabatsch verwundet und so- dann von seinem Oheim nach Warschau berufen und zum Generalmajor ernannt wurde. Bei dem besten Willen konnte daher seine Feldherrn-Befähigung noch nicht groß sein. Doch hatte er gute Gehülfen in Michel Wielhorski und vornämlich in Thaddeus Kosciuszko, der, im Warschauer Kabettenkorps erzogen, dann in Französischen, später in Amerikanischen Diensten, seine natürlichen An- lagen in der wirklichen Ausübung des Kriegs unter Washington ausgebildet hatte. Er war unter den Pol- nischen Führern der tüchtigste und auf ihm ruhte das Ganze. — Die Truppen waren jung, noch wenig zucht- gewohnt, aber brav, und im Anfang nach dem National- karakter über die Gebühr zuversichtlich. Als z. B. ein untergeordneter Anführer, der Brigadier Derzko, der mit 2000 Mann an der Gränze stand, den Befehl zum Rück- zug vor dem überlegenen Feinde erhielt, fragte er an: „ob man einen solchen Befehl ihm im Ernst oder Spaß gegeben habe? Jetzt käme es nicht aufs Zurückgehen, sondern aufs Kämpfen an, und er werde seinen Posten nicht räumen." — Poniatowski ließ ihn arretiren.

25*

Die Russischen Truppen der Südarmee, jene Veteranen, die eben den Krieg gegen die Türken beendigt, sammelten sich aus Bessarabien, wo sie noch standen, am Dniestr, theils bei Dubossary oberhalb Bender, theils bei Soroka, und noch höher bei Mohilew; eine vierte Abtheilung bei Wassilkow, südlich von Kiew. — Als Poniatowski, der sein Feldlager in Tulczyn genommen, wo er seine zerstreuten Truppen zu vereinen suchte, sich so von drei Seiten bedroht sah, verfiel er in den Fehler unerfahrener Generale, und theilte sein kaum 20,000 Mann [28]) starkes Heer gleichfalls in drei Theile, um sie den Abtheilungen der Russen entgegenzusetzen. Wielhorski mit dem einen Theile schob er nach Czeczelnik (in der Nähe des jetzigen Olgopol) vor, wo er gleich weit entfernt von Soroka wie von Dubossary, die Russen am Dniestr beobachten sollte; Kosciuszko mit dem andern Theile nach Fastow, gegenüber Wassilkow; und er selber mit dem dritten größern Theile nahm seine Stellung bei Braclaw, um je nach den Umständen auf der einen oder andern Seite Hülfe leisten zu können. — Eine vierte kleinere Abtheilung unter Oberstlieutenant Grochowski bewachte Mohilow. Kosciuszko tadelte dieses Verfahren und bemerkte: „statt sich

---

[28]) Die Polnischen Angaben über die damalige Stärke seines Heers variiren von 14,000 (Zayonczek-Plater) bis 20,000 (der König, Komarzewski, selbst Kollontai). Man kann beide damit vereinigen, wenn man annimmt, daß im Augenblick des Russischen Einfalls oder als er sein Heer in drei Theile theilte, dasselbe nur 14,000 Mann zählte; aber unmittelbar darauf durch die zustoßenden Verstärkungen auf 20,000 Mann stieg; bis Lubomirski ihm noch zuletzt bei Zaslaw 6—7000 Mann von Dubno (statt der erwarteten 10,000 Mann) zuführte.

so zu theilen, hätte man mit vereinter Macht gegen die einzelnen Abtheilungen der Russen operiren und versuchen sollen, sie abgesondert zu schlagen, wodurch man den Muth der unerfahrenen Truppen nicht wenig gehoben haben würde."[29]. — Diese Bemerkung in der damaligen Zeit macht seinem militairischen Scharfsinn Ehre, denn das Verfahren Poniatowski's hatte seinen Grund in dem damals üblichen Schlendrian, wo man nie unterließ, wenn man auch noch so sehr der Schwächere war, sich in eben so viele Theile und Theilchen aufzulösen, als der Gegner hatte, sich damit überall schwächer als er darzustellen und sich jede Möglichkeit zu nehmen, mit zusammengehaltener Kraft größere Vortheile zu erringen. — Doch die übergroße Stärke der Russen hätte, auch wenn man vereinigt blieb, alle Aussicht zu partiellen Erfolgen geraubt.

Die Kaiserin Katharina, den Grundsatz wohl beherzigend, daß zu Großem man auch große Mittel aufwenden müsse, und die Rüstungen der Polen, von denen diese den Mund etwas voll nahmen, höher schätzend als sie waren, hatte, wie wir gesehen, nahe an 100,000 Mann unter den Generalen Kachowski und Kretschetnikoff in Bewegung gesetzt, um von Süden, Osten und Norden zugleich in Polen einzubringen. Die für die beiden Armeen entworfenen Operationspläne ruhten auf dem Grundsatz:

---

[29] Kosciuszko's Meinung findet sich in einem kleinen Aufsatze von ihm über diesen Feldzug in dem vom Grafen Raczynski herausgegebenen Obraz Polakow i Polski (Bild der Polen und Polens) T. XVI. S. 93. — Für die Darstellung der Polnischen Bewegungen haben wir ihn vorzüglich benutzt.

zu schnellerer Unterwerfung des Landes es von mehreren Seiten zugleich zu überziehen und in Besitz zu nehmen, um dem Gegner so rasch wie möglich die Mittel zu rauben, es aufzuregen und zu seinen Zwecken zu benutzen. Obgleich der Grundsatz für beide Heere derselbe war, waren doch die Pläne verschieden angelegt. Der für die Ukrainische Armee unter General Kachowski scheint vom Generalquartiermeister Pistor entworfen worden zu sein, wie die Kaiserin schon früher sich seiner zu gleichen Zwecken bedient hatte [30]); jener der Litauischen Armee durch den Generalquartiermeister Herrmann. Beide waren aus dem ausländischen Dienst fast um dieselbe Zeit in den Russischen übergetreten und beim General-Quartiermeister-Wesen angestellt worden: der Hessen-Kassel'sche Oberst-Lieutenant Jakob Pistor (geb. 1740) 1771 als Premier-Major; der Sächsische Lieutenant Johann Herrmann (geb. um 1741) 1769 als Fähnrich. — Beide waren Männer von Geist und Kenntnissen: doch zeigte sich bei Pistor eine höhere kombinatorische Kraft; er sah die Dinge mehr im Großen; — Herrmann hatte eine umfassendere Kenntniß des Detail: er war zugleich geschickter Ingenieur, Baumeister, hatte viel Gewandtheit im Karten-Zeichnen und Aufnehmen, und nicht geringe Kenntnisse in den verwandten technischen Zweigen. Früh schon vom General Bauer bei Verfertigung der Karte der Moldau und Wallachei gebraucht, erwarb er sich ungemeines Verdienst um die militairische Aufnahme fast aller Gränzprovinzen und bei Festungs-Anlagen und

---

[30]) Zum Beispiel im Schwedischen Kriege.

Bauten (Cherson ward von ihm gebaut; die erste Kau-
kasische Linie zwischen Kislär und Mosdok von ihm angelegt); aber auch als praktischer Soldat bewährte er sich,
machte die Feldzüge gegen Pugatschew und später im
Kaukasus mit, wo er am 30. Sept. 1790 den Batal,
Pascha von drei Roßschweifen, bei dessen Uebergang über
den Kuban angriff, vollständig schlug und ihn selbst gefangen nahm. — Doch vermochte er, trotz seines sonstigen
Verdienstes, sich in seinen Ideen nicht von dem herrschenden Schlendrian loszumachen; hatte in seiner Haltung, etwas Pedantisches und in seinen Reden viel Groß-
sprecherisches. Er stand aber, vielleicht eben darum, sehr
in Ehren: man hielt ihn für einen in alle Geheimnisse
der Preußischen Kriegskunst vollkommen Eingeweihten.
Besonders hatte ihn sein Sieg über Batal-Pascha gehoben und ihm ein großes Ansehen zu Wege gebracht; und
doch, was war wohl damals leichter, als mit Russischen
Kerntruppen große Haufen der Türken zu besiegen: sehr
mittelmäßigen Leuten war das vor ihm gelungen: nicht
ihr Verdienst, das ihrer Soldaten hatte entschieden. —
Wie dem auch sei: Herrmanns Laufbahn war eine glänzende gewesen; der Fähnrich hatte den Premier-Major
bald überholt, und war jetzt Generalmajor, während jener
es erst bis zum Oberst gebracht. Es begreift sich: das
höhere geistige Verdienst findet selten die gleiche Anerkennung wie das niedere unmittelbar praktische; weil zu
jenem ein ebenbürtiges gehört, das es zu fassen weiß,
während das Handgreifliche auch dem blödesten Verstand
in die Augen springt.

Der Plan nun, den Pistor für die Ukrainische Armee entwarf, war vortrefflich, wahrhaft genial — und welches Kriegsbuch, welcher Historiker spricht davon?

Damals herrschte das Preußische Kriegssystem vor; Friedrich war der Herr und Meister, bei welchem alle aufstrebenden Feldherrn oder Feldherrnjünger Beispiele und Lehren suchten. Jedes Zeitalter nimmt das vorhergehende zum Muster; nur die Genies greifen in das kommende hinüber und werden selber Muster. Friedrich hatte seine Kriegsstudien, aber mit dem scharfen Blick überlegenen Talents, bei den Heeresfürsten Ludwig XIV. gemacht; zuerst Turenne, dann Luxembourg waren seine Vorbilder geworden, denen er noch aus dem eigenen Volk den großen Kurfürsten beigesellt hatte. Die Heerführer nach Friedrich bis auf die Französische Revolution und Bonaparte, studirten wieder die Feldzüge Friedrichs und suchten deren Anordnungen auf die eben laufenden Verhältnisse anzuwenden, oder ihre Entwürfe nach denselben zu modeln. Damals bewunderten die Kriegslehrer über die Maßen Friedrichs Einmarsch in Böhmen 1757, der bekanntlich in drei weit von einander getrennten Kolonnen geschah. Bonaparte hatte noch nicht gezeigt, wie man solchen getrennten Kolonnen einzeln begegnet (obwohl bereits das Alterthum ein kleines Bild davon in der Erzählung vom Kampf der Horatier und Curiatier aufgestellt), und die Schüler priesen jene umfassenden Kolonnen aller Orten. Pistor, der auch zu der Zahl jener Schüler, aber zu den geistreichern gehörte, beschloß jenen Einmarsch jetzt in Polen nachzuahmen, und übertraf ihn. Was bei Friedrichs

Einmarsch fehlerhaft war und zu einer Niederlage führen
mußte, wenn er statt eines Browne, nicht einen Bonaparte, nur einen Schüler desselben gegen sich gehabt hätte:
war bei Pistor-Kachowski vortrefflich berechnet und den
Umständen angepaßt. Es galt rasch und entschieden vor-
zurücken, sich nicht durch starke Stellungen, deren das
Land so viele beut, aufhalten zu lassen, um so bald wie
möglich zum Ziele zu kommen. Obgleich nun das Heer
von Kachowski über 60,000 Mann zählte und das gegen-
überstehende Polnische nur einige und 20,000, so hätte
dieses im eigenen Lande und von der Bevölkerung unterstützt, doch vielen Widerstand entgegensetzen können. Pistors
Plan war nun so, daß das Polnische Heer an keinem
Punkt, und auch in der stärksten Stellung nicht lange
halten durfte und daß die größten Länderstrecken nur durch
das Zusammenwirken gut berechneter Märsche gewonnen
wurden. Nach ihm ward das Russische Heer in vier
Abtheilungen gebracht, deren jede einzelne der gesammten
Streitmacht der Polen beinahe gewachsen war, also Er-
drückung durch Uebermacht nicht zu befahren hatte, und
so kunstvoll gegen den Feind geführt, daß, während die
eine Abtheilung ihm von vorn entgegentrat, die andere
ihn überflügelte, und die vierte ihm den Rücken und die
Verbindungen bedrohte. So durfte der Gegner auch in
den allerbesten Stellungen nicht weilen, weil er sonst in
Gefahr kam, völlig abgeschnitten zu werden; er mußte
zurück und überall zurück, und alle seine Vorräthe und zu-
sammengebrachten Kriegsmittel kamen den Russen zu gut.

Gewiß ist es, überflügelnde Operationen, strategisch
wie taktisch, führen gegen einen geschickten Gegner, den

Nachtheil mit sich, daß man alsdann leicht in der Mitte durchbrochen und vereinzelt geschlagen werden kann: so durchbrach Napoleon bei Abensberg das weit ihn umgreifende Heer des Erzherzogs Karl und schlug es dann en détail; so sprengte er die Russisch-Oestreichische Armee unter Kutusow, als sie sich zu sehr ausdehnte, um ihn in die Flanke zu nehmen, bei Austerlitz; so that Wellington daßelbe bei den Aropilen, als Marmont große Bewegungen, um ihn zu umfassen, machte; hundert anderer verwandter Fälle zu geschweigen. Das hat denn neuere Kriegslehrer bewogen, alle umfangenden Operationen zu tadeln. — Im Kriege ist nichts positiv, alles relativ; was unter gewissen Umständen verwerflich ist, kann unter andern ganz vortrefflich sein. Da hat der Scharfblick des Feldherrn seinen Spielraum. Als Fingerzeig aber dient: wer umfassen, überflügeln will, muß eine bedeutende Uebermacht haben, und große Vorsicht ist nöthig, um immer eine genaue Verbindung zwischen den einzelnen Theilen zu erhalten. Alsdann aber führt das Ueberflügeln auch zu großen Resultaten. Wer dagegen mit gleichen oder gar mit geringen Kräften umfassen will, setzt sich einem geschickten Gegner gegenüber einer unfehlbaren Niederlage aus. Freilich sind nicht alle Gegner geschickte, und daher hat mancher auch mit geringern Kräften umfassend operirt, ohne daß es ihm übel bekommen ist. So Friedrich bei seinem Einfall in Böhmen 1757 und taktisch bei Leuthen, Torgau u. s. w. — Bei Kachowski war diese Operationsart trefflich gewählt, um schnell zu seinem Ziel zu gelangen und die Polen zu verhindern, wie der Riese in der Fabel durch Berührung und Behauptung des eigenen Bodens immer frische Kräfte zu gewinnen. So trieb er das Polnische Heer in eben so kurzer Zeit aus Podolien und Wolynien und über den Bug, als ein einfacher Marsch dahin erfordert haben würde.

Die Ukrainische Armee unter General Kachowski zählte in vier Heertheilen 64,000 Streiter. [31]) Der erste Heertheil stand unter Suworow's Hauptgehülfen bei Ismail, dem General-Lieutenant Golenischtschew-Kutusow und zählte in 23,600 M. 17,000 Infanteristen und 6600 Reiter. Bei diesem, dem stärksten und erlesensten Heertheile, der die entschiedenste Aufgabe hatte, hielt sich der Obergeneral Kachowski selber. — Den zweiten Heertheil führte General-Lieutenant Dunin, ein wackerer Soldat; derselbe zählte 17,400 M., wovon 13,100 zu Fuß und 4300 zu Pferde. — Den dritten Heertheil befehligte Suworow's Freund und Empfohlener, General-Lieutenant Derfelden, ein höchst unerschrockener Krieger und redlicher Mann; dieser Heertheil war der schwächste und enthielt in 11,200 M. nur 6600 M. Fußvolk und 4600 Reiter. — Der vierte Heertheil endlich stand unter General-Lieutenant Lewanidow, und faßte in sich 11,800 M., wovon 8300 M. Infanterie und 3500 Kavalerie.

Am $\frac{27.\ \text{März}}{8.\ \text{April}}$ hatte General Kachowski in Jassy den ersten Befehl erhalten, sich zum Einmarsch in Polen bereit zu machen. Er ließ demnach sein Heer aus der Moldau und Bessarabien, wo es sich nach dem Feldzug

---

[31]) Vergleiche die beiliegende Tabelle A.

des vergangenen Jahrs gegen die Türken noch befand, die vorläufigen Bewegungen vornehmen: Kutusow mußte gegen Mohilew, Dunin gegen Soroka am Dniestr vor-rücken; Derselben seine Truppen bei Duboffary versam-meln. Auf der entgegengesetzten Seite sollte Lewanidow seine Regimenter über Kiew gegen die Gränze bei Wassil-kow führen.

Die südliche Gränze Polens wurde damals gegen die Moldau und Beffarabien durch den Dniestr-Fluß gebil-det; gegen Neu-Rußland oder den eben erworbenen Be-zirk von Otschakow und die früher den Tataren abge-nommenen Länder bildeten sie die beiden kleinen Flüffe Jagorlyk und Kodyma bis zum Bog;[32]) und von hier die Flüffe Siniucha und Wyß bis zur Steppe[33]), durch welche die Gränze bis zum Dniepr bei Krylow (oberhalb Krementschug) und dann längs dieses Fluffes bis in die Nähe von Kiew sich fortzog.

Das erste und zweite Korps, die eigentliche Haupt-armee, 41,000 M. stark, sollte von der Seite des Dniestrs in Polen eindringen, das feindliche Heer überflügeln, und deffen Verbindungen mit dem Innern und mit War-schau bedrohen; Derselben mit dem dritten Korps, 11,000 M., sollte aus Neu-Rußland von Olwiopol am Bog in der Flanke der Polen ins Land rücken; Lewani-dow endlich seine 12,000 Mann von Wassilkow ihnen in den Rücken führen.

---

[32]) Der Jagorlyk ergießt sich oberhalb Duboffary in den Dniestr; die Kodyma oberhalb Olwiopol in den Bog.

[33]) Die Siniucha mündet bei Olwiopol in den Bog; und der Wyß oberhalb Targowice in die Siniucha.

| | Gesammt | Bemerkungen. |
|---|---|---|

| | | |
|---|---|---|
| Kav | 2000<br>600 } 2600 | 1) Die Angaben bezeichnen die Zahl der wirklichen Streiter.<br>2) Die erste Heerabtheilung enthielt demnach:<br>17,000 M. Infanterie,<br>6600 = Kavalerie. |
| | 4000 | |
| Infa | 15,000 | 3) Auf 1 Kosaken=Regt. kommen im Durchschnitt 400 M., auf 1 Schw. 125 M., auf 1 Bat. 750 M. |
| Feld | — 2000 | |
| | 2600 | 23,600 | |
| Kav | 1300 1300 | 4) Die zweite Heerabtheilung enthielt also:<br>13,100 M. Infanterie,<br>4300 = Kavalerie. |
| | 3000 | |
| Infa | } 12,000 | 5) Auf 1 Kosaken=Reg. kommen 325 M., auf 1 Schw. 136 M., auf 1 Bat. 750 M. |
| Arti | — 1100 | |
| | 1300 | 17,400 | |
| Kav | 600 600 | 6) Die dritte Heerabtheilung enthielt also:<br>6600 M. Infanterie,<br>4600 = Kavalerie. |
| | 4000 | |
| Infa | 6200 | 7) Auf d. Kosaken=Reg. kommen 200 M., auf die Schw. 153 M., auf das Bat. 825 M. |
| Arti | — 400 | |
| | 600 | 11,200 | |
| Kav | } 3500 | 8) Die vierte Heerabtheilung zählte demnach:<br>8300 M. Infanterie,<br>3500 = Kavalerie. |
| Infa | 7800 | 9) Auf d. Schw. kommen 140 M. auf das Bat. 780 M. |
| Arti | — 500 | 10) Das gesammte Heer enthielt also: |
| | — | 11,800 | 45,000 M. Infanterie, |
| 0 | 4500 | 64,000 | 19,000 = Kavalerie. |

Die Nachrichten, die man über die Polnische Armee hatte, besagten, daß dieselbe in vier Abtheilungen längs des Bogs stünde, in Tywrow, Niemirow, Braclaw und Tulczyn. Auf diese Angabe hin wurden nun die weitern Bewegungen angeordnet: während Derfelden zuerst am $\frac{7}{18}$. Mai von Olwiopol in die Gränzen einrückte, sollte er die Aufmerksamkeit des Feindes nach dieser Seite hinziehen, um so mehr, als in seinem Feldlager auch die Häupter der Konföderation sich befanden; alsbann sollten die beiden Heertheile von Kutusow und Dunin bei Mohilew und Soroka über den Dniestr gehen; ersterer in raschen Märschen gegen die rechte Flanke des Feindes auf Winnica; der andere mehr gegen die Mitte des Feindes, sie bedrohend und festhaltend, auf Niemirow marschiren; während Lewanidow, der am $\frac{10}{21}$. bei Wassilkow über die Gränze ging, seinen ersten Zielpunkt auf Berditschew im Rücken des Feindes erhielt, von wo er, beim mindesten Zaudern desselben, über Machnowka oder Chmielnik Kutusow in Winnica die Hand reichen und die Abschneidung und Umgarnung des Polnischen Heers' vollenden konnte. Jedes der einzelnen Korps war selbständig und stark genug, allem was die Polen dagegen entsenden konnten, die Spitze zu bieten; überdieß standen sie alle, mit Ausnahme Derfeldens, in gehöriger Verbindung mit einander, um sich im Nothfall unterstützen zu können; Derfelden aber hatte einen sichern Rückhalt an dem Korps von Wolchonski (dem sechsten), das die Russische Gränze zwischen dem Bog und Dniepr deckte. So waren die Gefahren der Vereinzelung vermieden, und doch alle Vortheile der Umflügelung gewonnen. Warb der Plan eben

so rasch und entschieden ausgeführt, als er verständig
entworfen war, so wäre das Polnische Heer schwerlich
seiner Auflösung oder Vernichtung entgangen.

Nach diesen Grundzügen des Plans begannen nun
die einzelnen Korps ein wahres Kunstspiel, indem sie dem
Feind durch ihre fortwährenden Schachzüge in Flanke und
Rücken nirgends einen festen Halt, um zur Besinnung
zu kommen, erlaubten, sondern von Stellung zu Stellung
fort bis in die Nähe von Warschau trieben. Betrachten
wir das näher.

Am $\frac{7}{18}$. Mai ging zuerst Derfelden, wie es der Plan
verlangte, bei Olwiopol über die Gränze, und nahm
seine Richtung im Rücken des Feindes gegen Uman.
Potocki, Rzewuski und Branicki begaben sich durch Neu-
Rußland nach dem Gränzort Targowice und erklärten
dort ihre Gegen-Konföderation. Als so des Feindes
Aufmerksamkeit hierher gelenkt worden, gingen Dunin und
Kutusow am $\frac{8}{19}$. Mai bei Kosnitza und Mohilew über
den Dniestr und rückten in eiligen Märschen, ersterer über
Tomaszpol und Szpikow gegen Rogozna am Bog (gegenüber Niemirow); letzterer über Szargorod und Brahilow
gegen Winnica am obern Bog, gegen die äußerste rechte
Flanke der Polen vor. Die Polnischen Anführer erkannten alsbald die Gefahr ihrer Lage; ohne sich also durch
die Demonstrationen von Derfelden täuschen zu lassen,
traten sie mit beflügelter Eile den Rückmarsch aus ihren
verschiedenen Aufstellungen über Winnica, Janow auf
Pikow an, wo Poniatowski am $\frac{31.\ Mai}{11.\ Juni}$ die einzelnen
Abtheilungen von Wielhorski, Grochowski und Kosciuszko,

der sich vor Lewanidow über Berditschew zurückgezogen hatte, glücklich mit sich vereinigte. Doch waren die Truppen durch die gewaltsamen Märsche, die sie hatten machen müssen, erschöpft, durch mehrere kleine Reitergefechte, wo sie geschlagen wurden, entmuthigt, zuletzt von ihrem stolzen Selbstvertrauen zu völliger Niebergeschlagenheit übergegangen. [34]) Doch auch nach ihrer Vereinigung sollten sie nicht einen Augenblick Ruhe finden: denn schon hatten sich auch Kachowski und Dunin am $\frac{31.\ Mai}{11.\ Juni}$ in Lityn vereinigt und rückten gegen die rechte Flanke des Feindes auf Chmielnik vor, während Derselben dessen linke Flanke bedrohend, seine Richtung auf Pogrebiszcze nahm (zwischen Winnica und Skwira). Das Polnische Heer auf solche Weise überall bedroht und aus Podolien hinausmanövrirt, zog sich in Gewaltmärschen nach Lubar in Wolynien, wo es in einer unermeßlichen Ebene, links an die Stadt, rechts an Moräste gestützt, seine Stellung nahm, vor sich den Slutsch, über welchen alle Brücken abgeworfen wurden. Hier hoffte der Polnische Feldherr einige Zeit sich behaupten zu können. Richtige Hoffnung! denn schon nahten die Russen umfassend von verschiedenen Seiten. Die Rolle, die bisher Kutusow gespielt, ging auf Lewanidow über, und dieser von Berdyczew nach Czudnow vorgerückt, sollte jetzt von dort auf Miropolje, im Rücken des feindlichen Lagers bei Lubar marschiren, während Kachowski mit den andern beiden verei-

---

[34]) Vgl. Zayonczek (Hist. de la révolut. de Pologne en 1794 par un témoin oculaire. Paris, 1797.) p. 39—40.

nigten Abtheilungen am 12. und 13. Juni von Chmiel=
nik über Stara Sieniawa nach Oftropolje vorrückte, um
hier seinen Uebergang über den Slutsch zu bewerkstelligen
und zum Angriff des Feindes vorzugehen. General Mar=
kow mit 4 Bataillon und 12 Schwadronen mußte indeß
von vorn Demonstrationen gegen die Stellung der Polen
machen, um Kachowski's umgehenden Marsch zu verdecken.
— Derselben mit seinem Heertheil endlich erhielt Befehl
in Pogrebiszcze zu bleiben, um den Rücken und die Ver=
bindungen des Heers bei dessen Weitermarsch zu sichern
und die Bemühungen der Targowicer zur Verbreitung
ihrer Konföberation zu unterstützen.

Bisher hatte es noch gar keine ernsten Gefechte, nur
Manöver gegeben, jetzt sollte es zu den ersten Kämpfen
kommen. Nach glücklich bewerkstelligtem Uebergang bei
Oftropolje rückten die beiden vereinigten Russischen Ab=
theilungen am $\frac{7}{14}$. Juni nach Wysznepol vor, um am
folgenden Tage die Polen bei Lubar anzugreifen, wäh=
rend Lewanidow ihnen von Miropolje den Weg nach
Polonne verlegte. Es schien um das Polnische Heer
gethan, wenn alle Bewegungen in richtigem Einklang
ausgeführt wurden; doch daran scheitern im Kriege die
meisten klug entworfenen Unternehmungen. So auch hier.
Poniatowski, die Gefahr, die ihm drohte, richtig erwägend,
sandte auf die erste Kunde von Lewanidows Marsch gegen
seine linke Flanke, Kosciuszko nach Czartorya, um diese
hier zu decken; und als er nun auch die Annäherung
des Russischen Hauptheers von der andern Seite vernahm,
brach er über Hals und Kopf am $\frac{7}{18}$ten früh sein Lager

bei Lubar. ab, und marschirte eiligst in drei Kolonnen
über Czartorya, Boruszkowice und Drrewiczi auf Polonne,
um noch vor Lewanidow dort einzutreffen. Alles kam
darauf an, wer zuerst dort anlangte, ob Lewanidow, der
von Miropolje nur einen kurzen Marsch, oder Ponia=
towski, der einen weiten Weg dahin zurückzulegen hatte.
Hier vereitelte Lewanidow durch Mangel an Entschlossen=
heit den schön angelegten Plan zur gänzlichen Niederlage
oder Gefangennehmung des Polnischen Heers. Seine
Brücke über den Slutsch war fertig, und er bereit zum
Aufbruch, als er erfuhr, daß Kosciuszko bei Czartorya
einen Uebergang bereite und Anstalten träfe, auf seine
Verbindungen zu fallen. Diese Demonstration, denn
weiter war sie nichts, machte ihn stutzen, und in der
Besorgniß, von vorn durch Poniatowski, von hinten
durch Kosciuszko angefallen oder, wie es in der damali=
gen Kriegs=Sprache hieß, zwischen zwei Feuer genommen
zu werden, rührte er sich nicht von Miropolje. So kam
Poniatowski mit der Spitze des Heers ungefährdet nach
Polonne; schlimmer aber ging es seinen beiden andern
Kolonnen, der des Fuhrwesens und Wielhorski's, die
über Boruszkowice marschirten. Kachowski umging am
$\frac{7}{18}$. Juni von Wysznopol die Rechte der Polen in Lubar,
um bei dem erwarteten Kampfe sie gegen den Fluß zu
drücken; seine Vortruppen näherten sich bereits diesem
Ort, als sie erfuhren, daß der Feind ihn seit kurzem
verlassen habe und in vollem Rückzug begriffen sei. Die
Vortruppen brachen sofort zur Verfolgung auf. Brigadier
Orlow mit 2 Kosaken=Regimentern und General Tor=
massow mit einer Abtheilung leichter Reiter warfen die

10 Schwadronen, welche den feindlichen Rückzug decken
sollten, setzten, unterstützt von 2 Bataillon Katharinoslaw
Jäger auf rasch geschlagenen 2 Brücken über einen sumpfigen Grund und fielen auf die dritte am weitesten links
marschirende Kolonne des Trosses. Ein großer Theil
desselben ward genommen, ein anderer Theil jagte quer-
felbein auf die zunächst marschirende Kolonne von Wielhorski. Die Russischen Reiter und Jäger verfolgten und
beim Dorf Derewitschi [35]) kam es zum Kampf mit Wielhorski. Die Polen wurden gegen das Dorf gedrückt,
und als sie ihren Rückzug antreten wollten, brach eine
Brücke über einen langen Teich unter der Last der Wagen
und Kanonen ein. Jetzt gerieth Wielhorski's Kolonne,
durch die Vortruppen der Russen, die noch durch 3 frische
Bataillone unter Fürst Lobanow verstärkt wurden, immer
härter bedrängt, in große Noth, aus der sie sich nur mit
schweren Opfern zog. Zwar eilte Poniatowski auf das
Geschieße mit einem Reiter-Regiment zu Hülfe, fand aber
den Kampf schon beendigt und Wielhorski's Truppen in
eiligem Rückzug; er konnte denselben nur decken. Die
Polen verloren an 600 Todte und Verwundete und 375
Gefangene; außerdem 7 Geschütze, und einen großen Theil
des Trosses, darunter ein bewegliches Magazin und eine
Kriegskasse.

So empfindlich diese Verluste waren, sie wären größer
geworden, wenn Lewanidow, wie er konnte, den Polen
den Weg nach Polonne vertrat. Er that es nicht, und

---

[35]) So hieß es in den Russischen Berichten; bei den Polen wird
dieß Gefecht das von Boruszkowice genannt. Beides sind zwei
nahe bei einander liegende Dörfer.

das Polnische Heer erreichte glücklich diesen Ort, wo be=
deutende Magazine aufgehäuft waren und seit länger als
einem Monat unter dem Ingenieur=Obersten Sierakowski
an den Werken der Stadt und einem verschanzten Lager
gearbeitet wurde.  Polonne war zu einem Depotplatz und
zu einem festen Vertheidigungspunkt bestimmt worden,
wo sich die Armee einige Zeit behaupten sollte.  Doch
bei ihrer Schwäche und den überflügelnden Manövern
der Russen war nirgends an ein Halten zu denken. —
Durch den bei Derewitschi erlittenen Verlust entmuthigt,
durch die Nähe Lewanidows in ihrer Flanke beunruhigt,
erreichten die Polnischen Schaaren mit Einbruch der Nacht
nicht ohne Verwirrung die Stadt.  Anstalten zum Lagern
waren nicht getroffen; die Krieger ließen sich so wie sie
ankamen an dem ersten besten Fleck durch einander nieder;
die Truppen von Wielhorski langten völlig aufgelöst an
und zerstreuten sich auf den umliegenden Feldern und in
der Stadt, die darüber in Brand gerieth.  Kosciuszko,
der zuletzt in guter Haltung herbeikam, löschte das Feuer
und gab Poniatowski Zeit, die Ordnung wieder herzu=
stellen. [36])

Der Polnische Feldherr fand den Ort nicht haltbar,
und, durch den Anmarsch der jetzt in unmittelbarer Ge=
meinschaft handelnden Russischen Heerabtheilungen be=
droht, gab er jeden Widerstand hier auf.  Nach Maß=
gabe als man Transportmittel fand, schickte er von den
aufgehäuften Kriegs= und Lebensmitteln so viel er konnte
fort, in der Richtung auf Zaslaw, zündete sodann den

---

[36]) Bayonczek ꝛc. S. 41.

Reſt der Vorräthe an und brach am $\frac{6}{7}$. Juni mit däm=
mernbem Tage eben dahin über Szepetowka auf. Kos=
ciuszko mußte diesesmal die Hinterhut bilden und deckte
den Rückzug mit Ruhe und Feſtigkeit. Unterwegs erhielt
Poniatowski den Bericht, daß Lubomirski mit 6000
Mann[37]) in Zaslaw angekommen ſei, und ſchickte ihm
den Befehl zu, die Hälfte ſeiner Truppen ihm nach Zie=
lince entgegenzuſenden, zur Sicherung ſeiner linken Flanke.
Dieſe Hälfte unter Anführung der Generale Trochin und
Zayonczek langte noch am ſpäten Abend deſſelbigen Tages
in Zielince an, während Poniatowski unweit davon bei
Szepetowka auf der großen Straße nach Zaslaw ſein
Nachtlager nahm.

Das Ruſſiſche Heer unter Kachowski hatte indeß un=
mittelbar nach dem Abzug des Feindes das völlig ge=
räumte Polonne in Beſitz genommen und einen großen
Theil der in Brand geſetzten Vorräthe (an 6000 Säcke
mit Mehl) dem Feuer entzogen; in den verlaſſenen Wer=
ken fand man 45 Geſchütze. Hier beging Kachowski in
nicht gehöriger Erwägung der Umſtände eine Unbeſonnen=
heit. Unterrichtet, daß der Feind die geretteten Vorräthe
in einer großen Wagenkolonne mit ſich ſchleppe, gedachte
er das Manöver vom vorvorigen Tag zu wiederholen und
ſandte den General Markow mit 8000 Mann (8 Bat.
und 22 Schw.)[38]) · ab, um auf einem Nebenweg über

---

[37]) Nach andern Nachrichten 7000 M.
[38]) Markow hatte:  4 Bat. Katharinoslaw Jäger,
                         4 Bat. Katharinoslaw Grenad.,
                  10 Schw. Eliſabethgrad reitende Jäger,
                  12   ,,   Olviopol u. Woroneſh Huſaren.

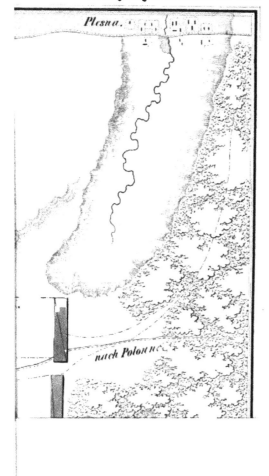

Zielence dem Feind zuvorzukommen, ihm in die Flanke zu fallen und einen Theil des Trosses abzuschneiden. Die Unbesonnenheit bestand darin, daß er, der zu seinen umflügelnden Bewegungen stets ganze Abtheilungen verwandt hatte, hier nur eine Vorhut dazu nahm, ohne diese sogar nachhaltig durch eine größere Abtheilung zu unterstützen, und sie gerade in die Flanke des feindlichen Heeres sandte. Es war ein Manöver wie das von Vandamme bei Kulm, und hätte leicht, wenn Markow weniger tüchtige Truppen gehabt hätte, zu gleichen Ergebnissen führen können. — Markow eilte mit Tagesanbruch am $\frac{7}{18}$. Juni vorwärts und langte Morgens 7 Uhr bei Zielence an, wo Trochin und Zayonczek auf einer halbmondförmigen Anhöhe Stellung genommen hatten, die Rechte an Zielence, die Linke an eine morastige Niederung gestützt. Sie bildeten mit ihren 3000 Mann nur Ein Treffen; das zweite und dritte ward später durch Poniatowski gebildet, der auf die Anzeige von Annäherung der Russen mit seiner Streitmacht von Szepetowka herbeieilte. Er verstärkte noch Zayonczeks Vortreffen durch 12 Geschütze und ein Reiter-Regiment unter Mokranowski.

Die Russen kamen in 4 kleinen Kolonnen heran [39]); fanden den Feind in Schlachtordnung und formirten nun schnell auch die ihrige, gleichfalls in Einer Linie: 6 Bataillone in der Mitte, die Reiterei auf den Flügeln, 1 Jäger-Bataillon in Reserve; 1 Bataillon und 2 Schwadronen endlich zur Bedeckung bei der Wagenburg. —

---

[39]) Beiliegend ein Plan (III.)

Das beginnende Kanonenfeuer währte mehrere Stunden; die Polnische Reiterei des rechten Flügels litt viel, und als gegen Mittag die Russische sie angriff, ward sie geworfen. Doch als die Russischen Reiter sie verfolgten, stießen sie auf das zweite Treffen, wurden mit heftigem Geschützfeuer empfangen und gleich darauf durch die wieder vorgehende Polnische Reiterei unter Mokranowski mit Verlust zurückgeführt. Die Polen machten nun verschiedene Versuche zu Angriffen auf die Russen, wurden aber von diesen unerschrocken zurückgeschlagen. Poniatowski wagte nicht, trotz seiner Uebermacht, entscheidend aufzutreten, weil er alle Augenblicke befürchtete, die Hauptmacht der Russen erscheinen zu sehen. Deshalb gab er auch, als das Gefecht unentschieden bis 6 Uhr Abends fortgedauert, Befehl zum Rückzug gegen Zaslaw. Im Augenblick des Abmarsches erschien von der entgegengesetzten Seite Kosciuszko mit seinem Korps, das die Hinterhut gebildet hatte. Markow machte hierauf, während ein Theil seiner Truppen gegen den abziehenden Poniatowski gewendet blieb, mit dem andern Theil Front gegen Kosciuszko. Man kanonirte sich zwei Stunden, Kosciuszko konnte den Uebergang eines ihn von Markow trennenden sumpfigen Grundes nicht erzwingen, und mußte zuletzt in den Wald, aus dem er hervorgekommen, wieder zurückkehren, von wo er dann rechts nahm und auf Umwegen am folgenden Tag zum Hauptkorps in Zaslaw stieß.

Nach dieser Erzählung, bei welcher wir außer den Russischen Berichten vornämlich dem von Kosciuszko gefolgt sind, ergibt sich, daß Markow, obgleich er mehr

wie eine doppelte Uebermacht gegen sich hatte, das Schlachtfeld behauptete und sogar den nachrückenden Kosciuszko
zwang, auf Umwegen die Vereinigung mit seinem Hauptkorps zu suchen. Und doch haben die Polnischen Er-
zähler mit gewohnter Großsprecherei von einem Sieg hier
gefabelt und behauptet: sie würden die Russen unfehlbar
vernichtet haben, „wenn nicht die Unfähigkeit einiger
Generale, die Nichterfüllung gegebener Befehle, die Unwissenheit über die Zahl der Russen, da man sich keinen
guten Spion verschaffen konnte"[40]), und wie Zayonczek
nach seinem Privathaß gegen Poniatowski noch hinzusetzt,
das Ungeschick dieses Feldherrn, es verhindert hätten.
Der letztere scheuet sich sogar nicht einer offenbaren Lüge
und behauptet: „Zuletzt bildete der Russische Anführer
mit seiner Division ein Bataillon carré und zog davon;
als aber die Polen abmarschirt waren, kamen zwei Bataillon Jäger wieder auf das Schlachtfeld zurück und
schrien Viktoria!"[41]) — Kosciuszko's eigene Erzählung,
wie die Russen durch Behauptung des Schlachtfeldes ihn
verhindert, sich an Poniatowski zu schließen, widerlegt
hinlänglich die nur auf einen Kindesverstand berechnete
Fabel.[42])

---

40) Worte aus dem Bericht von Kosciuszko a. a. O. S. 99. —
Keine Spione im eigenen Lande! — Ohne „wenn's" geht es bei
keiner Niederlage ab.

41) Zayonczek, S. 45.

42) Auch gestehet Plater in seinem Atlas ehrlich: „daß obgleich
die Polen hier die Ueberlegenheit der Zahl gehabt, die Ehre des
Tages doch Markow und seinen Russen gebühre."

Die Verluste auf beiden Seiten mochten sich ausgleichen. Markow gibt den seinigen auf 730 Mann an, Zayonczek so wie Kollontai den Polnischen auf 800; dafür schlägt der letztere nach seiner Art den Russischen auf 3000 an. Die Russen eroberten drei Geschütze.

Poniatowski zog sich nun auf Zaslaw, wo er sich mit Lubomirski vereinigte, durch dessen 6000 Mann frischer Truppen die bisherigen Verluste nicht nur ausgeglichen, sondern auch die Armee bis auf 23,000 M. gebracht wurde. Nach vierundzwanzigstündiger Rast in Zaslaw brach man auf: Poniatowski nach Ostrog, Lubomirski nach Kunow. Und der Zweck dieser Trennung? Zayonczek sagt ihn aus: „man wollte die Russische Armee zum Verfolgen von Lubomirski bewegen und sie dann z w i s c h e n  z w e i  F e u e r  n e h m e n. Die Russen aber seien nicht in die Falle gegangen." Man traut kaum seinen Augen! Eine Armee von 50,000 Mann wollten sie zwischen einem Korps von 6000 und einem von 17,000 Mann in die Zwicke nehmen! — So waren die Ansichten der Zeit! Die kleinen Meister der Preußischen Kriegsschule, die ihren großen Meister wenig begriffen, hatten dieses Wort aufgebracht, das wahrhaft magisch ·auf die Zeitgenossen wirkte: ein damaliger General würde selbst mit einer größern Heerabtheilung sich nicht getraut haben, zwischen zwei getrennte Bataillone hineinzumarschiren, „um nicht zwischen zwei Feuer zu gerathen;" — und so glaubten denn auch die Polnischen Feldherrn eine tiefe Kombination gemacht zu haben, wenn sie ihre schwache Macht trennten, um die Russische Armee zwischen sich zu bekommen! —

Noch vier Jahre später wollte Beaulieu den jugendlichen Bonaparte in der Genuesischen Riviera „zwischen zwei Feuer nehmen" — er kam aber übel weg.

Kachowski, den Polen auf dem Fuße folgend, rückte am $\frac{9}{20}$. Juni in Zaslaw ein. Hier kamen zu ihm Adjutanten von Poniatowski und trugen auf einen vierwöchentlichen Waffenstillstand an. Der Russische Feldherr lehnte ihn ab, weil er keine Vollmachten dazu habe. Und wenn er diese auch gehabt, in der Lage, worin die Polnische Armee gebracht war, durfte man ihr weder Ruh noch Rast geben, um schnell zu entscheidenden Ergebnissen zu kommen. Doch brachten die Unterhandlungen den Polen den Vortheil, daß die Operationen darüber auf einige Tage eingestellt wurden, und erst am $\frac{14}{25}$. Juni brach Kachowski wieder von Zaslaw auf. Die veränderten Umstände richtig erfassend, war es nun nicht mehr die rechte Flanke der Polen, die er bedrohte, sondern die linke, wodurch er sie theils von den nördlichen Wojewodschaften abschnitt, theils beim mindesten Verzug gegen die Galizische Gränze hätte drücken können. Während er daher, ohne sich um Lubomirski's thörichten Marsch nach Kuniow zu kümmern, mit dem Hauptkorps auf Ostrog rückte, sandte er rechts Dunin auf Czernechow und Lewanidow noch tiefer abwärts auf Huszcza, um an diesen zwei Punkten den Horyn zu überschreiten und das Polnische Heer in der starken Stellung bei Ostrog entweder in die Flanke zu fassen oder zu überflügeln. Die Stellung bei Ostrog war sehr stark und die Polen hatten gehofft, sich lange hier zu behaupten. Der Ort selbst liegt auf steilen Anhöhen, welche das Polnische Heer besetzt und

befestigt hatte; am Fuß derselben fließt durch sumpfigen
Boden in vielen Armen die Wallia, so daß die Annäherung an die Position nur auf mehrern engen Brücken,
die vom Polnischen Geschütz bestrichen wurden, statt
finden konnte. Von vorn war die Stellung fast unan-
greifbar und konnte bloß durch Umgehung bezwungen
werden. Als Rachowski am Abend des ⁺⁺. davor anlangte, ließ er einige Jägerbataillone die diesseits gelegene
Vorstadt wie zwei der Brücken wegnehmen, die dritte und
letzte Brücke, die durch ein Kreuzfeuer von mehrern Seiten,
so wie durch ein Kartätschen- und Kleingewehrfeuer von
hinter der Brücke vertheidigt ward, verblieb in der Gewalt der Polen. Doch ward zahlreiches Geschütz davor
aufgeführt und das feindliche Feuer theilweise zum Schweigen gebracht. Darüber brach die Nacht ein. Am folgenden Morgen (⁺⁺. Juni) ging die Kanonade von beiden
Seiten wieder an; Rachowski aber sandte, während er
durch Markow Demonstrationen gegen den rechten Flügel
des Feindes beim Franziskaner-Kloster Miendzyrzec machen
ließ, den Generalen Dunin und Lewanidow den Befehl,
ihren Uebergang über den Horyn zu beschleunigen, um
den Gegner in Flanke und Rücken zu nehmen. Die Kanonade bei Ostrog dauerte ohne entschiedene Resultate bis
zum späten Abend fort, und ein Theil der Vorstädte ging
darüber in Feuer auf. In der Nacht erhielt aber der
Polnische Anführer die Meldung: daß Dunins leichte
Truppen bereits bei Czernechow über den Horyn gesetzt
hätten, und das Korps ihnen zu folgen sich bereitete.
Auf dieses hin gab er die weitere Vertheidigung des
Ortes auf, um so mehr als man ihm berichtete, daß

der Schießbedarf meist verbraucht sei und man nur noch zwölf Ladungen für jedes Geschütz habe. Er trat in der Frühe des $\frac{16}{27}$. Juni seinen Rückzug auf zwei Straßen nach Dubno an. Kachowski ließ alsofort die Brücken über die Wallia herstellen, besetzte Ostrog, und brach sodann zur Verfolgung des Feindes auf, Dunin den Befehl zuschickend, seinerseits gleichfalls rasch von Czernechow zur Verfolgung überzugehen. Aber dieser hatte seine Brücke noch nicht fertig. Die Polen wurden an diesem Tage bis Warkowice getrieben [43]), von wo sie am folgenden Morgen (den $\frac{17}{28}$. Juni) sich auf Dubno zogen. Hier erwartete der Soldat Ruhe, Erholung, neue Bekleidung, gute Verpflegung, frische Mannschaften, ja sogar die Gegenwart des Königs, die man ihm vorgespiegelt. Nichts von allem dem sollte ihm werden. Der König hatte Warschau nicht verlassen; das Tuch zu den Mänteln war nicht geliefert; die Zelte und anderes nöthige Geräth war nicht gemacht; an Brot und Pferdefutter war Mangel, trotz der großen Magazine, die man hier errichtet hatte; und auch die erwartete Ruhe und Erholung sollte ihm nicht werden. — Man hatte, sei es Dummheit, sei es gewöhnlicher Unterschleif, die Vorräthe an vermeintlich sichern Orten in Sicherheit gebracht, wo sie nicht den Polen, wohl aber den bald darauf einziehenden Russen zu Gute kamen. Gewiß ist es, daß diesen hier große Mittel aller Art, besonders der Verpflegung, in die Hände

---

[43]) Kosciuszko erzählt: das Korps der Hinterhut (wahrscheinlich Lubomirski) wäre ihm, der in der Vorhut marschirte, beinahe bei Warkowice zuvorgekommen!

fielen. Das Polnische Heer, das statt des erwarteten Ueberfluffes nur Mangel fand, ward durch diesen, vornämlich aber durch die Bedrohung seiner Linken, nach zwei Tagen schon (in der Nacht auf den $\frac{20.\ Juni}{1.\ Juli}$) genöthigt, den Wanderstab weiter zu setzen. Darüber brach dann wie gewöhnlich Unzufriedenheit und Zwiespalt im Heere aus. Soldaten und Offiziere murrten über das ewige Zurückgehen, das doch nicht zu vermeiden war; man schmähte auf Lubomirski, dem Dubno gehörte; und der nicht die gehörigen Vorkehrungen getroffen; man nannte den Krieg nur eine Fehde der Potocki: des Felir gegen Ignaz; was sollte man sich für Ignaz aufopfern. [44] „Man weiche lieber, hieß es, dem Russischen Uebergewicht; denn der fortgesetzte Krieg gegen einen so überlegenen Gegner müffe das Verderben der Armee nach sich ziehen." — Ein heftiger Zwist zwischen Poniatowski und Lubomirski brach aus, und als sie bei der Annäherung der Russen davon zogen, nahm jeder seinen besondern Weg; ja, bei Wladimir angelangt, bezogen sie zwei verschiedene Lager, Poniatowski bei Wladimir, Lubomirski vier Werst nördlich bei Werba; diesesmal schon nicht mehr, um die Russen zwischen zwei Feuer zu bringen. Aus Warschau forderte man indeß Schießbedarf; gar durch die Post. Er ward abgeschickt; flog aber leider hinter Lublin in die Luft und kam dem Heere nicht zu gute, das sich wahrscheinlich von anderer Seite versorgte, denn hinter dem Bug fehlte es ihm nicht an reichlicher Munition.

---

[44] Vergl. Zayonczek, S. 48.

Die Russen waren indeß etwas zurückgeblieben, besonders durch die zahlreichen Flüsse in dieser Gegend, über welche die Brücken abgebrochen waren, aufgehalten. Den ganzen $\frac{11}{22}$. Juni hatten Dunin und Lewanidow, jeder auf seiner Seite, an Ueberbrückung des Horyns gearbeitet, nach dessen Ueberschreitung Lewanidow, die Polen in Dubno ferner überflügelnd, über Rowno und Klewan auf Michow gerichtet wurde, während Dunin in näherer Verbindung mit Kachowski über Warkowice gegen Dubno vorrücken mußte, vor welchem Ort die beiden Korps am Morgen des $\frac{20.\ \text{Juni}}{1.\ \text{Juli}}$ anlangten: Dunin nördlich bei Iwani, wo er in der linken Flanke des Feindes über den Ikwa setzen sollte; Kachowski unmittelbar vor Dubno. Hier erfuhren sie, daß die Polen bereits in der vorhergehenden Nacht auf der Straße nach Lutzk abgezogen seien. Kachowski gab nun einige Tage seinen Truppen Ruhe und brach erst den $\frac{23.\ \text{Juni}}{4.\ \text{Juli}}$ aus der Gegend von Dubno zur weitern Verfolgung des Feindes auf über Krasnoje, Skurze, Lokacz auf Wladimir, während Lewanidow in nördlicher Richtung von Michow über Kowel auf Liuboml marschirte.

Am $\frac{26\ \text{Juni}}{7.\ \text{Juli}}$ früh erschien Kachowski vor Wladimir, das, durch den Lug=Fluß gedeckt, dem Feinde eine ziemlich günstige Stellung bot. Doch dieser wartete den Anfall der Russen nicht ab, sondern trat, als jene ihre Anstalten zum Uebergang über den Lug trafen, seinen ferneren Rückzug auf der Straße nach Dubienka an; nur leicht von den Kosaken verfolgt, während das Russische Heer, nachdem es den Fluß überbrückt, eine Stellung bei Wladimir nahm. Hier zeigte sich eine Folge des Zwie=

spalts bei den Polnischen Führern. Poniatowski hatte Lubomirski nichts von seinem Abzug wissen lassen; und erst auf das Feuern bei Wladimir näherte sich dieser aus dem dichten Walde, der die Gegend bedeckte, der Stellung der Russen. Orlows Kosaken begannen alsbald das Gefecht; Tormassow mit einiger Kavalerie eilte zur Unterstützung der Kosaken, und hinter ihm der Oberst Saltykow mit zwei Bataillon seiner unermüdlichen Jäger. Lubomirski, der plötzlich das Lager des ganzen Russischen Heers vor sich sah, eilte schnell in seinen Wald zurück, wo man ihm nicht wohl ankommen konnte, und von da auf Nebenwegen gegen den Bug; doch wurden ihm ein Paar hundert Mann getödtet und ein Theil seines Gepäcks mit einer Kriegskasse von ungefähr 40,000 Rubeln genommen.

Zayonczek macht hier abermals die scharfsinnige Bemerkung: „die Russen hätten die Unklugheit begangen, Poniatowski durch einige Truppen zu verfolgen, während Lubomirski noch bei Werba war, wodurch sie leicht zwischen zwei Feuer hätten kommen können." Das war die stehende Idee, aus der er nicht herauskam. Die Unklugheit war nicht so groß wie er meint, ihr ganzes Heer war da; und Lubomirski war es, der sich glücklich schätzen mußte, mit heiler Haut davon zu kommen.

Das Polnische Heer ging nun eilig über den Bug zurück, den es, zufolge der Befehle aus Warschau, vertheidigen sollte. Nach den Ansichten der Zeit faßte man aber den Gedanken der Vertheidigung so auf, daß man das ganze Heer in kleinen Abtheilungen hinter dem Fluß zerstreute: von Dubienka an der damaligen Oestrei-

chischen Gränze angefangen bis zum Einfluß des Bugs
in die Weichsel; die Truppen von Poniatowski von
Dubienka bis jenseits Wlodawa; die Litauischen unter
Zabiello von Brest bis jenseits Nur. Dies nöthigt uns,
kürzlich einen Blick auf die Operationen in Litauen zu
werfen.

Das Polnische Heer in diesem weiten Lande war noch
schwächer wie das in der Ukraine, und bestand aus
höchstens 15,000 Mann, die überall herum zerstreut
waren, und nicht einmal das nothwendige Geschütz hatten,
das ihnen erst aus Warschau zugeschickt werden mußte.
Der zuerst durch den Einfluß der Czartoryski zum Oberfeldherrn ernannte Prinz Ludwig von Würtemberg, Bruder
der Großfürstin von Rußland, zeigte sich nicht geneigt,
mit Ernst den Degen gegen seine Schwester zu führen,
und ward deshalb durch Judycki ersetzt, der zwar persönlich brav war, aber nicht viel vom Kriege verstand.
Dieser konnte nun vorerst nichts Besseres thun, als die
zerstreuten Truppen zusammenzuziehen; während er aber
damit beschäftigt war, drangen schon die Russen von
mehrern Seiten im Lande vor.

Der Plan für die Russische Armee in Litauen war,
wie erwähnt, vom General-Quartiermeister Herrmann
entworfen. Nach dem allgemeinen Grundsatz wurden die
32,000 M. dieses Heers unter General Kretschetnikoff
in vier Kolonnen getheilt, die aber nicht wie bei der Armee
von Kachowski in unmittelbarer Gemeinschaft und mit
in einander greifenden Operationen vorgingen, sondern
die von vier verschiedenen Seiten des Kriegstheaters, jede
besonders für sich ins Land rückten, und die feindlichen

kleinen Truppenhaufen vor sich her trieben. Doch blieb eine gewisse Verbindung zwischen den beiden nördlichen und den beiden südlichen Kolonnen, die, in dem Maße als sie sich von dem weiten Umkreis, von dem sie ausgingen, den Centralpunkten auf die sie zielten, näherten, immer genauer ward. Die Centralpunkte aber für die nördlichen Kolonnen waren Wilna und Grodno, die Hauptstädte des Landes; für die beiden südlichen Kolonnen zuerst Minsk und Nieswisch, später Litauisch Brest. In Hinsicht der Kunst war der Plan nicht mit dem der Ukrainischen Armee zu vergleichen; in Hinsicht des Zwecks erreichte er ihn so gut wie jener, weil hier noch weniger Widerstandsmittel wie dort, trotz des frühern vielen Geprahles, vorbereitet waren. Dieser Zweck aber war, das gesammte Land nördlich des Przypiec von den Truppen der Gegner zu reinigen und zum Beitritt für die neue Konföderation zu vermögen.

Die vier Kolonnen oder Heer-Abtheilungen, in welche die Armee von Kretschnikoff getheilt wurde, waren folgende: [45]

Erste Heerabtheilung unter General-Lieutenant Simon Kossakowski, bei welcher auch der Oberfeldherr Kretschnikoff sich befand, bestand aus 7 Bat. 15 Schwadr. und 1 Kosaken-Regiment oder 5800 Mann Infanterie, 2100 M. Kav. und 400 Kosaken mit 16 Feldgeschützen, zusammen 8300 M. — Sie versammelten sich bei Polozk.

Die zweite Heerabtheilung befehligte der General-Lieutenant Fürst Dolgoruki; sie war die stärkste und bestand

---

[45] Vergleiche die beiliegende Tabelle B.

| | Feld-Geschütz. | Bemerkungen. |
|---|---|---|
| **Erste Heera** | | |
| General- | | 1) Die erste Heerabtheilung zählte demnach: 2500 M. Kav., 5800 Inf. 8300 M. mit 16 Feld-Geschützen. |
| Kavalerie: 1 | 400 | |
| 1 | 100 | |
| D | | |
| Infanterie: 1 | | |
| 1 | 800 | |
| 1 | | |
| | 800 | 16 |
| **Zweite He** | | 2) Die zweite Heerabtheilung bestand demnach aus: 2600 M. Kav., 6400 Inf. 9000 M. mit 16 Feldgesch. |
| Gen.-Majo | | |
| Oberquartierm | | |
| Kavalerie: 2 | 760 | |
| 2 | 840 | |
| Infanterie: 1 | 400 | |
| 3 | | |
| | 000 | 16 |
| **Dritte ** | | 3) Die dritte Heerabtheilung zählte also: 1900 M. Kav., 4500 M. Inf. 6400 M. mit 13 Feldgesch. |
| Gen.-Maja | | |
| Kavalerie: 1 | 400 | |
| 1 | 500 | |
| Infanterie: 1 | 500 | |
| 2 | | |
| | 400 | 13 |
| **Vierte ** | | 4) Die vierte Heerabtheilung hatte also: 2100 M. Kav., 6200 M. Inf. 8300 M. mit 13 Feldgesch. |
| Gen.-Majors: | | |
| Kavalerie: 1 | 40 | |
| 2 | 60 | |
| Infanterie: 1 | 200 | 5) Das Gesammt-Heer: 9100 M. Kav., 22,900 M. Inf. |
| 3 | | |
| | 00 | 13 |
| | 000 | 58 |

32,000 M. mit 58 Feldgesch.
Es kommt im Durchschnitt
auf 1 Kos.-Reg. 380 M.
auf 1 Schwab. 147 „
auf 1 Bat. 880 „

aus 9000 M. (7 Bat., 12 Schwadr. und 2 Kosaken-Regimentern oder 6400 M. Infanterie, 1840 M. Kav. und 760 Kosaken) mit 16 Feldgeschützen. Sie versammelten sich bei Dünaburg.

Die dritte Heerabtheilung stand unter dem General-Lieutenant Graf Mellin, war die schwächste und zählte nur 6400 M. mit 13 Feldgeschützen (5 Bat., 10 Schwadr. und ein Kosaken-Regiment oder 4500 Bajonnette, 1500 Säbel und 400 Piken). — Sie hatte ihren Sammelplatz bei Toloczyn, auf der Straße von Smolensk nach Minsk.

Die vierte Heerabtheilung endlich führte der General-Lieutenant Baron Fersen. Sie bestand aus 8300 M. mit 13 Feldstücken: 7 Bat. (6200 M.), 12 Schwadr. (1760 M.) und 1 Kosaken-Regiment (340 M.), und vereinigte sich bei Rohatschew am Dniepr.

Der nähere Gang der Operationen war nun folgender: Dolgorukij, der von Dünaburg auf dem nächsten Wege nach Wilna marschiren sollte, um diese Hauptstadt der neuen Konföderation zuzuführen, überschritt am $\frac{11.}{22.}$ Mai bei Dünaburg die Gränze, und nahm seine Richtung dahin über Widzy und Michaliszki, wo er über die Wilia setzte. — In genauer Verbindung mit ihm sollte die erste Abtheilung unter Kossakowski operiren, und zunächst auch von Polotzk über Glubokoje auf Michaliszki marschiren, den Uebergangspunkt über die Wilia; hier aber mußte Kossakowski auf die Nachricht, daß 4000 M. Polnischer Truppen Wilna besetzt hielten, mit der einen Hälfte seiner Abtheilung sich an Dolgorukij schließen, um die Polen aus Wilna zu werfen, während die andere Hälfte über Liba ihnen wo möglich den Rückzug nach

Grodno abschneiden sollte. Doch die Polen warteten die
Ankunft der Russen nicht ab, sondern machten sich eilig
auf und davon, von den zwei Straßen nach Grodno die
westliche über Orany wählend. Kossakowski mit seinen
Truppen, gefolgt von der Abtheilung Dolgorukijs, hielt
darauf am $\frac{31.\ \text{Mai}}{11.\ \text{Juni}}$, ohne den mindesten Widerstand von
Seiten der Einwohner, seinen Einzug in Wilna, und
ergriff nun thätige Maßregeln, um diese Hauptstadt
Litauens ohne scheinbaren Zwang für die neue Konföderation zu gewinnen. Es ward bekannt gemacht, jeder
solle völlige Freiheit haben, ohne weiter belästigt zu
werden, die Stadt zu verlassen oder zu bleiben; der neuen
Konföderation beizutreten oder nicht. Als sich über
tausend Personen zur Unterschrift der Akte gemeldet hatten,
so ward der $\frac{14}{25}$. Juni zur feierlichen Vollziehung dieser
Litauischen General-Konföderation festgesetzt. Am Vorabend dieses Tages traf auch Kretschetnikoff, der sich
einen Pomp nicht leicht entgehen ließ, persönlich daselbst
ein, und ward von den neu ernannten Räthen der Konföderation und einem zahlreichen Adel empfangen.

Am $\frac{14}{25}$. Juni rief Glockenklang früh schon die Bevölkerung zur Kathedrale, wo sich die gesammte Geistlichkeit der zahlreichen Kirchen und Klöster Wilna's versammelte; darauf kamen die Innungen und Zünfte mit ihren
Fahnen und Trommeln in feierlicher Procession, umwimmelt
von einer unzählbaren Volksmasse. Um 11 Uhr erschien
der Adel, die Bischöfe, die höhere Geistlichkeit; zuletzt
der sich in aller Art von Repräsentation gefallende Kretschetnikoff, umgeben von einer zahlreichen Generalität;

hierauf noch die Schulen und die Universität. Nach
Vollendung der Messe ward eine Proklamation Kretschet=
nikoffs verlesen, worin die Ursachen des Einmarsches der
Russen in das Gebiet der Republik erklärt und die Ein=
wohner eingeladen wurden, den wohlwollenden Absichten
der Russischen Monarchin zu entsprechen. Sodann ver=
las man die Akte der General=Konföderation des Groß=
herzogthums Litauen; der Bischof Kossakowski stimmte
als Koadjutor von Wilna hierauf unter Kanonendonner
den Gregorianischen Lobgesang an und segnete das Volk,
dem zuletzt noch ein reichliches Festmahl auf dem Markt=
platz mit vielen Tonnen Weins gegeben ward. — Es
war das Gegenstück zur Feier des 3. Mais in War=
schau, von dem gedankenlosen Volk hier mit gleicher Lust,
mit gleichem Jubel begangen wie dort; von demselben
Volk, das zwei Jahre später die Urheber dieser Veränd=
rung und Festlichkeit an die Galgen hing. —

Die General=Konföderation von Litauen war damit
proklamirt und Kossakowski zu deren General=Marschall
ernannt. Der erste Zweck von Kretschetnikoffs Einmarsch
war somit erreicht; der zweite war, die Gegner zu ver=
nichten oder aus Litauen hinauszuwerfen. Der Marsch
der Truppen von Dolgorukij und Kossakowski ging zu
diesem Ende jetzt auf Grodno.

Während dieser Operation der beiden ersten Abthei=
lungen, waren auch die beiden andern von Mellin und
Fersen, die von der östlichen Seite in Polen einrückten,
in voller Thätigkeit. Graf Mellin rückte von Toloczyn
über Borissow, wo er die Beresina ohne Widerstand über=
schritt, auf Minsk; und als er diese Stadt für die neue

Konföberation gewonnen, seßte er seinen Marsch auf Mir fort, wo er in nähern Zusammenhang mit Fersen treten sollte, der von Rohatschew am Dniepr über Bobruisk, Glusk, Slußk auf Rieswisch ziehend, nach Hinterlegung dieser Sumpf= und Waldregion sofort die Verbindung mit ihm eröffnete, indem er den Brigadier Bennigsen (den nachmals so viel Genannten) mit seinem Regiment (Iftum leichte Reiter) ihm zuschickte. — Eine Meile von Mir stieß Mellin am $\frac{31.\ \text{Mai}}{11.\ \text{Juni}}$ auf Polnische Truppen. Es war das von dem neuen Feldherrn Judycki zusammenge= brachte Litauisch=Polnische Heer, das aber nicht viel über 7000 M. zählte und jetzt der schwächsten Abtheilung der Russen entgegenrückte. Man stellte sich von beiden Seiten in Schlachtordnung; das Geschützfeuer begann; die Polen hielten nicht lange Stand und wichen. Hier traf Mellin eine für die damalige Zeit seltene Anordnung. Da er sah, daß er in Linien den Feind nicht schnell genug ver= folgen konnte, befahl er, daß jedes Bataillon aus der Mitte Kolonnen bilden und raschen Schritts vorwärts schreiten sollte, während die Artillerie unter dem Schuß der Reiterei die vorwärts liegenden Anhöhen im Galopp hinanführe und den Feind mit ihrem Feuer überschüttete. Vergebens versuchten die Polen von Zeit zu Zeit wieder Stand zu halten: das scharfe Artillerie=Feuer der Russen und ihre unerschrocken anrückenden Infanterie=Kolonnen brachten sie wieder zur Flucht. Sie warfen eine kleine Besaßung in das Schloß von Mir und zogen sich darauf eilig auf zwei Straßen zurück: General Beliak, der Reiter= Anführer mit der Infanterie auf Nowogrodek, Judyki,

der Oberfeldherr mit der Reiterei auf Slonim, der erstere
verfolgt vom Oberst Nikolai Zubow mit den Smolensk
Dragonern, der letztere vom Brigadier Bennigsen mit
den Istum leichten Reitern und einem Infanterie-Bataillon.
In dem Gefecht und bei der Verfolgung wurden den
Polen über 100 Gefangene, 2 Kanonen, reiches Gepäck,
Zelte, Pulverkasten und selbst die Equipagen des Gene-
rals Beliak [46]) abgenommen.

In diesem an sich unbedeutenden Gefecht zeichneten
sich aber viele Offiziere aus, die sich nachmals mehr oder
weniger einen Namen machten, wie der Generalmajor
Burhöwden, der Brigadier Bennigsen, die Obersten
Nikolai Zubow, Sipägin und Fürst Alexei Gort-
schakoff, Suworow's Neffe.

General Fersen indeß, über die finstere Waldregion
hinausgekommen, rückte am $\frac{1}{13}$. Juni, den Tag nach
Mellins Gefechte bei Mir, vor Nieswish, die Haupt-
festung dieser Gegend, des reichen Radziwills vornehmstes
Besitzthum. Hier stieß auch Bennigsen vom Grafen Mellin
mit dem Lorbeer des gestrigen Siegs wieder zu ihm.
Nieswish ward eingeschlossen, aufgefordert, wollte sich
wehren. Batterien sofort errichtet; als diese am $\frac{6}{17}$. Juni
fertig, bot der Kommandant eine Kapitulation an. Jetzt
Verweigerung von Russischer Seite, worauf sich die Besatzung, 1000 Mann stark, am $\frac{7}{18}$. Juni, an demselben

---

[46]) Desselben Beliaks, von dem die prahlerische Erzählung bei
Kollontai so viel siegreiche Gefechte mit den Russen rühmt, von
denen diese nichts wußten.

Tage, wo Markow ſiegreich bei Zielence ſtritt, unbedingt
ergab. Man fand 42 Geſchütze und anſehnliche Kriegs-
vorräthe.

Die zerſtreuten oder geſchlagenen Truppen der Polen
ſtrömten nun von allen Seiten gegen Grodno, wohin
aus dem Königreiche noch vier Regimenter (Dzialynski
aus Warſchau, Wodzicki aus Krakau, Würtemberg von
Pulawy, Potocki von Krasnoſtaw) aufbrechen mußten,
ſo wie von Warſchau viel Geſchütz dahin geſchickt wurde,
da es an dieſem vornämlich mangelte. Der General
Jubycki, mit dem ſich der neue Feldzeugmeiſter Stanislaus Potocki, Ignazens Bruder, nicht wohl vertrug,
ward von dieſem als ungeſchickt angeklagt und durch einen
Anhänger der Partei, Michel Zabiello erſetzt, der über
die 14,000 in Grodno zuſammengefloſſenen Truppen den
Oberbefehl übernahm. Obgleich er nun damit eine ziemlich bedeutende Macht unter ſich hatte, wußte er doch
auch nichts mit ihr anzufangen. Statt ſich mit zuſammen-
genommener Kraft gegen die eine oder die andere der
Ruſſiſchen Kolonnen zu wenden, theilte er ſeine Truppen
in drei Theile; ſandte zwei davon auf die Straße von
Slonim gegen die beiden ſüdlichen Abtheilungen der
Ruſſen; und mit dem dritten wich er gegen Granne am
Bug zurück, als Fürſt Dolgorukij nebſt einem Theil der
Koſſakowskiſchen Abtheilung ſich Grodno näherte. Dieſer
rückte darauf ohne Widerſtand am $\frac{25.\ \text{Juni}}{6.\ \text{Juli}}$ in dieſe zweite
Hauptſtadt Litauens ein, faſt um dieſelbe Zeit wo Ra-
chowski ſüdlich auf gleicher Höhe vor einem andern Haupt-
orte, dem Wolyniſchen Wladimir, erſchien.

Die andern beiden Abtheilungen der Litauischen Armee, Mellin und Fersen näherten sich auch schon: Mellin über Nowogrodek und Bielitza; Anfangs in der Absicht, die Bewegung der nördlichen beiden Abtheilungen gegen Grodno zu unterstützen; als dieses aber ohne Widerstand gefallen, wandte er sich südlich gegen Wolkowysk. Hier erfahrend, daß sich feindliche Truppen vorwärts Swislocz bei Mscibor zeigten, ließ er seinen schweren Troß zurück und brach am $\frac{28. \text{ Juni}}{9. \text{ Juli}}$ dahin auf. Am $\frac{\text{...}}{\text{...}}$ten hatte seine Vorhut unter Burhöwden ein heftiges Gefecht mit einer starken feindlichen Reiterschaar, die nach Swisclocz zurückgeworfen ward. Durch die Gefangenen aber erfuhr man, daß über 10,000 M. feindlicher Truppen sich in Swisclocz befänden, dieselben, die Zabiello aus Grodno südwärts entsandt hatte. Mellin wartete nun die Vereinigung mit dem über Slonim und Zelwa heranziehenden Fersen ab, die am $\frac{30. \text{ Juni}}{11. \text{ Juli}}$ erfolgte, worauf die beiden vereinten Abtheilungen gegen den Feind bei Swisclocz aufbrachen. Dieser erwartete sie aber nicht, sondern zog sich eiligst gegen Brest zurück.

So verstanden die Polen nirgends die Umstände und ihre Vortheile zu benutzen. Bei Grodno waren sie die Stärkern und jeglicher der gegen sie anrückenden Russischen Kolonnen überlegen, und sie wissen nichts besseres zu thun, als sich zu theilen. Sie blieben damit, an sich schon die Schwächern, auch gegen die einzelnen Theile des Gegners die Schwächern; da hingegen die Kunst des Minderstarken gerade darin besteht, gegen einzelne Theile des Feindes mit Uebermacht aufzutreten, da er es nicht gegen das Ganze vermag. — Russischer Seits dagegen verfahren die Generale mit Kühnheit, aber doch auch mit Vorsicht, halten sich immer in unmittelbarer Verbindung, und so wie ein überlegener feindlicher Haufe irgendwo auftritt, vereinigen sie sich, um demselben mit gleicher Stärke zu begegnen. Mellin bewies überall Umsicht und Kühnheit, und Fersen ließ schon den künftigen Ueberwinder der Kosciuszko's ahnen.

Hier in Swisloc? kam ein neuer Befehl: Fersen sollte den nach Brest sich ziehenden Feind verfolgen, hinausschlagen, und dort verbleiben, zum Schutz der General-Konföderation, die in Brest ihren Sitz nehmen sollte; — Mellin aber um den Bialowiez'er Wald herum über Narew, Orla und Siemiatyce gegen Drohiczyn marschiren, um die Bewegung der beiden nördlichen Abtheilungen unter Dolgorukij, die von Grodno über Bialystok, Bielsk, Briansk auf Granna gegen das Korps von Michel Zabiello marschirten, das man für die Hauptarmee nahm, zu unterstützen. Fast um dieselbe Zeit also, wo die Polnische Südarmee unter Poniatowski am Bug anlangte, langte auch ihre Nordarmee unter Zabiello dort an, beide mit dem Befehl, diese Flußlinie zu vertheidigen. Der Befehl ward von dem neuen Kriegsrath gegeben und von dem Könige, der in militairischen Sachen ganz dessen Anordnungen folgte, unterschrieben. Die Armee am Bug sollte noch durch die Reserve unter General Byszewski in Praga (die Garde-Regimenter und einige andere Truppen) an 5000 Mann stark, unterstützt werden. Da man den König immer mit Mißtrauen betrachtete, so hatte der Reichstag nichts für diese Truppen

thun wollen, erſt ſpäter als Noth an Mann und die
Ruſſen ſchon über Wilna und Zaslaw hinaus waren,
um die Mitte Juni, beſchäftigte man ſich mit ihnen,
rüſtete ſie nothdürftig aus, und ließ ſie zur Unterſtützung
der handelnden Truppen vorgehen, die die Buglinie vertheidigen ſollten. Der Bug, ein mäßig breiter aber
ſeichter Strom, bietet im Sommer überall Furthen: das
Unternehmen demnach, eine furthbare Flußlinie von mehr
wie 25 Meilen (175 Werſt) von Dubienka bis jenſeits
Nur zu vertheidigen, war thöricht, und ward es noch
mehr durch die Art, wie man ſich dabei benahm.  Statt
die Truppen in einiger Entfernung vom Fluß vereint zu
halten, und die Hauptübergangspunkte nur durch kleinere
Poſten beobachten zu laſſen, um ſich dem Feinde, wo er
ſeinen Uebergang verſuchte, mit geſammter Kraft zu wider-
ſetzen: zertheilte man die ohnehin ſchwachen Streitkräfte
in mehrere Abtheilungen, deren jeder eine beſtimmte Strecke
des Fluſſes zu vertheidigen, übertragen wurde: Kosciuszko
mit ſeinem Korps ſollte ihn bei Dubienka; Poniatowski
bei Dorohusk und abwärts; Wielhorski von Stulna
(gegenüber Opalin) bis Wlodawa vertheidigen.  Tiefer
abwärts von Breſt an bewachte Simon Zabiello den
Fluß; und von Drohiczyn und Granne bis Nur der
Oberfeldherr des Litauiſchen Heers Michel Zabiello.  Es
war vorauszuſehen, die Ruſſen würden den Uebergang
überall mit leichter Mühe erzwingen, wo ſie nur wollten.
Daher war der Rath des Königs ſehr vernünftig geweſen, ſtatt das Heer hinter dieſem ſeichten Fluß zu zer-
ſplittern, es in eine koncentrirte Stellung hinter die
Weichſel zu nehmen, die man mit größerm Erfolg würde

haben vertheidigen können. Zwar kannte man noch nicht die natürliche Stärke des Dreiecks zwischen Warschau, Sierock und Nowydwor (Moblin exiſtirte damals noch nicht); erſt Napoleons Scharfſinn ſollte ſie aufdecken; aber die Vertheidigung eines Fluſſes von der Breite der Weichſel, unterſtützt von einer Hauptſtadt wie Warſchau, bot ganz andere Glücksfälle, wenn man den Krieg bis zum äußerſten durchführen wollte, als der Widerſtand hinter einem ſeichten, überall furthbaren Bug. Doch der Rath des Königs wurde von den ſuperklugen Leitern der neuen Kriegskommiſſion, deren vornehmſte Glieder ganz kriegsunkundige Leute waren, mit Verachtung abge-lehnt, ja als Verrath und Aufgeben ihrer Sache ihm ausgelegt; denn der arme König mochte thun oder an-rathen, was er wollte, überall witterte die Partei und die von ihr beherrſchte öffentliche Meinung dahinter Ver-rath, Hinterliſt oder Fallen; und wenn dann ihre ge-troffenen Anordnungen ſich als falſch oder thöricht bewie-ſen, ſo wußten ſie immer alle Schuld dem König aufzu-bürden, der ſie doch widerrathen hatte. So ging es auch hier mit der unternommenen Vertheidigung der Buglinie, die nach ihrem kläglichen Scheitern als vom König be-fohlen ausgegeben wurde, während doch der König die Leitung der Kriegsoperationen theils dem oberſten Kriegs-rath (der neuen Kriegskommiſſion) theils den Feldherrn ganz überließ, und die Beſchlüſſe des erſtern bloß mit ſeiner Unterſchrift verſah. — Dieſer oberſte Kriegsrath war kurz vor der Vertagung des Reichstags auf den Vorſchlag des neuen Feldzeugmeiſters Stanislaus Potocki, Bruders von Ignaz, eingerichtet worden, dem Namen

nach), um dem König bei der Oberleitung der Operationen
an die Hand zu gehen und die Mühwaltung zu erleich-
tern, in der That aber, um den König und die Kriegsoperationen zu überwachen und in der Hand zu behalten;
deßhalb wurden denn auch die Glieder dieses Kriegsraths
nicht nach Talent oder Kriegskenntniß, sondern nach dem
Parteieifer gewählt. So bestand er denn meist aus Leuten, die vom Kriege keine Idee hatten, die, wie Bulgakow sich ausdrückt, niemals auch nur ein Regiment in
Schlachtordnung gesehen; dafür aber als Chorführer und
Vorfechter der Partei glänzten. Es gehörten dazu die
beiden Reichstagsmarschälle Malachowski und Sapieha;
der Cicero der Rednerbühne und neue Meister des Zeugs,
Stanislaus Potocki; aber auch der Meister in Advokaten-
kniffen und neue Unterkanzler Kollontai; der partei-eifrige
Unterschatzmeister Ostrowski, und endlich auch ein Militair, von dessen Thaten man freilich nie etwas gehört
hatte, General Gorzenski. Auch sollten alle Reichstagsglieder Zutritt zu den Berathungen haben, um den
Kriegsrath, wie es hieß, mit ihren Einsichten zu unterstützen; es konnte demnach nicht fehlen, daß alles was
in ihm verhandelt ward, bald urbi et orbi bekannt
wurde. — Dieser so zusammengesetzte Kriegsrath, dessen
bodenlose Nullität das Protokoll seiner Sitzungen beweiset[47]), war es nun, der die Oberleitung der Operationen
ganz in seine Hände genommen und dem König nur das
Unterschreiben seiner Anordnungen gelassen hatte.

---

[47]) Man vergleiche den Auszug aus demselben bei Komarzewski S. 225—239.

Wie vorauszusehen wurde die lange Vertheidigungslinie der Polen bald durchbrochen, sowohl von den
Truppen Kretschetnikoffs wie von denen Kachowski's.
Fersen schlug am $\frac{11}{22}$. Juli die bei Brest verschanzten
Polen unter Simon Zabiello; Mellin erzwang den Uebergang bei Drohiczyn, und Dolgorukij den bei Granne,
worauf die beiden letztern Abtheilungen die Richtung auf
Wengrow nahmen und sich zum fernern Marsch gegen
Warschau vereinigten; Fersen blieb nach der höhern Vorschrift in Brest. — Eben so wie Kretschetnikoff und früher
noch erzwang Kachowski an mehrern Punkten den Ueber-
gang, wobei es zu dem ernstesten Gefecht in diesem
Kriege kam.

Wie wir sahen, hatte Kachowski am $\frac{26.\ \text{Juni}}{7.\ \text{Juli}}$ Wladimir
besetzt, wo in den folgenden Tagen mehrere Häupter der
Targowicer, die kurz vorher die Konföderation in Lutzk
eröffnet, im Gefolge eines zahlreichen Adels erschienen,
um sie auch hier zu errichten. So forderte es die Sitte:
jede einigermaßen bedeutende Stadt erhob ihre eigene Konföderation, die der durch die Hauptunternehmer publicirten
Akte oder der General-Konföderation beitrat. Dieser
Umstand verzögerte etwas Kachowski's Bewegung, und
erlaubte den Polen, am Bug alle möglichen Vertheidigungs-
anstalten zu treffen: die Brücken wurden zerstört, alle
Böte, Barken und Prahmen wurden zusammengebracht
und verbrannt; die Furthen durch Versenkung von Spanischen Reitern oder Eggen, die mit eisernen Spitzen be-
schlagen waren, und ähnlicher Werkzeuge, unbrauchbar
gemacht, und alle diejenigen Punkte, die zur Schlagung

einer Brücke günstig schienen, durch Verschanzungen ge=
sichert. — Erst am $\frac{3}{14}$. Juli rückte die Vorhut der Ukrai=
nischen Armee von Wladimir nach Ustilug, während Tor=
massow mit einem Theil der ersten Abtheilung weiter
nördlich nach Turczanie gegen Poniatowski aufbrach, und
Lewanidow mit seiner Abtheilung in Liuboml anlangte.
Am $\frac{5}{16}$. Juli setzten sich auch die übrigen Truppen von
Wladimir gegen den Bug in Bewegung. Der Ueber=
gang ward bei Klabnew, einem hart an der Oestreichischen
Gränze oberhalb Dubienka liegenden Dorfe bestimmt, wo
die Polen nach dem anfänglichen Plane, den Bug gleich
von der Galizischen Gränze ab zu vertheidigen, dies= und
jenseits Schanzen aufgeworfen hatten. Die vordern Russi=
schen Truppen langten hier am $\frac{8}{17}$. Juli Nachmittags an;
und gleich darauf erschien auch Rachowski persönlich mit
den Kosaken von Orlow und den vier Bataillonen Jägern
von Saltykow. Er näherte sich dem Fluß bis auf einen
Flintenschuß, um den Uebergangspunkt genauer zu be=
zeichnen, da niemand in den Schanzen zu sein schien;
aber kaum war er in der Schußweite, als die in der
jenseitigen Schanze versteckten Truppen plötzlich eine Salve
gaben. Dem von dort nun fortgesetzten Feuer wurde
durch die herbeieilenden Jäger und das Geschütz bald ein
Ende gemacht. Aber wie hinüberkommen, um das Schlagen
der Brücke zu decken? Denn der Feind hatte alle hier
befindlichen Fahrzeuge vernichtet. Da bemerkten die Jäger
zwei Prahmen jenseits, die nur halb verbrannt waren,
schwammen über den Strom, bemächtigten sich derselben
und brachten sie triumphirend an das diesseitige Ufer.
Auf diesen wurden sofort die vier Jägerbataillone mit

Geschütz hinübergeführt; zu gleicher Zeit setzte die Escorte des Oberfeldherrn schwimmend über ben Fluß: der zum Brückenschlag bestimmte Punkt warb besetzt, und die Arbeiten begannen, da auch die Pontons jetzt angelangt waren. Die Kosaken von Gregor Grekow gingen weiter rechts durch eine Furth über den Fluß; obgleich sie aber die höchste Vorsicht anwandten, indem man wußte, daß die Furth durch versenkte Eggen unbrauchbar gemacht worden, wurden dennoch acht Pferde schwer beschädigt. Dieß bewog die andern beiden Kosaken=Regimenter, Astachow und Denissow, schwimmend überzusetzen. Ein jenseits weiter rückwärts befindliches Reiter=Regiment warb vertrieben und rettete sich nur durch die eiligste Flucht. Rasch warb die Pontonbrücke geschlagen, und die ganze Vorhut ging nun über und bezog um 9 Uhr Abends ein Lager bei Dubienka; unmittelbar hinter sich die Abtheilung Dunins bei Korytnica habend.

So waren die Russen fast ohne Widerstand hinübergekommen. Die Ursache war, weil Kosciuszko, das Terrain erkundigend, alsofort erkannt hatte, wie gefährlich für die ben Uebergang hier abwehrenden Truppen ein Rückzug über den langen Damm werden müßte, der über die hinten sich ausdehnenden Sümpfe führte und von dem Russischen Kanonenfeuer bestrichen werden konnte. Er hatte daher, statt den Bug unmittelbar zu vertheidigen, seine Truppen unweit davon in eine starke Stellung zwischen der Oestreichischen Gränze und dem Fluß zurückgenommen. Sein rechter Flügel stützte sich an das Dorf Wola, nahe der Gränze, der linke an das Dorf Uchanka am Bug. Vor der Front dehnte sich ein weiter mooriger

Grund mit Gestrüpp bewachsen aus, der nur stellenweise
zugänglich war: rechts und hinter sich hatte man weite
Wälder, die einen Rückzug begünstigen mußten; und um
die Annäherung des Feindes von vorn noch mehr zu erschweren, war eine Reihe zahlreicher Schanzen und Fleschen vor der Front von Wola bis Uchanka aufgeführt,
so daß das Herankommen auf den schmalen Räumen,
wo der Sumpfboden noch einige Festigkeit hatte, unter
dem mörderischen Feuer der Batterien fast unmöglich schien.
In dieser durch Natur und Kunst fast unangreifbaren
Stellung, wo Kosciuszko seine Truppen in zwei Treffen
aufgestellt hatte, erwartete er voll Zuversicht die Russen.
Seine Stärke war nach den Polnischen bekanntlich wenig
glaubwürdigen Angaben 5000 Mann; nach den Russischen
10,000 Mann. Die Wahrheit scheint auch hier in der
Mitte zu liegen, wie aus dem Bericht von Zayonczek
erhellt. Nach diesem wäre die Polnische Armee unter
Poniatowski hinter dem Bug 23,000 Mann stark gewesen; man hätte aber die 6000 Mann zählende Division
von Lubomirski aufgelöset, ihn zurückgeschickt und seine
Truppen unter die drei andern Divisionen vertheilt. [48]
Nun zählten früher die andern drei Divisionen jede 5 bis
6000 Mann; sie mußten demnach, da eine jegliche von
ihnen durch die Lubomirskischen Truppen eine Verstärkung
von 2000 Mann erhielt (zu Kosciuszko kamen die unter
Zayonczek und Czapski stehenden Regimenter, die auch im
Gefecht angeführt werden), jetzt auf 7 bis 8000 Mann

---

[48] Zayonczek, S. 52.

steigen. Solches scheint auch die wahre Stärke vo
Rosciuszko gewesen zu sein. Seine Stellung war d
Schlüssel zur Buglinie und deckte vollkommen die andern
Divisionen von Poniatowski und Wielhorski in ihrer
rechten Flanke; konnte man sie bezwingen, so durften
auch jene beiden nicht einen Augenblick länger hinter dem
Bug weilen.

Dies bewog Kachowski, hier eine Hauptanstrengung
zu machen; damit aber während seines Angriffs nicht
von den andern Korps Verstärkungen hierher geschickt
würden, sandte er noch in der Nacht Befehle ab, daß
Lewanidow bei Opalin (gegen Wielhorski), und Tormassow
bei Dorohusk (gegen Poniatowski selbst) um Mittag
Batterien am Flußufer gegen die jenseitigen Verschanzungen
aufführen, und um 3 Uhr Nachmittags das Feuer aus
denselben wie zu einem beabsichtigten Uebergang eröffnen
sollten.

Kaum graute am $\frac{7}{18}$. Juli der Morgen, so setzte sich
Kachowski zu Pferde, um mit Orlows Kosaken und Saltykows kriegsmuntern Jägern das verschanzte Lager der
Polen zwischen Wola und Uchanka zu erkunden. [49]) Er
fand es sehr stark, baute jedoch auf die Tapferkeit seiner
Truppen und traf seine Anordnungen. Die Vorhut, verstärkt durch die Abtheilung von Dunin, dem die Beschleu-
nigung seines Marsches anbefohlen wurde, sollte sich
den feindlichen Verschanzungen nähern und sie um 5 Uhr
Nachmittags angreifen. Diese Vorhut nebst den Truppen

---

[49]) Hierzu Plan IV.

rchowski

Bemerkungen.

Kavalerie: Eli  den Stand der Truppen zwar nach den  
Kie runden Zahlen.  
Olr  
Wo  e Theil der Ersten Abtheilung befand sich  
Infanterie: Kat , der durch einen angedrohten (und wirk=  
Kie Uebergang bei Dorohusk das Korps  
festhalten und beschäftigen sollte; während  
Opalin gegenüber Wielhorski erschien.

Von der 

Kavalerie: Cha  
Ach  
Sen  
Nie

Infanterie: Sib  
Fan  
Tsch

Theil der Kosaken war bei Tormassow.

Dunins bestand aus 18 Bataillonen (12,200 Mann), 49 Schwadronen (5600 Mann) und 1200 Kosaken, zusammen 19,000 Mann mit 56 Feldgeschützen. [50])

Um 3 Uhr Nachmittags brach Kachowski mit den vordern Truppen in drei Kolonnen aus dem Lager bei Dubienka auf: rechts die Regimenter Charkow und Achtyrka leichte Reiter, Sewerien Karabiniere und Woronesh Husaren, 23 Schwadronen mit 2700 Pferden; links: Elisabethgrad reitende Jäger, Kiew Karabiniere und Olwiopol Husaren, 21 Schwadronen mit 2300 Pferden; in der Mitte die Katharinoslaw Jäger und Kiew Grenadiere, acht Bataillone (5500 Mann) mit 20 Feldgeschützen. Als sich die Truppen auf einen Kanonenschuß den feindlichen Batterien genähert, eröffneten diese ihr Feuer. Kachowski sandte nunmehr den Oberst Saltykow mit zwei Bataillon seiner Jäger und drei Kosaken-Regimentern unter Orlow links gegen Wola, um die dort im Walde vor dem rechten feindlichen Flügel aufgestellten leichten Truppen der Polen hinauszuschlagen; die beiden andern Bataillone der Jäger unter Oberstlieutenant Pustowalow, unterstützt von zwei Kosaken-Regimentern sandte er rechts gegen Uchanka; — der Artillerie-General Braßnikow mußte in der Front eine Batterie von 20 Feldstücken aufführen, unter dem Schutz der vom Generalmajor Valerian Zubow befehligten Kiew Grenadiere; dahinter in zweiter Linie stellte sich General-Major Markow mit der gesammten Reiterei auf. Als hierauf die Truppen unter Dunin sich näherten, wurde eine Batterie von 12 Geschützen unter

---

Bedeckung der Sibirien-Grenadiere rechts jener von Brash-
nikow aufgefahren; und Dunin selbst erhielt Befehl, mit
sechs Bataillonen (Fanagoria-Grenadiere und Tschernigow
Musketiere) und 24 Feldstücken, begleitet von 11 Schwadronen Reiter (Reshin Karabiniere und Woronesh Husaren) rechts gegen den feindlichen linken Flügel bei Uchanka
zu marschiren. Generalmajor Milaschewitz erhielt die
Oberleitung über die gesammte Infanterie des linken
Russischen Flügels.

In dieser Ordnung rückten die Truppen vor: das
Kanonenfeuer von allen feindlichen Schanzen und Batterien
begrüßte sie, und ward von den Russischen Geschützen er-
wiedert, die in großen Batterien vereinigt über die in
den Schanzen zerstreuten Feldstücke des Feindes bald die
Oberhand nahmen und mehrere derselben zum Schweigen
brachten. Dieses ward benutzt. General Milaschewitz
sandte fünf Kompagnien Grenadiere (Kiew und Sibirien)
gegen einige zwischen den Dörfern liegende Schanzen, wo
man Verwirrung bemerkte, vor: diese arbeiteten sich mit
Mühe durch Sumpf und Buschwerk, warfen sich dann
muthig gegen die Schanzen und nahmen drei derselben
eine nach der andern weg. Fast um dieselbe Zeit über-
wältigten auf Dunins Befehl die tapfern Fanagorier,
Suworow's Zöglinge, unter Oberst Zolotuchin den linken
feindlichen Flügel bei Uchanka und nahmen alle dortigen
Verschanzungen, büßten aber dabei ihren heldenmüthigen
Führer ein, der sie so oft zum Siege geleitet. Jetzt da
die Mitte und der linke Flügel des Feindes zum Wanken
und Weichen gebracht worden, befahl Kachowski dem
Obersten der Elisabethgrad reitenden Jäger, Palmbach,

mit seinem Regiment sich eiligst auf die Schanzen des rechten Polnischen Flügels zu stürzen, die den Rückzug ihrer Truppen sicherten, und sie im Fluge wegzunehmen; die andern Kavalerie-Regimenter sollten ihm in der Entfernung folgen und im Nothfall unterstützen. Palmbach, einer der mannhaftesten Offiziere der Armee, stellt sich vor sein Regiment, schwingt den Säbel, und gibt damit seinen Tapfern das Zeichen zum Vorsprengen. In raschem Trab eilen sie auf die vorderste Schanze zu, umkreisen sie und säbeln die Vertheidiger nieder; sodann auf eine zweite Schanze, hier wird Palmbach, der überall voran ist, verwundet; er, unerschüttert, führt sie gegen die dritte Schanze; da trifft ihn die tödtliche Kugel. Seine Reiter, durch seinen Tod bestürzt, durch die Wegnahme der Schanzen aus einander gekommen, verfolgen den fliehenden Feind mit mehr Erbitterung als Ordnung; stoßen auf eine geordnete Reiterschaar unter Wielowiejski, und werden nun mit Verlust zurückgeführt. Oberstlieutenant Bauer mit drei Schwadronen Charkow leichte Reiter nimmt den Feind auf; die Elisabethgrader sammeln und ordnen sich hinter ihm und gehen nun ergrimmt und beschämt von neuem vor. Darüber entspinnt sich dort der heftigste Reiterkampf.

Indeß gewann das Fußvolk der Russen immer mehr Boden, die feindlichen Schanzen, kühn angegriffen, wurden entweder mit Gewalt genommen oder verlassen; und nach den Schanzen auch das Lager. Alle ihre Erdwälle, ihre Schirm-, Halt-, und Stützpunkte, auf die sie ihre Hoffnung gesetzt, wurden den Polen entrissen, und obgleich sich tapfer wehrend, wurden sie bei hereindunkelnder Nacht

gegen den hinter ihnen befindlichen Wald geworfen, der
sie aufnahm und ihrem Rückzug Schutz, ihrer Unordnung
bergenden Schatten lieh. So wichen sie hier, so flohen
sie dort, vereint, getrennt, einzeln und in Haufen auf
zwei verschiedenen Straßen durch des Waldes Dickicht:
die einen schlugen den Weg nach Chelm, die andern den
weitern nach Krasnostaw ein. Der düstere Wald schien
belebt durch verwirrte Menschenstimmen, durch Rufen,
Trommelschlag, durch Flinten= und Kanonenschüsse, die
die nächtliche Dunkelheit von Zeit zu Zeit durchzuckten;
denn die leichten Truppen der Russen verfolgten schießend
und stechend die Fliehenden mehrere Werst in den Wald
hinein. Als Kosciuszko mit den vordern Schaaren in
Kuniow, auf dem Wege nach Krasnostaw anlangte, hätte
ihm der Schmerz bald die Besinnung geraubt, als er
nur einen kleinen Haufen seiner Getreuen um sich er=
blickte, von seiner ganzen schönen Division nur zwei Ba=
taillone und ein Reiterregiment [51]); doch allmälig sammel=
ten sich immer mehr Flüchtige, die ihren Weg durch den
Wald auf verschiedenen Stegen gesucht und gefunden;
und zuletzt führte ihm der tapfere Wielowiejski, der den
Rückzug gedeckt, noch den Rest der Geretteten nebst drei
Kanonen zu. Es fehlte freilich ein großer Theil seiner
Braven, die entweder todt oder verwundet auf dem Schlacht=
feld lagen, oder die gefangen, oder im Walde verirrt,
oder die sich über die Oestreichische Gränze geflüchtet
hatten; dazu, mit Ausnahme jener drei Kanonen, das
sämmtliche übrige Geschütz nebst Zubehör.

---

[51]) Vgl. Zayonczek S. 54.

Solches war das Gefecht von Dubienka, oder, wie die Russen es nennen, von Uchanka, das letzte und blutigste des sonst ziemlich unblutigen Kriegs, das durch Polnische Ruhmredigkeit weit über seine Bedeutung hervorgehoben, und, obwohl Niederlage, fast als Sieg gepriesen, großen Ruf und Nachhall besonders in der Fremde gefunden hat. Und doch, was war es? wo zeigte sich das größere Verdienst? — War es nicht schwieriger eine durch Sumpf und fließende Wasser, durch Waldgestrüpp und Wald, durch Dörfer und zahllose Schanzen gedeckte und vertheidigte Stellung mit dem Bajonnet oder Säbel in der Faust tapfern, für ihren Anführer begeisterten Streitern zu entringen, als sie zu behaupten? Und sie wurde ihnen entrungen, abgekämpft. — Aber die Uebermacht? Wenn die Russen mehr Truppen auf dem Kampfplatz hatten, so wurden darum nicht alle, die der Rapport zählte, verwandt; wo wirklich Mann gegen Mann gekämpft ward, entschied bei der Enge des Raums mehr als die Ueberzahl die unbesiegbare Zähigkeit, die lieber stirbt als nachgiebt, von Kachowski's Veteranen. Selbst Kosciuszko zeigt in seinem Bericht versteckt seine Bewunderung über die hartnäckige Tapferkeit seiner Gegner. „Vergeblich, heißt es bei ihm, wies man die Moskowiter dreimal an einer Stelle zurück;" — sie kamen immer wieder und triumphirten zuletzt, gibt er freilich nur zu verstehen, indem er gleich hinzufügt: „auch die Jäger zeigten gleiche Hartnäckigkeit." [52] — Es waren Saltykow's Katharinoslawer, die Miterstürmer Ismails! —

---

[52] Vergleiche seinen Bericht in der Beilage D.

Wenn also jemand Ursache hatte, stolz zu thun, so waren es eher die, welche eine fast unnehmbare Stellung mit Kugel, Bajonnet und Säbel und ihren Leibern erstürmt und genommen hatten, als die, welche sie tapfer gewiß! aber unglücklich vertheidigt. Und wäre Nacht und Wald nicht gewesen, was wäre aus den Polnischen Tapfern zuletzt geworden? Ueber 900 Todte und Verwundete [53] ließen sie auf der Wahlstatt und beim Rückzug, darunter viele Offiziere; zwei der tapfersten, von denen wir noch hören werden, die Obersten Haumann und Piotrowski nahmen sie mit sich fort. Von ihren zehn Feldgeschützen, die sie nach Kosciuszko's Bericht gehabt haben sollen, wurden sieben ihnen entrissen. — Die Einbuße der Russen war in Folge der kühnen Reiterangriffe auf die Schanzen größer an getödteten Pferden denn an Menschen; 640 Pferde wurden unbrauchbar; der Verlust an Menschen soll 500 nicht überstiegen haben; aber schmerzlich ward er durch den Tod zweier der heldenmüthigsten Offiziere des Heers, Zolotuchin's und Palmbach's, die mit ihren Leibern den Weg zum Siege gewiesen hatten.

Ueberwundene haben zu jeder Zeit ihre Niederlagen nicht dem Mangel an persönlichen Vorzügen, an Muth, Standhaftigkeit, moralischer Kraft, sondern ganz aparten Ursachen beigemessen: bald dem Verrath, dem Ungeschick oder Ungehorsam eines oder des andern, bald einer übereilten oder verspäteten Maßnahme, bald diesem, bald jenem. Die Polen, bei ihrer großen National-Eitelkeit von jeher stark in dergleichen Ausflüchten und Beschönigungen, gaben

---

[53] Nach Kosciuszko's Angabe.

# D. Kosciuszko's eigener Bericht über das Gefecht bei Dubienka

## am $\frac{7}{18}$. Juli 1792.

(Aus Raczyński, obraz Polakow i Polski. XVI. 105.)

———

Kosciuszko, sich selber überlassen, benutzte jedes Mittel, das die Vorsicht diktirte, wählte zu seinem Lager einen trefflich geeigneten Ort, und verstärkte es durch Batterien und Fleschen. Seine Rechte berührte die Galizische Gränze, seine Linke den Bug. Die Russen, einen falschen Angriff auf die Stellung des Fürsten Joseph machend, richteten ein Korps von 18,000 Mann nebst 60 zwölfpfündigen Geschützen, worunter sogar Zwanzigpfünder waren, gegen Kosciuszko, der nur 2 Zwölfpfünder, 6 Sechspfünder und 2 Haubitzen hatte. Die Kanonade dauerte von beiden Seiten sieben Stunden [1] ohne Aufhören, verursachte den Polen aber nur einen Verlust von einem Offizier und zwei Soldaten (!). [2]. Hierauf geschah ein Angriff mit Kavalerie, Infanterie und Jägern. An der Spitze der Kavalerie stürzte sich der Oberst Palmbach, ein kühner Offizier, auf die Batterien, ward bald getödtet, und von seiner Mann-

———

[1] Die Russen eröffneten ihren Angriff gegen 5 Uhr Nachmittags; nach dieser Angabe müßte die Kanonade bis Mitternacht gedauert und dann erst die Infanterie- und Kavalerie-Angriffe begonnen haben, was erwiesen falsch ist.

[2] Nach siebenstündiger Kanonade? — Das klingt fast wie Beurnonvilles Bericht aus dieser Zeit von einem langen hartnäckigen Gefecht, bei welchem die Franzosen aber zuletzt nichts weiter verloren hätten, als den kleinen Finger eines Trommelschlägers.

schaft kehrten nur wenige zurück. Die Moskowitische Infanterie wurde an einer Stelle dreimal zurückgewiesen [3]);
und die Jäger zeigten eine gleiche Hartnäckigkeit. Da
aber die Moskalen wegen ihrer Ueberlegenheit herum-
nahmen [4]) und die Brigade Biernacki vor der Zeit davon
ging, obgleich sie nicht einmal im Gefecht gewesen war,
so begann man sich gegen Krasnostaw zurückzuziehen [5]),
unter beständigem Kleingewehr- und Kanonenfeuer gegen
den Feind, der uns zwei Meilen verfolgte [6]), davon aber
keinen andern Vortheil hatte als seinen Verlust zu
vermehren (!). — Das ganze Gefecht kostete den
Polen 900 Mann [7]), den Russen aber, wie die Leute
sagen, 4000. —

Man sieht aus diesem Bericht, auch Kosciuszko konnte
seine National-Eigenthümlichkeit nicht ganz verhehlen —
naturam expellas furca, tamen usque recurret!

---

[3]) Den Nachsatz: „und kam immer wieder", läßt er aus, deutet
ihn aber durch den folgenden Satz an: „die Jäger zeigten gleiche
Hartnäckigkeit."

[4]) Im Polnischen Original dieselbe Unbestimmtheit: na okolo
zajmovali. — Das Herumnehmen malt dann Kollontai (dessen Erzählung sonst nach Kosciuszko's Bericht gemacht ist) gehörig aus,
indem er stark betont, wie die Russen nur einzig durch Verletzung
der (neutralen) Galizischen Gränze die Polen zum Rückzug hätten
zwingen können.

[5]) Wie unbestimmt, wie vertuschend, um nicht zu sagen: „da
man aus den Schanzen vertrieben wurde, so mußte man sich zurückziehen."

[6]) Also die Verfolgung durch den Feind und damit den Verlust
des Treffens eingestanden; aber freilich nur, um großsprechend hinzuzufügen: „die Verfolger hätten (gegen alle bekannte Erfahrung) mehr
gelitten als die Verfolgten."

[7]) Kollontai verbessert schnell dieses Eingeständniß und streicht
eine Null weg, so kommt 90 Mann (II. S. 129); die 4000 aber,
wie die Leute sagen (jak mówią ludzie), bleiben in voller Pracht
stehen. — Zayonczek jedoch schämt sich derselben, und setzt 2000.
— So schreibt man „urkundliche Geschichte", wie Schlosser
Kollontai's Werk nennt! —

hier als Grund ihrer Niederlage an: „Die Russen hätten
sie durch das Oestreichische Gebiet umgangen." [54] —
Daran war nichts. Wir haben gesehen, es ward überall
Brust gegen Brust gekämpft; alle Schanzen wurden von
vorn genommen, ihre Vertheidiger von vorn aus denselben
geworfen; Kavalerie und Infanterie der Russen wetteifer=
ten, wer dem Feinde die mehrsten seiner Erdaufwürfe
entrisse. Die Schlacht war eine gerade Frontalschlacht,
zum Umgehen wurde gar kein Korps von den Russen
verwandt; nur die zwei Bataillone Katharinoslaw Jäger,
unterstützt von Orlow's Kosaken, hatten die Aufgabe, die
feindlichen leichten Truppen, die jenseits Wola im Walde
bis zur Oestreichischen Gränze verbreitet waren, nicht zu
umgehen, sondern von vorn anzugreifen und zurückzuwer=
fen. Die Behauptung, Entschuldigung, Vorwurf, wie
man's nehmen will, war daher ganz unbegründet, da der
Kampf überhaupt nicht durch Umgehung, sondern Mann
gegen Mann, Soldat dem Soldaten das Weiße im Auge
schauend, entschieden ward.

Jene leeren Ausflüchte auf ihr Nichts zurückführend,
muß man jedoch der Tapferkeit der Polnischen Krieger
wie. den verständigen Anordnungen Kosciuszko's alle Ge=
rechtigkeit widerfahren lassen. Der Polnische Feldherr
hatte seinen Boden trefflich gewählt, trefflich benutzt; der
junge Soldat kämpfte mit Muth und Standhaftigkeit,

---

[54] Kosciuszko in seinem Bericht sagt das nicht geradezu, sondern
spricht nur von einer Umgehung im Allgemeinen (na okolo sajmo-
wali); erst Kollontai und der ganze Schwarm der ihm Nachschrei=
benden schrie über Verletzung neutralen Gebiets und dadurch erlangte
Vortheile.

und wer wollte es ihm zum Vorwurf machen, daß er einer erlesenen und dazu weit stärkern Macht mit Ehren unterlag?

Um dieselbe Zeit, als Kachowski die Stellung von Kosciuszko angriff, gingen auch Lewanidow bei Opalin und Tormassow bei Dorohusk über den Bug, und zwangen nach lebhaftem Widerstand die Gegner zum Rückzug, um so mehr als selbige befürchten mußten, nach Kosciuszko's Niederlage in Flanke und Rücken genommen zu werden. Eine lange Vertheidigungslinie an einem Punkte forcirt, ist nirgends mehr haltbar.

Zwei Tage gab Kachowski seinen Truppen Rast bei Uchanka; Lewanidow erhielt aber Befehl, den $\frac{11}{22}$. Juli nach Brest aufzubrechen, um die Verbindung mit der Litauischen Armee von Kretschetnikoff herzustellen.

Das Heer Poniatowski's zog sich nun über Bistupice, wo es den Wieprz passirte, Lublin, auf Kurow zurück; die Hinterhut blieb in Markuszow. Der Rückzug über die Weichsel ward durch eine bei Pulawy geschlagene Brücke gesichert.

Am $\frac{11}{22}$. Juli hielt Kachowski, der dem Polnischen Heer gefolgt war, seinen Einzug in Lublin. Am Abend brachte ihm hier ein Adjutant des Polnischen Oberfeldherrn, Chomentowski, ein Schreiben des Russischen Gesandten in Warschau, Bulgakow, worin dieser anzeigte: „daß der König am $\frac{12}{23}$. Juli mit der Armee der Targowicer Konföderation beigetreten sei; man möchte also darnach die weitern Maßregeln nehmen." — Kachowski hatte zwei Kosaken-Regimenter nach Grabow abgeschickt, um die feindliche Hinterhut anzugreifen; zu ihrer Unterstützung waren noch am Morgen dieses Tages Orlow mit den andern Kosaken-Regimentern und den vier Bataillonen Katharinoslaw Jäger aufgebrochen, und auch das übrige Heer schickte sich an, nach Grabow zu folgen. Alles erhielt jetzt Gegenbefehl. — Aber da lief die Meldung von den Vorposten ein: „die Polen verstärkten sich wie zu einem Angriff bei Markuszow." — Rachowski ließ erwiedern: „man soll sich ruhig halten, griffe aber der Feind an, sich wehren." — In die Hände der Polen war in der Zwischenzeit ein Kosak gefallen, durch den sie erfuhren, daß bei Grabow nur zwei Kosaken-Regimenter stünden. Das wollten sie benutzen, um, trotz der Befehle aus Warschau zur Einstellung der Feindseligkeiten, zuletzt noch einen Erfolg zu erringen. Man hätte diesen dann schön aufgeputzt, zu einem Sieg über einen großen Theil des Russischen Heers erhöht, von der Hitze und Kriegslustigkeit der Truppen gesprochen, welche die größten Erfolge in Aussicht gestellt, als die Befehle des Königs sie in ihren Siegen gehemmt hätten. Poniatowski befahl demnach, daß zwölf Schwadronen erlesener Reiter am folgenden Morgen auf jene zwei Kosaken-Regimenter bei Grabow losgehen, sie wo möglich abschneiden und völlig aufreiben sollten. Doch es kam anders. Orlow war am ⅟⁄₁₅. Juli für seine Person eben in Grabow angelangt, als er verdächtige Bewegungen bei den Gegnern bemerkte. Er befahl sofort den vordern Kosaken, im Fall eines Angriffs sich auf die anrückenden Verstärkungen zurückzuziehen, die er zu beiden Seiten des Wegs in Versteck legte; die vier Bataillone Jäger mußten sich mit ihren Kanonen weiter rückwärts quer über den Weg stellen. Als die zwei Polnischen Reiter-Regimenter die Kosaken vor sich fliehen sahen, verfolgten sie sie mit Jubelgeschrei, und geriethen plötzlich in das Kanonen- und Kleingewehrfeuer der Jäger. Ehe sie sich von ihrem Erstaunen erholen konnten, faßten Orlows Kosaken sie in die Flanke. Nach lebhaftem Kampf und nachdem sie an 200 der Ihrigen eingebüßt, retteten sie sich mit Mühe, verfolgt bis über Markuszow hinaus. Poniatowski, der selber zugegen war, wäre, umringt, beinahe getödtet worden, seine einfache Kleidung rettete ihn. Als er nebst einem andern Offizier dahin stob, bemerkte ein sie verfolgender Kosak, daß der Offizier besser aufgeputzt sei, jagte an Poniatowski vorüber und stieß jenen vom Pferde. Während er nun abstieg, um den Gefallenen auszuplündern, entkam Poniatowski. [55])

Bald nach dem Gefecht, als die vordern Truppen der Russen ihr Lager bei Markuszow nahmen, kam Poniatowski selber angesprengt und wünschte den Oberfeldherrn zu sprechen. Da dieser sich weiter rückwärts befand, ritt General Markow an ihn heran und erfuhr, daß jener mit einem Vorschlag zur Einstellung der Feindseligkeiten gekommen sei. Markow versprach es dem Obergeneral zu melden. Kachowski sandte darauf Valerian Zubow zu Poniatowski mit der Anzeige: „daß, da er, Poniatowski, obwohl durch den König selbst von dessen Beitritt zur Targowicer Konföderation unterrichtet, die Feindseligkeiten dennoch fortgesetzt habe: so könne Kachowski sich in keine weitern Unterhandlungen mit ihm

---

[55]) Aus dem Bericht von Kachowski.

einlaſſen, ſondern verlange Niederlegung der Waffen und Beitritt zur Konföderation. — Kaum war Zubow fort, ſo erſchien Poniatowski, der ſich auf einem andern Wege mit jenem gekreuzt, abermals in eigener Perſon, und verlangte, zu Rachowski vorgelaſſen, den Abſchluß eines Waffenſtillſtandes. Der Ruſſiſche Feldherr ſagte ihm mündlich das Nämliche, womit er Zubow beauftragt, und fügte hinzu: „daß, da er ſich ſo nahe an den Polniſchen Truppen befände, er die Kriegshandlungen gegen ſie ſogleich beginnen werde.“ — Poniatowski, beſtürzt, verlangte hierauf anderthalb Stunden Bedenkzeit; und ehe dieſe noch abgefloſſen, kam er wieder, begleitet von Kosciuszko und einer großen Zahl Stabs= und Oberoffiziere, mit der Erklärung: „daß er ſo eben vom Könige die Anzeige erhalten, derſelbe ſei der Konföderation beigetreten; daß die Feindſeligkeiten demnach aufhören möchten, indem er ſich den Befehlen des Königs fügen werde.“

Und ſo war es. Der ſchwere Schritt war geſchehen, alles in den letzten drei Jahren Gethane ward aufgehoben und zurückgethan, und der Beitritt zur Targowicer Konföderation, nach gehaltenem großen Miniſterrathe beſchloſſen worden. — Dieß zieht uns wieder nach Warſchau, in den Mittelpunkt der politiſchen Ereigniſſe und nöthigt uns, da wir die Erzählung der Kriegshandlungen nicht haben unterbrechen wollen, etwas in der Zeit zurückzugreifen.

# Sechster Abschnitt.

---

## 1792.

# Sechster Abschnitt.

## Fortsetzung — Begebenheiten in Polen bis zum Schluß des Jahrs 1792.

---

Schwierige Lage — Sollte der König zum Heer abgehen? — Schlimme Nachrichten vom Heer — Der König wendet sich bittend an die Kaiserin — Schreiben des Königs — Rußland schließt mit Oestreich und Preußen Bundesverträge ab — Ursachen der ablehnenden Antwort der Kaiserin an Stanislaus — Ostermanns herbe Note — Verlegenheit des Königs — Abstimmung des Ministerraths — Der König tritt der Targowicer Konföderation bei — Heftige Partei-Anklagen gegen ihn — Zahlreiche Auswanderung der Parteigenossen — Kollontai's zweideutiges Benehmen — Bedauernswerthe Lage des Königs — Herrschaft der Targowicer — Zusammentritt in Mainz zwischen Kaiser Franz und König Friedrich Wilhelm — Entschädigungspläne — Verfehlter Feldzug des Herzog von Braunschweig in die Champagne — Vergleich der beiden Feldzüge vom Jahr 1792 in Polen und Frankreich — Preußen erneuert seine Ansprüche auf Polen — Graf Haugwitz — Die Note von Merl vom 25. Oct. 1792 — Haugwitz begibt sich nach Wien, um die Entschädigungs-Unterhandlung durchzuführen — Erwägungen der Kaiserin von Rußland — Freude des Königs von Preußen über die Einwilligung der Kaiserin zur Theilung — Gründe, die man in London dafür geltend macht.

Nach der Vertagung des Reichstags war der König mit dem Ministerrath (Straz) allein und mit fast unumschränkter Gewalt an der Spitze der Regierung geblieben. Die Lage war schwierig und ward es täglich mehr durch die raschen Fortschritte der Russischen Heere. Und in dem Maße als diese vorschritten, erklärte sich das Land hinter ihnen für die Targowicer, und alle Rekruten, Steuern, Gelder, die man von da erwartete, kamen der Konföderation zu Gute. Es fehlte daher am Nerv des Widerstandes, Menschen und Geld, Geld und Menschen; von innen wenig Hülfe und keine von außen. Was also thun?

Die Unbedachtsamen oder Arglistigen, die Beherrscher der Partei und des weiland Reichstags, waren schnell mit der Antwort fertig, jene, weil sie es wirklich glaubten, diese, um je nach dem Erfolg den Schritt auszulegen, ihn anzuklagen oder dessen Ehre für sich in Anspruch zu nehmen. „Der König müsse, behaupteten sie, zum Heere abgehen; auf den Boden stampfen, und Tausende geharnischter Krieger würden aufstehen, sich um ihn schaaren, und von ihm geführt, das Schauspiel Johann Kasimirs erneuen, der von Schweden, Preußen, Siebenbürger und Russen bedrängt, durch Aufgebot und Aufstand der Massen sein Königreich den Feinden wieder entrissen habe." Damit glaubten sie alles abgemacht! — Die größten politischen Fehler und Irrthümer werden begangen, wenn der Mensch, ohne scharfe Prüfung der Verhältnisse, nach Erinnerungen und dunkeln Gefühlen urtheilt oder handelt. Nichts was ist, ist sich vollkommen gleich, nichts was war, geschieht mit gleichen Umständen wieder. Leibnitz zeigte, daß auch nicht ein Blatt dem andern vollkommen gliche. Thoren suchen demnach

in Umständen Gleichheit, wo keine ist, und wäre es auch
nur die Ungleichheit der Zeit. Nicht Kasimirs Verdienst
oder des Volkes schwache Anstrengungen retteten damals
Polen, sondern die Entzweiung der Gegner, Preußens
Zurücktritt, Schwedens Beschäftigung anderwärts, Oestreichs
und Montekukuli's Hülfe, der Siebenbürger Kraftlosigkeit,
Rußlands rohe, unbehülfliche und noch ungeübte Kraft.
Seitdem hatte die Zeit hundertundfunfzig ihrer Jahre darüber
hinstreichen lassen, und diese hundertundfunfzig Jahre hatten
alles umher verändert, umgewandelt; hier geschwächt, dort
gestärkt, Kleines groß gemacht und Großes klein; die Namen
waren dieselben geblieben, nicht die Sachen. — Sklavisch
nun die Manöver von damals unter ganz veränderten
Umständen nachzuahmen, wie die weisen Rathgeber riethen,
nach Galizien zu gehen wie Johann Kasimir, und die
pospolite ruszenie aufzubieten, war geradezu lächerlich;
denn Galizien war gar nicht mehr Polnisch, und die
pospolite ruszenie eine Kriegsmaßregel, die sich überlebt.
Früher, in der Kindheit der Kriegskunst, kämpfte man
mit Aufgeboten; was sind sie aber heut zu Tage geregelten Truppen gegenüber? Tausende und aber Tausende
zerstieben wie geworfelte Spreu vor einzelnen Regimentern.
Die Barer Konföderirten hatten fast das ganze Land
für sich, boten Adel und Bauern überall auf, brachten
große Haufen zusammen; und dennoch hielten 10,000
Russen das gesammte Land in Respekt und Unterwürfigkeit; wo es zum Zusammenstoß kam, stäubten jene Auf-
gebotler wie gescheuchte Hasen aus einander. Wo die
geregelten Heere der Polen nichts auszurichten vermochten,
was sollten da ungeregelte rohe Massen vermögen?

Mit dem Aufgebot also war es nichts; aber nun, die Erscheinung, die Gegenwart des Königs beim Heer. — Und was sollte dieser unkriegerische König beim Heer? Den Oberbefehl führen? — Aber er verstand nichts vom praktischen Kriege; aber der Krieg fordert nicht bloß Einsicht und Geschick, sondern vor allem die größte Thätigkeit und Karakterstärke, zwei Eigenschaften, die dem weichlichen Stanislaus vor allem abgingen. Er war also zum eigenen Anführen durchaus untauglich. — „Nun wohl, so mochten Andere statt seiner befehlen, er nur den Namen hergeben." — Das ist die traurigste Kombination im Kriege, weil sie die nothwendige Einheit aufhebt. Ohne Einheit kein fester Plan, kein entschiedener Entschluß; — Vielheit mag berathen; wo es auf rasches Handeln ankommt, wie beim Heer, muß Einer Herr, König, unumschränkt sein. Durch jene angebliche Auskunft wird der Intrigue, den Ohrenbläsereien, dem Zwiespalt, dem Schwanken und der Ungewißheit, endlich den Umtrieben und dem Vielbefehlen Thor und Thür geöffnet; um nicht von dem unvermeidlichen Zeitverlust zu sprechen, den es mit sich bringt, da doch im Kriege das Kostbarste die Zeit ist, und die blitzschnelle Ausführung eines Gedankenblitzes oft über den Erfolg entscheidet. Mit gespaltener Seele hätte der ausführende Feldherr eben so sehr an seine Neider und Feinde beim König als an die äußern denken müssen. Der oberste Kriegsrath, den wir kennen, wäre gefolgt, mußte folgen, um das Heft nicht aus den Händen zu verlieren. Er hätte geherrscht, geleitet — und was mußte herauskommen, wenn die Malachowski, Potocki, Kollontai und dergleichen Reichstagsheroen den oberſten Befehl geführt hätten; denn der König mußte thun, was ſie geboten, zumal beim Heer, das ſie durch ihre Anhänger und durch den blinden Wahn beherrſchten: ihre Verfaſſung würde Polen groß machen. — Wenn Poniatowski und vornämlich Kosciuszko den Rückzug des Heers geordnet und ehrenvoll ausführten, was wäre es geweſen, wenn der König mit jenem er= ſchwerenden Geleit alles in Unruhe und Verwirrung ge= bracht und erhalten hätte? Welcher thörichte Vorwurf alſo: „ja, wenn der unkriegeriſcheſte König, den die Welt geſehen, ſich an die Spitze des Heers geſtellt, ſo wären die Polen als Sieger aus dem Kampf gegangen"; — welche thörichte Entſchuldigung: „weil der König ſich nicht zum Heer begeben, darum iſt das Heer und Polen überwunden worden." — Parteigeiſt hat die Entſchuldi= gung, den Vorwurf ausgeſprochen, Gedankenloſigkeit hat ihn überall nachgebetet [1]).

Der König, von den Häuptern der Partei gedrängt, verſprach alles; nur, da er, wie er ſagte, nicht anders zum Heer abgehen könnte, als in Begleitung ſeiner Gar= den, ſo müßte man dieſe, welche der Reichstag früher abſichtlich vernachläſſigt hatte, erſt in kriegsfertigen Stand ſetzen. Man fing alſo jetzt an, für deren bringendſte Bedürfniſſe zu ſorgen. Das erforderte Zeit. Darüber langten trübe Nachrichten von der Armee an, und ver= breiteten Beſtürzung bei der Partei. Zayonczek, ein ent= ſchiedener Anhänger derſelben, hatte nach den Gefechten

---

[1]) Man vergleiche nur ſämmtliche Schriften, die dieſen Gegen= ſtand berühren, und man wird überall Kollontai's albernen Vor= wurf wiederholt finden.

bei Lubar, wo das Polnische Heer so viel litt, seinen
Freunden geschrieben: „Poniatowski's Heer sei umringt
gewesen, habe sich zwar durchgeschlagen, aber viel Leute,
die Bagagen, so wie Polonne mit den Magazinen ver=
loren. Die Gefechte hätten fünf Tage gedauert, bis
man endlich Zaslaw erreicht hätte." — Ein Adjutant
Poniatowski's, Fürst Sanguszko, bestätigte diese Nach=
richten, gab den Verlust an Mannschaft auf 2000 an;
versicherte: es fehle an Pulver, Blei, Proviant; berichtete
von der Stimmung im Hauptquartier, die für einen Ver=
gleich und ein Bündniß mit Rußland sei. — Durch
diese Berichte und die direkten Rapporte des Obergenerals
erschreckt, in der Ferne die Unfälle für größer erachtend
als sie waren, sich endlich von der Unzulänglichkeit der
Widerstandsmittel überzeugend, hatte man angefangen,
an einem glücklichen Ausgang zu verzweifeln, und die
Nothwendigkeit erkannt, sich den Umständen und der
Uebermacht zu fügen. Es ward demnach beschlossen, sich
bittend an die Kaiserin zu wenden, und bis die Ant=
wort aus Petersburg käme, auf einen Waffenstillstand
bei Kachowski anzutragen. Ignaz Potocki, das Haupt
der Partei, durch seine Sendung nach Berlin enttäuscht
und sonst keinen Ausweg sehend, rieth traurig und mit
gesunkenem Muthe selber zu diesem Schritt[2]. — Er ward

---

[2] Daß Ignaz Potocki selber darauf angetragen, versichert
Komarzewski ausdrücklich S. 228: Dans des circonstances
aussi embarrassantes le Chef de la majorité de la diète
exposa au Roi et au Conseil de surveillance (Straż) la nécessité
urgente, de s'adresser directement à l'Impératrice. Suivant cet avis
le Roi écrivit à l'Impératrice etc. — Le chef de la majorité de la

gethan; auf welche Art und was dabei vorging, möge
uns Bulgakow, der den Vermittler machte, des nähern
erzählen. Er beginnt seinen Bericht vom ¹¹⁄₁₂. Juni mit
den triumphirenden Worten: „Es ist früher, als ich er=
wartet, zum Durchbruch gekommen; Polen liegt zu Ew.
Majestät Füßen und übergibt sich Ihrer Gnade;" — und
nun fährt er fort zu erzählen: „Am ⁸⁄₁₉. Juni ward in
der Nacht der Vicekanzler Chreptowitsch vom Könige zu
mir geschickt, um einen Waffenstillstand zu erbitten. Ich
antwortete: „derselbe hänge nicht von mir ab, und könne
auch nicht eher bewilligt werden, als bis man hier alles
Geschehene bereue, die von mir übergebene Deklaration
zur Grundlage annehme, und aufrichtig, ohne Hinterge=
danken, sich an die Großmuth der Kaiserin wende." —
Auf Chreptowitsch' Frage: „ob die kommandirenden Ge=
nerale einen Waffenstillstand abschließen könnten?" —
erwiderte ich: „ihre Instruktionen seien mir unbekannt,
da ich keine Verbindung mit ihnen haben könne; doch
wahrscheinlich seien sie übereinstimmend mit den meinigen,
und die Erfüllung des königlichen Wunsches, das Blut=
vergießen zu hemmen, hänge nur von Ihnen selber ab."
— Chreptowitsch versetzte hierauf: „noch an demselben
Tage sollten zwei königliche Adjutanten zum Prinzen
Joseph abgehen, um dem Russischen Oberbefehlshaber
den Vorschlag zu einem Waffenstillstand zu machen."
Sodann eröffnete er mir: „er sei gesandt, meinen Rath
einzuholen, was sie thun sollten?" — Ich entgegnete:

---

diéte ist Ignaz Potocki. Komarzewski hat nämlich die Gewohnheit,
die Personen deutlich zu bezeichnen, nie aber bei Namen zu
nennen.

„in Unterhandlungen könne ich nicht eingehen als nur im Sinn der Deklaration, die sie vor allem erst zur Grundlage annehmen müßten; und wenn sie zu mir Zutrauen hätten, so wäre mein einziger Rath, ohne Zeitverlust die Großmuth der Kaiserin anzurufen, aber ohne Hinterhalt, weil sonst nichts Festes zu Stande komme." Chreptowitsch entdeckte mir nun: „daß nicht nur der König, sondern auch der Marschall Malachowski, der Unterkanzler Kollontai und andere Häupter dazu geneigt seien." — „Ist dem so, erwiderte ich, so bin ich bereit, die Vorschläge anzuhören." — Er machte sie nun in folgender Art: „Wir haben uns alle überzeugt, daß für uns kein anderes Heil sei. Der Wunsch und Entschluß des Königs wie aller wahren Vaterlandsfreunde ist: den Polnischen Thron mit der Erbfolge dem Großfürsten Konstantin anzubieten und Ihre Kaiserliche Majestät zu bitten, Polen eine neue und feste Verfassung zu geben. Sollte dieser Vorschlag aber den Wünschen Ihrer Kaiserlichen Majestät nicht entsprechen oder politische Hindernisse finden: so sind wir auch zufrieden, wenn Ihre Kaiserl. Majestät uns irgend einen König, wen Sie wollen, noch bei Lebzeiten des jetzigen wählten. — Sollte Ihre Kaiserl. Majestät auch dieses ablehnen, so bitten wir um ein Bündniß mit uns, sei es ein ewiges, sei es ein zeitweiliges, nach welchen Bedingungen es Ihnen gefällig ist, und worin wir unsererseits uns verpflichten, im Kriegsfall Hülfe zu leisten, den Russischen Truppen den Ein- und Durchzug zu verstatten, wie früher, und andere ähnliche Stipulationen, wie man sie verlangt; und außerdem noch einen beiden Theilen vortheilhaften

Handelsvertrag zu schließen. — Sollte auch dieses nicht den Beifall Ihrer Kaiserlichen Majestät finden, so bitten wir, unsere Regierungsform zu verbessern, was Ihnen darin nicht ansteht, wegzuschaffen, und was Ihnen beliebt, hinzuzufügen. Endlich, schloß er, wenn auch dieses nicht gefällt: „so übergeben wir uns unbedingt dem Willen Ihrer Kaiserlichen Majestät, und erwarten von Ihrer anerkannten Weisheit und Großmuth unser Heil, den Wohlstand und die gesicherte Existenz Polens, und wünschen, daß dieses und Rußland künftig so zu sagen nur Ein Volk bilden."

Dieses sagte er mir nicht nur mündlich, sondern wiederholte es auch schriftlich. Ihn bis zum Ende anhörend, sagte ich: „In Hinsicht des ersten Punkts sei der Kaiserliche Wille mir nie bekannt gewesen, folglich müsse ich ihn mit Stillschweigen übergehen; — von allen sei jedoch der letzte Vorschlag der beste. Ein Bundes= und Freundschafts=Vertrag bestehe schon zwischen Rußland und Polen, trotz der frechen Schritte des jetzigen Reichstags; verlangten jedoch die Umstände eine Erweiterung desselben, so werde J. K. M. sich dem nicht widersetzen; alles Uebrige sei mit der Deklaration zu vereinigen, um so leichter, als durch die Kardinalgesetze und Staatseinrichtungen von 1768 Polens Verfassung fest begründet sei. Die Freiheit und Unabhängigkeit Polens leide keineswegs dabei, sondern werde vielmehr dadurch bestärkt, daß kein Reichstag (da diese wie z. B. der jetzige meist nur aus neuen Parteien und selbst Faktionen bestünden) die erstern antasten dürfe; die letztern aber nur durch Einmüthigkeit geändert werden könnten; denn da diese so schwer zu erhalten, so ergebe sich, wenn sie statt hat, von selbst die Nothwendigkeit einer Aenderung. Alles dieses, bemerkte ich ihm ferner, könne nicht mit dem jetzigen Reichstag unternommen werden, sondern man müsse mit Hülfe der neuen General-Konföderation einen andern versammeln." — Hier unterbrach mich Chrepto= witsch mit den Worten: „Das ist's eben was wir fürch= ten. Wer soll in dem neuen Reichstag sein? — Immer dieselben Polen, dieselben Feindschaften, dieselbe gegen= seitige Erbitterung, Rachsucht; derselbe Leichtsinn, Unver= stand; Uneinigkeit, Eigensinn, persönliches Interesse. Sie könnten folglich eine noch schlechtere Verfassung machen als die gegenwärtige; und um diesem auszuweichen, wünschen wir eben, daß Ihre Kaiserliche Majestät selber die Form unserer Konstitution verbessere, oder uns eine ganz fertige gäbe." — Ich beruhigte ihn durch die Ver= sicherung, daß, da die Konföderation unter dem Schutz Ihrer Kaiserlichen Majestät gebildet sei, sie die Schran= ken, die sie sich selber gesetzt und die auch in der Dekla= ration bezeichnet wären, nicht überschreiten würde. Darauf äußerte ich den Wunsch, daß der König die oben genann= ten Vorschläge in einem Schreiben Ihrer Kaiserl. Majestät vorlegte, nicht beredt aber aufrichtig.

Mit unverstellter Zufriedenheit verließ mich Chrepto= witsch, um dem Könige über alles zu berichten und mir nächstens Antwort zu bringen. Doch verzögerte es sich damit, wahrscheinlich wegen der Rückkunft des Großmar= schalls Potocki (Ignaz) aus Berlin. Der König hatte ihn mit Ungeduld erwartet, doch die von demselben mit= gebrachten Nachrichten stimmten seine frühern chevaleresken

Ideen sehr herab, da auch die Berichte von der Armee
sehr schlimm lauteten. Es herrscht dort große Unordnung; es fehlt an Pulver und sonstiger Kriegsmunition;
die National-Kavalerie will sich nicht rühren; die Generale verstehen nicht zu kommandiren. Stanislaus Potocki,
den man an Felix Stelle zum Artillerie-General ernannt
hatte, ist aus Litauen zurück, das Kanonenfieber hat ihn
verttrieben. Dafür hat er Judycki angeklagt, den man
darauf absetzte.

Am Donnerstag den ¹⁴⁄₂₅. Juni brachte mir Chreptowitsch das Schreiben des Königs an Ew. Kaiserl. Majestät schon versiegelt, zugleich eine Abschrift davon und
eine Note, die die Vorschläge enthielt; doch alles war so
kurz, so dunkel und oberflächlich ausgedrückt, daß ich
sofort äußerte: „diese Papiere glichen nicht dem was wir
verabredet, und könnten folglich nicht die gewünschte Wirkung hervorbringen." — Alles war durch den Marschall
Potocki verwirrt worden, wie ich leicht errieth; denn,
obgleich er mit dem König über diesen Schritt einig war,
so intonirte er doch zu sehr die Würde der Republik und
ihre Gleichheit mit den andern Mächten. — Als Chreptowitsch meine Unzufriedenheit wahrnahm, sagte er mir im
Namen des Königs: „Fände ich das Schreiben nicht
recht, so würde er es so ändern, wie ich es verlangte."
— Ich erwiderte: „wenn der König auf meine Meinung
Gewicht lege, so müßte das Schreiben so abgefaßt sein,
wie wir es mit Chreptowitsch verabredet; und eben so
müßte auch die beiliegende Note geändert und vom König
unterschrieben, oder deren Inhalt in das Schreiben selbst
eingerückt werden."

Nach einigen Stunden kam Chreptowitsch wieder und brachte das Concept eines neuen Schreibens. Es durchlesend machte ich einige Bemerkungen; er strich diese Stellen aus, und sandte mir heute das beigefügte Packet nebst der Abschrift, mit der Bitte, ihre Wünsche durch meine Vorstellungen zu unterstützen.

Der König zählt die Tage und Stunden, wo er Antwort haben kann, und schmeichelt sich, daß dieselbe günstig ausfallen werde.

Die Sinnesänderung, selbst in den hitzigsten Gemüthern, ist groß. Alle schreien jetzt: man müsse seine Zuflucht zu Rußland nehmen; schelten und schmähen auf den König von Preußen, und überhäufen die Potocki und die andern Häupter der Partei mit Vorwürfen, daß sie Polen zu Grunde gerichtet hätten. Diese entschuldigen sich: „sie hätten ihrem Lande wohlthun wollen; die Umstände hätten sich widersetzt, der König von Preußen sie verrathen."

Die leichtsinnige Mehrzahl schmeichelt sich mit der Hoffnung, daß Polen unter dem Schutze Rußlands sich an Preußen werde rächen können; vielleicht hat man sie damit eben geködert, um sie leichter zur Billigung der jetzigen Schritte des Königs zu bewegen; selbst Chreptowitsch spielte in seinen Gesprächen mit mir darauf an; doch ich bat ihn, sich keinen irrigen Hoffnungen zu überlassen, als wenn Rußland sich dazu hergeben würde, ihre Rachsucht zu unterstützen."

Der Inhalt des beigefügten königlichen Schreibens (vom ‡‡. Juni 1792) an die Kaiserin war kürzlich folgender. Nach vorläufiger Einleitung sagte es: „Ew. Ma=

jeſtät wollen in Polen Einfluß haben und das Recht,
Ihre Truppen, jedesmal wenn Sie ſich mit den Türken
oder mit Europa beſchäftigen, ohne Schwierigkeiten durch⸗
marſchiren zu laſſen; — wir wollen vor den ewigen
Revolutionen geſichert ſein, die jedes Interregnum noth⸗
wendig mit ſich führt, indem es die Nachbarn einmiſcht
und uns einer gegen den andern bewaffnet. Ueberdieß
bedürfen wir einer beſſer als früher eingerichteten Regierung.

Jetzt iſt der Augenblick und das Mittel `da, beides
zu vereinigen. Geben Sie uns Ihren Enkel den Groß⸗
fürſt Konſtantin zu meinem Nachfolger; einige ein ewiger
Bund beide Länder; ſei ein gegenſeitig befriedigender
Handelsvertrag beigefügt; und nichts würde bei den
jetzigen Umſtänden leichter ſein als dieſen Plan auszuführen.

Der Reichstag erlaubt mir Waffenſtillſtand zu ſchließen,
aber keinen Frieden: ich bitte, ich beſchwöre daher Ew.
K. M., uns dieſen Waffenſtillſtand aufs baldigſte zu
bewilligen, und ich ſtehe Ihnen für alles Uebrige, wenn
Sie mir nur die Zeit und die Mittel laſſen. Es findet
gegenwärtig ein ſo großer Umſchwung in den Geſinnungen
ſtatt, daß Ew. Majeſtät ſicher ſein kann, für das was
ich vorſchlage, einen größern Enthuſiasmus hier zu finden
als wie für irgend etwas, was dieſer Reichstag gethan;
und Sie werden die Urſache davon leicht errathen. —
Wenn aber Ew. Majeſtät mit Strenge auf allem dem
beſtehen wollte, was Ihre Deklaration enthält, ſo würde
es nicht in meiner Macht liegen, das, was ich ſo ſehr
wünſche, auszuführen." [3])

---

[3]) Siehe in der Beilage E. das vollſtändige Schreiben des Königs
in der Originalſprache.

Zugleich damit gingen die beiden königlichen Adjutanten Golkowski und Byszewski an den Prinzen Joseph
ab, um den Waffenstillstand mit dem Russischen Oberfeldherrn abzuschließen. Der Vorschlag wurde Kachowski
in Zaslaw gemacht, von ihm aber, wie wir gesehen, abgelehnt. — Abermals drangen die Potocki und Malachowski darauf: der König sollte zur Armee abgehen; es
erhoben sich aber gewichtige Stimmen dagegen: viele der
Minister und selbst die befreundeten Gesandten riethen:
„erst die Antwort der Kaiserin abzuwarten. Zöge der
König jetzt ins Feld, so hieße das wollen, daß seine
Vorschläge verworfen würden." [4]

Doch sie wurden auch ohnedieß verworfen. Durch
einen besondern Zusammenfluß von Umständen betrachtete
man sie in Petersburg als falsch, hinterlistig und nur
darauf zielend, die drei Gränzmächte zu entzweien. Dieß
verlangt einige Erklärung.

Der Krieg mit Frankreich hatte begonnen, Anfangs
mit Glück, und die beiden Deutschen Mächte, um ihr
Gewicht zu verstärken und sich den Rücken frei zu halten,
hatten die Kaiserin eingeladen, ihrem Bündniß vom
7. Februar dieses Jahres beizutreten. [5] Doch die Monarchin zog es vor, mit jeder von ihnen abgesondert ein
Vertheidigungsbündniß zu schließen. Darüber waren die
Unterhandlungen eben im Gange; das mit Oestreich kam

---

[4] Vergl. Opinion sur le Roi de Pologne. Die kleine
Schrift ist nicht paginirt, daher können wir die Seitenzahl nicht
beifügen.

[5] Im 7. Artikel des Bündnisses war förmlich festgesetzt worden:
die Kaiserin von Rußland zum Beitritt einzuladen.

# E. Lettre du Roi de Pologne à l'Impératrice de Russie.

Madame ma Soeur!

Je n'employerai ni détours ni longueurs; elles ne conviennent ni à mon caractère ni à ma situation. Je vais m' expliquer avec franchise, car c'est à vous que j'écris. Daignez me lire avec bonté et sans préoccupation. Daignez vous souvenir de ce que je vous ai remis par écrit sur votre galère à Kaniow. Si mes efforts pour la réussite de ce plan là n'eurent point d'effet, votre Majesté Impériale sait trop bien que ce n'est pas en moi qu'en a été la faute.

Toute discussion sur ce qui a suivi, serait superflue ici et ne remédierait à rien. Je passe donc d'abord au moment présent et je parlerai clair. Il vous importe, Madame, d'influer en Pologne et de pouvoir y faire passer vos troupes sans embarras, toutes les fois que vous voudrez vous occuper ou des Turcs ou de l'Europe.

Il nous importe, d'être à l'abri des révolutions continuelles dont chaque interrègne doit nécessairement devenir la cause, en y faisant intervenir tous nos voisins, en nous armant nous-mêmes les uns contre les autres. Il nous faut de plus un gouvernement intérieur mieux-réglé que cidevant.

Or, voici le moment et le moyen de concilier tout cela. Donnez nous pour successeur à moi votre petit-fils, le Prince Constantin; qu' une alliance perpetuelle unisse les deux pays; qu'un traité de commerce réciproquement utile y soit joint. Je n'ai pas besoin de dire, que toutes les circonstances sont telles, que jamais l'exécution de ce plan n'a pu être plus facile; car ce n'est pas à Votre Majesté qu'il faut donner des conseils ni suggérer des vues. Mais il faut, que je vous adresse mes prières, et les plus ardentes, pour que vous daigniez m'écouter et entrer dans ma situation.

La diète m'a accordé le pouvoir de faire un armistice, mais non pas la paix finale sans elle. Je commence donc par vous demander, par vous prier, par vous conjurer, de nous accorder un armistice au plutôt, et j'ose vous repondre du reste, pourvu que vous m'en laissiez le tems et les moyens. Il se fait actuellement ici un si grand changement dans les esprits, que vous pouvez être certaine de voir, pour tout ce que je viens de vous proposer, un enthousiasme peut-être plus grand qu'il n'y en a eu pour tout ce qui a été opéré à cette diète; et vous en appercevrez sans doute facilement la cause.

Mais je ne dois pas vous cacher que, si vous exigiez à la rigueur tout ce que porte votre déclaration, il ne serait pas en mon pouvoir d'effectuer ce que je désire tant de faire.

Je sais bien que vous pouvez penser, que la force que vous avez en main suffira à tout ce que votre déclaration annonce sans adoucissement. A cela je ne répondrai rien autre, sinon que je ne puis croire que votre coeur, que je me flatte de connaître, veuille préférer les voies de l'extrème rigueur à celles qui, beaucoup plus douces, satisferaient pourtant à votre gloire et nos voeux.

Encore une fois, ne rejetez pas, je vous en conjure, mon instante prière. Accordez nous l'armistice au plus tôt, et j'ose répéter, que tout ce que je vous ai proposé, sera accepté et exécuté par ma nation, pourvu que vous daigniez condescendre aux moyens que j'ai proposés.

Pardonnez, Madame, si je n'ai mis ni phrases ni style dans cette lettre. J'ose espérer que, si même pour mon malheur vous rejetiez mes idées, du moins vous ne serez pas blessée de ma sincérité.

Je ne désire rien au monde autant que de pouvoir me dire à jamais

De Votre Majesté Impériale le bon frère,
ami et voisin

*Stanislas-Auguste*, roi.

Varsovie ce 22. Juin 1792
nouveau style.

um diese selbe Zeit, am $\frac{4}{14}$. Juli auf acht Jahre zu Stande, das mit Preußen drei Wochen später am $\frac{27.\ \text{Juli}}{7.\ \text{August}}$. [6]) Beide Verträge waren fast gleichlautend: man gewährleistete sich gegenseitig die Integrität seiner Besitzungen, vornämlich die letzten Polnischen Erwerbungen vom Jahr 1772 [7]), und gelobte sich eine Hülfe von 10,000 Mann zu Fuß und von 2000 zu Pferde; welche Truppenzahl nach den Umständen, jedoch nach vorläufiger Uebereinkunft, noch vermehrt werden sollte. Für besondere Fälle, z. B. wenn Oestreich in den Niederlanden, Preußen in Westphalen, Rußland von Schweden angegriffen würde, sollten Hülfsgelder und zwar 400,000 Thlr. statt der Truppenhülfe gegeben werden. Der frühere Vertrag wegen Polen vom $\frac{25.\ \text{Juli}}{.\ \text{Aug.}}$ 1772 (der Theilungsvertrag) [8]) wurde namentlich in seinem ganzen Inhalt und Wortlaut bestätigt; und ein auf die gegenwärtigen Umstände bezüglicher geheimer Artikel zugefügt, in dem es hieß:

---

[6]) Unterschrieben Russischer Seits: von dem Vicekanzler Ostermann, dem Grafen Besborodko und Arkadij Markow; — Oestreichscher Seits vom Grafen Ludwig Cobenzl; Preußischer Seits vom Grafen Goltz.

[7]) Artikel 2: „Les hautes Parties contractantes conviennent, de donner une plus grande étendue à la garantie d'une partie de leurs possessions, stipulée par la Convention conclue à St. Pétersbourg le $\frac{25.\ \text{Juillet}}{5.\ \text{Août}}$ 1772;" und diese erweiterte Garantie wird dann in Artikel 3 und 4 näher durch die „Europäischen Staaten" dieser Mächte bestimmt.

[8]) Artikel 2: „laquelle convention est censée renouvellée par cet article dans toute son étendue et valeur, comme si elle y était insérée mot à mot."

„Ueber Polens alte Verfassung, die Aufrechthaltung
des Wahlthrons, und die Vorrechte der verschiedenen
Stände der Republik, so wie über ihre Grundgesetze, ist
in den frühern Verträgen der contrahirenden Mächte stipulirt worden, als Gegenständen von besonderer Wichtigkeit sowohl in Hinsicht der eigenen Gränzen, als der
Wohlfahrt Polens selbst: daher verpflichten sich denn auch
die hohen Mächte, gemeinschaftlich dahin zu arbeiten,
daß die durch die Konstitution vom 3. Mai 1791 theils
mit Gewalt, theils durch Ueberraschung eingeführten, mit
den Absichten der Mächte ganz unvereinbaren Neuerungen
baldigst beseitigt werden. Sie versprechen sich gegenseitig
eine wirksame Hülfe, um die Dinge in Polen wieder auf
den Grundlagen der durch die Reichstage von 1768, 1773
und 1775 festgesetzten Konstitutionen herzustellen. Und
um jeden Grund zum Mißtrauen zu entfernen, geloben
sie einander, niemals zu suchen, einen Prinzen ihres
Hauses auf den Polnischen Thron zu setzen,
oder auf die Wahl der Republik für irgend einen andern
Prinzen einen Einfluß anders auszuüben als nur gemeinschaftlich." [9]

Das Verlangen des Königs war demnach in geradem
Widerspruch mit diesem Artikel. Nun konnte er und sein
Ministerium zwar einwenden: „daß sie unmöglich Artikel

---

[9] Der Vertrag mit Oestreich (der mit Preußen, übrigens fast
gleichlautend, ist ausgefallen) findet sich bei Martens VII. 497,
aber ohne den geheimen Artikel; und eben so bei Schöll (Brüsseler
Ausgabe) I. 529. — Wir geben den geheimen Artikel aus dem Ver-
trage mit Preußen. Siehe Beilage F. den Originaltext mit den
Preußischen Abänderungen.

# Propositions d'un Article séparé et secr

L'ancienne Constitution de la Pologne, le maintien du
électif et celui des prérogatives des differents ordres de
République et de ses loix fondamentales ayant fait partie
stipulations des Traités qui ont subsisté précédemment entre
hautes Parties contractantes, comme autant d'objets dignes
leur plus sérieuse attention par la double considération et de
tranquillité de leurs propres frontières, qui en dépend, et
bien-être propre de cet état voisin, qui y est intéressé, S.
l'Impératrice de toutes les Russies et S. M. le Roi de
s'engagent réciproquement, à travailler d'un commun
cord et effort au prompt rédressement de tou
les innovations, que la Constitution du 3. May 1791, éta
moitié par force, moitié par surprise, a introduit illégalem
dans l'ancienne Constitution légitime de la Pologne, innov
tions totalement incompatibles avec les vues ci-d
énoncées des deux hautes Parties contractantes. En consèqu
de quoi Leurs dites Majestés Impériale et Royale se promet
et s'obligent de la manière la plus formelle, de s'entre-s
et de s'appuyer efficacement dans les mesures, qui seront n
saires, pour rétablir en Pologne la forme du Gouvernem
sur les bases qui lui ont été assignées par les Constituti
des Diètes de 1768, 1773, et 1775; et si les mesures actu
ment prises par la Cour de Russie ne suffisent pas, pour rem
le bût que se proposent les deux Hauts Alliés, ils se réserv
de s'entendre et de se concerter sur d'autres encore plus effica
pour assûrer à cet égard leurs intérêts respectifs et la tranq
lité commune de leurs Etats.

à poursuivre entre Elles et conjointement avec S. M. le
de Hongrie et de Bohème également interessée à cet objet,
concert intime, ayant pour but de travailler d'un commun ac
au rédressement des innovations

et qui sont

pour rétablir et maintenir
sur les bases approchant celles

de leurs Etats; le tout en conformité du concert ci-d
indiqué avec S. M. le Roi de Hongrie et de Bohème.
pour cimenter d'une façon indissoluble cet accord et écar
jamais tout sujet d'ombrage, qui pût altérer l'union heureuse
établie, les deux hautes Parties contractantes promettent, qu'
ne chercheront jamais à placer un Prince de leur maison
le trône de Pologne, et n'employeront point leur influence
déterminer le choix de la République en faveur d'un autre Pr
hors d'un concert mutuel entre les trois Pussances voisine
la Pologne.

kennen oder voraussehen könnten, über die noch im Geheim verhandelt wurde;" aber auch dieser Einwand galt
nicht, da sie, wenn auch nicht diesen Artikel der eben
zwischen Rußland, Oestreich und Preußen verhandelten
Verträge, doch den ziemlich gleichlautenden des Vertrags
zwischen Oestreich und Preußen vom 7. Februar 1792,
auf welchen jener eben gebaut war, sehr gut kannten [10],
und wo es im dritten geheimen Artikel hieß: „daß die
contrahirenden Mächte mit Einschluß Rußlands, das zum
Beitritt eingeladen werden sollte, nicht suchen wollten,
einen Prinzen ihres Hauses auf den Polnischen Thron
zu bringen." — Die Anmuthung demnach, einen Russischen Großfürsten zum Nachfolger von Stanislaus Augustus
herzugeben, mußte in Petersburg als ein arglistiger Versuch angesehen werden, zwischen Rußland und seinen
beiden nähern Verbündeten Zwiespalt zu erregen, und
entrüsten. Dieses nahm gleich von vorn herein gegen
alle Vorschläge des Königs ein, da sie ohnehin gegen
jene Uebereinkunft der drei Mächte, nur gemeinschaftlich
über Polen zu beschließen, gerichtet schienen, und Rußland durch lockende Bedingungen abzusondern und auf die
Polnische Seite zu ziehen suchten. Dazu kam, daß der
König in der Meinung der Monarchin tief gesunken war:
seine Wankelmüthigkeit in der letzten Zeit, sein sich Abwenden von Rußland, um einem Schatten nachzujagen
(denn Rußlands Einfluß und Gewicht in Polen waren

---

[10] Daß sie ihn kannten, beweisen Kollontai und Potocki,
die in ihrem Werk (vom Entstehen ꝛc.) davon Th. II, S. 194
sprechen.

zu fest gegründet, als daß eine augenblickliche Auflehnung
dagegen von dauernder Wirkung hätte sein können); sein
inniger Anschluß an die Preußische Partei und die bitter=
sten Gegner Rußlands; seine wenn gleich löbliche Be=
gierde, dem Throne größere Macht und Gewalt zu ver=
schaffen, und durch Einführung der Erblichkeit den Zwischen=
reichen vorzubauen mit deren lähmenden Einflüssen; sein
heißer Eifer für die neue Konstitution, endlich seine eines
Königs unwürdige Haltung am 3. Mai, wo er wissent=
liche Unwahrheiten mit seinem königlichen Wort bekräf=
tigte: alles dieses, Löbliches wie Unlöbliches, hatte das
Wohlwollen und die Achtung der Kaiserin für ihn, den
sie bisher als ihr Werk betrachtet und aufrecht gehalten
hatte, sehr getrübt. Die Zeichen davon offenbarten sich
in der Herbigkeit, womit die Anträge des Königs zurück=
gewiesen wurden. Zwar die eigene Antwort der Kaiserin
war noch schonend genug bis auf den Vorwurf wegen
Verletzung der pacta conventa; allein was sie aus Zart=
gefühl nicht sagte, das sagte ihr Vicekanzler mit bittern
Worten gerade heraus.

Die Antwort der Kaiserin (vom $\frac{4}{15}$. Juli) ent=
hielt nun folgendes: „Sie wolle gern nach den Wün=
schen des Königs jede Erörterung über die Ursachen,
welche die gegenwärtige Krise herbeigeführt, vermei=
den, hätte aber gewünscht, daß die vom Könige ge=
machten ausgleichenden Vorschläge es wirklich wären,
und vornämlich mit der letzten Deklaration der Kaiserin
übereinstimmten. Es gehe jetzt darum, der Republik
ihre alte Freiheit und durch Verträge garantirte Verfassung
wiederzugeben, welche durch die Revolution vom 3. Mai

# G. Lettre de l'Impératrice de Russie au Roi de Pologne.

à *Zarsko-Selo* ce 2. (13.) Juillet 1792.

### Monsieur mon frère!

J'ai reçu la lettre qu'il a plu à Votre Majesté de m'écrire le 22. Juin, nouveau style. Je me conforme volontiers à son désir d'écarter toute discussion directe entre nous sur ce qui a produit enfin la crise actuelle des affaires; mais j'aurais désiré à mon tour, que les moyens que Votre Majesté propose comme conciliatoires, le fussent en effet, et que surtout ils eussent pû s'accorder avec les intentions pures et simples, que j'ai manifestées dans la déclaration publiée dernièrement de ma part en Pologne. Il s'agit de rendre à la république son ancienne liberté et sa forme de gouvernement, garantie par mes traités avec elle, et renversée violemment par la révolution du 3. May, au mépris des loix les plus sacrées, et nommément des Pacta conventa, à la stricte observance desquels se tiennent immédiatement et les droits de Votre Majesté et l'obéissance de Ses sujets.

C'est en entrant dans des vues aussi saines et aussi salutaires, que Votre Majesté pourra me convaincre et de la sincérité des dispositions qu' Elle me témoigne à présent, et du désir qu' Elle a de concourir au véritable bien de la nation polonaise. La plus saine partie de celle-ci vient de se confédérer pour réclamer des droits injustement ravis. Je lui ai promis mon appui, et je le lui accorderai avec toute l'efficacité, que mes moyens peuvent me permettre.

Je me flatte, que Votre Majesté ne voudra pas attendre la dernière extrémité pour se rendre à des voeux aussi prononcés, et qu'en accédant promptement à la confédération formée sous mes auspices, Elle me mettra à même, conformement à mes souhaits les plus sincères, de pouvoir me dire, Monsieur mon frère

de Votre Majesté

la bonne soeur, amie et voisine

*Catherine.*

mit Verachtung der heiligsten Gesetze und namentlich der pacta conventa, auf deren Beobachtung doch ebensowohl die Rechte des Königs wie der Gehorsam seiner Unterthanen beruhte, umgestoßen worden sei. Nur durch Eingehung in diese heilsamen Absichten könne der König sie von der Aufrichtigkeit seiner gegenwärtigen Gesinnungen und von seinem Verlangen überzeugen, zum Wohl seiner Nation mitzuwirken, deren gesunder Theil sich konföderirt habe, um die unrechtmäßig geraubten Rechte wieder zurückzufordern. Die Kaiserin habe diesem ihren Beistand versprochen, und werde ihn mit aller ihrer Macht leisten; und sie hoffe, der König werde nicht den letzten Augenblick abwarten, um sich so entschiedenen Wünschen anzuschließen. Durch schnellen Beitritt zu der unter ihrem Schutz gebildeten Konföderation würde er sie in den Stand setzen, sich wieder seine gute Schwester, Freundin und Nachbarin zu nennen."[11]

Wenn schon diese Antwort empfindliche Stiche enthielt, wie ganz anders war es erst mit der vom Vicekanzler Ostermann, die näher in die gemachten Vorschläge einging. Sie war unterm $\frac{7}{4}$. Juli an den Gesandten Bulgakow gerichtet und lautete folgendermaßen:

„In Erwiderung auf Ihre Depesche vom $\frac{11}{?}$. Juni und das beigelegte Schreiben vom Könige hat Ihre Kaiserl. Majestät nicht geglaubt, in die Erörterung so unerwarteter und mit dem gegenwärtigen Stand der Dinge ganz unvereinbarer Vorschläge eingehen zu dürfen;

---

[11] Wir geben das ganze Schreiben in der Originalsprache in Beilage G.

damit man aber in Zukunft mit voller Kenntniß der Sachen handle, glaubt Sie die Gelegenheit ergreifen zu müssen, um sich deutlich zu erklären; aus Gründen der Delikatesse hat Sie jedoch dieses Geschäft ihren Ministern überlassen.

Der ganze Inhalt unserer Deklaration bewies deutlich, daß sie keineswegs an den damals in Warschau versammelten Reichstag gerichtet sei; sie war vielmehr gegen ihn gerichtet, erklärte ihn für ungesetzmäßig und null wegen seiner Verletzungen der bestehenden von Rußland garantirten Konstitution und wegen der Einsprachen des verständigen Theils der Nation. Als völlig nicht anerkannt von den am meisten dabei interessirten beiden Parteien, stand es diesem Reichstag am wenigsten zu, im Namen der Nation zu antworten. Auch hat man diese Antwort nur als ein gewöhnliches von den zwei unterzeichneten Personen (Malachowski und Sapieha) ausgehendes Papier angesehen und keiner Aufmerksamkeit gewürdigt. Wir hätten dessen gar nicht erwähnt, wenn nicht das Kabinet des Königs und Personen, die seines größten Vertrauens genießen, daran Theil gehabt. Man hat in diesem Papier den Ton einer affektirten Mäßigung nur angenommen, um hinterlistigen Sophismen und der Abläugnung der bestbegründeten Thatsachen mehr Gewicht zu geben. Es ist betrübend zu sehen, daß alle diese Sorgfalt nur angewandt ist, um die Leichtgläubigkeit irgend eines Zeitungsschreibers oder eines müßigen politischen Kannengießers hinters Licht zu führen; denn die Kabinette der Mächte sind zu gut über das in Polen Vorgehende unterrichtet, um sich über die Motive und

Abſichten der herrſchenden Faktion täuſchen zu laſſen.
Dieſe affektirte Mäßigung ward aber ſogleich durch die
gewaltſamen Dekrete gegen diejenigen Lügen geſtraft, welche
ihre alten Freiheiten durch eine Konföderation wieder zu
erlangen ſuchten, das einzige Mittel, das ihnen übrig
blieb. Einige jener Dekrete ſind voll der beleidigendſten
Ausdrücke gegen Rußland und einzig darauf gerichtet,
durch argliſtige Einflüſterungen den Haß und Argwohn
der Nation gegen daſſelbe zu erwecken. Und gerade in
dem Augenblick, wo ſich der König mit der vollen Autorität und ganzen Macht der Regierung ausſtatten ließ,
gingen ſolche Staatsſchriften am häufigſten hervor; die
Haft des Biſchofs von Perejaslaw, den man ſo lange
und widerrechtlich eingekerkert hält, wurde enger und
härter, und Beſchlüſſe, die Ihre Kaiſerliche Majeſtät tief
verletzen mußten, häuften ſich ſchnell hinter einander.
Um dieſe Zeit fand auch die Sendung des Großmar-
ſchalls von Litauen (Ignaz Potocki), des Haupturhebers
und Begünſtigers der gegenwärtigen Unruhen, nach Berlin,
ſo wie ſeines Anhängers, des Generals von Podollen,
Prinz Adam Czartoryski, nach Wien ſtatt. Man kennt
die Zwecke dieſer Sendungen und ihre verfehlte Wirkung.
Ueberlegt man dieſe Umſtände zugleich mit den Ereig-
niſſen vom $\frac{4}{18}$. und $\frac{7}{18}$. des vergangenen Monats (die
Gefechte bei Boruskowice und Zielence): ſo möchte man
dieſen politiſchen und militairiſchen Niederlagen den Ent-
ſchluß Sr. Polniſchen Majeſtät beimeſſen, ſich an Ihre
Kaiſerl. Majeſtät zu wenden. So verdrießlich (facheux)
dieſer Gedanke iſt, ſo iſt er's doch weniger als der, daß
alle jene vom König gemachten Vorſchläge nichts weiter

als Fallen (piéges) sind, von den treulosen Rathgebern eingegeben, die ihn umringen.

In der That, Ihrer Majestät vorschlagen, Ihren Enkel den Großfürsten Konstantin zum Thronfolger in Polen herzugeben, während sie feierlich angekündigt hat, daß einer der Hauptgründe ihrer Waffenerhebung sei, die alten Gesetze und Ordnungen der Republik in Hinsicht der Königswahl wieder herzustellen, das heißt ihr eine Idee vorschlagen, die ihrer Denkungsart und ihren Absichten zur Versorgung (pour l'établissement) ihrer Familie (wozu sie Mittel genug hat) eben so entgegen als geeignet ist, Verdacht gegen ihre Uneigennützigkeit zu erregen, und das Vertrauen und gute Einverständniß mit den Höfen von Wien und Berlin in Hinsicht der Polnischen Angelegenheiten zu untergraben.

Ihr Allianz- und Handels-Traktate vorschlagen, während sie die mit der wahren Republik geschlossenen immer noch als bestehend betrachtet, trotz der zahllosen Uebertretungen derselben, welche die Usurpatoren der Polnischen Regierung sich erlaubt haben, und trachten, Sie in Unterhandlungen mit diesen zu verwickeln: das heißt nichts anders, als Ihr eine Art Anerkennung der gefährlichen Neuerungen, welche jene eingeführt haben, und welche Ihre Majestät eben umstoßen will, ablocken wollen.

Von Ihr endlich einen Waffenstillstand verlangen, das heißt annehmen, es fände eine Art Krieg von Macht zu Macht statt, ist etwas, was dem wirklichen Falle keineswegs entspricht, der nur eine innige und vollkommene Einigung mit der wahren Republik gegen ihre einheimischen Feinde ist. Nach diesem Grundsatz sind auch

der Rechtsgrund, den Ihre Polnische Majestät anführt
um wegen eines Waffenstillstandes und nicht wegen eines
schließlichen Friedens zu unterhandeln, so wie die Auto=
rität, von der Sie ihr Recht herleitet, in den Augen
Ihrer Kaiserlichen Majestät gleich null, da diese letztere
weder von Ihr noch von der Konföderation, die allein
die Republik repräsentirt, anerkannt ist."

Nachdem der Vicekanzler solchergestalt des Königs
Vorschläge zurückgewiesen, will er den Stand der Frage
auf eine richtigere Art bestimmen, als sie es in den Ge=
danken des Königs zu sein scheine, und fährt fort:
„Allerdings liegt Ihrer Kaiserlichen Majestät daran, Ein=
fluß in Polen zu haben, schon wegen der unmittelbaren
Nachbarschaft Ihrer Staaten, aber sie will diesen Ein=
fluß nicht anders sichern, als durch die Wiederherstellung
der Republik in ihre alten Rechte und Freiheiten, welche
die Konstitution vom 3. Mai ihr geraubt hat. Dieser
Dienst, den sie ihr leistet, im Verein mit den andern
Ansprüchen, die sie auf ihre Achtung hat und welche die
Republik, so lange nicht Unterdrücker oder Verführer sie
gewaltsam irre leiteten, auch nie verkannt hat, werden
auf eine bündigere und festere Art die Beziehungen, die
zwischen Nachbarstaaten bestehen sollen, begründen, als
man von einer Nachgiebigkeit gegen die neue Ordnung
der Dinge abwarten könnte.

Es liegt dem Könige oder vielmehr der Partei, deren
Meinungen und Systeme unglücklicher Weise bei ihm
das Uebergewicht erlangt haben, nicht daran, sich gegen
die angeblichen Stürme der Zwischenreiche zu schirmen

oder die vermeinten Fehler der alten Verfassung zu verbessern, als vielmehr die ausgedehntere Gewalt zu behalten, welche die neue Ordnung der Dinge ihm zuge-
wiesen hat. Diese Absicht verträgt sich aber nicht mit
den bestehenden Traktaten zwischen Rußland und Polen,
noch mit den unveränderlichen Interessen der Nachbar-
Mächte: alles das muß man durch andere Mittel zu
vereinigen suchen, als Seine Polnische Majestät vorgeschlagen hat. Diese Mittel stellen sich natürlich in dem
dar, was die Gerechtigkeit, die Vernunft und die Eid-
schwüre verlangen, welche Sie geleistet, als Sie die
Krone von einem freien Volk empfingen, und zwar auf
Bedingungen, die es ein Recht hatte näher festzusetzen.
Indem sich Se. Majestät diesem Volke wieder nähert,
wird Sie dessen Arme offen und die Herzen bereit finden,
das Vergangene zu vergessen; und zugleich auch alle
Entschädigungen für eine ungewisse und bestrittene Macht
in der Ausübung einer legalen und unerschütterlichen
Gewalt erhalten. Aber keine Zeit ist länger zu verlieren.
Es gilt, weiteres Blutvergießen zu verhindern, welches,
indem es den National-Haß vermehrt, zugleich auch die
beständige großmüthige Theilnahme Ihrer Kaiserlichen
Majestät vermindern möchte, womit Sie bisher den
König auf dem Thron erhalten, von dem man ihn oft
genug hat stürzen wollen. Nur mit Leidwesen eröffnet
Ihre Kaiserliche Majestät eine solche für Sie wie für
den König gleich traurige Aussicht. Allein bei der Lage,
wohin die Dinge gekommen sind, würden die Schonungen
der Delikatesse am unrechten Orte sein, indem sie sehr

leicht das eben herbeiführen möchten, was man vermeiden kann, wenn man sich gegenseitig mit aller möglichen Offenheit erklärt."

Jetzt geht der Vicekanzler näher auf die Maßregeln über, die der König zu ergreifen hätte, um dem angedrohten Mißgeschick zu entgehen. „Es hängt von Sr. Polnischen Majestät ab, sagt er, aus Ihrer gegenwärtigen Lage auf eine ehrenvolle und sichere Art herauszukommen. Sie muß unmöglich gewordenen Anmaßungen entsagen; und um zu zeigen, daß es mit Aufrichtigkeit geschehe, müssen alle die Truppen, die gegenwärtig im Felde sind, um sich dem Marsch der unsrigen zu widersetzen, entlassen werden; oder noch besser, wenn man ihnen befiehlt, sich der Konföderation und den Großgeneralen, die mit ihr sind, als ihren natürlichen und gesetzlichen Chefs, zu unterwerfen. Widerstrebt dieses Sr. Polnischen Majestät, so sind wir zufrieden, wenn diese Truppen getrennt und in ihre alten Friedensquartiere verlegt werden, so wie die Artillerie in die Festungen, woher sie gezogen worden. Damit würden unsere Truppen natürlich auch die Feindseligkeiten einstellen, und der Waffenstillstand oder vielmehr die allgemeine Ruhe würde von selbst eintreten und befestigt werden durch die sodann friedlich vorgenommenen Arbeiten der Konföderation. Der König wird eingeladen, derselben beizutreten und zwar ohne Zeitverlust, um den Erfolg ihrer Operationen so wie den Zusammentritt eines neuen Reichstags zur völligen Pacifikation des Landes zu beschleunigen. Der König muß ferner sein Ansehen dahin gebrauchen, die

Ausführung der ungerechten Proscriptions-Dekrete des letzten Reichstags gegen die Konföderirten und ihre Anhänger zu verhindern, weil wir sonst schnelle und gerechte Wiedervergeltung üben würden.

Solches haben Sie, schließt er seine lange Botschaft, im Namen der Kaiserin dem Könige zur Befolgung vorzustellen, wenn er das Mißtrauen, das sein vergangenes Benehmen eingeflößt, in den Augen der Kaiserin und seiner Nation verwischen will. Um es desto leichter zu können, ist es nothwendig, daß er von seiner Person diejenigen entferne, welche die öffentliche Stimme mit Recht anklagt, alle diese Complotte gezettelt und angeschürt zu haben. So lange sie den König umgeben und seines Vertrauens genießen, wird man immer in die Aufrichtigkeit seiner Gesinnungen Mißtrauen setzen müssen. — Auch muß man Sorge tragen, von dem bevorstehenden Reichstage alle Aufwiegler (boute-feux) zu entfernen, eben so diejenigen, welche den neuen Grundsätzen, wodurch alles in der Republik umgeworfen worden ist, anhängen, da sie nicht an Berathungen Theil haben können, deren Hauptzweck es ist, alles in die alte Form und Gestalt wieder zurückzubringen.

Dieß sind die Gesinnungen und Absichten der Kaiserin, welche Sie Sr. Polnischen Majestät mitzutheilen haben, sei es persönlich in einer Audienz oder durch Vermittlung des Vicekanzlers Chreptowitsch. Fügen Sie hinzu, es ist das letzte Ergebniß des Willens Ihrer Kaiserlichen Majestät, worauf sie besteht, und unwiederruflich bestehen wird. Unterdessen haben die Generale Befehl, sich in

keine Unterhandlungen einzulaffen, sondern ihre Opera=
tionen fortzuſehen, bis Se. Polniſche Majeſtät ſich ent=
ſchieden hat." —

Die Forderungen waren hart und ſchmerzlich, die
Sprache, worin ſie vorgetragen wurden, ungewöhnlich
herb — aber was blieb dem Könige übrig zu thun? —
Auf die Wehrkraft des Landes war kein Verlaß: die eine
Armee von 25,000 auf 15,000 Mann geſchmolzen, war
von den Gränzen der Moldau bis Pulawy an der
Weichſel; die andere, kaum 14,000 Mann, von dem fern=
ſten Litauen bis hinter den Bug in Warſchau's Nähe
zurückgeführt worden; — ein Aufgebot zum allgemeinen
Heerbann war am $\frac{23.\ \text{Juni}}{4.\ \text{Juli}}$ ergangen, aber faſt niemand
hatte ſich geſtellt: [12]) die Ruſſen dagegen drangen, 90,000 M.
ſtark, unwiderſtehlich von zwei Seiten gegen Warſchau
vor, von dem ſie, das eine Heer bei Lublin, das andere
bei Wengrow, nur wenige Meilen entfernt waren. War=
ſchau mußte aufgegeben werden, aber wohin fliehen?
Die größere Hälfte des Landes war in der Gewalt der
Targowicer; in Großpolen drohte der Einfall der Preu=
ßen; von Kleinpolen blieben nur die Wojewodſchaften
Sandomir und Krakau frei, wo nichts zum Kriege vor=
bereitet war, wie bald hätte alſo auch hier das ſiegreiche
Heer der Ruſſen die Oberhand genommen. Gewaltſamer

---

[12]) „Ja, ſagen die Parteimänner, das geſchah nur, weil die
Berufung zu ſpät und nicht mit aufrichtiger Seele vom Könige ge=
than ward" (Kollontai II. 130). — Wie aber konnte das Volk dem
in gewöhnlicher Form abgefaßten Univerſal die Gedanken des Kö=
nigs abſehen? — Die wahre Urſache war, weil niemand, und mit
Recht, auf den mindeſten Erfolg rechnete.

Widerstand war also nicht zu leisten; was also thun? Blieb ein anderer Ausweg, als sich dem Sieger zu unterwerfen?

Es blieb freilich noch ein Kampf bis zum Messer — aber wer war geneigt ihn zu führen? wo war hier die innige Durchdringung von einer großen Idee, der man sich willig opfert! — Nicht einmal die kleine Zahl derer, die sich bisher vorangestellt, hatte Lust dazu, war vielmehr die erste davonzugehen; ihre Reisewagen standen schon gepackt.

Polnische Parteimänner freilich, die immer zwei weit aus einander stehende Zahlen im Munde haben, sehr kleine, wenn es zum Kampf gekommen, um ihre außerordentliche Bravour zu beweisen; sehr große, wenn es gilt, ausschweifende Ideen zu rechtfertigen oder zu zeigen, welche gewaltige Dinge sie gethan haben würden, wenn der Verrath sie nicht gehindert — diese haben, den Mund voll nehmend, viel von den mächtigen Heeren geredet, die sie noch besetzen, von gewaltigen Schätzen, die vorhanden gewesen, von Aufgeboten, die man nur zu berufen gebraucht, von den reichsten Mitteln zur Abwehr und zum Widerstand, die allein nur des Königs Verrath gehemmt und unwirksam gemacht. [13]) — Doch

---

[13]) Als Beispiel der Abgeschmacktheiten, die vorgebracht wurden, so sagt der eine (Zajonczek S. 61): „Marschall Malachowski habe dem König aus seiner Tasche 100,000 Dukaten, d. h. 2 Millionen Polnische Gulden angeboten." — Das klingt etwas romanartig, wo die Helden mit Millionen um sich werfen, aber wenn er sie wirklich in seiner Tasche hatte, wie lange hätten 100,000 Dukaten vorgehalten? — Andere (Potocki) sagten: „es hätte sich vielleicht noch zu ihrer Rettung ein unerwartetes Ereigniß begeben können" — unge=

wer die Parteisprache kennt, weiß, was er von dergleichen Reden zu halten hat; — wem die damaligen Verhältnisse in Polen nicht unbekannt sind, erkennt nur zu wohl, daß ein fortgesetzter Widerstand dem Lande zwar noch große Opfer aufgelegt, daß Endergebniß aber nicht geändert, statt zu bessern es eher verschlimmert hätte.

Was Polen damals vor allem machtlos erhielt, der wahre Krebs, der an dessen Leben nagte und ihm alle Kraft und Stärke raubte, war der Zwiespalt im Lande. Auf der einen Seite die Targowicer oder Verfechter des Alten mit ihrem Anhang, auf der andern die Verfechter des 3ten Mais; und damit getheilte Meinungen über Stadt und Land; — Anhänger der Russen und Anhänger der Preußen, doch diese jetzt am Boden; Zwiespalt im höhern Adel; Zwiespalt im niedern Adel, von welchem man einen Theil von den Landtagen ausgeschlossen; Zwiespalt zwischen dem niedern Adel und den Städtern. Jene neidisch über die den letztern bewilligten wenigen Rechte, riefen: „Wessen Blut fließt jetzt, ist's das eurige, oder ist's das unsrige?" — Die gebeugten Städter erwiederten: „auch wir sind zu allen Opfern bereit; laßt die Russen nur nach Warschau kommen, und sie sollen mit Sicilischen Vespern bedient werden." [14]) — Sie hielten Wort — zwei Jahre später sah man diese Sicilischen Vespern oder vielmehr „Warschauer Ostern;"

---

fähr wie Lelewel später, der, als die Russen schon auf Warschau stürmten, „noch auf eine lichtvolle Idee wartete, die sie plötzlich erleuchten und retten könnte" — wenn man auf die lichtvollen Ideen und unerwarteten Ereignisse wartet, dann kommen sie eben nicht.

[14]) Bulgakow unterm $\frac{27.\ \text{Juni.}}{8.\ \text{Juli.}}$

nur leider, daß die Festesglocken ihnen nicht, wie sie glaubten, zu einer neuen Auferstehung, sondern zu Grabe läuteten, denn sechs Monate darauf waren sie todt.

Als der König jene niederschlagenden Antworten aus Petersburg am ¹⁴⁄₁₁. Juli erhielt, berief er nach zweitägiger Vorberathung mit seinen nähern Vertrauten zum 23. seinen Ministerrath; dazu noch den Primas, die beiden Reichstagsmarschälle und einige der frühern Großwürdenträger. Er eröffnete die Versammlung mit der Vorlage der empfangenen Schreiben; deutete auf die nähere Verbindung der drei Höfe, die wenig Gutes verheiße, und den Mangel an allen Mitteln, den Kampf länger fortzusetzen, und fragte nun um die Meinung der Versammelten, und ob man der Targowicer Verbindung, wie der Petersburger Hof verlangte, beitreten solle? — Der Primas rieth zuerst: „man opfere dem Wohl des Vaterlandes die neue Konstitution, und trete aufs schleunigste bei." — So wie er stimmte der Kron-Großmarschall Mniszek, der Litauische Unterkanzler Chreptowitsch, und zu aller Verwunderung auch der Kron-Unterkanzler Kollontai, der seinen Mantel nach der neuen Richtung des Windes von Osten zu falten begann, und sofortigen Beitritt zur Vermeidung des Blutvergießens anrieth. ¹⁵) Der Kron-Großkanzler Malachowski sprach mit starken

---

¹⁵) Das verschweigt er wohlweislich in seinem Werk, und sucht sich mit einigen allgemeinen Worten heraus zu reden (II. 135); daher denn die Nachschreiber ihn gegen alle Wahrheit zu den Widersprechenden gerechnet haben; obwohl schon Komarzewski (S. 244) für das Gegentheil zeugte. Der Bericht des Gesandten nennt ihn geradezu unter den für den Beitritt Stimmenden.

Worten dafür; eben so der Litauische Großschatzmeister
Tyszkiewicz und der Unterschatzmeister Dziekonski. Das
waren bereits sieben Stimmen, wozu der wankelmüthige
Sapieha die achte gab, „indem er sich bereit erklärte,
der Meinung des Königs zu folgen." — Damit waren
acht Stimmen für den Beitritt. — Dagegen erhob sich
wie natürlich vor allen Ignaz Potocki, unterstützt von
dem Reichstagsmarschall Malachowski, dem Litauischen
Hofmarschall Soltan und dem Kron-Unterschatzmeister
Ostrowski. Sie gaben die Möglichkeit einer engern Verbindung der Mächte zu, meinten jedoch, Polnische Tapferkeit und irgend ein unvorhergesehenes Ereigniß könne
jene Verbindung lösen oder deren Folgen aufheben. Sie
leugnete trotz des Augenscheins die Unfähigkeit, den Kampf
noch fortzuführen, verwiesen auf den Muth der Armee
und den Eifer der mit dem Könige vereinten Nation.
Das hieß ins Blaue hin verweisen, denn weder der
Muth der Armee (den niemand bestritt, wohl aber ihre
Kraft), noch der Eifer der Nation (der sich außer Warschau sehr lau zeigte), hatten die Russen gehindert, bis
zum Herzen des Landes vorzubringen. Es war aber
mehr für die Eiteln und Unkundigen draußen gesprochen,
aus Haschen nach der aura popularis. — Was also
thun? — „Gehe der König, erwiederten sie, nach Kurow,
stelle er sich an die Spitze der Armee und wage noch
eine Schlacht." — Und wenn man sie verliert? denn
mit 15,000 gegen 50,000 ist eine Niederlage nur zu
wahrscheinlich, was dann? — „Nun dann ziehe er sich,
antworteten sie, durch das Sandomirsche nach Krakau
und führe in diesem Gebirgslande den Postenkrieg." —

Aber, versetzte der König, die Ueberlegenheit der Russen
wird auch hier bald die Oberhand nehmen, überdieß
herrscht in Sandomir und Krakau Mangel an Lebensmitteln, und Magazine gibt es dort nicht, wovon soll
die Armee leben? — Im Schatze ist kein Geld, womit
soll man sie bezahlen? — „Wie viel Geld ist im Schatze?
fragte der Reichstagsmarschall Malachowski. — „300,000
(Polnische) Gulden (50,000 Thlr.)" erwiederte der Schatzmeister. — Nehme man zu diesen, fuhr der König fort,
auch alle die zu andern Zwecken bestimmten Summen
dazu, so wird das alles noch nicht hinreichen, die Armee
auf vier Wochen zu erhalten. — „Nun, kann sich der
König nicht im Krakauschen halten, so gehe er nach Galizien." — Nach Galizien, fragte der König mit Verwunderung, und was dort? Ich habe nicht, wie Johann
Kasimir, eine Oestreichische Prinzessin zur Mutter, würde
daher in Galizien nicht Hülfe, Unterstützung, wohl aber
Elend, Demüthigung, vielleicht Gefangenschaft finden. —
Noch eins, fügte der König hinzu, man bedenke, wohin
längerer Verzug uns führt; als der Russische Minister
die Schreiben überreichte, sagte er mit dürren Worten:
„bis jetzt habe Rußland allein die Preußen am Einzug
in Großpolen verhindert; bei längerem Widerstand werde
man sie nicht weiter halten, und einmal im Lande, würden sie nicht mit leeren Händen hinausgehen." [16] —
Trotz dieser unwiderleglichen Gegengründe und Bedenken
verharrten jene vier Häupter, denen es mehr um ihre
Popularität draußen zu thun war, hartnäckig bei ihrem

---

[16] Vgl. Opinion sur le Roi de Pologne.

Widerspruch... Ostrowski rief: „trete der König bei, ich nicht!" — Soltan meinte: „Oft in der schlimmsten Sache findet sich zuletzt noch Hülfe, darum verzweifle man nicht und gedenke des Kampfes der Niederländer gegen Philipp." — Ignaz Potocki äußerte kalt: „er wolle alles abwarten;" — Malachowski: „wenn man unterhandeln wolle, so unterhandele man wenigstens direkt mit Petersburg, nicht mit Verräthern." — Da niemand von ihnen eine Auskunft anzugeben wußte, die probehaltig war, so entschloß sich der König mit der Mehrheit der acht gegen diese vier zum Nachgeben. Er unterschrieb hierauf am 14/23. Juli [17]) seinen Beitritt mit folgenden Worten: „Ich willige in die Unterzeichnung der Targowicer Konföderations-Akte und trete mit der ganzen Armee bei, in der Hoffnung, daß die von der Kaiserin von Rußland vorgeschlagenen Maßregeln meinem Lande das Glück wiedergeben werden." — Er unterschrieb damit auch seine Trennung von der Partei, die ihn bisher beherrscht. Diese sah nun ihr arglistiges Manöver, wodurch sie dem Könige im Augenblick des ausbrechenden Sturms unbeschränkte (und doch durch ihren Einfluß auf ihn sehr beschränkte) Macht übertragen hatte, gekrönt; alles hielt sich wegen des Scheiterns an ihn, und vergaß darüber, daß sie es gewesen, die zu allen jenen Schritten verleitet hatten, die jetzt zum Abgrund führten. Um nicht angeklagt zu werden, waren sie die eifrigsten zum Anklagen, und indem sie die Wirkung als Ursache unterschoben,

---

[17]) Nicht am 11/22., wie es bei den meisten Polnischen Schriftstellern und ihren Nachschreibern heißt. Bulgakow nennt ausdrücklich den 14/23.

gaben sie des Königs erzwungenen Beitritt als Grund
des Scheiterns der Nationalsache an. Ihre Politik bei
diesem Verfahren wie später hat Kollontai selber in einer
Stelle seines berüchtigten Werks aufgedeckt; da heißt
es: [16] „Anfangs stößt man Verläumbungen
zurück und kämpft wider sie; endlich wird man
durch die ewige Wiederholung derselben be-
täubt und läßt sich berücken; denn wer sollte
es für möglich halten, daß ohne Ursache in
einem fort verläumbet werden könnte." — Vergeblich erließ der König ein Umlaufsschreiben an die
Nation, worin er mit beweglichen Worten vorstellte:
„Man habe das Mögliche gethan, aber da im Schatz
kein Geld, die Anleihe mißlungen, die Nachbarn für
Rußland gesinnt seien; da es an Rekruten, Pferden,
Waffen, Ausrüstungsstücken und vornämlich an Verpfleg-
mitteln mangele, so frage er: ob man ihm mit Recht
einen Schritt vorwerfen könne, den er gezwungen sei zu
thun, und er schloß mit der Hoffnung, daß, könnte man
auch nicht alle Gesetze des Reichstags erhalten, man
doch einige wenigstens retten und dem Blutvergießen
und Bruderzwist ein Ende machen würde." — Sie dagegen und ihre Anhänger verbreiteten überall, mündlich
und durch Plakate, und nachmals auch in Schriften, die
als Quellen der Geschichte dienten: „man habe dem
Könige alle Mittel zur Vertheidigung des Landes in die
Hände gegeben, Armee, Schatz, Aufgebot, und, hätte er
sich im Lager eingestellt, selbst die ganze Nation; er aber

---

[16]) Vom Entstehen und Untergang 2c. II. 245.

aus Furcht vor der Zarin und sich an seinen wankenden
Thron klammernd, habe alle Thatkraft gelähmt, die Mittel unwirksam gemacht, und sie zuletzt verrathen." —
Diese Einflüsterungen, Beschuldigungen, Aufhetzungen
brachten die beabsichtigte Wirkung hervor, in Polen wie
im Auslande; und da der Sturm der Ereignisse alles
mit fortriß und keine Zeit zur Widerlegung ließ, so
wurden jene gefärbten Parteidarstellungen als pure Wahrheit aufgenommen und in Geschichtbüchern immer weiter
verbreitet, auch bei der damaligen aufgeregten Stimmung
der Völker zur Aufhetzung gegen die Fürsten häufig
mißbraucht.

Kaum ward der Beitritt des Königs in der Stadt
ruchtbar, als sich der Klubb der Konstitutionsfreunde
versammelte; hunderte von Menschen strömten dort zusammen: aufwiegelnde Reden wurden gehalten und bald
hörte man nur den mit Zähneknirrschen ausgestoßenen
Ruf: „Meineidiger König! Verrätherischer König!" —
Unter Lärmen und Toben setzte der Haufe sich von da
in Bewegung, verscheuchte aus dem Sächsischen Garten
die friedlichen Spaziergänger, durchwogte die Straßen
der Stadt, warf dem verhaßten Kanzler Malachowski
die Fenster ein, laut dem Könige den Tod drohend und
seinen Ministern den Galgen. Zufällig stieß er auf
Sapieha; man hob ihn sofort auf die Arme und trug
ihn im Triumph davon. Hierauf ging's zum Marschall
Malachowski, der sich zur Abreise bereitete. Man fand
ihn nicht, stöberte ihn aber in einem andern Hause auf,
brachte ihm ein Hoch und nahm Abschied von ihm.
Sodann zog man in gleicher Absicht zu Ignaz Potocki,

der sich aber auch entfernt hatte. — Nachdem man viel
gelärmt, geschrieen und gedroht, zerstreute sich allmälig
der Haufe.[19] — Es war der letzte Fiebersturm des ster=
benden Kranken. Die Sache, die Partei, die man drei
Jahre lang verfochten, war verloren, und die Häupter
bereiteten sich sämmtlich, die Reaktion der bisher Gedrück=
ten fürchtend, zur Flucht ins Ausland. Sie traten einst=
weilen ab, um andern Platz zu machen; doch nicht auf
lange, bald werden wir sie wieder an der Arbeit sehen,
um ihr Land vollends zu begraben.

Die meisten von ihnen wählten das freundgesinnte
Sachsen, Leipzig, Dresden, wo sie augenblickliche Unter=
kunft suchten, bis das Werk ihrer Gegner entweder von
selbst zusammenstürze oder durch sie gestürzt würde; denn
daß es nicht lange damit dauern werde, war allgemeine
Ueberzeugung. — Dahin floh der redliche, aber kurz=
sichtige und von andern geleitete Malachowski; das
begabte Brüderpaar Ignaz und Stanislaus Po=
tocki, die aufrichtig das Wohl ihres Vaterlandes woll=
ten, wenn sie sich auch bisweilen in den Mitteln ver=
griffen; dahin Piatoli, ihr und des Königs Rathgeber
und Freund, dem, da eine ehrenvolle Armuth ihn zierte,
der König erst die Mittel zur Flucht reichen mußte;[20]
dahin so viele andere aufrichtige Anhänger der letzten
Verfassung mit niedergeschlagener Seele, Grimm und
Rache gegen den König und die Targowicer im Herzen.
Dahin kam auch zuletzt nach langem Zaudern, Kollontai.

---

[19] Bulgakows Depesche vom $\frac{14}{25}$. Juli.
[20] Siehe oben S. 378. Note 21.

Nach Dresden und an andere Orte begaben sich auch die
Häupter der Armee: der ritterliche Joseph Poniatowski, dem entgegengesetzte Gefühle die Brust bewegten: Liebe und Ehrfurcht gegen seinen königlichen Oheim,
dem er alles verdankte, Schmerz und Unmuth über die
von ihm, wie er glaubte, zu schnell aufgegebene Sache [21]);
— der Bayard des Heers, Kosciuszko, dessen kind-
liches, reines Gemüth, seine heroische Tapferkeit mit
Klugheit gepaart, ihm die allgemeine Liebe und das
Vertrauen der Nation gewonnen hatten; der heftige,
leidenschaftliche Zayonczek, geneigt zu den äußersten
Entschlüssen; Michel und Joseph Wielhorski (ihr
Bruder Georg stand ihnen unter den Targowicern entgegen), denen das Kriegsglück wenig hold gewesen; der
gewesene Oberfeldherr in Litauen, Michel Zabiello,
besserer Partei- als Kriegsmann; endlich der feine, schlanke
und gewandte Reiter-Führer Stanislaus Mokranowski, eines geehrten Oheims [22]) würdiger Zögling,
der, in der Pariser Kriegsschule erzogen, mit dem ange-
bornen Muth auch die Wissenschaft vereinigte. Tapfere
Krieger, gingen sie als Männer von Ehre, um denen
nicht zu dienen, die sie bekämpft.

Doch von diesen Ausgewanderten handelten nicht alle
reines Herzens und aus inniger Ueberzeugung; bei vielen
war es Modesache, wie früher bei den französischen Emigranten, oder Schaam zurückzubleiben; bei andern schlaue

---

[21]) Vgl. dessen Briefe an den König bei Raczynski obras
Polski etc. XVI.

[22]) Des zur Barer Zeit und früher so viel genannten Generals,
den Rhulière einst idealisirt.

Berechnung, um bei dem vorausgesehenen balbigen Wech=
sel eine Popularität mitzubringen, die zu den höchsten
Ehren und Stellen die Bahn ebnen mußte.

Zu diesen letztern gehörte Kollontai. Wir sahen, wie
er in allgemeinen Phrasen für den Beitritt gestimmt.
Ihm lag es vor allem an seiner Kanzlerstelle und der
Aussicht auf's Bisthum; darum begab er sich am Tage
nach dem Rathe heimlich zum Könige, und beschwor ihn
mit Thränen, ihm die Siegel nicht zu nehmen. Der
König, bei der Ungewißheit seines eigenen Schicksals,
konnte ihm wenig Anderes als seine Verwendung ver=
sprechen. Da die Parteigenossen auf Abreise drängten,
so mußte er sich dazu entschließen. Er that es endlich
mit den Worten: „Ihr Herren habt gut reden; wo Ihr
auch seid, wird's Euch an nichts fehlen; ich armer Teufel
aber, der ich mir kaum ein Aemtchen errungen, das mich
nährt, soll nun mein ganzes Schicksal preisgeben. Wäre
es nicht besser, wenn ich bliebe und mich den Targo=
wicern anschlösse, dann könnte ich alle Streiche, die Euch
treffen sollen, abwenden?"[23] — Um sicherer zu gehen
und es mit keiner Partei zu verderben, reisete er ab, aber
vorerst nur ins Krakauische, und hinterließ ein doppeltes
Exemplar seines Beitritts zur Targowicer Konföderation,
eins beim Kanzler Chreptowitsch, das andere bei einem
seiner Vertrauten, um nach den Umständen davon Ge=
brauch zu machen. Bei dem Russischen Gesandten hatte
er schon früher indirekte Schritte zur Annäherung ge=

---

[23] Vergleiche Kollątaj w rewolucyi Kosciuszkowej.
S. 10.

macht [24]); doch dieser verachtete ihn. „Kollontai, berichtete er an seinen Hof [25]), ist nach Krakau gegangen, und sucht sich unserer Partei anzuschließen. Jeder kann ihn kaufen. Von der Herzogin von Kurland nahm er 2000 Dukaten, und sie gewann durch ihn ihren Proceß;" — und acht Tage später (unterm $\frac{21.\ \text{Juli}}{1.\ \text{Aug.}}$): „Kollontai hat, obgleich er Warschau verlassen, doch seine Beitrittsakte zur Targowicer Konföderation hinterlassen und mich durch ein Schreiben davon unterrichtet. Die Konföderation wird sich wahrscheinlich seiner nicht bedienen wollen; indeß ist's gut, weil er sich unterdeß der Intriguen enthält." — So lange er in dieser Schwebe war, enthielt er sich derselben; kaum hatten ihm aber später die Targowicer einen Nachfolger gegeben: als sein ganzer Grimm, der ganze Ungestüm seiner heftigen Leidenschaften erwachte — und das Werk vom Entstehen und Untergang der Polnischen Konstitution vom 3. Mai war davon die Frucht.

Redlicher benahmen sich die andern. Sie hatten aufrichtig das Wohl ihres Landes, nicht bloß das ihrige gewollt; Malachowski hatte in diesem Sinn selbst große Opfer gebracht. Er, in aufrichtiger Ueberzeugung, Sapieha, weil er den Dingen nicht traute und mit seinem gewöhnlichen Wankelmuth, schleuderten vor ihrem Abgange Manifeste, wo sie gegen die Targowicer protestirten; obgleich Sapieha noch im Ministerrathe dem Könige in allem zu folgen versprochen hatte.

---

[24]) Ebendas. S. 9.
[25]) Unterm $\frac{23}{11}$. Juli.

Am niedergeschlagensten war vielleicht Ignaz Potocki, der alle seine schönen Träume für's Wohl seines Vaterlandes nicht ohne eigene Schuld sich in's Gegentheil verkehren sah. Er hatte bis zuletzt gehofft, hatte immerfort auf die Abreise des Königs zur Armee gedrungen, und als seine Ermahnungen vergeblich gewesen, zum Schluß noch in der vollen Gluth des Parteigeistes dem Könige gerathen: „lieber der Krone zu entsagen und Polen zu verlassen, als sich der Gegenpartei beizugesellen." Da der König sich von seinen alten Gewohnheiten nicht losreißen wollte, schied er mit tiefem Groll von ihm. — Er war von allen der bedeutendste. „Ignaz Potocki, schrieb der Gesandte, ist der einzige von ihnen, der Talent hat, aber wenig Staatsklugheit. Seine drei Hauptfehler sind zu viel Zuversicht, Eigenliebe, Sicherheit. Seine Eigenliebe hat Lucchesini wohl benutzt; indem er ihm schmeichelte und ihm unaufhörlich vorsagte: er sei ein großer Mann, der einzige große Mann in Polen, brachte er ihn wohin er wollte."

Auch andere, in die letzten Begebenheiten tief verwickelte Personen traten um diese Zeit von hier ab, um an andern Orten dieselbe oder eine größere Wirksamkeit zu beginnen: so die drei fremden Minister Lucchesini, Descorches, Engeström. — Engeström, Schwedischer Geschäftsträger, hatte während des langen Reichstags eifrig geschürt und die Rußland feindliche Partei unterstützt; — Descorches, ehemaliger Marquis de Ste. Croix, gegenwärtig aber ein eifriger Jakobiner, hatte den Französischen Lehren bei diesen empfänglichen Gemüthern Anhänger zu gewinnen gesucht und auch die Errichtung von Klubbs in

Nachahmung der Französischen befördert. Schon unterm
⁴⁴. Februar hatte Bulgakow gemeldet: „Man sucht hier
eifrig die Französischen Grundsätze zu verbreiten. In der
Stadt werden Klubbs auch für die Dienerschaft errichtet,
wo man ihnen alles was in Frankreich geschieht, vorlieset
und auslegt, vornämlich die Menschenrechte und die Freiheit der Bauern. Die Hauptanreizer dazu sind der Französische Minister Descorches und der bekannte Maffei, der
auch zum engern Cirkel des Königs gehört, und dessen
Kammerdiener der Hauptredner in diesen Versammlungen
ist." — Nach dem eingetretenen Umsturz der Dinge
erhielt Descorches die Einladung, Polen zu verlassen,
und er verließ es im September, um darauf seine durch
Rache verstärkten Umtriebe gegen Rußland an einem
andern, geeigneteren Ort, in Konstantinopel, fortzusetzen.
— Lucchesini endlich war für sich und seine Freunde
ärgerlich, daß der König so schnell beigetreten, er hatte
Widerstand und vermehrte Wirren gehofft, und damit
einen Vorwand, Preußische Truppen einrücken zu lassen.
Er begab sich jetzt zu seinem König auf einen größeren
Schauplatz, um sein Talent der Intrigue geltend zu
machen; an seine Stelle kam wieder Buchholz.

Am bedauernswerthesten aber bei allen diesen Vor-
gängen war die Lage des Königs. Er hatte das Beste
seines Landes aufrichtig gewünscht; hatte meist immer
das Richtige gesehen; nur die Schwäche seines Karakters
und die Gebundenheit seiner Lage war ihm überall entgegen gewesen. Auf ihn häufte man nun Verschuldetes
und Unverschuldetes, und warf es ihm mit Bitterkeit
vor. Er saß jetzt zwischen zwei Stühlen, bedrängt von

zwei sich grimmig hassenden Parteien, und diente ihnen von beiden Seiten als Zielscheibe, auf die sie ihre spitzesten Pfeile abschossen. Er mußte schon nicht, was er sagen, was er thun sollte, und unterlag bei so vielen auf ihn andringenden Leiden fast der Verzweiflung. Rührend sind einzelne Aeußerungen, die darüber bekannt geworden. Als seine Schwester, Madame de Cracovie, sich nach seiner Gesundheit erkundigte, erwiederte er: „sie kann nicht gut sein, denn in den jetzigen Umständen bleibt mir nur Schande, Schmach und Verzweiflung (la honte, l'opprobre et le désespoir)." — Er hatte sogar Augenblicke völliger Bewußtlosigkeit, die für seine Vernunft fürchten ließen. „Trübselige Erstarrung (stupeur), schrieb Bulgakow, ist der Zustand seiner Seele." — Er sah sich jetzt von allen aufgegeben, geschmäht, gedemüthigt, ohne irgend eine Stütze; denn auch die Kaiserin hatte ihn verlassen, wie er früher sie. Von der Nation gehaßt, von Rußland gering geachtet, von den Targowicern verachtet, von dem Pöbel bedroht, saß er einsam und traurig in seinem Schloß, und wagte kaum auszugehen. Auch der Elendeste hielt sich berechtigt, ihm jetzt den bekannten Fußtritt der Fabel zu geben. —

So hatten denn die Targowicer einen vollständigen Triumph errungen, freilich nicht durch sich, nur als Werkzeug Rußlands. Sie spielten jetzt eine doppelte Rolle: unterthänig, demüthig, kriechend und Weihrauch streuend auf der einen Seite, zeigten sie sich schroff, hart, verfolgungssüchtig und übermüthig auf der andern. Eine Partei-Regierung hatte die andere ersetzt — (denn hatten gleich die Jungpatrioten die Mehrzahl, fast die ganze

Jugend und damit die Zukunft für sich, so waren sie
doch nur Partei, indem ihre Gegner auch über einen an=
sehnlichen Theil der Nation, wenn gleich den weniger
gebildeten geboten) — und wie Partei=Regierungen
pflegen, zielten sie nicht sowohl auf das Wohl des Gan=
zen, als das eigene: die eigene Ansicht der Dinge, nicht
die der andern, sollte gelten, und wären es auch Vorur=
theile; was die andern gethan, sollte umgestoßen werden,
und wäre es auch Zweckmäßiges. Daneben sollten die
höhern Würden, Ehren, Freigüter und einträglichen
Stellen den Gegnern genommen und ihnen und den
Ihrigen verliehen werden. Das war in wenig Worten
die ganze Politik und Regierung dieser Partei. Denn
sie regierte jetzt — so weit es nämlich der Russische Ge=
sandte zuließ. Er stand über ihnen; ein Wink von ihm
bestimmte ihre Entschlüsse, und wenn sie es zu arg trie=
ben, so fehlten die strafenden Verweise aus Petersburg
nicht. So erfolgte schon am $\frac{7}{14}$. August dieses Jahrs
in einer Depesche des Vicekanzlers an den Baron Bühler,
der bei der Konföderation accreditirt war, eine strenge
Mahnung. „Die Kaiserin, hieß es darin, wolle das
Wohl der Nation, nicht das einiger Individuen. Sie
kenne besser das wahre Interesse Polens, und werde dem
gemäße Anordnungen treffen, welche den Konföderirten
als Richtschnur dienen könnten. Die Erfahrung bewiese,
wie sehr diese Herren dem Irrthum unterworfen wären,
wenn sie ihren eigenen Meinungen folgten. Ihre Maje=
stät dagegen wolle auf fester Grundlage Polens Ruhe,
und dazu bedürfe es, daß die besondern Interessen und
Personalitäten schwiegen."

Die beiden General-Konföderationen von Polen und
Litauen versammelten sich am 11. Sept. in Litauisch
Brest, von wo sie gleich nach Eröffnung ihrer Sitzungen
eine feierliche Deputation nach Petersburg abordneten,
um der Kaiserin zu danken, daß sie den alten Glanz der
Republik wieder hergestellt habe; auch dem Könige wurde
ein Dank votirt, daß er der Konföderation beigetreten.
Hierauf ward beschlossen, daß im künftigen Jahre ein
Reichstag gehalten werden sollte, um weitere Anordnungen zu treffen. — Da es in dem kleinen Brest an Raum
fehlte und die Lage der Stadt zwischen Sümpfen unge-
sund war, so verlegten sie am 11. Oct. ihren Sitz nach
Grodno, wo von jetzt an der Mittelpunkt der Regierung war.

Die Targowicer setzten sich zum Ziel, so wie es ihre
Vorgänger gethan, das was diese aufgeführt, niederzureißen, um theils das Alte, theils Neues, den Umständen eben Gemäßes, dagegen aufzurichten. Zum Niederreißen kamen sie, nicht zum Aufbau, indem die Ereignisse, schneller wie sie, sie übereilten, fortrissen und sie
und ihr Land unter Trümmern begruben.

Zuerst begannen sie mit der Demüthigung des ihnen
früher abtrünnig gewordenen Königs, und legten ihm,
obgleich er bereits unterschrieben, eine neue Akte zur Unterschrift vor, worin es hieß: „Unsinnige Neuerer, angesteckt von den die Sicherheit der Staaten unterwühlenden
Grundsätzen, hätten es gewagt, die durch so viele Jahrhunderte geheiligten Grundgesetze der Republik umzustoßen, um ihr eine monarchisch-demokratische Verfassung zu geben." Sie zielten damit einestheils auf die

vermehrten Rechte des Monarchen, anderntheils auf die
den' Städten und Stadtbürgern bewilligten Rechte. —
Der König nun hatte jene Neuerer begünstigt, hatte selber
mit ganzer Seele zu ihnen gehört, und mußte jetzt sie
und sich verdammen. — Man nahm ihm darauf den
Oberbefehl über die Armee, die Verfügung über den
Schatz und alle durch die letzte Verfassung ihm zugestan=
denen Vorrechte, bis auf die weitere Entscheidung der im
Reichstag zu versammelnden Stände, indem sie ihm nicht
trauten, wie ihm die Gegenpartei nicht getraut; doch sie
mit mehr Recht als die andern, weil der König wirklich
mit ganzer Seele der gestürzten Verfassung zugethan, nur
gezwungen den Targowicern beigetreten war. — Der
Marschall der Konföderation, Felix Potocki, um ihn noch
tiefer zu demüthigen, schrieb ihm einen scharfen; hoch=
fahrenden Brief, worin er ihm sein Benehmen aus der
letzten Zeit mit bittern Worten vorhielt. — Der Unglück=
liche, von allen verlassen und getreten, wandte sich mit
flehender Bitte an die Kaiserin, nicht zu erlauben, daß
die Targowicer ihn so mißhandelten.

Ihre fernern und die am schmerzlichsten empfundenen
Maßnahmen trafen die Armee. Blieb sie vereint, so
konnte sie, wenn gleich ihrer Häupter beraubt, in einer
augenblicklichen Aufwallung des Unmuths, ohne weitere
Ueberlegung, und jetzt nicht mehr gezügelt vom König,
von neuem die Waffen erheben. Diesem vorzubeugen,
wurden die Truppen wieder ihren alten Großgeneralen,
in der Krone Branicki und Rzewuski, in Litauen dem
indeß zum Regimentaren ernannten Simon Kossakowski
untergeben, und im ganzen Lande aus einander gelegt,

mit überall zwischen fie eingeschobenen Ruffischen Regimentern, um fie zu beauffichtigen und zu bewachen. Das Geschüß wurde ihnen genommen und ins Warschauer Zeughaus gebracht, wo die eingerückten Ruffen es unter Auffidht hatten. —

Die Hauptarbeit der Targowicer ging aber auf die Bernichtung aller durch den langen Reichstag gegebenen Gefeße, als despotifcher Handlungen; fomit ward auch das Bürger= oder Städte=Gefeß wieder aufgehoben und die Edelleute, die fich hatten zu Bürgern aufnehmen laffen, mit der Beraubung ihrer Adelsrechte bedroht. Die Urheber der leßten Verfaffung, Stanislaus Malachowsti, Ignaz Potocti und Hugo Kollontai wurden als Beförderer des Despotismus vorgefordert, jedoch aus Rücksicht auf die öffentliche Meinung nicht weiter verfolgt. Litauen ward in der Verwaltung wieder von Polen getrennt, und betam feine gefonderten Aemter und Würden zurück. Der Kriegstommiffion entzog man die Gewalt und übertrug fie wieder den Großgeneralen. Der König hatte im Jahr 1791 einen Militair=Orden (virtuti militari) als Belohnung der Tapferkeit errichtet und im leßten Feldzuge waren viele Offiziere und Generale damit gefchmückt worden. Das Tragen diefes Ordens ward jeßt unterfagt. Biele der abgefchafften Mißbräuche wurden wieder hergeftellt.

Da der König, der Reichstag, nicht mehr fungirten, fo fiel alle Gewalt den Konföderirten zu, und fie beuteten fie reichlich zu ihrem Vortheil aus. Die Potocki, Branicti, Rzewuski .herrfchten im Königreich, die beiden Koffakowski, der Bifchof und der neuernannte Regimen=.

tar, in Litauen. Der Bischof Kossakowski war auf dieser Seite, was Kollontai auf der andern, der schlaueste, am besten über die Gesetze aber auch die Mittel sie zu verkehren unterrichtete, gewandteste, Auskunftreichste, aber auch der herrsch- und habsüchtigste. Der vorige Reichstag hatte nach des alten Kajetan Soltyks Tode die reichen Einkünfte des Bisthums Krakau, die über 700,000 Gulden betrugen, nach Abzug von 100,000 Gulden für den neuen Bischof Turski, zum Schatz geschlagen: Joseph Kossakowski wußte es durch seinen Einfluß hier wie in Petersburg durchzusetzen, daß diese eingezogenen Einkünfte ihm, da sein Bisthum (in partibus) von Livland ihm nichts eintrüge, verliehen wurden. Er und sein Bruder, unter der mächtigen Protektion von Platon Zubow, dessen Gunst sie gewonnen, regierten in Litauen fast unbeschränkt; und wie Polnische Magnaten, wenn sie unbeschränkte Gewalt haben, regieren, lehrt die Geschichte.

Man hatte die Herrscher gewechselt, aber es war um nichts besser geworden, vielmehr schlimmer. Ein Polnischer Suworow hätte hier mit mehr Fug sprechen können: „ich lausche hinter den Kulissen hervor den Triumphen der Thersiten." Wozu mußte es führen? Entweder zu einer Hemmung von der einzigen Seite, von wo es gehemmt werden konnte, oder bei dem so leicht erregbaren Volk zu gewaltsamen Ausbrüchen.

In Petersburg hatte sich Platon Zubow, von Markow ermuntert und unterstützt, unter Oberaufsicht der Kaiserin, der Leitung der Polnischen Sachen bemächtigt; Rußlands geschicktester Staatsmann, Besborodko, hielt sich ganz

fern davon [26]). An Zubow fanden denn auch die Re=
gierenden in Polen eine starke Stütze. Aber der Fluch
Polens, die innere Zwietracht, ruhte auf ihnen. Rze=
wuski war gegen Potocki, Potocki gegen Branicki; dieser
gegen ihn; die Generalität [27]) von Litauen gegen die Ge=
neralität von Polen; die Kossakowski gegen alle die an=
dern. Jeder von ihnen hatte seinen Anhang, den er be=
günstigte und vorzuziehen suchte. So zerfiel die Partei
in Parteien, die sich gegenseitig befehdeten, freilich, in
Ermangelung der Waffen, nur mit Worten, Intriguen,
Anschwärzungen, Verdächtigungen, hier und in Peters=
burg. Einheit und Einigkeit fehlten. Die Häupter, be=
sonders die Kossakowski in Litauen, thaten was sie wollten;
sie schienen, in der Besorgniß, daß es nicht lange so
bleiben würde, ihr Gelüst nach irdischen Gütern nicht
schnell genug stillen zu können. Doch ihr Güter mehrend,
ahnten sie nicht, daß sie ihr Leben kürzten, indem sie
durch ihre Hab= und Raubsucht die Remesis gegen sich
herausforderten. Drohend schwebte sie über ihren Häuptern.

Land und Volk aber versank, wie sein König, in Er=
starrung, das Schwerste ahnend, das Schlimmste fürch=
tend. Eine finstere Gewitterschwüle, eine Angst des
Kommenden lag drückend über dem ganzen Land.

Doch das Verderben kam nicht von den Targowicern,
nicht von Rußland — der zersplitternde Blitz zuckte aus einer
Gegend, von wo man ihn nicht erwartete — aus Mainz.

---

[26]) Chrapowitzki's Tagebuch 20. Dec. 1792.
[27]) Unter dieser Generalität ist der oberste Rath der Kon=
föderation zu verstehen; — es war der in Polen übliche Kunstausdruck.

Noch war kein Wort von Theilung gefallen — jetzt ward es
ausgesprochen, ernstlich zum erstenmal — von Preußen.

Der Revolutionskrieg, der zwanzig Jahre Europa
von einem Ende bis zum andern verheeren und in seinen
tiefsten Grundlagen erschüttern sollte, hatte begonnen, Anfangs mit großem Glück für die Alliirten, wie Spielern,
die verlieren sollen, beim Beginn die Glücksgöttin hold
ist. Die französischen Heere zeigten sich noch unter der
sehr niedrigen Erwartung von ihnen; wo sie mit den
Oestreichern (diese fochten noch allein) zusammenstießen,
flohen sie beim ersten Waffengeklirr davon, und sich durch
den Ausruf „Verrath!" rechtfertigend, meuchelten sie ihre
Offiziere und Generale. Gegen solche ungezuchtete und
meuterische Schaaren, die kein Kanonenfeuer aushielten,
eben so schnell davon liefen als sie gekommen waren, ohne
erfahrene Generale und Offiziere (denn die Mehrzahl derselben war ausgewandert), schien jeder Erfolg unaus-
bleiblich; auch steigerte sich die Selbstzuversicht der Verbündeten, besonders der Preußen, bis zum Uebermuth
und eine „Wiederholung des Holländischen Spiels", ein
„militairischer Spaziergang nach Paris" wurden Modephrasen. Unter diesen Umständen fand eine persönliche
Zusammenkunft König Friedrich Wilhelms mit Franz II.,
neugekröntem Römischen Kaiser, in Mainz am 19. Juli
(diesem Unglücksmonate Polens) statt. In den Konferenzen, die drei Tage dauerten, regulirte man frühere
Punkte, besprach die bisherigen Erfolge und die Hoffnungen, die sich bei nachdrücklicher Fortsetzung des Kriegs
eröffneten. Friedrich Wilhelm, König einer militairischen
Monarchie, und was mehr, eines kriegerischen Volks,

sollte die Oberanführung übernehmen; ein neuer Aga=
memnon sollte er nicht nur seine wackern Preußen, son=
dern auch Oestreicher, Hessen, emigrirte Franzosen nach
Paris führen, die 700 Gesetzgeber verjagen, die Jacobiner=
Banden züchtigen, den hart bedrängten und geängstigten
König mit seiner Familie aus seiner Haft erlösen und
geordnete monarchische Zustände wieder herstellen. Eine
große, aller Anstrengung würdige Aufgabe. Doch zu
viel wäre es verlangt gewesen, sie ohne Entgelt auszu=
führen. Es fragte sich nur, um welchen? — In den
bisherigen Erklärungen hatte man versprochen, keinen
Eroberungs= — sondern Befreiungskrieg zu führen; den
Franzosen sollte also nichts abgenommen werden; man
kam als Bundsgenosse der Prinzen, als Bundsgenoß des
gefangenen Königs selbst; Franzosen, die Blüthe der
Nation, wie sie sich nannten, wenigstens des Adels,
sollten mit den Verbündeten fechten: Frankreich sollte
nur auf billigen und gerechten Grundlagen wieder rekon=
stituirt werden, eine Verbesserung seiner Verfassung im
konstitutionellen Sinn selbst nicht ausgenommen. Also
wo? und welche Entschädigungen sollte man nehmen? —
Da traten die alten, lange bekämpften und zurückge=
drängten Wünsche mit neuer Elasticität hervor: Oestreich
wünschte, um seine Monarchie dichter zusammenzuballen,
den Austausch der Niederlande gegen Baiern,
den der alte Fritz einst so strenge hintertrieb; Preu=
ßen trat mit dem Anspruch auf das so lange ge=
wünschte, so oft ihm versagte, und deshalb um so
heißer begehrte Danzig und Thorn hervor, mit eini=
gen Wojewodschaften in Großpolen dazu, um

das Ganze besser zu rûnden und den von ihm zu tragen=
den Kosten und Aufopferungen angemessener zu machen.
Eine Nachgiebigkeit verlangte die andere, und man sagte
sich die Erfüllung des gegenseitigen Wunsches freundschaft=
lich zu. Aber die Polnische Entschädigung blieb so lange
nichtig, als bis die mächtige Kaiserin von Rußland, die
hier auch ein Wort mitzusprechen hatte und eben jetzt
Herrin von ganz Polen war, ihre Einwilligung gegeben.
Man beschloß demnach, ihr das gegenseitige Verlangen
vorzutragen, als den verdienten Lohn für die Ausführung
einer auch von ihr so sehr gewünschten und betriebenen
Sache, wie der Krieg gegen die Neufränkischen Wühler
und Wiegler war. Einer nach dem andern legten die
beiden Höfe den zwischen sich vereinbarten Plan der
Kaiserin Katharina vor, mit der Aufforderung, auch ihrer=
seits nach Belieben von Polen so viel zu nehmen, als
mit ihren beiderseitigen Erwerbungen im Gleichverhältniß
wäre. — Der Kaiserin kam dieser Vorschlag nicht ge=
legen; war sie doch jetzt, wenn nicht der Form doch der
Sache nach, Gebieterin über ganz Polen; sodann hatte
sie auch den Konföderirten die Unverletzlichkeit ihres Ge=
biets versprochen und wollte ihr Versprechen nicht ohne
Ursache brechen. Von der andern Seite jedoch, eben be=
schäftigt die Polnischen Wirren nach ihrem Sinn zu
ordnen, wollte sie dabei nicht gestört werden, und wünschte
daher, die beiden mächtigen Nachbaren noch länger ander=
wärts beschäftigt zu sehen, bis sie freie Hände gewonnen.
Um beides zu vereinigen, gab sie keine bestimmte Ant=
wort, schlug nicht geradezu ab, versprach aber auch nichts,
ließ jedoch die Hoffnung durchschimmern, daß sie später

vielleicht einwilligen werde; dieses, um jene nicht abzu=
schrecken, vielmehr zum begonnenen Kampf für die Throne
gegen den Revolutionsgeist zu ermuntern. Auch war,
als ihre Antwort kam, das Unternehmen begonnen und
in voller Ausführung. Eine Armee von 85,000 Mann
(42,000 Preußen, 25,000 Oestreicher, 6000 Hessen, 12,000
französische Emigranten) sollte nach einem von dem aus=
gezeichneten und im Amerikanischen Kriege berühmt
gewordenen General Bouillé (dem kurz vorher Lud=
wigs XVI. Rettung, freilich ohne seine Schuld, mißglückt
war) angedeuteten Plane, die Mosel aufwärts bis Trier
marschiren, und von dort aus, nach Wegnahme Long=
wy's und Verdun's, auf der Seite der Champagne, wo
Frankreichs Festungsgürtel am losesten war, ins Innere
des Landes vordringen, und in raschem Marsch auf Paris
ziehen. — Der Plan war gut und zweckmäßig, bedingte
nur zweierlei: daß er mit g e n ü g e n d e r  Macht und
r a s c h  ausgeführt würde.  Man hielt bei dem unterschätzten
Zustande des Französischen Heers und der gehofften Mit=
wirkung eines Theils der Nation, wie die Emigranten
es versprochen, 85,000 Mann für genügend, obgleich sie
es keineswegs waren, ein Land wie Frankreich, eine
Hauptstadt wie Paris, vom Revolutionsschwindel er=
faßt, vom Freiheitsfanatismus aufgestachelt, zu be=
zwingen und ihm Gesetze vorzuschreiben. Doch bei dem
aufgelöseten Zustand der französischen Armee, bei der
innern Verwirrung, wo die Generale an der Spitze be=
ständig von einem Heer zum andern versetzt wurden, sich
also nirgends mit den Verhältnissen näher bekannt machen
und die Zuneigung ihrer Truppen gewinnen konnten; bei

der geringen Macht endlich, die französischer Seits im Felde, und noch dazu auf vielen Punkten unter verschiedenen von einander unabhängigen Anführern, zerstreut war: hätte eine rasche und kräftig ausgeführte Unternehmung auf die Hauptstadt vielleicht Erfolg gehabt, wenn man die einzelnen in den Wurf kommenden Heerhaufen schnell abgethan und dann gestärkt durch den moralischen Eindruck der Unwiderstehlichkeit auf die Hauptstadt losgegangen wäre. Von den damals lebenden Feldherrn hätte Suworow so gehandelt, wie er es auch später in Polen that. Doch hier kam es anders. Man glaubte es recht klug zu machen und stellte an die Spitze des Heers einen damals auf dem Gipfel des Ruhms stehenden Feldherrn, den Herzog von Braunschweig, beging aber damit einen schweren Mißgriff. [28] Im Kriege kommt es mehr noch auf Karakter als Geist an. Der Herzog hatte nun wohl Geist aber keinen Karakter. Er war der demüthigste Hofmann, der eine beste Ueberzeugung aufgab, wenn er damit gefallen konnte; immer schwankend, sich nach allen Seiten bückend und beugend, ohne festen Entschluß, ohne sichern Halt. Er hatte den siebenjährigen Krieg mit Ruhm mitgemacht, hatte viel über den Krieg gelesen, vielleicht auch gedacht, doch wie es scheint, nicht

---

[28] In einem gewissen, nicht unrichtigen Vorgefühl hatte er kurz vorher gegen Mirabeau geäußert: „Der Krieg ist ein Glücksspiel; ich war nicht unglücklich darin, und doch, habe ich gleich heute bessere Einsichten darüber als ehemals, könnte ich von dem Glück verrathen werden. Wer vernünftig, wird bei vorgerücktem Alter seinen Ruf dabei nicht einsetzen wollen.“ — Er setzte ihn aber dennoch ein, zu seinem und der allgemeinen Sache Unglück!

tief: er stand mit seinen Ansichten noch ziemlich auf der niedern materiellen Stufe, die durch den siebenjährigen Krieg in Schwang gekommen. Nicht ideenvolle, scharfsinnig angelegte Pläne, und ihre mit Kraft vollbrachte Ausführung, keine angestrebten höhern Kriegszwecke, keine tiefern Kombinationen; sondern minutiöse Calcüle, Kleinigkeiten der Taktik, gerades Marschiren, schnelle Handhabung des Gewehrs, Gewandtheit in der Ausführung der taktischen oft sehr verwickelten, aber im Felde wenig anwendbaren Manöver: das war es, worin die Mehrheit der damaligen Generale den Geist der Kriegskunst setzte und suchte. Und darin excellirte denn vornämlich die Preußische Schule; das geistige Element wurde wenig beachtet, wenn nicht verachtet; der Name gelehrter Offizier galt fast als Schimpfname. In Hinsicht der Verpflegung band man sich die Hände oder vielmehr die Füße durch das Fünfmarsch=Bäckerei=System, das längern, entferntern Märschen nicht sehr günstig war, und in die Operationen allaugenblicklich wegen des Brotbackens einen langen Halt brachte. Als ob in einem lebhaft bevölkerten Lande wie Frankreich, und zwar gleich nach eingebrachter Ernte, ein einbringendes Heer, ohne jene Künste, bei sonstiger Vorsorge Mangel leiden könnte, wenn es nur nicht zögerte, sondern rasch vorwärts schritt! So wurde die Unternehmung, die, groß gedacht und rasch ausgeführt, möglich war, durch die kleinliche, zögernde und zaudernde, ungewisse und schwankende, tappende und täppische Art, wie man sie vollführte, zu einer Unmöglichkeit. Dem Herzog waren nicht bloß seine militairischen Ansichten im Wege, nicht bloß sein unentschlossener, kleinmüthiger, höfischer

Karakter, sondern selbst eine persönliche Neigung zu den
Franzosen, die auch ihm vorsagten und vorgesagt hatten:
„er sei ein großer Mann"; die ihn gar an die Spitze
ihrer Regierung oder wenigstens ihres Heeres hatten stellen
wollen und ihm deshalb Anträge gethan [29]); — er fühlte
sich geschmeichelt und in seiner Erkenntlichkeit, wollte er
Widersprechendes vereinigen, sich ihrer Bewunderung würdig zeigen und ihnen doch nicht viel zu Leibe thun; er
ward somit durch einen doppelten Willen, oder da bei
ihm von Willen keine Rede war, von einer doppelten
Willenslust hin und her gezogen. Und solches geschah
noch auf eine andere Weise. Der König, in der Ueberzeugung einem gewissen Triumph entgegenzugehen, wollte
mit der Armee ziehen, wollte die Früchte ihrer Anstrengungen, die dargebrachten Huldigungen der Befreiten,
den Dank einer schönen Königin selbst entgegennehmen.
Da er von einem heftigen, ungeduldigen Temperament
war, so trieb er vorwärts, um durch die Raschheit der
That den verspäteten Anfang einzubringen; der Herzog
dagegen, der eigentliche betraute Befehlshaber, zögerte, ging
eher rückwärts und wäre lieber gar nicht vorgegangen,
oder nur Schritt vor Schritt und nachdem er sich von
allen Seiten gehörig militairisch gedeckt. Bei diesem
Widerstreit der Ansichten und Karaktere mußte ein abermaliges Hin- und Herzerren in den Operationen entstehen, bald übereilt (doch dieses selten), bald verspätet;

---

[29]) Sie geschahen durch Custine, den Sohn des Generals. Vgl.
Mémoires d'un homme d'état etc. I. S. 187 und 340, und
*Barante*, hist. de la Convention (ed. de Bruxelles) I. S. 295.

Pläne hier entworfen und dort hintertrieben; Befehle von der einen Seite ertheilt, von der andern aufgehoben: konnte da wohl etwas Ganzes, Zusammenhängendes, Folgerechtes in den Bewegungen herauskommen? Hier zeigte sich nun der Nachtheil eines Höhern als der Ober=befehlshaber beim Heer, indem es diesem den freien Sinn raubte und die Hände band. Handelte der Herzog allein, so blieb er, wie er es wollte und auch vorschlug, als die Hoffnung auf den Zutritt der Nation versagte, bei Ver=dun stehen, setzte sich an der Maas fest, nahm die we=nigen hier herum befindlichen Festungen, Montmedy, Sedan, Thionville in seinem Rücken, und bereitete, da die Jahreszeit schon so weit vorgerückt, den nächstfolgen=den Feldzug mit vermehrten Kräften vor. Das war, da der Herzog nur einen langsamen, methodischen Krieg zu führen verstand, immer etwas Besseres als das Halbe, was gethan ward. Doch der Feldherr ward von einer höheren Gewalt fortgezogen, und handelte nun doppelt widerwillig und verdrossen, weil wider besser Wissen. Ließ er sich schon früher günstige Gelegenheiten zu kraft=vollen Streichen entgehen, so that er es jetzt vollends, trotz alles königlichen Spornens. Jeder verlorene Tag schien ihm ein gewonnener, weil er ihn der spätern Jahreszeit und damit der Aussicht näher brachte, an der Maas stehen zu bleiben, da doch nicht zu erwarten stand, daß der König bei vorgerücktem Herbste in Frankreichs Innere würde vorlaufen wollen. Der König anderer=seits, so sehr er in seinen Siegeshoffnungen spornte und trieb und seiner Ungeduld alles zu langsam ging, verlor doch auch manchen Tag, wenn seine schwache Seite ins

Spiel kam und es sich um Bälle, Paraden und anderes
Schaugepräng handelte. Bei diesem Widerstreit des
Wollens und Handelns blieben die günstigsten Gelegenheiten unbenutzt. So als das kaum 20,000 Mann starke
französische Heer bei Sedan, durch Lafayettens Flucht
seines Anführers beraubt, zehn Tage lang (vom 19. bis
28. August) ohne Haupt und seiner gänzlichen Auflösung
nahe war. Die Preußische Armee, die eben Longwy genommen (am 23. August), stand zwei Märsche von da,
und konnte dieses nachmalige Haupthinderniß ihrer Fortschritte durch einen raschen Schlag, der eine große moralische Nachwirkung gehabt, für immer beseitigen. [30])
Der Herzog erkannte es, zeigte auch einen halben Willen,
den Umstand zu benutzen, aber während er wollend und
nicht wollend zauderte und sich besann, ging der günstige
Augenblick vorüber und der rasch herbeikommende Dumouriez übernahm über diese Truppen den Befehl (am
28. August), und trachtete sofort mit schnellem Entschluß
den Argonner Wald mit seinen Engpässen vor den Preußen
zu besetzen. Das war nicht leicht. Er stand bei Sedan
mehr wie vier Märsche von dem Hauptpaß, les Islettes
wo die große Hauptstraße von Verdun nach Paris durch-
führt, während die Preußen, denen sich Verdun am 2ten
September ergeben, nur Einen Marsch dahin hatten;
und dennoch erlaubte ihm der Herzog, indem er zehn Tage
(vom 2. bis 11. Sept.) unthätig bei Verdun mit Brot-

---

[30]) Dumouriez gesteht selbst, hätte sich nur ein feindliches Korps
in der Nähe gezeigt, die Armee ohne Anführer wäre auseinander
gelaufen.

backen und unter andern nichtigen Vorwänden verlor, vor seinen Augen diesen so wie die andern vier Pässe der Argonnen zu besetzen (vom 2. bis 5. Sept.) und ihm damit das gerade Vorrücken zu verwehren. Der Argonner Bergwald, ein Zweig der Ardennen, von dreizehn Stunden Länge, zieht sich von Sedan bis über St. Menehould hinaus, und ist, durchschnitten von Höhen, Bächen, Seen, Teichen und Sümpfen, für eine Armee ungangbar, außer an fünf lichtern Punkten, die eben die erwähnten Pässe bilden, und vom Norden. angefangen: le Chêne populeux, la Croix aux bois, Grandpré, la Chalade und les Islettes heißen. — Auch jetzt noch, als General Dillon mit 6000 Mann die Islettes besetzt hatte, hätte der Herzog bei seiner großen Uebermacht den Paß leicht forciren und damit die nächste Straße auf Chalons gewinnen können, er wagte es aber nicht, und verlor abermals in der vorgerückten Jahreszeit mehrern Tage mit Herumtappen. Clairfait mit seinen Oestreichern erzwingt indeß am 12. Sept. den Durchgang durch den nördlichen Paß Croix aux bois, und kommt Dumouriez bei Grandpré in den Rücken, der bei schneller That ganz hätte eingeschlossen werden können: doch statt zu handeln fängt der Herzog an zu unterhandeln, statt Dumouriez mit den Waffen zu besiegen will er den Schlauen betrügen und wird selbst betrogen: während er auf den Vorposten durch seinen Massenbach parlementirt, zieht Dumouriez (in der Nacht zum 15. Sept) seinen Hals aus der Schlinge. Noch war nichts verloren, es kam nur auf Entschluß und rasche Ausführung an. Der König zürnte, daß das feindliche Heer entkommen, spornte, trieb: doch der Herzog

zeigte nur in Einem Festigkeit, im Vermeiden etwas zu
thun oder zu schlagen; aus jeder Kleinigkeit wußte er
eine unüberwindliche Schwierigkeit zu machen. Die Franzosen zogen in Eile davon; unfern Autry riß aber das
halbe Heer in Panischem Schreck vor einem Husaren-
Regimente aus, und zerstreute sich in den umliegenden
Ortschaften; und das ganze Heer hätte sich wahrscheinlich
aufgelöset, da der Schreck sich mehrmals erneuete, wenn
der Herzog entschlossen mit bedeutenderen Kräften nach-
gedrückt hätte; statt dessen machte er, nach einem kleinen
Marsch von einer Meile, am 15. Morgens bei Grandpré Halt — um Brot zu backen. So gingen wieder
drei entscheidende Tage (vom 15. bis 18. Sept.) dahin,
wo Dumouriez, ohne gute Stellung und nur mit kaum
17,000 Mann entmuthigter Truppen, durch einen Angriff
des dreimal stärkern verbündeten Heers vernichtet werden
konnte. Doch der Herzog blieb unthätig und erlaubte
dem französischen Feldherrn sich in seiner Stellung bei
St. Menehould zu befestigen und durch die aus dem
Norden und Süden auf Umwegen herbeieilenden Korps
von Beurnonville und Kellermann zu verstärken (am
18. und 19. Sept.); dadurch wuchs sein eben noch so
schwaches Heer bis zu 50,000 Mann. Die Besiegung
war schwieriger geworden, aber immer noch nicht schwer,
wenn man die Beschaffenheit der gegenseitigen Truppen
in Anschlag brachte: hier tüchtige, taktisch ausgebildete
Krieger; dort zuchtlose, meuterische Schaaren, unter verschiedenen von einander unabhängigen Befehlshabern[31],

---

[31] Erst später wurden Kellermann und Beurnonville unter Dumouriez' Befehle gestellt.

bereit bei jedem Anlaß Verdacht zu fassen und davon
zu laufen.

So stand der Herzog, nachdem er zaudernd und langsamen Schrittes, mit stets im entscheidenden Augenblick
angeordnetem Brotbacken, äußerlich dem Willen des Königs unterthänig, innerlich widerwillig und bedacht ihn
zu hintertreiben, auf einer Marschstrecke, die man in drei
bis vier Wochen bequem hinterlegen konnte, mehr wie volle
zwei Monate zugebracht, und die günstigsten Gelegenheiten, dem Kriege eine vortheilhafte Wendung zu geben,
verabsäumt hatte, endlich, und zwar in einer immer noch
vortheilhaften Lage, vor Balmy, vor dem französischen
Heere, das selbst vereint nicht so stark war wie das verbündete, 53,000 gegen 60,000 Mann. Die Franzosen
in schlechter, verworrener Aufstellung bei Balmy und
St. Menehould, den Rücken gegen den Isletten-Paß,
den 6000 Hessen unterstützt von 10,000 Oestreicher unter
Hohenlohe ihnen sperrten, die Front gegen Paris, aller
Wege ins Innere beraubt, außer dem einen, aus der
linken Flanke auslaufenden gegen Vitry, der auch leicht
zu sperren war: ihnen gegenüber der Herzog mit einem
überlegenen, auserlesenen Heer manövrirgeschickter, ruhm-
begeisterter Krieger. Der Sieg schien gewiß, und war es,
wenn der Herzog hätte siegen wollen. Nie war einem
Heer eine günstigere Gelegenheit zu den glänzendsten Erfolgen geboten. Es marschirt auf: die Kanonade von
beiden Seiten beginnt; bald wanken die Reihen Keller-
manns, der den Vorkampf hat; denn nicht einmal das
ganze Heer der Franzosen war auf dem Schlachtfeld,
sondern mehr wie die Hälfte, die Truppen von Dumou-

riez, eine Stunde dahinter bei St. Menehould, von wo
ein Theil gegen den rechten Flügel vorgesandt wurde,
wo er im Fall einer Offensive, nicht aber bei einer De=
fensive am rechten Orte war. Der entscheidende Punkt
war die Linke des Französischen Heers, wo dieses von
seiner einzigen Rückzugsstraße nach Vitry abgedrängt
werden konnte und dann vollkommen eingeschlossen war.
Die Straße nach Chalons mußten sie vornämlich halten,
und doch hatten sie dort gerade ihre geringsten Streit=
kräfte. Der Angriff der Preußen war damit hier ange=
deutet, von hier konnten sie den Feind bei Valmy in
der Flanke fassen und die größten Ergebnisse erwarten,
während ihr Angriff gegen die Höhen, gerade auf die
Mitte und den stärksten mit Artillerie bespicktesten Punkt
des feindlichen Heers nur durch die moralische Potenz
der überwundenen Schwierigkeit wichtig werden konnte.
— Die Kanonade wird immer stärker, zwei Pulverwagen
bei den Franzosen fliegen auf, und alsobald bricht die
Verwirrung unter den jungen Kriegern in vollem Maße
aus, und schon beginnen viele davonzulaufen. Der König
sieht es, und mit richtigem Takt gebietet er zum Angriff.
Drei Kolonnen rücken rasch und in der schönsten Ordnung
gegen die Höhen bei Valmy vor: da kommt der Herzog
angejagt und gebietet Halt; belugt mit seinem Fernrohr
die Stellung des Feindes, und da in diesem Augenblick
der Ruf dort erschallt: „vive la nation“, so ruft er sei=
nerseits wie erschrocken: „Hier schlagen wir nicht“, und
sendet den drei vorgerückten Kolonnen, die sich zum Sturm
der Anhöhen, wo die Franzosen schwankend standen,
anschickten, den Befehl zum Rückzug. Als das die Fran=

zosen sahen, glaubten sie, der Feind habe Furcht vor
ihnen, und erhoben ein die Erde erschütterndes Jubelgeschrei. Mit Knirschen zogen sich die Preußischen Tapfern
vor einem Feinde, der bei ernstem Angriffe auseinander-
gestoben wäre, wie noch vor kurzem ein Theil desselben
vor Köhlers wenigen Husaren auseinanderstob, zurück
und wagten kaum die Augen aufzuschlagen; und diese
Umkehr im entscheidenden Augenblick wirkte auf den ganzen Gang des Revolutionskriegs nach: in dieser Prü-
fungsstunde, auf diesem Scheidewege mußte es sich zeigen,
ob aus den Französischen Krieger-Jünglingen Helden von
Roßbach oder Helden von Jena werden sollten. Ließ
der Herzog dem Angriff (obgleich er nicht gegen den
richtigen Punkt geführt wurde) seinen Gang, unterstützte
er ihn kräftig und nachhaltig: so ward das Französische
Heer auseinander geworfen oder wäre vielmehr auseinander gelaufen, denn eine Truppe, die steht und schreit,
hat Furcht und sucht sich zu betäuben [32]). Aber der Herzog, der nur materielle Motive gelten ließ und die moralischen verachtete, steigerte durch seinen Rückzug vor den
wankenden feindlichen Reihen deren Selbstgefühl aufs
höchste: sie lernten einsehen, daß Aushalten schon
halber Sieg ist, und hielten seitdem aus, durch dieses

---

[32]) Das Geschrei einer angreifenden Truppe ist von keiner so
übeln Bedeutung; es dient die Angreifenden zu animiren, will den
Feind einschüchtern, und deutet die Freude an über den Angriff und
gehofften Erfolg. Hier ist eine mehr objektiv beabsichtigte Wirkung,
während sie bei dem Stillstehenden ganz subjektiv ist. — Dasselbe
gilt auch von der Politik; die schweigende ist furchtbarer als die
schreiende und drohende. —

unbedeutende Treffen recht eigentlich zum Sieg erzogen; denn die Soldaten, die für die besten der Welt galten, waren durch ihr Standhalten zurückgeschreckt worden; was wußten sie, ob die Preußen auf Befehl oder aus eigenem Antrieb zurückgewichen; die Eitelkeit gab der letztern Version natürlich den Vorzug. Haltet also nur Stand, war die Lehre, die ihnen hier gegeben ward, und keine Truppe wird vor euch bestehen, da selbst die tapfern Preußen nicht bestanden sind; und seitdem wurden diese selben Leute, die nur eben geschwankt, ob sie zur Flucht sich aufmachen oder stehen bleiben sollten, Helden, die im blutigsten Kampfe ausharrten. So war es der Herzog von Braunschweig, der ihnen Standhaftigkeit und Selbstgefühl einflößte, die beiden Eigenschaften, die eben Sieger bilden. — Doch solche moralische Schätzungen des Kriegs lagen dem Herzog wie allen den damaligen Feldherrn fern; sie schätzten alles nur nach dem Greiflichen ab; sie verachteten deshalb die Franzosen, weil sie zerlumpt, nicht geputzt und geschniegelt waren; weil sie schlecht exercirten und noch schlechter marschirten; und darum ward das Zurückweichen vor solchen verachteten Horden um so tiefer und schmerzlicher von ihren Kriegern gefühlt.

Die Folge dieses verfehlten oder vielmehr aufgegebenen Siegs, war der beschwerlichste, verderblichste Rückzug, der das halbe Heer zu Grunde richtete; die schmachvolle Demüthigung vor einem Feinde, den man noch vor kurzem so über die Achseln angesehen, so stolz behandelt hatte; — das alte Preußische Selbstgefühl aus dem siebenjährigen Krieg erlitt einen schmerzlichen Stoß[33]), und obgleich sich der Muth und die Kraft der Soldaten noch oft bewährten, verfiel doch ihr Ruf, denn ihre ganze Kriegführung sank jetzt auf den kleinlichen Maßstab eines Posten= und Kordonkrieges herab, während bei den Franzosen Valmy die Siegeswende und der Anstoß zu den größten Thaten ward: denn der Sieg liegt, wir wieder=holen es, nächst der Feldherrnklugheit des Anführers, im Selbststolz und in der festen Zuversicht des Soldaten.

Im folgenden Jahre werden wir sehen, wie Braun=schweigs Fortsetzer, der Prinz von Koburg, dessen Kriegs=manier adoptirte und in völliger Nichtigkeit und Gedan=kenlosigkeit noch überbot, und damit was der Herzog in der Kriegserziehung der Franzosen begonnen, schließlich vollendete. Aus den Händen dieser beiden Lehrmeister gingen die Anfangs so losen Französischen Banden als vollendet brave Truppen hervor.

Wenn von jetzt an die Verbündeten mit den besten und größten Kräften nichts Entscheidendes mehr gegen Frankreich zu thun wagten, wenn sie scheu nur um die

---

[33]) Man lese nur in Goethe's Feldzug in der Champagne, wie tiefgebeugt und erniedrigt sich die Preußische Ehre fand. So heißt es Bd. 30 S. 75: „Die größte Bestürzung verbreitete sich über die Armee. Noch am Morgen hatte man nicht anders gedacht, als die sämmtlichen Franzosen anzuspießen und aufzuspeisen; — nun ging jeder vor sich hin; man sah sich nicht an, oder wenn es geschah, so war es, um zu fluchen oder zu verwünschen." — Und weiter hin S. 161: „Man schonte der obersten Leitung nicht, und das Ver=trauen, das man dem berühmten Feldherrn so lange Jahre gegönnt hatte, schien für immer verloren." — Wäre es das doch gewesen!

Gränzfestungen herumgingen, sie betasteten, beschossen und
mit einzelnen verlorenen Trupps sich herum balgten, ohne
irgend ein höheres Ziel, einen großen Zweck: so rührte
das zum Theil von Braunschweigs Feldzug in der Champagne her; denn die Oestreichischen Feldherrn, wenn man
sie zum Vorrücken ins Innere Frankreichs aufforderte,
erwiederten: „Schaut doch nur auf die Campagne des
Herzogs von Braunschweig und des tapfern Preußischen
Heers, und seht was bei einem solchen Vorgehen her-
auskommt." — So wurde Braunschweig und sein un-
seliger Feldzug in der Champagne ein Musterfeldzug für
die Alliirten und die Franzosen, für jene zum Nichtsthun,
für diese zum Alles Wagen.

Nun begannen listige Unterhandlungen, wo jede Seite
die andere zu täuschen suchte: Dumouriez, der noch immer die Ueberlegenheit der Gegner und einen Angriff auf
seine unzuverläßigen Banden befürchtete und die Preußen
gern von der Coalition abwendig gemacht hätte, verlangte eine unmittelbare Räumung des französischen Gebiets, Trennung der Preußen von den Kaiserlichen, und
einen Separatfrieden; — Preußischer Seits forderte man
Anfangs Wiederherstellung des Königs und Aufhören
des Propaganda-Wesens; als aber über diesen Unterhandlungen die Jahreszeit immer schlimmer hereinbrach,
und die Gefahren des Rückzugs auf grundlosen Wegen
vor einem durch seinen letzten Erfolg aufgemunterten
Feinde sich vermehrten, unterhandelte man später nur,
um durch scheinbares Eingehen auf die Französischen
Vorschläge, den Gegner hinzuhalten und Zeit zu gewinnen, den Kopf aus der Schlinge zu bringen; was auch

gewiſſermaßen durch Preisgebung alles im Feldzug Gewonnenen gelang. Und erſt als ſie, unbehindert und unangefochten vom Feinde Luxemburg erreicht, fühlten ſich die Preußen der Gefahr völliger Aufreibung entzogen, da die kräftigſten Naturen den Leiden faſt erlagen, die während des Rückzugs verheerend über ſie hereinbrachen: Krankheiten, Erſchöpfung der Kräfte in dem zähen Koth der Wege, bei beſtändigem kalten Regen, Hunger, Fallen der Pferde, Mangel an dem Nothwendigſten, und was die fernere Litanei der Uebel in ſolchen Fällen beſagt. Ihre Rettung war, daß der Feind durch die Unterhand= lungen und Trennungshoffnungen eingeſchläfert, ihren jammervollen Rückzug nicht beläſtigte.

So verſchieden war der Ausgang zweier faſt um die= ſelbe Zeit und zu dem gleichen Zweck einer Regierungs= Aenderung unternommenen Feldzüge: auf der einen Seite vollſtändiges Gelingen, auf der andern ſchmähliches Miß= lingen; — und nach dem Beigebrachten ergibt ſich, daß es nicht anders ſein konnte. Auf der einen Seite hatte man Ziel, Schwierigkeiten und die erforderlichen Mittel zur Beſeitigung derſelben wohl erwogen, und dem ge= mäße Anſtrengungen gemacht, und dieſe noch durch eine kluge Staatskunſt unterſtützt; — auf der andern Seite begann man eine große Unternehmung in völliger Un= beachtung der Hinderniſſe mit unzureichenden Mitteln, indem man auf's Ungefähr und die ganz unzuläſſigen Verſprechungen von Ausgewanderten baute, die immer mehr als die Wirklichkeit ſehen und ihre Wünſche für Thatſachen nehmen; und ſtatt Volk und Land durch ein ſtaatskluges Benehmen zu gewinnen, ſtieß man ſie gleich von vorn durch eine hochmüthige Proklamation, die deren Selbstgefühl tief verletzte, zurück und reizte alles zum Widerstand auf. — In Polen sehen wir die Anführer des Invasionsheers mit großer Besonnenheit nach einem wohlberechneten und der Lage der Dinge angemessenen Operationsplan verfahren, und mit strenger Folgerechtig= keit, mit Schnelle und Nachdruck auf ihr Ziel losarbei= ten; — in dem stärkern Frankreich beginnt man nicht nur mit einer ungenügenden Macht, sondern zeigt statt des Nachdrucks, der Schnelle und Folgerechtigkeit nur Ungewißheit, Schwanken, Stutzen und Zaudern vor jedem Hinderniß, und zuletzt verliert man sein Ziel ganz aus den Augen. Es soll ein Invasionskrieg sein, und er wird mit der größtmöglichsten Langsamkeit geführt. Bei einem Invasionskrieg gibt es zwei Zielpunkte: zuerst das feindliche Heer, und dann den Mittelpunkt aller Thätig= keiten eines Landes, die tonangebende Hauptstadt, den Regierungssitz. Das erste ist, das feindliche Heer tüch= tig zu schlagen und es auf eine Zeitlang unwirksam zu machen; das zweite, sodann im ersten Schrecken rasch vor der eingeschüchterten Hauptstadt zu erscheinen und ihr das Gesetz vorzuschreiben; und dazu hätten, bei dem damaligen Zustande der französischen Kriegsmacht, selbst die 85,000 Mann des Herzogs von Braunschweig zuge= reicht, wenn man sie zweckmäßig gebraucht und durch nachfolgende Reserven unterstützt hätte. Der Herzog hatte drei mal Gelegenheit, das feindliche Heer zu Grunde zu richten: einmal bei Sedan, wo es ohne Anführer war; das andere mal bei Grandpré, wo Clairfait nach Be= zwingung des Passes bei Croix aur Bois, und von dem

v. Smitt, Suworow und Polen. II.                    33

hinter ihm befindlichen Kalkreuth unterstützt, durch einen
raschen Marsch auf das nahe Bercy, Dumouriez in seinem
Lager einschließen konnte, und dieser hätte sich nur durch
eine Flucht über das Gebirg mit Zurücklassung seines
ganzen Zeugs, Geschütz, Gepäck, Pferde, retten können; —
zum dritten durch einen entschiedenen Angriff bei
Valmy, nachdem man alle zunächst verfügbaren Truppen
herangezogen. Die Lage des französischen Heers war
so, daß es seiner Verbindungen beraubt und ganz außer
Kampf hätte gesetzt werden können. Die moralische Wirkung, der Schrecken hätten dann in Paris jeden Erfolg
befördert; wollte man aber auf die Maaslinie zurückgehen,
zur Herbeiziehung größerer Kräfte, so hätte man jedenfalls
einen rühmlichern und ungefährdeteren Rückzug gehabt. —
Die Langsamkeit endlich bei diesem Invasionskriege war
so groß, daß der Herzog auf eine Strecke von nicht
50 Meilen, von Coblenz bis Valmy [34]), wo in der ersten
Zeit gar kein Feind ihn hinderte, mehr Zeit gebrauchte
als der Russische Feldherr, der den Feind immer vor sich
hatte, auf eine doppelte Entfernung, von der Moldau
bis hinter den Bug (über hundert Meilen in zwei Monaten) [35]). Auch Blücher machte später (1814) fast denselben Weg des Herzogs, und zwar zur Winterszeit, in
Einem Monate [36]). — So ergibt sich, daß während bei

---

[34]) Aufbruch von Koblenz am 31. Juli — Treffen bei Valmy
am 20. September.

[35]) Am $\frac{5}{15}$. Mai Uebergang bei Balta und Kosniza; am $\frac{7}{18}$. Juli
Gefecht bei Dubienka am Bug.

[36]) Uebergang über den Rhein bei Caub in der Neujahrs-
nacht; — am 31. Januar Gefecht bei Brienne.

der Invasion in Polen alles Erforderliche war: gehörige
Mittel, kluge Leitung derselben, rasche Ausführung nebst
politischer Unterstützung — bei jener in Frankreich alles
fehlte: hinreichende Mittel, weise Leitung, tüchtige Ausführung und eine kluge Politik: darf man sich über den
ganz verschiedenen Ausgang wundern? — Hätte der
Herzog seinen Kriegszug gegen die Polen geführt, er
hätte eben so wenig ausgerichtet und die Polen bald zu
Siegern herangezogen; — man denke nur an das was
zwei Jahr später dort geschah. Gegen ein aufgestandenes
Volk ist eine langsame, methodische Kriegführung, wo
man nur Schritt vor Schritt vorgeht, nicht an der rechten Stelle; man entscheidet da nur durch große, stark
nachwirkende Schläge.

Frankreich war geräumt, die Preußen auf der Rückkehr zum Rhein, der König entrüstet und voll innern
Unmuths über seinen Feldherrn, der wenig einem hohen
Ruhm entsprochen; über die Kaiserlichen, die ihn nicht
gehörig unterstützt; vornämlich über die französischen Emigranten, die zu viel verheißen und nichts gethan hatten.
Dazu hatten die Rüstungen zu diesem Feldzug, wie die
frühern zum beabsichtigten Reichenbacher Feldzug, und
die zum vorbereiteten Russischen Feldzug, um den Türken-
frieden vorzuschreiben, zugleich eine Freigebigkeit sonder
Gleichen gegen Günstlinge und Begünstigte, des großen
Friedrichs Jahre lang Thaler bei Thaler gesammelten
Schatz geleert, und die gewaltigen Kosten eines zu er-
neuernden Feldzugs, die man nun aus der Wirklichkeit
erkannt, schreckten. Nicht vergeblich wollte man so große
Anstrengungen machen und gemacht haben, man wollte

33*

sich früher seines Lohns versichern:· dieser aber war, wie wir gesehen, ein Stück von Polen. Noch bei den vorläufigen Unterhandlungen in Wien hatte Graf Haugwitz als Preußischer Gesandter wiederholt vorgestellt: „Preußens Recht auf Entschädigung sei wesentlich von dem Oestreichischen verschieden. Oestreich sei die Hauptmacht, der angegriffene Theil, Preußen die Nebenmacht, der helfende Theil. Da es nun für eine Sache, die nicht die seinige sei, beträchtliche Aufopferungen gemacht habe, so habe es auch die gerechtesten Ansprüche auf eine Entschädigung. Wenn es diese Entschädigung in Polen nehme, so erhalte es nur seine Auslagen zurück. Oestreich dagegen, wenn es Entschädigung anspreche, müsse diese auf Kosten Frankreichs, seines Feindes, nehmen."

Jetzt, obgleich der Feldzug mißlungen, nahm man die Sache wieder vor, und wollte, was man dem Erfolg nicht verdankt, der Furcht und Hoffnung entreißen: der Furcht, durch einen Zurücktritt Oestreich allein der überfluthenden Macht Frankreichs Preis zu geben; der Hoffnung, indem man, wenn gewillfahrt würde, künftig noch einen kräftigern Beistand wie bisher verhieß. — Der Oestreichische Reichsreferendar, Baron Spielmann, eröffnete im Oktober Konferenzen in Luxemburg, denen außer den Gesandten von Oestreich (Fürst Reuß) und Rußland (Alopeus), die Preußischen leitenden Minister Haugwitz und Lucchesini und der Vertreter Ludwig XVI., Baron Breteuil, beiwohnten. Den arglistigen Lucchesini kennen wir; Haugwitz war, nicht an Schlauheit und Kenntnissen, wohl aber an Gesinnung ihm gleich, von wenig Fähigkeiten, kurzem Blick, mehr geschmeidiger Hof- als Staats-

mann. Zur Erlangung seiner Absichten war jedes Mit=
tel ihm recht; und über der Begier der Erlangung über=
sah er die Folgen. Von Kaiser Leopold, der ihn in
Italien kennen gelernt, zum Gesandten in Wien verlangt,
war er erst nach dessen Tode eingetroffen, hatte den jun=
gen König Franz zur Kaiserkrönung und zur Zusammen=
kunft nach Mainz begleitet, und war sodann, an Schu=
lenburgs Stelle, zum leitenden Kabinetsminister ernannt
worden, indem er, um sich in Gunst zu setzen, sich als
den eifrigsten Betreiber von Erwerbungen in Polen zeigte,
„um, wie er sagte, Preußen mit einer neuen und
schönen Provinz zu beschenken."[37]) Sein von jetzt
an adoptirtes System war, viel für Preußen zu verlangen,
aber wenig dafür zu thun; das führte zu einer Täuschungs=
politik, die noch nie gute Früchte getragen hat, und sie auch
nicht für Preußen trug. Unter seiner Leitung kam die
Preußische Politik in Mißachtung, aus der sie erst Har=
denberg und Stein befreiten. Gleichwie der Herzog von
Braunschweig moralischer Schätzungen unfähig, und auf
materielle Vortheile erpicht, haschte er überall nach Er=
werbungen, die nichts kosteten — als den Ruf; und
schwächte dadurch das moralische Ansehen des Staats,
dem er zu dienen gedachte. Hier in Luremburg verfocht
er nun gegen die Oestreichischen Staatsmänner die Preu=
ßischen Ansprüche auf Polen. „Sein König, argumen=
tirte er, habe eigentlich ein Recht, für seine Hülfe eine
Entschädigung von Oestreich zu fordern; um seinem

---

[37]) Vgl. die Brochüre: Fragment des Mémoires inédits
du Cte. de Haugwitz. Jena. 1837.

Allirten jedoch nicht zur Last zu fallen, wolle er sie in
Polen nehmen.  Er glaube sich damit selbst ein Verdienst
um den Kaiser zu erwerben, verlange aber dafür, daß
dieser die ersten Eröffnungen deshalb in Petersburg
mache." — Während dieser Unterhandlungen näherte sich
das Heer und das Hauptquartier des Königs kam nach
Merl, unweit Luxemburg.  Haugwitz und Lucchesini
fuhren zum König hinaus, und an jenem kleinen Orte
wurde nun am 25. Oct. die entscheidende Note ausgear-
beitet, welche Preußens Vorschläge und seine letzte Bedingung,
sine qua non, enthielt.  Sie lautete folgendergestalt [38]):

„Sollte die auf Anlaß der französischen Revolution
gewünschte Vereinbarung aller Europäischen Mächte zu
Stande kommen, um der Anarchie in Frankreich Einhalt
zu thun, die monarchische Regierung aufrecht zu erhalten,
und Ludwig XVI. die Macht zur Behauptung derselben
zu verschaffen: so erklären Se. Königl. Preußische Majestät, daß Sie an dieser Vereinbarung einen thätigen
Antheil nehmen, und allen dabei festzusetzenden Bedingungen beitreten wollen.  Und sollte eine solche Vereinbarung nicht zu Stande kommen, das Deutsche Reichs-
Interesse aber einen Reichskrieg gegen Frankreich erfordern: so wolle der König gleichfalls einen thätigen und
verhältnißmäßigen Antheil als Reichsglied nehmen.
Selbst endlich in dem Fall, daß Se. Majestät der Kaiser
den Krieg gegen Frankreich, auch ohne den Beitritt der

---

[38]) Wir geben alle diese Staatsschriften nicht wörtlich, sondern
zur Vermeidung der Weitschweifigkeit, gedrängter gefaßt.  Wer die
Originale vergleichen kann, wird finden, daß nichts Wesentliches
ausgelassen ist.

übrigen Mächte, mit aller Kraft fortsetzen wolle, versprechen Se. Preuß. Majestät, dem Kaiser auch im künftigen Feldzuge mit einer gleichen Macht wie im jetzigen beizustehen.

Da aber der gegenwärtige Feldzug einen so ansehnlichen Kosten-Aufwand erfordert und einen so großen Menschenverlust verursacht hat, und bei der Fortsetzung des Kriegs noch größere Kosten erforderlich sein werden: so halten sich Se. Königl. Preußische Majestät für berechtigt, einem vollkommenen und baldigen Ersatz Ihrer bereits aufgewandten Kriegskosten entgegenzusehen, und, ehe Sie einen fernern Antheil am Kriege nehmen, eine Entschädigung für die künftig noch aufzuwendenden Kriegskosten zu verlangen.

Der König erwarte daher, daß jener Landesbezirk in Polen, worüber er bereits früher sich eröffnet, ihm von dem Kaiserl. Königlichen und von dem Kaiserl. Russischen Hofe zugesichert werde und er sich in dessen wirklichen Besitz setzen könne." —

Nach Luxemburg zurückgekehrt übergab Haugwitz diese Note dem Baron Spielmann und legte ihm zugleich das Original-Exemplar einer Karte Polens vor, auf welcher der König mit eigener Hand die Linie dessen, was er in Polen beanspruchte, gezogen hatte, beifügend: „Sobald der König im Besitz dieser Entschädigung sei, wäre er bereit, auch im nächsten Feldzug dem Kaiser seinen Beistand wie bisher zu leisten; bei Verweigerung aber dieser absoluten Bedingung werde Preußen sogleich seine Truppen zurückziehen und sich streng bloß an die im Bundesvertrag bestimmte Truppen-

Anzahl halten, dabei aber immer noch auf eine befrie=
bigende Entschädigung für die Kosten des vergan=
genen Feldzugs bringen; und diese Entschädigung würde
immer in der Erweiterung seiner Gränze gegen
Polen hin bestehen, nur daß man sie alsdann nach den
bisher aufgewandten Mitteln proportioniren würde."

Um diese Sache thätiger in Wien selbst zu betreiben,
ging Haugwitz noch im November dahin ab. Dort an=
gelangt, stellte er dem Vicekanzler, Graf Philipp Cobenzl,
alles das vor, was zwischen ihm und dem Baron Spiel=
mann in Luxemburg wegen der Entschädigung war ver=
handelt worden; und als er nach langer Unterhandlung
endlich am 10. Dec. 1792 die Einwilligung des Wiener
Hofs in die Preußische Besitznahme der Polnischen Be=
zirke erhielt, so verlangte er noch, ehe er sie abschickte,
von den Eröffnungen unterrichtet zu werden, die der
Wiener Hof deshalb der Kaiserin von Rußland machen
würde, und worin er seine Beistimmung zu den Preußi=
schen Erwerbungen, und zwar zu deren unverzüglicher
Besitznahme, erklärte. Als er solches durchgesetzt, und
die bestimmte Einwilligung des Wiener Hofs zur Besitz=
nahme so wie das Versprechen erhalten, die bringendsten
Vorstellungen deshalb bei der Kaiserin von Rußland zu
machen, um sich auch ihrer Zustimmung zu versichern,
ohne diese jedoch von der Einwilligung eines gleichen
Antheils für Oestreich abhängig zu machen, trat er seine
Rückreise zu seinem Könige an, um ihm das Resultat
seiner Unterhandlungen mitzutheilen. Bei der Abschieds=
Audienz am 23. Dec. 1792 sagte ihm noch der Kaiser
Franz: „Er rechne unveränderlich auf die Freundschaft

des Königs von Preußen, besorge aber, troß seiner Einwilligung zur Vergrößerung Preußens gegen Polen hin,
da einmal der König diese Erwerbung als das sine qua.
non seines künftigen Beistandes bezeichnet habe, daß es
in Petersburg Schwierigkeiten geben würde, die Zustimmung der Kaiserin zu erhalten." — Die Sorge deshalb
hatte aber das Preußische Kabinet bereits selber übernommen, und noch im November die Note von Merl
dahin abgeschickt, den Gesandten daselbst, Grafen Golß,
instruirend, die Unterhandlung einzuleiten, wozu ihm der
König eine eigenhändige Vollmacht . überschickte. So
wiederholte sich diese früher von der Kaiserin ins Weite
geschobene Anfrage von neuem. Was sollte sie unter
diesen Umständen thun? Weiterer Aufschub war nicht
möglich, da der König eine bestimmte Antwort verlangte,
die über sein künftiges Thun und Lassen entscheiden sollte.
Abschlagen, sich widersetzen? — Was wäre die Folge
gewesen? — Die Kaiserin hatte diese Frage von allen
Seiten wohl erwogen, und das Resultat ihrer Erwägungen
legte sie in der geheimen Instruktion an den Grafen
Sievers nieder, als sie ihn um diese Zeit (Dec. 1792)
im Ersatz von Bulgakow zu ihrem Gesandten in Warschau ernannte. Das Aktenstück ist wichtig, denn es
enthält in Bezug auf Polen ihre ganze Politik, und
beantwortet zugleich auch jene Frage. Alles darauf Be-
zügliche möge hier im Auszuge folgen:

„Die Kaiserin habe, hieß es darin [39]), bei ihrer Thronbesteigung die Verhältnisse zur Polnischen Republik auf

---

[39]) Instruktion an den Grafen Sievers, vom 22. Dec. 1792.

eine dauerhafte Grundlage festsetzen wollen, doch ihre Be=
mühungen deshalb hätten bei den Polen statt entgegen=
kommender Freundschaft nur Feindschaft gegen Rußland
und innerlichen Krieg und Hader erzeugt, der endlich zu
der Theilung von 1772 geführt habe. „Jeder kundige
Pole, fährt sie fort, weiß es, wie sehr Unser Bei=
tritt zu derselben durch die Umstände erzwungen
wurde, und wie Wir auch hier Unsere Ansprüche mit
großer Mäßigung beschränkten, und die Begehrlichkeit der
andern Höfe möglichst zurückzuhalten suchten. Jenes
Ereigniß, schien es, würde nun den Polen zur Lehre
dienen, daß die fernere Unverletztheit und Ruhe ihres
Reichs unzertrennlich von einem engen Anschluß an Uns
und der Beobachtung eines ununterbrochenen guten Ein=
vernehmens mit Uns und Unserm Reiche abhingen." —
Doch die Zeit, und zwar eine sehr kurze, hätte gezeigt,
daß der Leichtsinn, der Uebermuth, die Treulosigkeit und
Undankbarkeit, die diesem Volke so eigen wären, selbst
durch das Unglück nicht zu bessern sei; denn kaum hätten
die Leiter der Regierung die Kaiserin in zwei offene Kriege
und in die Umtriebe ihrer Reider verwickelt gesehen, als
sie alle feierlichen Verpflichtungen gegen sie hintangesetzt,
sich die feindseligsten Schritte gegen sie, ihre Armee, und
gegen ihre unschuldigen dem Erwerb in Polen nachgehen=
den Unterthanen erlaubt, und zuletzt noch die von der
Kaiserin gewährleistete Verfassung umgestoßen und durch
jene vom 3. Mai ersetzt hätten. Sie hätte zwar, heißt
es weiter, das Recht zu einem offenen Kriege gehabt;
doch gelinde, friedliche Maßnahmen vorziehend, hätte sie
sich für das in Polen so gebräuchliche Mittel in der=

gleichen Fällen, eine Konföderation, entschieden. Indeß, so klein die Zahl der Konföderirten Anfangs gewesen, so hätte man doch gleich eine Verschiedenheit der Ansichten bei ihnen bemerkt, die weder einen festen einmüthigen Gang, noch für das aufzuführende Gebäude einen sichern Grund verheißen hätten. Die Einen hätten an die Er= haltung oder Vermehrung der Vorrechte ihrer Aemter ge= dacht; die Andern an die Erwerbung gleichartiger Rechte; die Dritten hätten die Verfügungen des letzten Reichs= tags in Hinsicht der Armee aufrecht halten wollen: kurz, mit Ausnahme des einzigen Artillerie=Generals (Felix) Potocki, hätte sich keiner mit der Sache seines Vater= landes beschäftigt, ohne persönliche Absichten und Vor= theile einzumischen. Doch da es darauf ankam, nicht sowohl diese streitenden Gemüther zu vereinigen, als viel= mehr eine Entscheidung herbeizuführen, so habe die Kaiserin ihren Generalen befohlen, aufs schleunigste in Polen ein= zurücken und unter dem Schutz Ihrer Waffen eine Ge= neral=Konföderation zu verkündigen, welche denn auch unter dem Namen der Targowicer ins Leben getreten sei. Der König habe nun gesucht, nahe und ferne Mächte gegen Rußland in Harnisch zu bringen, und selbst mit den Waffen in der Hand zu widerstehen; sei jedoch zu= letzt genöthigt gewesen, selber der Konföderation beizu= treten. Doch sein früheres wie nachfolgendes Benehmen habe bewiesen, mit wie wenig Aufrichtigkeit dieses ge= schehen sei; denn ohne von den arglistigen Vorschlägen zu reden, wodurch er die Kaiserin mit den Nachbarhöfen habe entzweien wollen, nähre er noch jetzt die Erbitterung und den Haß beim Polnischen Volk gegen Rußland und

deſſen Truppen, wovon ſich täglich neue Zeichen offenbarten. Auch hätte die nach Petersburg geſandte Deputation der Konföderirten verſichert, daß ſo wie die Ruſſiſchen Truppen Polen verließen, ſo würde Alles dort in
neue Verwirrung gerathen und das von ihnen Aufge-
richtete bald wieder umgeſtoßen werden. „Doch, ſagt die
Kaiſerin, macht mir ein ſolches mögliches Ereigniß nicht
ſo viel Sorgen, als der Einfluß der verderblichen franzöſiſchen Lehren, von welchen, nach allen Uns zukommen-
den Nachrichten, die zu jeder Ausgelaſſenheit geneigten
Gemüther der Polen bereits bis zu einem ſolchen Grade
angeſteckt ſind, daß ſie in Warſchau Klubbs nach Art
der Jakobiner errichtet haben, wo deren Lehren frech ge-
predigt werden, und von da ſich leicht über ganz Polen
verbreiten und ſelbſt in die Nachbarländer eindringen
könnten.“ — Solches ſei das Verhältniß zu Polen; das
Verhältniß zu den Nachbarmächten aber folgendes. Sie
erwähnt nun, was wir ſchon früher beigebracht, wie Sie
vor Eröffnung der Operationen dem Wiener und Berliner
Hof eine vorläufige Anzeige darüber gethan; wie der
erſtere eine Verfaſſungs-Aenderung nicht gewünſcht, aber
dennoch eingewilligt und den Polen erklärt habe, daß
ſie auf ihn nicht zu rechnen hätten. Der Berliner Hof
dagegen, über die Hauptſachen einig, hätte nur andere
Mittel vorgeſchlagen. „Doch da Wir dieſe nicht ſo wirk-
ſam fanden als die von uns vorbereiteten, ſo beſchloſſen
Wir, nach Unſern eigenen Anſichten zu verfahren.“ —
Jene beiden Höfe hätten damals ein engeres Bündniß
geſchloſſen und gegen die franzöſiſchen Revolutionaire, die
dem Kaiſer den Krieg erklärt, gemeinſchaftliche Sache ge-

macht. Ihre anfänglichen Erfolge hätten nun den Gedanken erzeugt, sich diesen angemessene Vortheile zu verschaffen. Sie hätten darauf der Kaiserin ihren vereinbarten Plan vorgelegt, der darin bestanden: daß
der Kaiserliche Hof für die Niederlande
Baiern erhalten, der Preußische dagegen
Danzig und Thorn mit einigen Wojewodschaften in Großpolen; und sie hätten die Kaiserin
aufgefordert, auch Ihren Theil von Polen im Gleichverhältniß mit den beiderseitigen Erwerbungen zu nehmen.
Die Kaiserin habe darauf nur in allgemeinen Ausdrücken
geantwortet, doch Hoffnung gebend, daß sie vielleicht einwilligen würde; dieses hauptsächlich, um sie zur Fortsetzung eines Kriegs zu ermuntern, der zur Niederschlagung
des Revolutionsgeistes für alle Fürsten und geordneten
Regierungen von gleicher Wichtigkeit gewesen. Die unglückliche Wendung des letzten Feldzugs habe nun dem
König von Preußen gezeigt, mit welchen Schwierigkeiten
und großen Kosten die von ihm unternommene Sache
verbunden sei; in seiner Ungeduld darüber habe er den
beiden Kaiserhöfen erklärt: der Feldzug habe ihm so große
Verluste gebracht, daß er in der Unmöglichkeit sei, den
Krieg länger im Verein mit Oestreich fortzusetzen, und
daher die von den Französischen Aufrührern ihm gemachten
Friedensanträge annehmen werde, wenn man ihm nicht
eine vollkommene Entschädigung aller seiner Verluste zu-
sicherte und ihn auch sofort in den Besitz dessen treten
ließe, was er nach einem neuerdings von ihm vorgelegten Plan, der weit ausgedehnter war als der frühere,
zu seiner Entschädigung verlange; in welchem Fall er

versprach), nicht nur bei der Verbindung mit dem Wiener
Hof auszuharren, sondern auch noch mit größerem Eifer
und stärkerer Anstrengung zur Erreichung des gemein-
samen Ziels mitzuwirken. Sein Gesandter erhielt Vollmacht, darüber mit Unserm Ministerium in Unterhandlung zu treten, wobei er zugleich eine Karte vorlegte, wo
die beanspruchten Landstriche näher bezeichnet waren." —
Jetzt kommt die Kaiserin zu der oben aufgeworfenen Frage,
was sie unter diesen Umständen thun sollte? Sie sagt
darüber: „Diese entschiedene Erklärung, begleitet von eindringlichen Vorstellungen, nöthigte Uns, in eine genauere
Erwägung aller Umstände einzugehen. Da ergab sich
denn klärlich: Erstens, daß nach den gemachten Erfah-
rungen und nach der gegenwärtigen Stimmung der Gemüther in Polen, bei der Unbeständigkeit und dem Leichtsinn dieses Volks, bei seinem Grimm und Haß gegen Uns,
und besonders bei der sich offenbarenden Neigung zur Französischen Ausgelassenheit und Raserei, Wir nie in ihm
einen ruhigen und ungefährlichen Nachbar haben würden,
als nur, wenn man es in eine völlige Machtlosigkeit versetzte.

Zweitens, daß wenn Wir in die gemachten Vorschläge des Königs von Preußen nicht eingingen, und
der letztere deshalb von dem Römischen Kaiser abfiele,
Wir diesen unsern natürlichen und wichtigen Bundsgenossen
in die größte Gefahr brächten, so daß, in Folge davon
das ganze Europäische Gleichgewicht leicht umgestoßen
werden könnte, da es ohnehin schon durch die gegenwärtige
Lage Frankreichs bedeutend erschüttert worden ist.

Drittens, daß der König in seiner Erbitterung, und
im Unmuth über die großen vergeblich von ihm aufge-

wandten Kosten, trotz Unserer Ablehnung seiner Vorschläge, bei seinem hitzigen Karakter, sich dennoch jener
Länder bemächtigen könnte, die er im erwähnten Plane
anspricht; oder daß er, um sich den Weg dazu zu bahnen,
Uns wieder in neue Händel nnd Verdrießlichkeiten verwickeln könnte, zu deren Vermehrung sich die Polen sogleich als gefügiges Werkzeug hergeben würden.

Bei diesen Betrachtungen haben Wir nur bloß von
den Nachtheilen Unserer Ablehnung gesprochen; erwägen
wir aber nun noch die Vortheile Unserer Einwilligung,
so springen diese jedem von selbst in die Augen.

Diese und viele andere Beweggründe bewogen Uns
in eine That zu willigen, deren Anfang und Ende ist:
alte Russische Länder und Städte, von Russischen Stammgenossen bevölkert oder gestiftet,
und den gleichen Glauben mit uns bekennend,
aus ihrer Unterdrückung zu befreien, und sie
durch eine Vereinigung mit Unserm Reich auf eine gleiche
Höhe des Ruhms und des Wohlstandes zu erheben,
dessen, wie Wir hoffen, alle Unsere geliebten Unterthanen
genießen."

Diese Gründe waren gewichtig, sie zeigten alle Gefahren, welche die Kaiserin und ihr Land nicht nur, sondern die allgemeine Sache der Ordnung bedrohten, wenn
sie abschlüge; so wie die großen Vortheile, die mit ihrer
Einwilligung verbunden waren; und daß es, genau betrachtet, am Ende doch nur ehmals zu Rußland gehörige
und durch die Litauer abgerissene Provinzen wären, die
man durch den Beitritt zu den Preußischen Vorschlägen
wieder mit dem alten Stammland vereinigte. Wenn das

Wohl des eigenen Landes die höchste Aufgabe eines
Fürsten ist, was konnte, was sollte die Kaiserin unter
diesen Umständen anders thun? — Sollte sie aus Schonung
gegen einen erbitterten Feind, einen Freund in Feind ver=
wandeln, und zwar in einen Feind, der ihr sehr schaden
konnte; und dem sogar die von ihr Geschonten allsofort
wider sie beigestanden hätten? — Sollte sie ihr Reich
wieder in die gefährliche Lage stürzen, aus der sie es
mit Mühe gezogen, und zwar einzig alten Erbfeinden
zu Liebe, die mitgewirkt, es hineinzubringen, und die.den
besten Willen hatten, Ihr Land, wenn sie es gekonnt,
auch jetzt noch zu zerstückeln, wie sie es ehemals zerstückelt.
hatten? — Durch Ihre Einwilligung also vermied sie
eine große Gefahr, sicherte sich Entschädigung für ihre
Kriegskosten, strafte die Polen für ihren Abfall und Bei=
tritt zu ihren Gegnern, und übte eine Wiedervergeltung
für alle ehemals von ihnen erduldeten Unbilden und
Drangsale. Das Leben der Völker ist in einem ewigen
Fluß: ehemals war Litauen und Polen stark, und Ruß=
land sank vor ihnen in den Staub; jetzt kam die Reihe
der Kraft an Rußland, und vor seiner Stärke vergingen
sie ihrerseits. Rußlands Recht gegen sie war endlich
dasselbe, das sie früher gegen Rußland gehabt, und mehr;
denn nicht aus eitler Eroberungssucht handelte es, son=
dern suchte nur, um die eigene moralische und politische
Sicherheit zu wahren, einen Todfeind außer Stand zu
setzen, ihm verderblich zu werden.

Nach einigen Unterhandlungen konnte Graf Goltz dem
Könige schon unterm $\frac{30.\ Nov.}{11.\ Dec.}$ melden, daß die Kaiserin von

Rußland in die vorgeschlagene Abmachung willige. Die
Freude des Königs war außerordentlich. „Ich brauche
Ihnen nicht zu sagen, schrieb er seinem Botschafter unterm
$\frac{1}{15}$. Dec., mit welcher Zufriedenheit mich der Inhalt Ihrer
Depesche erfüllt hat. Ich rechnete im voraus auf die volle
Wirkung meines in die Freundschaft der Kaiserin gesetzten
Vertrauens. Drücken Sie in den stärksten und freund=
schaftlichsten Ausdrücken meine ganze Dankbarkeit für
das Benehmen Ihrer Majestät dem Grafen Ostermann
aus, und sagen Sie ihm, daß mein Ministerium Ihnen
sofort die letzten Instruktionen überschicken wird; indeß
kann es schon jetzt die Versicherung geben; daß ich keine
Eifersucht über die Ansprüche der Kaiserin in Polen em=
pfinden werde; wenn sie mich auch im ersten Augenblick
durch ihre Ausdehnung betroffen machen könnten, so
würde mich doch die Ergebenheit und Freundschaft gegen
meine Bundsgenossin über alle Bedenklichkeiten wegsehen
lassen." — Biel zu dieser Willfährigkeit mochte der un=
erwartete Widerstand des Oestreichischen Hofes beitragen.
Trotz aller Vorstellungen des Grafen Haugwitz, trotz der
bestimmtesten Versicherungen, daß sein König durchaus
nicht ferner am gegenwärtigen Kriege Theil nehmen würde,
wenn man ihm nicht erlaubte, sich in den wirklichen
Besitz der angesprochenen Bezirke in Polen zu setzen:
wollte der Wiener Hof nicht anders seine Einwilligung
geben, als unter der Bedingung, daß wenn der zuerst
beabsichtigte und in den Konferenzen von Mainz und
Luremburg angenommene Austausch der Niederlande gegen
Baiern nicht ausgeführt werden könnte, er gleichfalls seine
Entschädigung in Polen erhielte. Die Preußische Besitz=

nahme sollte deshalb nur eine bedingte (éventuelle) sein.
— Preußischer Seits zeigte sich darüber viel Unwille;
hatte man doch versprochen, jenen Austausch auf alle
Art zu befördern, „und, bemerkte man, der Kaiserliche
Hof müßte sich glücklich schätzen, gegen einen solchen
Preis seiner Belgischen Provinzen loszuwerden, die zwar
ehemals reiche Einkünfte gegeben, aber gegenwärtig nur
eine ungewisse und kostspielige Besitzung geworden seien.
Zwar wären diese Provinzen im Augenblick von den
Französischen Waffen überzogen und durch innern Aufstand zerrissen, also für das Pfälzische Haus eine
schlimme Entschädigung: doch dürfe man annehmen, daß
im nächsten Feldzug die Sachen nicht so bleiben würden;
sollte es aber dennoch sein, so würde man den Kaiser,
wie schon Preußischer Seits zu verstehen gegeben, durch
irgend eine Säcularisation in Deutschland entschädigen
können."

Der König erwartete nur noch, ehe er seine Truppen
in Polen einrücken ließe, die Ankunft des neuen Russischen
Gesandten, Grafen Sievers und des, Kachowski im
Oberbefehl ablösenden, Generals Igelström in Warschau,
damit General Möllendorf, der seinen Korbon befehligte,
sich mit ihnen in Einvernehmen wegen gegenseitigen Beistandes setzen könnte, da sonst der gegenwärtige Gesandte
und der Befehlshaber der Russischen Truppen, der neuen
Abmachungen unkundig, dem Einzug der Preußen sich
vielleicht widersetzen würden. Dieser Einmarsch sollte
anfangs nur als eine Vorsichtsmaßregel gegen das un-
zuverlässige Benehmen der Polen dargestellt werden, bis
die Uebereinkunft wegen der gegenseitigen Erwerbungen

in Petersburg abgeschlossen sein würde. Neue Scenen
der Unordnung und Aufregung in Warschau, die entstehen könnten, fürchtete man nicht, da sie, wie man
sagte, nur dazu dienen würden, die getroffenen Maßnahmen um so mehr zu rechtfertigen.

Das Englische Ministerium war noch nicht unterrichtet über die in Mainz und Luxemburg vereinbarten
Entschädigungspläne und man hegte große Besorgnisse
wegen dessen Einwilligung. Der Wiener Hof trug nun
darauf an, sie ihm mitzutheilen. Graf Haugwitz war
darüber verwundert und widersetzte sich, „da von allen
Mächten England am meisten dabei interessirt sei, den
Austausch der Niederlande wie die Zerstückelung Polens
zu verhindern." — Der Vicekanzler, Graf Philipp Ko-
benzl, obgleich er Anfangs nachzugeben schien, trug nichts
desto weniger und vielleicht in der Hoffnung, den Preußischen Ansprüchen neue Gegner zu erwecken, dem
Oestreichischen Gesandten in London, Grafen Stadion
auf, dieses Geheimniß dem britischen Ministerium zu
offenbaren, selbst in dem Fall, daß der Preußische Gesandte, Baron Jacobi, seine Mitwirkung dabei versagte.
Um diesem Streich entgegenzuarbeiten, ward Jacobi in-
struirt, zu erklären: „jene Absichten zu Erwerbungen in
Polen seien bloßer Entwurf, und sollten noch erst
mit den benachbarten Höfen, besonders dem Petersburger,
näher erörtert werden." Das geschah, um Zeit zu gewinnen, bis die Ausführung der entworfenen Maßnahmen gegen fernere Anbringen des Britischen Ministeriums schützen würde.

34 *

Es wurde selbigem sodann vorgestellt: „Man habe bei dem Feldzug gegen Frankreich die für ganz Europa heilsamsten Absichten gehabt, nämlich Aufrechthaltung der Monarchischen Verfassung in Frankreich mit abgewogenem Gleichgewicht unter den Gewalten, Hemmung der Anarchie und Dämpfung der verderblichen Grundsätze der herrschenden Faktion; endlich eine Genugthuung für die verletzten Rechte der Deutschen Reichsfürsten und eine billige Entschädigung für die aufgewandten Kriegskosten. — Diese Sache sei jetzt mehr wie je die aller Mächte geworden, seitdem die Französischen Revolutionaire auch außerhalb Frankreichs ihre verderblichen Lehren zu verbreiten und dabei die nächsten Staaten ihrer Republik einzuverleiben suchten; überdieß allen Aufrührern in andern Ländern Hülfe und Beistand versprächen. Nun aber könne man nicht verlangen, daß der König von Preußen das Opfer seines Eifers werde und sich um nichts und wieder nichts für das allgemeine Wohl hingebe. Derselbe Grundsatz sei auch von Preußens Bundsgenossen, dem Römischen Kaiser, angenommen worden. Man habe sich daher noch vor Anfang des letzten Feldzugs geeinigt: sich für die aufgewandten Kriegskosten eine gerechte Entschädigung zu verschaffen. Nur unter dieser Bedingung habe Preußen größere Mittel aufgewendet, als man von ihm hätte erwarten dürfen, und nur unter dieser Bedingung wolle es seine Anstrengungen auch für den nächsten Feldzug wiederholen.

Aber Preußen könne nicht hoffen, auf der Seite Frankreichs, oder durch Zerstörung des französischen See-

Handels, wie England, seine Entschädigung zu finden, und die glänzendsten Eroberungen auf jener Seite würden ihm eben keine genehmen Vortheile gewähren. Sogar Oestreich, obgleich durch seine geographische Lage näher an Frankreich, widerstrebe, dort seine Entschädigungen zu suchen. Man habe sich also nach andern Seiten umsehen müssen: Der Wiener Hof habe gedacht, die Niederlande gegen Baiern auszutauschen; und Preußen sehe nur Einen Gegenstand, der es gehörig befriedigen könne, und das sei die Erweiterung seiner Gränze gegen Polen hin. Das Recht der Entschädigung zugestanden, müsse man auch zugeben: daß ein beständig von innern Faktionen zerrissenes Land, das in dem Augenblick selbst allen möglichen Unruhen und Streitigkeiten ausgesetzt sei, das schon von den verderblichen Grundsätzen der Französischen Demokratie und des Aufruhrs angesteckt worden, daß ein solches Land seine Nachbarn nöthige, es in die Unmöglichkeit zu versetzen, ihnen zu schaden; und überdieß keineswegs zu bedauern sei, wenn es von einer anarchischen und drückenden Regierung zu einer gut geregelten und gemäßigten Verwaltung übergehe. — Uebrigens, wurde zur Beschwichtigung hinzugefügt, sei alles dieses noch Projekt, das erst reifen und näher erörtert werden müßte. Diesen Preis setze der König, wenn er ferner noch für die allgemeine Sache mitwirken solle." [40]

---

[40] Wir haben hier in kurzem Auszuge lange diplomatische Verhandlungen und Aktenstücke gegeben, die im Staube der Archive ruhen. Es würde uns nicht schwer fallen, jede der hier gemachten Angaben, fast jedes Wort des Mitgetheilten durch ein Dokument zu rechtfertigen oder mit einem diplomatischen Aktenstück zu belegen.

Solches waren die vorläufigen Unterhandlungen, die der zweiten Theilung Polens vorausgingen. Der Einigungsvertrag darüber zwischen Preußen und Rußland ward erst im folgenden Jahre, am 11/23. Januar 1793, in Petersburg abgeschlossen, und der Wiener Hof zum Beitritt eingeladen, dessen er sich jedoch anfänglich enthielt. — Die Ausführung dieses Theilungsvertrags, die Unterhandlungen darüber in Polen, die lärmenden Auftritte in Grodno, werden wir im nächsten Abschnitt kennen lernen.

Damit schloß dieses gewaltige und gewaltsame Jahr, das die Keime zu vielen Uebeln legte, die Europa in der nächsten Zeit bedrängen sollten: dort zu den alle Länder verheerenden Siegen der Franzosen, die jede Völker-Unabhängigkeit aufzuheben drohten; hier zu dem durchdringenden Weheruf der Polen, der noch manchen Sturm heraufbeschwor.

Gedruckt bei C. Polz in Leipzig.

In der C. F. **Winter**'schen Verlagshandlung in Leipzig und Heidelberg sind ferner erschienen:

# Ludwig Uhland,
# dramatische Dichtungen.

gr. 8. geh. 1 Thlr. 24 Ngr.

elegant gebunden mit reicher Goldverzierung 1 Thlr. 28 Ngr.

Inhalt: Herzog Ernst von Schwaben.
Ludwig der Baier.

---

# Karoline Rudolphi,
# Gemälde weiblicher Erziehung.
## Vierte Auflage.

Mit einer Vorrede vom Geh. Kirchenrathe

## F. H. C. Schwarz.

2 Bände. 8. geh. 2 Thlr.

eleg. geb. in Leinwand, die 2 Theile in 1 Band 2 Thlr. 7½ Ngr.

Dieses Vermächtniß einer der geistreichsten und gemüthvollsten deutschen Frauen ist als klassisch in unserer Literatur anerkannt; in blühender Darstellung bietet es eine Fülle anmuthiger Unterhaltung und tiefer und feiner Belehrung.

---

# F. Chr. Schlosser,
# Dante.
## Studien.

8. geh. 1 Thlr. 10 Ngr.

Fein in Cambric gebunden 1 Thlr. 18 Ngr.

Dieses Werk des berühmten Heidelberger Historikers über den größten und tiefsten Dichter wird allen Kennern und Freunden der Literatur eine willkommene Gabe sein.
Die typographische Ausstattung ist des Gegenstandes würdig. — Das Werk wird jeder Bibliothek zur Zierde gereichen.

# Schwarz und Curtman,
## Lehrbuch
### der
# Erziehung und des Unterrichts.
## Ein Handbuch für Eltern, Lehrer und Geistliche.

**Sechste vermehrte und verbesserte Auflage.**
Vollständig in zwei Theilen (zusammen 70 Bogen stark).
gr. 8. geh. 2 Thlr. 12 Ngr.

Eines der trefflichsten Bücher in unserer Literatur, gründlich, reichhaltig (ja relativ vollständig) und populär in der besten Bedeutung des Worts. Der Preis (2 Thlr. 12 Ngr., für 2 starke Bände) ist außerordentlich wohlfeil.

---

# Leonhard Euler,
### und
## Dr. Johann Müller,
**Professor an der Universität zu Freiburg im Breisgau,**

# physikalische Briefe
### für
## Gebildete aller Stände.

Neue vermehrte und verbesserte Auflage mit vielen Holzschnitten.
8. geh. 2 Thlr. 3 Ngr.

---

Demnächst wird in demselben Verlage erscheinen:

# Chemische Briefe
### von
## Justus Liebig.

Vierte neubearbeitete und vermehrte Auflage.
2 Bände. gr. 8. geh. circa 52 Bogen.

---

Gedruckt bei E. Polz in Leipzig.